现代西方教育哲学

(第二版)

陆有铨 著

图书在版编目(CIP)数据

现代西方教育哲学/陆有铨著. —2版. —北京：北京大学出版社，2021.10
ISBN 978-7-301-31121-9

Ⅰ.①现… Ⅱ.①陆… Ⅲ.①西方哲学 – 教育哲学 – 研究 Ⅳ.①G40-02

中国版本图书馆 CIP 数据核字（2019）第 301278 号

书　　　名	现代西方教育哲学（第二版）
	XIANDAI XIFANG JIAOYU ZHEXUE (DI-ER BAN)
著作责任者	陆有铨　著
丛书策划	姚成龙
责 任 编 辑	温丹丹
标 准 书 号	ISBN 978-7-301-31121-9
出 版 发 行	北京大学出版社
地　　　址	北京市海淀区成府路 205 号　100871
网　　　址	http://www.pup.cn　　新浪微博：@北京大学出版社
电 子 信 箱	zyjy@pup.cn
电　　　话	邮购部 010-62752015　发行部 010-62750672　编辑部 010-62752013
印 刷 者	河北滦县鑫华书刊印刷厂
经 销 者	新华书店
	787 毫米×1092 毫米　16 开本　20 印张　395 千字
	2012 年 4 月第 1 版
	2021 年 10 月第 2 版　2021 年 10 月第 1 次印刷（总第 7 次印刷）
定　　　价	58.00 元

未经许可，不得以任何方式复制或抄袭本书之部分或全部内容。
版权所有，侵权必究
举报电话：010-62752024　电子信箱：fd@pup.pku.edu.cn
图书如有印装质量问题，请与出版部联系，电话：010-62756370

代 序
一个批判型的思想者

牟宗三曾经说过，世界是混沌的，哲学家是通过某个孔道注入一缕光线、照亮整个世界的人。我们的导师陆有铨先生，就是这样的一个人，一个批判型的思想者。他的思想睿智而深刻，充满锋芒，入木三分。

先生是我们的恩师，是我国著名的教育学家。先生于1943年4月6日出生，华东师范大学教育学系1967届本科毕业，赴军队农场劳动一年后，到山东省中等师范学校和中学任教。1982年获教育学硕士学位，毕业后任教于山东师范大学大学教育系，1988年晋升为教授，1990年被评为博士生导师。其间曾任山东师范大学教育系副主任、主任。1991年任教于上海教育学院，曾任教育科学研究所所长，《基础教育》杂志主编；1997年起任教于华东师范大学教育学系。华东师范大学终身教授、博士生导师，中国教育学会教育学研究会副会长、教育哲学专业委员会主任，东北师范大学、西南师范大学、山东师范大学等十余所大学的兼职教授。自20世纪80年代后期在山东师范大学带第一届研究生起，先生为教育学领域培养了许多杰出的人才，据统计，先生带过的学生中，博士45人，硕士8人，博士后6人，访问学者11人。

先生为我国教育科研作出了杰出的贡献。他主持"学校教育与儿童发展"等国家重大项目、省部级重点项目多项。著有《躁动的百年——20世纪的教育历程》《现代西方教育哲学》《皮亚杰理论与道德教育》，出版译著《西方当代教育理论》《学习的条件》《儿童的道德判断》《儿童的早期逻辑发展》《意识的把握》《成功与理解》《民主社会中教育上的冲突》《道德教育的理论与实践》等，主编有《西方文化辞典》、"20世纪教育回顾与前瞻"丛书（共9种）、《教育大辞典·教育哲学》（副主编）、《走向研究教师之路——教育研究方法与应用》、《转型期西方教育理论与实践》丛书（共8种）等，在《教育研究》等刊物上发表论文多篇。其中《皮亚杰理论与道德教育》获全国首届教育科学研究优秀成果著作一等奖、山东省哲学社会科学优秀成果著作一等奖，《现代西方教育哲学》获上海市哲学社会科学优秀成果著作一等奖，《躁动的百年——20世纪的教育历程》获全国第二届教育科学研究优秀成果著作一等奖、上海市哲学社会科学优秀成果著作一等奖、第十一届中国图书奖,"20世纪教育回顾与前瞻"丛书(共9种)获第十届中国图书奖。1988年他被评为山东省首批专业技术拔尖人才,1991年获国务院特殊津贴,1993年获"曾宪梓优秀教学奖",2000年获"宝钢教育奖(优秀教师奖)"。

先生致力于现代西方教育哲学思潮的研究二十余年,为我国教育哲学学科的建设与发展作出了很大贡献。他在国内较早翻译介绍了皮亚杰、加涅、赫钦斯等人的教育著作和教育思想,对现代西方教育哲学的研究有较深的造诣。他始终以睿智的目光,关注教育实践,研究教育问题,批判教育现实,追问教育真谛。他就像一个农民,以思想为犁,不停地耕耘在教育领域。

我们下面所总结的先生的观点,大多是先生从未以文字形式公开发表过的。我们试图从研究视角、研究方法以及研究结果等方面,对先生的教育思想做一个浮光掠影的展示。

一、对教育哲学学科发展的探索

哲学是智慧之学,体现了一个民族的悟性。黑格尔说,"一个有文化的民族",如果没有哲学,"就像一座庙,其他各方面都装饰得富丽堂皇,却没有至圣的神那样"。一个没有哲学思维的民族,是没有文化创造力的民族。教育哲学是与人类的教育活动同步产生的,任何教育活动的发生都离不开教育哲学思想。中国的教育哲学学科形成于20世纪30年代。[①] 1949年以后,教育哲学作为一门学科在高校停开。直到20世纪80年代,中国教育学者又重新开始研究和讲授教育哲学。[②] 1979年,先生作为山东师范大学和华东师范大学联合招收的研究生,跟随我国著名教育哲学家傅统先、张文郁先生学习教育哲学,并把西方教育哲学思想作为自己的研究方向。自1982年在山东师范大学开设教育哲学课以来,特别是担任教育哲学专业委员会主任以后,先生一直致力于教育哲学的研究工作,为该学科的发展贡献了自己的智慧。

先生认为,教育哲学的核心是教育的价值问题,它不是既定的知识,不是现成的结论,不是实例的解说,不是枯燥的条文,而是追问教育观念的前提,探寻教育常识的根据,反思历史进步的尺度,推敲评价真善美的标准。在教学过程中,相对于知识的教学,先生把对问题的发现、思考放在第一位。先生认为,相对于理论创新、现实问题的解决,知识是最好学的,但不能把知识对人的发展的作用看得太高。教育哲学学科的最大价值,就是引发问题。它更多的不是回答问题,而是提出问题,让人不断地思考。学教育哲学不

[①] 陆有铨,迟艳杰.中国教育哲学的世纪回顾与展望[J].教育研究.2003(7):3-10.
[②] 同①.

是学知识，对教育思想的产生、历史的演变，要加以自己的判断，认识历史与逻辑的统一。教授教育哲学不是教学生接受某一派教育思想，而是要培养几个"不受惑的人"。

在教育哲学学科建设方面，先生进行了很重要的划界工作。哲学最根本的特征是追根性，强调对人生深层意义的挖掘，有着可以穿透我们日常生活层面的无限的深度。它关注的是我们在世上生存和发展的终极意义，它将我们日常生活的枝节、常识和现象加以剖析，使我们懂得激发人性深处的精神潜力。而教育哲学之区别于教育科学，先生认为，根本的是教育哲学的任务不在于发现教育事实，而在于对事实进行解析，对教育过程有潜在制约作用的真善美规则进行探究。教育科学侧重于发现事实，通过科学的研究，使教育过程脱离经验的局限。教育哲学也区别于教育理论。教育理论是人们在教育实践中借助概念、判断、推理表达出来的知识体系，是对教育实践的概括总结。理论的形成需要理论思维。理论思维需要哲学，哲学起着统率的作用。任何理论的发展都受时代的哲学发展的影响。先生认为，真正良好的社会应该是以哲学为定向的社会。中国教育的落后首先是教育哲学的落后。教育哲学对教育理论的提高具有很大的作用。

先生还站在新世纪的起点上，明确教育哲学的功能，展望教育哲学的发展趋势。先生认为，教育哲学具有两大功能，即批判功能和理想引导功能。教育哲学的反思与批判功能就是对教育问题所蕴含的前提予以反思，也就是对教育问题的"前提"进行诘问性的思考，或者是把"前提"作为"问题"予以追究和审视。发挥教育哲学的批判功能不是对教育现实的彻底否定，而是在观念、精神活动层面形成一种制约或导向，在这个意义上的批判也就是一种建议和建设，引导教育健康发展。[①] 先生自己就经常对一些教育口号进行前提性追问，如"科教兴国""一切为了学生，为了一切学生，为了学生一切""没有教不好的学生，只有不会教的老师"等。教育哲学的理想引导功能，就是要给年轻一代以超现实的理想和信念，使他们爱智、求真、向善、趋美，具有蓬勃向上的精神和高尚的追求。先生认为，未来教育哲学的发展有两大趋势。第一个趋势是向具体研究领域深入。教育哲学自身分化出教育美学和教育伦理学等；在纵向教育系统上，出现高等教育哲学和基础教育哲学的研究；在横向的教育学各领域，出现文化教育哲学、教学哲学、道德教育哲学等，其他还有课程哲学、教师教育哲学、社会教育哲学、家庭教育哲学等。第二个趋势是扩展教育哲学研究的国际视野。一方面是以宏观的视野研究西方 20 世纪中叶以后出现的时代性问题，如人类自身存在和发展中的问题、知识经济的问题、科学技术发展提出的问题、经济全球化的问题等；另一方面是加强国际的交流与合作，把中国教育哲学的研究成果推向世界。

先生主张，教育哲学研究的最重要的目的不是为了获得知识，而是为了提高教育反思

---

① 陆有铨,迟艳杰.中国教育哲学的世纪回顾与展望[J].教育研究.2003(7)：3-10.

能力。在研究现代西方教育哲学的过程中，先生一直把研究的着力点放在对历史的政治、经济、文化背景的把握上，主张对其进行宏观的概括和审思。在内容的涉及上，先生的研究工作可以归纳为四种具体的研究视角。从这些独特的视角出发，先生提出了自己对现代西方教育哲学思潮的独特见解。

第一种视角是总揽100年西方教育哲学思潮，展示西方教育家是如何思考的。如对杜威的"教育无目的"这一学说的理解，先生阐述道，因为人的活动总是具体的，具有时空的特定性，人的活动又总是与具体问题有关，只要人有活动，就会有问题。人的活动归根结底是解决问题的活动，而且是解决切近的问题。因此，教育没有终极的目的。

第二种视角是对不同的教育思潮进行共同点与分歧点的辨析，揭示教育内涵的丰富性，展示对教育问题思考的多方位视角。如杜威用经验的方法研究伦理问题，试图把事实判断与价值判断联系起来，就是解决道德教育这一世界性难题的途径。由此联系我们目前的道德教育，先生认为，我们的误区在于用事实判断直接代替了价值判断。我们学校用我们国家物产丰富、地大物博对学生进行爱国主义教育，这是需要进一步讨论的。这样做的最大危害，是使道德教育成了不道德的教育。

第三种视角是通过对西方不同时期社会条件与教育内部条件的分析，把握西方教育家100年关注的教育焦点，以此反观今天我国的教育问题。教育上没有新问题，西方教育家对教育问题的研究，可以给我们很多的启发。还以先生对杜威的研究为例。先生认为，杜威对自由、民主与教育之间关系的理解，非常值得我们借鉴。杜威认为，自由不是一种状态，而是一个过程，所谓自由就是"争自由"，所谓民主就是"争民主"。我们往往把主体性的发挥看成是无条件的，把自由看成是绝对的，并与纪律对立起来，把民主理解为少数服从多数。这都隐藏着很大的危险，极容易形成多数人的暴政，"文化大革命"就是一个典型的例证。

第四种视角是对不同流派的基本主张进行评析，深刻理解每一种教育哲学思潮、学派、学说在特定国家、特定历史时期的"绝对"（被决定性、必然性、合理性）及其在历史发展进程中的"相对"（历史局限性、偏颇），明确研究问题应有的态度、方法，提高反思能力。如通过对进步主义和永恒主义的对比，先生认为，教育主张没有绝对的好与坏之分，只有合适与不合适之别，适合当下的社会需要、适合学生作为人的内在的自然的教育就是好的教育。

这些研究方法和研究视角贯穿着反思、批判，从不同角度引出问题，常常有拨云见日、使人茅塞顿开之效。

二、对 20 世纪教育发展历程的探索

先生致力于现代西方教育哲学思潮的研究，先后出版了《现代西方教育哲学》《躁动的百年——20 世纪的教育历程》等专著，主编了"20 世纪教育回顾与前瞻"丛书（共 9 种），内容涉及 20 世纪东西方教育改革、教育目的观、道德教育理论、教育科学研究方法论、新教学论、教育法、教育经济学、教育心理学、教育技术等诸方面。对整个 20 世纪教育发展做了一种全方位、多视角、深入细致的"世纪末的思考"。

《现代西方教育哲学》于 1993 年首次出版。它是国内研究西方现代教育哲学的扛鼎之作。先生自 1982 年取得硕士学位留山东师范大学工作以后，遵从师命开设教育哲学课，主要讲授现代西方教育哲学。本书就是在上课讲稿的基础上，根据"教育哲学系列研究"课题的需要，加以补充、修改而成的。本书共分七章，大体按照时间的线索，介绍、评述了 20 世纪以来西方教育哲学的下列几个重要流派：进步主义、要素主义、永恒主义、改造主义、新行为主义、存在主义、分析教育哲学。对每一个流派的思想渊源、产生的时代背景、理论基础，以及诸如教育目的、课程、教学方法、教学过程中的师生关系等主要的教育主张，都进行了系统的阐述，并对每一个流派进行了中肯的、有见地的分析和评论。先生开设现代西方教育哲学课已经二十余年，每次讲课均受到博士生、硕士生的欢迎，每每成为选修人数最多的课之一。《现代西方教育哲学》一书也被国内诸多的师范院校作为硕士、博士研究生学习、研究的范本。先生并不满足于现成的研究成果，每次讲课均作认真准备，不断补充新材料，发展提炼新观点；讲课以后均作深入的反思，不断提炼、不断补充，为以后的授课做准备。

先生把 20 世纪西方教育哲学的发展高度概括为"一条主线三个转向"。"一条主线"是指科学主义与人文主义的争斗。杜威提出，学校日常工作有科学的和人文的两种办法，"一个办法是企图诱使教育者回到科学方法还没有建立以前的几个世纪就已出现的种种理智的方法和观念"，"另一种可供选择的办法是系统地利用科学的方法"。他认为，"要使教育工作不至于漫无目标地随波逐流，只有在两种办法中选择出一种办法来"。[①] 整个 20 世纪的教育表现为这两种主张的争斗，论战不断，各执一端。先生把 20 世纪科学主义与人文主义之争比喻为一条直线，认为它们之间没有绝对的中点，也没有绝对的两端。而且二者之争呈现为越来越分离的趋势：一方面，人文主义教育的观念，从永恒主义到存在主义，越来越远离中点；另一方面，科学主义教育的观念，从进步主义、改造主义到新行为

---

① 杜威.我们怎样思维·经验与教育[M].姜文闵,译.北京：人民教育出版社,2005：294.

主义，也是越来越远离中点。联合国教科文组织国际教育发展委员会在其编写的《学会生存——教育世界的今天和明天》一书中表现出来的基本立场是力图将二者融合起来。① 对此，先生评论说："这是偷懒的方法。我反对'有机的结合''辩证的统一'这样的提法，这涉及范式的可不可通约的问题。把几个方面的优点综合在一起，看起来很完美，但有时是无法通约的。"先生用禅师的"棒喝法"幽默地说："有没有胆固醇的肥肉吗？可以同时具有姚明的个子加刘翔的速度吗？可以同时拥有大象的力气加猴子的灵活吗？"先生说："试图把科学主义和人文主义综合在一起，是极端困难的。两者能各占五成吗？如果不能，应该是什么比例？为什么是这个比例？"直到今天，我们看到的事实不是科学与人文的融合，仍然是二者的逐渐分离。

先生把西方教育哲学的发展变化概括为"三个转向"。

第一个转向是由对普遍性、共性的追求，转向尊重个性、多样性，尊重多元。既往的教育是追求普遍性，追求统一，以培养人的共性为己任。20世纪以后，人们发现对统一性的追求是不可能的。在教育上由过去对共性的追求转变为追求个性，培养学生个性。

第二个转向是由注重理性转向注重非理性。既往的教育是理性主义处于统治地位，认为人的理性是万能的，其根本观点是二元论的，强调主客分离；认为人的理性最大的作用是认识宇宙中的逻辑，在教育中注重学生理性的发展。历史到杜威这里，二元论被彻底颠覆了。杜威把认识者与认识对象统一为经验，强调知者与被知者二者的不可分，认为世界上本不存在逻辑，逻辑、规律是人强加的。先生将其归结为"教育无规律说"，即教育是有规则的，但是没有规律。规律是不以人的意志为转移的、客观的必然，规律具有可重复性。教育上的规则都是人定的，而且没有可重复性。

第三个转向是对人主体性发挥的认识由无限转向有限。人们认识到，教师主体性的发挥是有限的，教师的作用是有限的，学校的作用也是有限的，教师的劳动要有价值，也要与学生的自然相配合。离开学生的自然，教育必然失败。

《躁动的百年——20世纪的教育历程》洋洋七十余万言，是"20世纪教育回顾与前瞻"这一研究课题的总报告。本书的特点不仅在于材料的翔实与全面、发人之未发，更为重要的是总揽了东西方教育发展过程中的各家学说，理出了一条20世纪教育理论演变的脉络以及教育理论的发展趋势与可能。更见功力的是，本书不局限于一般的介绍，而是着眼于作出中肯的评价，这些评价颇多独到、发人深思之处。

马克思在《政治经济学批判》一书中对于经济基础和上层建筑变更的关系指出："我们判断一个人不能以他对自己的看法为根据，同样，我们判断这样一个变革时代也不能以

---

① 陆有铨.躁动的百年——20世纪的教育历程[M].北京：北京大学出版社,2012:268.

它的意识为根据；相反，这个意识必须从物质生活的矛盾中，从社会生产力和生产关系之间的现存冲突中去解释。"① 先生以此经典性说明为指导思想，在一个比较广阔的世界政治、经济、科学技术和文化发展的背景下，对20世纪的教育改革从纵横两个方向进行了深入研究。

在横的方向上，以世界性的教育改革为线索，先生把20世纪教育的发展分为了三个阶段。第一阶段从19世纪末、20世纪初开始至1945年第二次世界大战结束。这一阶段的主要特征是资产阶级民主主义的教育改革以及资本主义制度发生裂变以后的其他形态的教育改革。在俄国十月革命以前，以欧洲的新教育和美国的进步主义教育为代表的民主主义教育的改革形成了一股浪潮，包括中国在内的大多数国家，都受到这股思潮的影响。俄国十月社会主义革命是资本主义的一次裂变，建立了无产阶级性质的教育制度，实行了共产主义的教育改革。资本主义的裂变还表现在德国、日本、意大利等法西斯主义国家的兴起，在教育方面，进行了为法西斯主义政治服务的国家主义的教育改革。第二阶段从第二次世界大战结束到20世纪70年代末。第二次世界大战摧毁了法西斯主义的武装和社会制度，出现了以苏联为首的社会主义和以美国为首的资本主义两大阵营，且两大阵营处于严重的对峙状态。这种"双峰对峙"状态深刻地影响了战后的教育。这一阶段，教育改革的主要趋势是教育事业的大发展以及追求科学知识教育的高质量，改革主要集中在课程和教学方法方面。以美国和苏联为例，改革的动力除了政治、军事、经济的因素以外，主要是新科技革命和苏联人造卫星上天的影响。第三阶段从20世纪80年代开始，直到今天。这一阶段的特征寓于20世纪80年代后期重点各异的教育改革之中，主要是在世界多极政治格局以及新技术革命背景下美国、苏联、日本等国进行的教育改革。从20世纪70年代开始，有的国家即开始酝酿教育改革，但由于20世纪70年代工业化国家发生了经济危机，因而第三次教育改革的高潮推迟到20世纪80年代才出现。这次改革有三个特点：第一，反映了和平与发展的主题；第二，改革具有整体性；第三，各国改革的重点不同，这同多极世界的政治格局有关。

在纵的方向上，先生也按照自己的标准进行了梳理，抽取了几个重要的方面进行了详述，如教育思想、终身教育的理论和实践、中国的教育等。对20世纪的教育思想，《躁动的百年——20世纪的教育历程》一书主要按照人文主义教育思想和科学主义教育思想的争斗这个线索来展开。先生将其概括为几个"化"，即教育的政治化、民主化、终身化和国际化。

---

① 陆有铨.躁动的百年——20世纪的教育历程[M].北京：北京大学出版社，2012：前言.

三、对教育研究方法的探索

先生认为，教育理论探讨的分歧是在哲学观上。研究教育，首先要研究人。我们的教育研究似乎存在着一个隐性的关于人性的前提，即往往把学生看成天使，把教师看成圣贤。这种人性论的假设是值得讨论的。我们要追问，人到底是什么，社会到底是什么，教育到底是什么。抛开对人的关注，抛开一般的人性的假设，把教育看作孤立于社会的活动，就学校教育研究学校教育，而不与人的其他活动做联系、做比较，这种研究方法是值得反思的。

研究教育要先研究事实，再作价值判断。先生说，上来就做价值判断，不是研究的态度。先有价值判断，再根据判断剪裁事实，更是危险的做法。现成的价值判断，很可能被当作躲避批评的"防空洞"。又如，对"进步"我们习惯作正向的价值判断，但是没有看到，"骗子"的技术越是进步，对社会的危害就越大。又如，对"强制"我们是否定的，但是没有看到人不能离开外在的压力，因此在基础教育中就导致一些教师很难做。再如，我们仅仅把学校教育看成是培养人的，而没有看到义务教育阶段之后学校教育的甄别、选择作用，因此我们才会不遗余力地批评高考。学术上有很多这样的"防空洞"，教育学上的"防空洞"更多。过去被教育家定论过的东西，最有可能成为"防空洞"，如个别差异、环境等。真正的学者是试图解决这些"防空洞"。我们作研究，不要受历史上的大思想家的影响，上来就想当然地作价值判断。客体本身是无所谓好坏的。只有与人的需要发生关系时，价值才出现。以人性的善恶为例，要先研究它是什么，再判断好坏。而现在的人性论研究，往往是先作价值判断。比如人的好吃懒做，是好是坏？它可能是坏的，但也有好的一面，它促进社会的发展。人类社会的发展，从根本上是源于人的好吃懒做。促进人类社会进步的不是善良的人性，而是巧妙利用人性中恶的部分。挖掘人性中善的东西是肤浅的，我们整天喊的"促进""弘扬"能起多大作用呢？我们到处张贴的标语、口号，有多少转化为人的行动力量了呢？学校里表扬、奖励等教育手段，当然具有一定的教育作用，但这些手段是否真正重要到要以它为主呢？表扬潜藏着道德危机，它可能培养出"伪君子"，因为表扬下产生的行为不一定是出于道德的目的。在教育中，使人进步大、印象深刻的是表扬还是非表扬呢？恶也是重要的教育力量，教育要探讨如何利用人性中的恶。发展市场经济就是利用了人性中的恶。人没有"私"比没有"公"更可怕。关键是怎么利用恶。

研究从问题开始。任何科学发明都是解决问题的。人类的希望掌握在思考问题的知识分子手中。先生常说，可以三天不看书，但是不能一天不思考。先生引用胡适说过的"做学问要在不疑处有疑,做人要在有疑处不疑"这句话,来鼓励学生质疑。先生鼓励学生对确信无疑的问题产生怀疑,对人们熟知的、习以为常的教育生活作追根式的反思、批判。问题不是人造的,是生活中固有的。因此,先生倡导对学生每天看到的熟悉的现象、思维方式、价值取向进行追问,对日常知识的前提反复追思,追问它何以如此,以发现问题。先生常说,我没有学问。不了解的人以为是先生在谦虚,其实,这就是先生的知识观。先生推崇的不是现成的死知识,而是对知识的使用。先生认为,可以说所有的知识都是死的,也可以说根本没有死知识。知识之死,罪不在知识,而在于使用者。知识只是思维的材料,学习知识是为了利用知识进行思考。人的肉体生命是脆弱的,但是人能思考,人的全部尊严在于思考。

教育研究要有代价意识。由于采取某个方案而带来的负面影响,就是为实施该方案而付出的代价。任何问题的解决方案,都是要付出代价的,都要有某些"副作用",不能指望某个方案或者学说能解决所有的问题。作教育研究要达到十全十美是不可能的。要弄清楚"搞"有什么代价,"不搞"有什么代价,两相比较,取其代价轻者。先生追求思想的深刻,对问题的解剖入木三分。哪怕这种解剖是错的,但对后人也有启发,错误的价值是不能低估的。解决方案要有针对性,对症下药,越是普遍越是没用;肤浅的综合,看起来是辩证的,但实际上对解决问题没有任何价值。以高考为例,先生认为目前还没有什么选拔人才的办法比高考更公正。它有问题,但不能简单否定它。在公平的定义下,它存在着某些不公平;在不公平的定义下,它又是最公平的。需要对其作具体情况下的具体分析,不断地改进。教育上动不动用革命的、全盘否定的办法是不可取的。英文 revolution 与 evolution 只相差一个字母,社会变革在有些情况下用 revolution 是可取的;而教育,先生一贯主张用 evolution。因此在别人对高考进行攻击的时候,先生就为高考辩护。先生说,我真不明白有些人怎么那么恨高考,"文革"期间打着公平的旗号取消高考,给中华民族带来了一场灾难,反而导致了最大的不公平。

先生一贯提倡作研究就是要增加新东西,或者观点是新的,或者方法是新的,或者视角是新的,反对说"正确的废话"。他要求学生写文章要"刺刀见红",要有自己的见解。先生从教三十余年,仅发表论文二十几篇,出版专著三部。非不能,不屑为也。没有真知灼见,没有创造出新的知识,先生从来不滥竽充数。就是已经成熟的观点、主张,先生也从来不急于拿出来发表,而是斟酌再三,反复探究,有很多东西往往是放上几年再发表。因此,我们本文涉及的思想,有很多是他在课堂上或是带学生过程中思考、阐述的意见,但是从来没有以文字形式发表过的。即使是这样,也可能正因为这样,仅仅几部著作,已奠定了先生在国内教育哲学研究领域的学术地位。

四、对学校道德教育的探索

学校道德教育问题一直是先生关注的重点。经过多年对学校道德教育的研究,在考察古今中外道德教育思想史的基础上,先生提出了两个重要的理论,即"道德在生活之中"和"道德是自足的"。从这些理论出发考察目前的学校道德教育,先生认为学校道德教育目标的定位值得进一步研究,这也是解决目前学校道德教育缺乏有效性的根本所在。

道德在生活之中。先生认为,传统的哲学史探讨道德主要有两条途径:一个是三大宗教的传统,借助于绝对的权威和神威,把道德看作它们意志的产物;另一个是从生理学、心理学的角度,借助于人的理性,从价值的层面来进行思考。这两条途径都是从特定时代人的具体生活以外来探讨道德,这是有问题的。先生认为,人的道德就在人的生活之中,必须从人的生活本身来探讨道德。道德的发生与发展离不开人的生活,特别是在人类早期,在与环境斗争的过程中形成了种种行为规范,这是人生活的必需物。人的生活本身需要法律、纪律、道德,三者都是人的主观性的产物,这个意义上三者是一致的,差别在于三者处理的问题不同。法律代表国家意志,是统治阶级主观意志的产物;纪律是在一定范围内处理群体的关系;处理个人与个人之间以及个人与社会之间关系的范畴就是道德。法律、纪律、道德的宗旨与价值都是满足人的生存和发展。道德不同于其他二者的是,道德凭借人的良心,即黑格尔所说的"普遍的善"。真正的道德是主观的,只有符合自己意志、出于自己意愿的行为才是道德的行为。

道德是自足的。先生从对人的需要的考察提出"道德自足"的理论。先生认为,人类从事的政治、文学、艺术等活动是人类普遍性的产物。由此出发,不断追问,人为什么要从事这些活动?追问到不能再问,就要落脚于人的需要。对道德教育目标、手段的思考,同样也离不开对人类需要的考察。而人类最基本的需要主要有个体生存的需要(如衣食住行)、社会的需要(包括社会认同感、社会归属感、尊敬感以及爱人和被爱的需要)、精神的需要(包括审美的和科学的)等。人类在长期的进化中,人的需要与其他生物的需要有一个最根本的区别,就是人的客观所需与人的主观所欲高度一致,我们想要的东西往往也是客观上需要的东西。而所有想要的需要都可以归结为解决个体的生存及种的繁衍。因此,我们把道德与个人的生活归结起来,道德是人自身所需要的东西,而不是外在的东西。满足了人的基本需要,道德就是他自己的东西,就是他需要的东西,这和人的生活的发展是一致的。也就是说,只有出于人类自身需要的,才是道德的;凡是人类自身不需要的、不想要的,都是非道德的。

关于目前学校道德教育目标定位的问题。既然人之所欲与所需高度一致,就不会有非道德问题出来。但问题并不这么简单。先生认为，我们对人性的界定还要考虑人之为人的其他属性，人的身上还有兽性。人区别于其他动物的一个根本特征是，人是否定性的存在，其他动物是肯定性的存在。人之所以建有高度的物质文明，主要是由于人的自我否定性。而动物的发展完全是被动的，它受制于环境的变化。人的否定性是人的主体性的主要内涵。人作为动物进化的结果，出现了一个严重的现象，就是所需与所欲的分离。由于不能理解自己的最基本的利益、最基本的需要，于是就有了道德的需要。从这样的追问出发，先生进一步提出了学校道德教育目标的定位问题，即学校道德教育最根本的目标是解决人类行为中不道德的问题，而不是解决更道德的问题。因为有不道德的行为在先，才需要道德教育；就像先有犯罪行为，然后才有法律一样。然而在中小学教育中，道德教育的目标往往定位于更道德，所以不道德的问题就留待于大学解决了。目前的种种道德虚无主义都是目标定位带来的问题。

关于学校道德教育有效性问题。在雄辩论证的基础上，先生提出六条提高学校道德教育有效性的意见。

第一，建立正确的道德教育方法论基础。关于学校道德教育方法论的基础，先生认为，可以归结为对这个问题的追问：一个人是因为不断解决自己的不道德而成为道德的人，还是因为不断做更道德的事情才成为道德的人？先生给出的答案是前者。也就是说，个人发展的最根本的动力，是个人实际的道德行为状况与人的最根本的需要所产生的规则之间的矛盾运动，正是在这个矛盾中获得了发展的动力。

第二，学校道德教育要符合人性。道德教育的有效性取决于道德教育是否符合人性。目前存在着两种不符合人性的教育：极端个人主义道德，表现为自私自利、放荡无羁；国家主义或绝对整体主义道德，表现为不断牺牲、不断付出、不断奉献。这二者都是把想要的东西置于需要的东西之上，这种想要或者是以个人的名义，或者是以国家的名义、上帝的名义，是不符合人性的，是不可取的。符合人性是满足人的基本需要，对受教育者而言，就是要达到道德义务与道德权利的一致。既往的道德对受教育者是无道德权利的道德义务，对教育者而言是无道德义务的道德权利。道德成了学生生活以外附加的东西，有效性从根本上受到动摇。

第三，构建自律道德的可靠基础。正确价值观的构建，是自律道德的可靠基础。任何道德教育都不可避免地要涉及到价值和价值观的问题，而我们在道德教育中往往是把价值观的教育放在次要的地位，注重的是道德规则的教育。这是可怕的。价值观的教育不能灌输，只能引导。所谓引导，是教育者告诉学生自己的道德主张、价值取向，而不是强求；在教育过程中要提供经验的事实；帮助学生厘定价值观的内涵以及对他个人的意义。

第四,重视道德感、责任感的培养。道德教育的支柱是道德感的形成,而道德感的核心是责任感。道德感是一种压力感,是一种在特定道德情境下做什么、不做什么的压力感。它区别于目前东西方道德教育中作为达到教育有效性使用的原罪感、犯罪感、羞耻感,这些都是消极的,而只有道德感是积极的。作为它的核心,责任感是基于对公共基本需要感受而产生的对个人责任、义务的认同。道德感的发展包括对自我的认识、对他人的认识、对公共利益的反省思考和认同、对个人与公众关系的认识以及自觉察觉自己行为的能力等。

第五,在道德教育中,要慎重谈功能、作用以及各种正向、负向的控制措施。由于道德是自足的,它无须任何外在的东西。真正的道德是合乎自己意愿的,符合自己所想的。现在所谓的引导、榜样、奖励、鼓励等不是道德的手段,因为在善意下的积极反馈,可能会内化为学生的需要,而成为道德行为的交换物。学生从事道德行为,目标可能就是盯着奖励。道德是主观的,凡是违背人的主观意志,不是出于人自己意愿的行为都是不道德的。做奴隶不好,做权力的奴隶不好,做荣誉的奴隶同样不好。这样最大的危害是可能造就"伪君子",或者是培养了些"谨慎的人"而已。一旦失去外力支持,道德状况可想而知。

第六,重视学生生活自身。我们建立了丰富的道德教育资源,但却忽略了学生自身的生活,包括学习生活、日常生活,特别是学生的自发活动、课外游戏等。只有在日常生活中,学生才能感受到人与人、人与社会、人与环境的真正的道德内涵,也才能对各种规则有深切的了解。

五、对教育性质及作用的探索

教育作为人类特殊的活动,是做什么的?教育的作用到底有多大?学生的学习是怎样发生的?教师在学生的学习中能发挥多大作用?先生经常对这些问题做追根性的寻问。先生在研究后得出很多发人深省的结论:所谓的教学归根结底是学生自己在学,教师只是引导、帮助,教师教的作用是有限的,学校教育能做的事情是有限的。

美国哲学家阿德勒在《为教育哲学辩护》一文中,把教育看作是"合作的艺术"[①]。他把艺术的事业分为操作的艺术和合作的艺术。为了进一步加以说明,他举例子说,生产一双鞋,完成一座雕像,创作一首诗需要操作的艺术;而农业生产,则是合作的艺术,没有人参与,土地也生长植物。他认为教育也是这样,因为人的心灵天然地存在着一种学习

---

① 陆有铨.现代西方教育哲学[M].北京:北京大学出版社,2020:140.

和获取知识的倾向，这同土壤天然地生长植物一样。先生受此启发，把教师比作"农民"，把教育比作"农业"。他说，教师教学也像农民种庄稼一样，没有农民的劳动，大自然天然地生长农作物，农民所能做的只是浇水、捉虫，让农作物生长得更好而已。学生学习的发生，教师不是绝对的条件。有了教师，学生可以学习得更好；没有教师，学生也可以学习。第一位的是学生的学，而不是教师的教。"没有教不好的学生，只有不会教的教师"这句话是值得商榷的。正像农民浇水、施肥超过农作物的需要，可能涝死、毒死农作物一样，也有可能因为教师不正常的方法把学生好的料子弄坏了。某些情况下，教育的成功往往意味着失败，而教育的失败往往意味着成功。所谓教育，就是把人固有的本质力量引发出来。

最近十年以来，我国教育理论和实践工作者就发展学生的创造能力、培养创造型人才问题进行了热烈的讨论。不少研究者在努力揭示创造发明的规律，概括、总结创造型人才的培养途径，探索创造发明的具体方法、策略。在肯定这种研究的意义的同时，先生表示了深深的质疑，认为创造型人才的培养是否具有普遍的规律等前提性的问题需要进一步的讨论，把对诸如"头脑风暴法""原型启发法"等发明创造的技法的掌握看作是培养学生的创造力，显然过于简单，学生创造能力的发展显然不是掌握了方法就可以实现的。先生首先对什么是创造以及创造的本质等问题进行了哲学上的追问，认为创造是人之为人固有的本质力量，人的创造能力不是外铄的，不是别人传授、教授的结果。在这方面，学校、教育、教师的作用是有限的。因此，先生提出创造能力不能培养只能养育的观点。学校能做的不是"教"学生如何创造，而是"让"学生创造。所谓"让"，主要是指教师应该鼓励、认可学生在创造性活动时的自由想象甚至想入非非，应该为学生的创造性活动提供必要的条件。

创造的逻辑起点是问题。创造性活动始终是以解决问题为定向的。我们学生的创造力哪里去了呢？经与美国学生作比较，先生得出结论：是被我们的家庭、学校扼杀掉了。先生指出，我们的教育中，普遍存在着教育者不欢迎学生质疑，对学生提出的问题不予理睬，乃至讽刺、挖苦、打击，想方设法把学生的想法、思路纳入自己的既定程序等现象，正是这些现象把学生许多富有创造性的、新颖的想法、思路无情地扼杀了。因此，先生提出，就学生创造精神、创造能力的发展而言，不妨碍、不压制、不打击，就是"培养"。这正如一个农民对待农作物的态度一样，也正如我们常说的"保护环境"一样。所谓的"保护环境"，就其本质不是去"做"一些保护的行为，而是"不做"破坏的行为。

但是，先生认为学校在学生创造能力的发展方面也不是无所作为的。创造性活动的发生还受到个性、知识、技能的制约。个性因素在创造性活动中总是处于核心地位。创造性活动能否发生，创造者首先碰到的问题是"想不想""敢不敢"创造的问题。没有对真理的热爱，没有对人类和民族前途的深切关怀，没有百折不挠的意志和毅力，创造性活动就难以发生和展开。从这个意义上说，养育学生健全的个性就是在培养创造型人才。然后，还有"能不能"创造的问题，脱离了知识和技能要想取得创造的成果也是徒劳的。创造性活动是在前人已经达到的基础上的开拓，扎实的知识、技能有利于加深对现实批判的力度和深度，基础知识和基本技能还有利于在批判过程中发现问题和解决问题。因此，学校教育绝不能放弃在传递知识方面应该肩负的使命。此外，创造者的价值取向与创造性活动也是须臾不可分离的，创造及其结果不是单向度的，它既可以是积极的，也可以是消极的；既可以向善，也可以为恶。因此，在发展学生创造能力方面，正确的价值观的引导以及正确的价值层级的构建，乃是学校教育始终应该关注的不可推卸的责任。

六、对教育工具价值的探索

目前的学校教育制度形成于近代。欧洲中世纪以后，伴随着近代化、工业化、城市化的进程，学校教育也经历了一系列的变化。对教育目的的强调，也从强调知识过渡到强调人的发展。目前的主流观点是对教育工具主义的批判，强调人的发展。先生认为，对学校教育目的的反思，包括对教育的工具主义的批判，是值得进一步研究的。人的发展最终还是要落脚于国家的需要。尤其是在当前国际竞争的大环境下，教育是增强国家竞争力、实现民族富强的重要手段。教育归根结底还是具有工具价值。

目前的主流观点认为，教育的工具主义倾向否定了人的"社会历史活动的主体"的地位。长期以来，学校教育主要强调的是人的工具价值，而人的全面发展却成为现代学校教育的奢侈品。这样，学校教育所培养的只是马尔库塞所谓的"单向度的人"。受教育者作为人的发展受到了严重的忽视。

先生认识到，教育固然要为经济发展服务，但人不是单纯的经济工具，因为经济的发展并非社会发展的全部内涵，财富的积累也不是人生的最高目的。在当前经济大发展的热潮下，教育仍然不能放弃自己的根本目的，而应该把既往所遗忘了的人重新找回来，把培养人作为主要的目的。在不同的历史社会条件下，强调知识和强调人的发展都是对的。没有绝对的好与坏的教育，只有适合与不适合的教育。中国近代以来迫于西方列强的压制和欺凌，以及"保国保种""救亡图存"的现实需要，特别是进入 20 世纪以来，随着国家之间、国际利益集团之间斗争日益加剧，国家之间在意识形态、军事力量、经济实力、综合国力方面的竞争日趋激烈，学校作为实现国家目的的工具具有越来越重要的价值。国家要富强，教育的社会功能越是应该得到强化，学校越是要成为服务于政治、经济的主要工具,成为培养各种专业技术人才和提高劳动力素质的主要基地。在维持现有社会的政治体制的目的下,学校除了努力养成受教育者一定的价值观、态度和行为规范之外,还应尽可能地传授与生产,尤其是与工业有关的各种分门别类的知识和技能。

先生认为,强调人的发展是对的,但对这个问题的研究不应止步于此。对这个问题的探索还是要再往前跨出一步,这就是要追问:为什么要提出人的发展?人的发展的最终目的是什么?这是教育在当前知识经济大背景下对国家、民族富强之需要必须作出的应答。教育发展必须首先关注国家的需要。人的发展、创造性的发展最终还是以国家、社会的发展为目的。离开了社会的需要,个人的发展方向、内涵等都会失去着落。个人发展的方向、内涵都是取决于社会的。任何时代,个人兴趣的方向都要受到社会的潜在制约。离开社会的发展谈学生的个人发展,是毫无意义的。学生个性发展不是为发展而发展,最终还是要落到国家的需要上。在当前,强调学生个人发展的重要性,强调学生创造力的培养,把它放在学校工作的中心地位都是对的。这是相对于过去只注重知识的传授而提出的,是在知识经济时代对培养什么样的人提出的要求。相对于以知识为本,强调学生个性发展是有价值的,过去是强调通过知识传授达到国家富强的目的,现在是必须培养民族创新精神、提高学生创造力来达到国家富强的目的。这种教育培养目标的转向是正确的。但个人发展不是根本,国家富强才是教育的根本任务。教育的根本目的永远是社会的。我们国家要富强,要把沉重的人口负担转化为人力资源,教育是重要的手段。教育归根结底是为了中华民族的发展。

先生的研究视野之宽、思考问题之深,非我们这样一个"管窥"所能把握。对先生的思想,我们所能展示的只是寥寥几个方面。除了上面涉及的几个问题之外,先生对人文精神的养育、对教育民主、对基础教育的作用与功能等问题都有独到的见解,这些思想有待于我们进一步加以研究。先生给我们最大的启示是:在研究的方法上,要把教育问题提高到哲学层面加以研究、思考,有宽阔的研究视野;在研究的起点上,要从对人的认识出发思考教育,而不是就教育论教育;在研究结论上,也不是就教育看教育,而是更多地关注国家、民族、人类的命运。但是,这样的一个"管窥"过程,已经让我们感受到了先生深深的教育情怀和严谨的研究态度。正像先生所说:"知识分子要思考人类的命运,要承担批判的使命,要时刻为真理而战。"先生的话正可以作为先生人生的最好写照。

我们尊敬的陆有铨先生于 2019 年 11 月 12 日因病不幸去世。先生的逝世,是中国教育哲学界的巨大损失。从 1986 年年底成立中国教育学会教育哲学专业委员会一直到 2014 年,先生一共担任了 28 年的主任委员。先生对教育哲学领域的贡献,学界同仁一致公认。先生是新中国教育哲学事业的重要奠基人和卓越领导者,他始终以睿智的哲人目光,关注教育实践，研究教育问题，批判教育现实，追问教育真谛，在教育哲学领域取得了突出成就，为改革开放后我国教育哲学的研究与人才培养做出了杰出贡献。确实，先生睿智的思想光芒，已照射在中国教育哲学学科发展的征程之中；先生独特的批判视角和丰硕的学术成果，已经在教育哲学同行中留下了深刻的印象，并成为其中的一个重要标志。先生逝世后，陆门弟子沉浸在悲痛之中。悲痛之余，大家一致认为，纪念先生最好的方式是继续践行先生的理想和追求，为教育哲学的教学和研究贡献自己的力量。

2012 年，北京大学出版社在庆贺陆有铨先生七十寿诞时，出版了四卷本的《陆有铨著作集》，在中国教育界产生了很好的影响，其中《躁动的百年——20 世纪的教育历程》和《现代西方教育哲学》尤其受欢迎，得以多次重印。征得北京大学出版社的同意，我们这一次重新修订出版《躁动的百年——20 世纪的教育历程》和《现代西方教育哲学》，希望教育界同行通过先生的著作，更多地了解和研究他的教育思想。

先生做人，具有真性情；先生做事，具有大智慧；先生做学问，是教育哲学一个时代的标杆人物。

我们永远以拥有这样的老师而自豪，我们永远怀念先生！

戚万学、陈时见、马和民、陈建华、谭维智
2021 年 8 月

前　言

1988 年，北京师范大学黄济教授担任国家教委博士点专项研究基金资助的"教育哲学系列研究"项目的负责人。黄先生的研究思路是，先对中国和西方的教育哲学思想分别加以整理、研究，在此基础上再写一本教育哲学教程。为此，黄先生鼓励、支持我对现代西方教育哲学流派方面的资料加以整理，并对我将从事的这项工作的进行程序，以及成果的基本框架、结构提出了具体的要求。受命以后，我即在黄先生的指导下开展资料的整理研究工作。

关于本书的写作，除了上述缘由外，还必须感谢引导我进入教育哲学领域的傅统先教授和张文郁教授。我于 1979 年师从傅先生和张先生攻读教育哲学专业硕士学位课程。当时，两位先生命我除学好校方规定的各门学科之外，着力于西方教育哲学思想的学习，并把它作为今后的研究方向。傅先生要求我阅读梯利的《西方哲学史》和杜威的《民主主义与教育》的原版书（尽管它们已有中译本），并以他自己珍藏的杜威著的《价值论》作为我专业外语的教材，逐句逐段地加以讲解。1982 年取得硕士学位去山东师大工作后，遵从师命开设教育哲学课，主要讲授现代西方教育哲学。本书就是在我上课用的讲稿的基础上，结合"教育哲学系列研究"课题的要求，加以补充，修改而成的。回山东工作以后，由于傅先生和张先生远在上海，自己的业务进修又就近请教山东师大的潘伯庚教授、章益教授和其他老师，得到了他们很多的帮助。在完成本书的写作、回顾成书过程的时候，对于许多老师在我成长过程中给予的指导、帮助和鼓励，深表感谢。现在，傅统先教授、章益教授和张文郁教授三位恩师都已先后辞世，而他们的音容笑貌，仍历历在目，每念及他们，尤感凄然。

本书主要叙述 20 世纪以来西方主要的教育哲学流派。原先计划在开始部分对 20 世纪以前的西方教育哲学思想的发展作一概述，此外，20 世纪以来西方教育哲学流派还有一些，由于本人在这方面材料的收集、整理不够完善，加以 1991 年返沪以后许多事务需要处理，时间、精力不济，未能实现原定计划，这是一个很大的缺憾。

本书"分析教育哲学"一章是在我和华东师大马荣根同志合作的一篇论文的基础上作适当的补充而完成的，马荣根同志为此付出了辛勤的劳动，在此表示感谢。

赵祥麟教授和张家祥教授分别审阅了本书的一些部分，向我指出了许多具体的修改、补充意见，并给我提供很多宝贵的材料。瞿葆奎教授也从治学、写作的态度和经验方面对我加以指点。对于诸位老师的耳提面命，"感谢"一词岂能容纳得了！

尽管得益于老师、同志和家人的许多帮助，由于本人的理解能力和学术水平有限，书中定有许多不当和错误之处，恳请读者给予指正。

陆有铨

1993 年 1 月 16 日

于上海教育学院南部

目　　录

第一章　进步主义 ……………………………………………………………… (1)
- 第一节　进步主义教育的产生和发展 …………………………………… (2)
- 第二节　杜威与进步主义教育 …………………………………………… (11)
- 第三节　思想基础 ………………………………………………………… (18)
- 第四节　进步主义的基本主张 …………………………………………… (27)
- 第五节　评论 ……………………………………………………………… (53)

第二章　要素主义 ……………………………………………………………… (65)
- 第一节　要素主义的产生及其发展 ……………………………………… (66)
- 第二节　思想基础 ………………………………………………………… (73)
- 第三节　要素主义的基本主张 …………………………………………… (78)
- 第四节　评论 ……………………………………………………………… (95)

第三章　永恒主义 ……………………………………………………………… (101)
- 第一节　永恒主义的思想渊源 …………………………………………… (102)
- 第二节　永恒主义教育的产生、发展及特征 …………………………… (109)
- 第三节　永恒主义教育的基本主张 ……………………………………… (119)
- 第四节　评论 ……………………………………………………………… (144)

第四章　改造主义 ……………………………………………………………… (151)
- 第一节　改造主义的产生和发展 ………………………………………… (152)
- 第二节　思想基础 ………………………………………………………… (159)
- 第三节　改造主义的基本主张 …………………………………………… (166)
- 第四节　评论 ……………………………………………………………… (179)

第五章　新行为主义 …………………………………………………………… (187)
- 第一节　新行为主义的产生 ……………………………………………… (188)
- 第二节　理论基础 ………………………………………………………… (192)

第三节　斯金纳对有机体的行为的分析 ……………………………… (200)
　　第四节　新行为主义的教育主张 ………………………………………… (205)
　　第五节　评论 …………………………………………………………………… (219)

第六章　存在主义 ……………………………………………………………… (227)
　　第一节　历史的发展 …………………………………………………………… (228)
　　第二节　存在主义哲学的主要论题 …………………………………………… (237)
　　第三节　基本的教育主张 ……………………………………………………… (247)
　　第四节　评论 …………………………………………………………………… (260)

第七章　分析教育哲学 ………………………………………………………… (265)
　　第一节　分析教育哲学的历史背景 …………………………………………… (266)
　　第二节　分析教育哲学的发展 ………………………………………………… (273)
　　第三节　对几个教育概念的分析 ……………………………………………… (285)
　　第四节　评论 …………………………………………………………………… (291)

第一章

进步主义

进步主义（Progressivism）是影响美国20世纪教育最重要的教育哲学流派之一。进步主义教育有时也被称为"新教育"或"新教育运动"。

进步主义教育的含义非常复杂，美国的教育家始终未给进步主义下过一个明确的定义。此外，由于进步主义教育理论家在不同时期强调的重点不同，因此人们很难对进步主义作一个简明而确定的界说。一般来说，进步主义的理论和进步教育的实践旨在反对19世纪末、20世纪初美国沿袭欧洲形式主义占统治地位的旧传统学校教育，以便使美国的教育适应日益工业化、都市化和大量移民的需要。因此，有人也认为："进步教育是用来表示……学校中所发生变化的一个名词。这些变化是要使学校教育实际些，也就是说，使教育更能够处理普通人日常所关心的事情。"①

第一节 进步主义教育的产生和发展

一、美国教育的传统主义及进步教育的孕育

自哥伦布发现美洲新大陆以后，美洲逐渐成为欧洲的殖民地。英国于16世纪末染指北美，至17世纪初，形成东部海岸13州的殖民地，然后经过独立战争，北美13州脱离英国独立，建成美国。

17世纪英国去北美大陆的移民多为主张脱离英国国教、反对英国宗教压迫的清教徒。这些清教徒认为，世界万事万物的变化，人的前途、命运都是由上帝的意志决定的。上帝全知全能。上帝是真正的真理，但世俗的人不可能理解它。由于亚当和夏娃在伊甸园中故意违背上帝的意志，所以人有原罪，人的心灵和精神生来就是堕落的，需要加以训练。家长要强迫儿童接受宗教的戒律。英国殖民的成分以及他们的宗教信仰，使北美殖民地早期的社会成为一种以宗教为中心的社会，教会是重要的社会机构，并拥有极大的权威。

这种以宗教为中心的社会不仅要求教育维护既存的社会秩序，而且要充满宗教的精神。既然人有原罪，人的本性是邪恶的，那么，出于儿童自然欲望的任何活动，如哈哈大笑、跳舞、游戏等，都将是邪恶的，学校应该对学生的这些活动加以控制。学校的课程也以宗教为中心。教学生识字的目的是为了能够阅读《圣经》，因此，学校使用的教材便多为诸如教义问答手册、主祷文、《圣经》中的诗篇等以宗教内容为主的材料。教师教学所遵循的过程是"布置作业—记忆—背诵"三部曲，不存在现在意义上的教学活动。教师也无需高深的学问，因为在学生背诵的时候，教师可以看书。

---

① 罗伯特·梅逊.西方当代教育理论[M].陆有铨,译.北京：文化教育出版社,1984：62.

在殖民时代后期，由于科学的发展，人民教育水平的提高，人们越来越关注自身世俗的生活，这样，以宗教为中心的社会便逐渐转向世俗化。自1776年美国独立至南北战争（1861—1865）结束，美国逐渐形成统一的国家。在这段时期内，由于被人誉为"公立学校之父"的霍瑞斯·曼（Horace Mann）以及亨利·巴纳德（Henry Barnard）、卡尔文·威利（Calvin Wiley）等人的努力，人们逐渐认识到学校乃是一种有助于美国自由社会成长的强大力量，使公立学校成为美国的公共教育机构。学校教育的实践上也逐渐摆脱宗教势力的影响，由以宗教为中心的伦理训练逐渐转移到以学科为中心的理智训练。

南北战争以后，美国逐渐完成由农业社会向工业社会的过渡。与此同时，科学的各个领域，如物理学、化学、天文学、地质学、医学等都有了长足的进步。这一方面影响了人们对物质世界的看法，那种认为物质世界是上帝的造物的说法从根本上受到了动摇。另一方面，科学的成就也鼓励人们对人和社会进行实验性研究，人们不仅开始对人的行为进行化学、解剖学、生理学的研究，而且着手用"科学"的方法来研究人类的社会组织。约翰·杜威（John Dewey）在《学校与社会》一书中对当时的社会变革作了如下描述："首先引人注意的那个笼罩一切甚至支配一切的变化，是工业上的变化——科学的应用导致了已经大规模地和廉价地使用各种自然力的重大发明，以生产为目的的世界市场、供应这个市场的大规模制造业中心及遍布各地的廉价而迅速的交通工具和分配方法在发展起来。这个变化，即使从它的萌芽时期算起也不过一百多年；许多最重要方面的变化还是属于最近的事。人们难以相信，在整个历史上有过这样迅速、这样广泛和这样彻底的革命。经历了这个革命，世界的面貌，甚至它的自然形状都在改变着；政治疆界被抹掉或移动了，似乎它们只是绘在地图上的线条一样；人口从世界的各个角落急匆匆地集中到大城市；各种生活习惯也正在发生着惊人的突然而彻底的改变；自然真相的研究无限地被刺激着、鼓励着，它们在生活上的应用不仅是切实可行的，而且也为商业上所必需。即使那深入人心的最保守的道德和宗教观念以及各种爱好，也深刻地受到影响。因此，认为这个革命对于教育只有形式上的和表面上的影响，那是难以想象的。"①

然而，社会的发展并不意味着该社会包括教育在内的所有方面都发生着同步的变化。在19世纪，欧洲移民大量涌入美国，这些来自欧洲的移民不仅为美国工农业的发展带来劳动力，而且也带来了欧洲资产阶级启蒙时期的理性哲学和德国的观念论哲学。这些对美国的教育界产生了很大的影响。南北战争以后美国公立学校最有影响的人物威廉·托里·哈里斯（William Torrey Harris）强调的是权威、纪律和传统的教材，认为纪律和权威对于

---

① 华东师范大学教育系，杭州大学教育系编译.现代西方资产阶级教育思想流派论著选[M].北京：人民教育出版社，1980：16-17.

促进人的自我实现具有崇高的意义。在教育的实践方面,随着城市的日益增多和扩大,美国的中小学(greded school)得到了普遍的发展。这种分年级的学校带来的一个问题是,人们如何来衡量学生的学业成绩以确定其能否升级。然而,人们能够测定的只是学生对于一些事实材料的记忆程度。虽然教师也要求学生掌握某些政治、历史以及有道德意义的教材,然而他却无法对学生实际的道德品质作出判断。在实际的教育工作中,教师只有根据教学大纲、教科书的要求给学生布置作业,要求他们反复练习、记忆,并在考试时背诵出来,而学生注意的也只是印在书本上的字词,而不去理解与人生意义有关的问题,如人的本性和命运,人生活在其中的宇宙的性质和他们周围的世界。我国教育史学者曹孚在1963年写的《美国"教育改革"剖视》① 一文中说,根据美国霍伯特·伯恩斯(Hobert W. Burns)和查尔斯·布劳纳(Charles J. Brauner)在合编的《教育哲学:评论和注释》一书中分析,在过去150年里,美国的教育理论在相当长的时期内是稳定的。结果是理论和实践脱节了。另据《美国人民教育史》的作者梅耶尔说,1800年以前,教师对学生一个一个地教背书,在整个18世纪和19世纪的大部分,死记硬背始终是最流行的方法。

概括地说,虽然南北战争以后美国的教育发生了较大的变化,但20世纪以前的美国教育以传统主义为主流。然而这并不是说,传统主义教育在这段漫长的时期内并未受到任何挑战。正如杜威所说的那样,历史从来没有一个时期少得了自由主义的活动。旨在摧毁传统教育的进步教育之所以能够推陈出新,在19世纪末和20世纪初开始成为主宰美国教育思潮的主流,绝不是一件偶然的事情,其间经历了一个长期的此长彼消的过程。

美国进步主义反对传统教育的"进步"精神最早可见之于古代罗马教育。古罗马人注重实际,注重教育的实践性,认为教育要与人现世的生活相联系。古罗马演说家、教育家马库斯·法比尤斯·昆体良(Marcus Fabius Quintilanus)认为学生是拥有一定权力的人,反对教师以粗暴的态度对待学生,而"应该谨慎地、细心地对待每一个学生。教师应该是有学识的,应该热爱儿童,不要轻易给学生以奖赏或惩罚。教师应当以身作则并研究学生的成长"。② 此外,14—15世纪时出现于意大利的文艺复兴时期教育冲破了中世纪经院哲学和教会蒙昧主义教育的统治,主张以人为中心,要求个性解放,重视现世生活,崇尚理性和知识。这种教育在一些根本的问题上都与传统主义相异趣,可以说是进步主义教育之先绪。

对美国进步教育具有直接影响作用的是欧洲的自然主义。法国自然主义教育家让-雅克·卢梭(Jean-Jacques Rousseau)在其教育代表作《爱弥儿》中开宗明义便说,"上帝创

---

① 瞿葆奎,马骥雄,雷尧珠编.曹孚教育论稿[M].上海:华东师范大学出版社,1989:490-491.
② 中国大百科全书总编辑委员会.中国大百科全书:教育卷[M].北京:中国大百科全书出版社,1985:214.

造的一切都是善的，而人滥于作为，便变为丑恶的"。既然人生来是善的，具有天赋的自由、理性和良心，顺性发展就可成为善良的人，实现善良的社会，如果按照成人的标准来塑造儿童，教育便不会成功，所以，教育要顺应儿童的天性，儿童不应受戒于成人，而只应受到自然的惩罚。卢梭的自由主义教育观经约翰·亨里希·裴斯泰洛奇（Johan Heinrich Pestalozzi）和弗里德里希·威廉·奥古斯特·福禄倍尔（Friedrich Wilhelm August Fröbel）的理论和实践活动得以发扬光大。其中以前者对美国的影响为大。

裴斯泰洛齐认为，教育不仅仅是学习书本，它还应该包括儿童的情感、智慧以及身体等各个方面的发展。教育应从儿童直接的现实开始，师生间要有爱的气氛。他在《林哈德和葛笃德》以及《葛笃德怎样教育她的子女》中集中地表达了自己的教育思想，认为教育应该是有机的，应做到体育、智育和德育的一体化，教育的作用就是通过对于手、头和心的训练以使人适应生活。他还断言，认识从感性的观察开始，通过对对象的加工而获得概念。有效的教学需要运用具体的事物，只有在得到儿童自己经验支持的时候，他才学得最好。裴斯泰洛奇的思想最早由英国教育家约瑟夫·尼夫（Joseph Neef）于19世纪初期介绍到美国。尼夫曾在瑞士与裴斯泰洛奇共同工作过，返美后在费城、路易斯威里（Louisville）等地教书。①

霍瑞斯·曼在他担任马萨诸塞州教育厅厅长期间，于1843年对英国、比利时、荷兰、法国、德国和瑞士的教育进行了几个月的考察。回国后，于1844年写了《第七个年度报告》（Seventh Annual Report）。报告中，霍瑞斯·曼作为州教育厅厅长公开地表达了自己对于裴斯泰洛奇教学法的热情。虽然他对裴氏教学法的介绍和热情曾招致波士顿的校长们的不满，然而，他并不气馁，在他于1848年成为众议员辞去教育厅厅长之前，始终支持这种新的教学法，这对推动美国的教育改革发生了很大的影响。

传统主义教育由于自身存在的缺陷所造成的对于变化了的美国社会的不适应，以及欧洲自然主义教育思想的传入，为进步教育运动的兴起创造了条件。

二、进步教育运动和"进步教育协会"

虽然在以传统主义教育为主流的情况下，孕育了进步教育的思想和实践，然而，进步主义作为一种反对传统教育的运动，并在社会上蔚成风气，那还是19世纪70年代以后的事。

进步教育始于1875年弗兰西斯·帕克（Francis W. Parker）在马萨诸塞州昆西（Quin-

---

① William H. Howick. Philosophies of Western education[M]. Danville: Interstate Printers & Publishers, 1971: 31.

cy)市任督学时所倡导的新教学法的实验。帕克反对被动的学习,反对死记硬背和强迫纪律,主张对传统教育进行改革。1872—1875年帕克游历欧洲并在柏林研究教育学,受到裴斯泰洛齐、福禄倍尔、约翰·弗里德里希·赫尔巴特（Johann Friedrich Herbart）等人教育思想的影响。回国后,帕克领导昆西市的学校改革,并取得了成功。1883年他改任芝加哥的库克县师范学校校长。在此期间,他不仅同杜威建立了友谊并向杜威传授他的新教育的宗旨,而且把学校办成了教育示范和师资培训中心,他的思想和精神也因此而得以传播。

"帕克的贡献有四个方面。首先他坚持认为,学校在制订计划时必须以孩子为中心。其次,孩子的发展必须处于一种人们协力而经常不断地'建立民主'的温暖集体气氛中。再次,学校的课程应该尽量源自实践活动,例如根据结合地理学的远足、对自然的观察、由孩子自己编写的课本;而课程内的各种活动应该建立在跨越好几门寻常学科的广阔基底上,从而相互联系起来……最后,他极有兴趣地提倡通过艺术、文学和体育运动来进行表现。"由于帕克在反对传统学校,进行教育改革方面的贡献,他被人称为进步主义教育运动的奠基人,并被誉为"进步教育之父"。[①]

19世纪后期,越来越多的人开始反对传统教育,同时也出现了"进步教育"这个名词。当时的进步主义者实际上是一群信奉自然主义教育思想,主张对教育革新的自由主义者。他们没有统一的组织;所谓"进步教育"也只是泛指一切针对传统主义教育的教育。杜威在论及传统教育与进步教育的对立时,对传统教育作过概略的表述:"第一,把过去已经拟定好的知识和技能的体系作为教材,因而,学校的主要任务是把这些知识和技能传授给新的一代。第二,在过去,已经建立了各种行为的标准和规则;道德训练就是形成符合这些规则和标准的行动的习惯。第三,学校组织的一般模式,（我所指的是学生之间的关系和师生之间的关系）同其他社会机构相比,具有极为显著的特征。只要回想一下普通的教室、课程表、班级的划分、考试和升级的制度以及各种维持秩序的规则,我认为你就会理解'组织的模式'的含义了。"[②] 他还进一步概述了传统教育上述三个特点所规定的教学和训练的种种目的及方法:"主要的目的或目标是使青年一代获得教材中的有组织的知识体系和完备的技能,以便对未来的责任和生活上的成功,做好准备。因为,教材以及正当行为的标准是从过去继承而来的,所以,总的来说,学生的态度必须是温良、忍受和柔顺的。书籍,特别是课本,乃是过去的学问和智慧的主要代表,而教师们的机能则是使学生同教材有效地联结起来。教师们是传授知识技能和实施行为规则的执行者。"[③] 当时,

---

[①] 康内尔.二十世纪世界教育史[M].张法琨,等译.北京:人民教育出版社,1990:256.
[②] 杜威.我们怎样思维:经验与教育[M].姜文闵,译.北京:人民教育出版社,1991:248.
[③] 同[②]:249.

任何针对上述传统教育的目的和方法，反对极端形式主义的形式教育，反对被动学习和枯燥无味训练的人，都被称为进步派。

1896年杜威着手开办芝加哥大学实验学校。这不是一般意义上的旨在进行学习、训练的学校，而是作为检验其实用主义哲学和教育理论的实验室。杜威主张，实验学校要给儿童提供一个在合乎他需要的环境里进行学习的机会，同时也给教职员提供一个试验新的教育观念的场所。实验学校将当时的手工训练、新的教学方法，以及学校和社会联系等因素融合在一起，注重社会性和学生的活动；强调儿童的兴趣或冲动乃是儿童天赋的资源、未投入的资本，而儿童积极生长正是依靠这些资源和资本的运用；提出教育是生活的过程，而不是将来生活的预备，学校是社会生活的一种形式，教育的重心要从教科书、教师或任何别的地方转移到儿童。芝加哥大学实验学校虽然只存在8年，但对杜威教育思想的发展却具有极其重要的意义。在这段时期内，杜威本人对于美国和其他国家的影响都在不断增长，虽然他的教育理论和实践与当时的进步主义教育大异其趣，但其反对传统教育的精神实质，对于进步主义教育无疑也是重大的贡献。

20世纪初，美国出现了许多不同于传统学校的新型学校，许多旧的学校也纷纷转向进步教育。这些新型学校一般都具有四个共同的特征：①第一，它们相当重视学生的身体康乐，而且认为智力的增长与身体发育和体力活动有重要关系。第二，所有的学校都包括活动课程，儿童们通过这些课程从实际经验中学习，因而使他们感到置身于"复演现实生活状况"的情景之中。尤其重要的是，活动课程的教育以及由此造成的学生的自由和责任心，对于智力和道德的发展都是极其重要而有助益的办法。第三，在选择学生的作业及完成作业的方式时，兴趣是主要的准则。第四，学校承担着向学生传授民主价值观与民主作风的义务。

1919年，为扩大进步教育的影响，推动进步学校的实验，进步主义者在华盛顿特区的一次会议上成立了"进步教育协会"（P·E·A）。哈佛大学的化学家、教育家查尔斯·威廉·艾略特（Charles William Eliot）为第一任名誉主席。1920年，进步教育协会公布了体现自己主张的进步教育七条原则，至此，进步教育已逐渐形成一套自己的教育理论。

这个时期的进步教育体现了强烈的反对传统教育的精神。进步教育尊重儿童的个性、鼓励儿童自由和自然的发展及儿童的创造，以儿童的兴趣和需要作为教育活动的依据。然而，这种"过正"的矫枉，虽然没有完全排斥社会，但表现出了极端的个人主义和儿童中心的倾向。这个时期的进步教育给人以这样的印象，似乎只要反对传统主义就能使儿童充分的自由，并由此而带来个人最充分的发展。实际上这是一种错误的设想。

---

① 康内尔.二十世纪世界教育史[M].张法琨,等译.北京：人民教育出版社,1990：262-263.

为进一步扩大进步教育的影响,宣传儿童自由学习的新方法,《进步教育》杂志于1924年问世。至20世纪20年代,进步教育的势力已由原先的私立学校波及公立学校,各种新的教学方法、新的儿童观、新的教育观层出不穷,美国初等教育的面貌几乎全部改观。

三、20世纪30年代以后的进步主义教育

进步教育运动之所以能够在19世纪末以来的长达几十年的时期内蓬勃发展,蔚成风气,是由于当时特定的经济、政治和社会力量共同发挥作用的结果。杜威在1952年回顾进步教育运动时指出,学校不可避免地要受到经济、社会和政治等一切制度的影响,不承认这一点那将是愚蠢的。"同样的道理,以为进步教育运动是教师们自己臆想出来并由他们自己搞出来的,这也是愚蠢的……在社会方面,进步教育运动是把个人和各种制度从压制人的生活形式的束缚下解放出来的那种广泛努力的一个部分。"① 这就是说,进步主义不纯粹是一种教育现象,它是当时美国广泛的社会改革风潮的一个部分,其产生和发展是有其深刻的社会背景的。事实上,进步教育反对传统教育压制儿童,强调"儿童中心",同当时美国社会改革中的妇女争得参政权和黑人争取公平的就业机会、公民权利的斗争是互相呼应的。因为儿童也是人,他们应该拥有人之为人的权利,就这个意义来说,进步教育运动也是一种解放儿童的运动,于是,教育的实践必须与传统教育决裂,使儿童获得自由。

然而,美国资本主义社会在这个时期中表现出来的"勃勃生机"没有维持多长时间。1929年秋,美国率先陷入一场空前的经济危机。随后,资本主义各国陆续卷进这场灾难,使资本主义世界遭受2500亿美元的损失,其中美国受到的打击最大。

开始于1929年秋的这场经济危机,对美国社会的各个方面都产生了深刻的影响,教育当然也不能例外。首当其冲的受害者是公立学校。根据美国"全国教育协会"1931年11月的调查,尽管当时入学人数有了增加,但2/3的城市学校的经费预算还是作了削减,许多农村的学校不得不完全关闭,有些农村学校不得不缩短学生在校的学习时间,幼儿教育、特殊教育等也难以为继,作了裁减。此外,诸如手工、音乐、体育等非"重要的"课程几乎全部放弃。经济危机还造成教师薪水的锐减,许多有经验、有才能的教师另谋他就,而代之以缺乏经验的人。此外,班级人数增加,教师负担加重,也严重影响了教育质量。

---

① 赵祥麟,王承绪编译.杜威教育论著选[M].上海:华东师范大学出版社,1981:431.

经济危机对教育事业的冲击曾经一度成为美国教育界关注的焦点，然而，经济危机所引起的教育经费问题很快就转移到教育自身性质的问题上来。30年代争论的教育问题主要有：学校如何对待政治、经济和社会问题的争论；学术自由；公立学校是否应该进行宗教教育等。其中最主要的是教育的社会作用和由来已久的进步教育和传统教育孰优孰劣的问题。参加这场争论的除了有专业的教育工作者之外，政府、宗教组织和其他行业的人员也参加了进来。

开始于经济危机的出现并持续了很长时间的这场争论，使进步主义教育内部发生了分化，出现了以乔治·康茨（George Counts）为代表的社会改造主义或改造主义，同时，进步主义也受到了以罗伯特·赫钦斯（Robert M. Hutchins）、莫蒂默·阿德勒（Mortimer J. Adler）为代表的永恒主义和以威廉·巴格莱（William C. Bagleg）为代表的要素主义的攻击。在这种情况下，进步主义教育者面对新的形势，对进步教育运动表现出来的"儿童中心教育"进行了反思，并且力图重新阐述自己的主张，对此前的进步主义教育理论和实践进行修正。

应该指出，早在1930年以前，对于进步教育运动中表现出来的极端个人主义和儿童中心的倾向，进步教育运动的领导者如杜威、博伊德·博德（Boyd H. Bode）、约翰·蔡尔兹（John L. Childs）、威廉·克伯屈（William H. Kilpatrick）等都提出了批评。"他们坚持实用主义的教育哲学必须包括教育控制的概念。但是，一些外行和学校的教师仍把进步教育解释成是一种任意的、不受控制的教育情境和对创造性的理想化。"① 他们强调，必须把经验理解为有批判、有指导地去进行经验，按照科学的方法去进行学习。在民主社会中，指导生活和教育工作的道德原则只能是批评的、经受公众审查的和试验的方法。这些思想家不时地用"实验主义"这个名词来标示他们的教育哲学。

根据实验主义的立场，要克服进步主义教育实践中出现的缺乏秩序和失之过宽的现象，必须正确地理解和分析知识和理智的方法的价值。人并非生来就是自由的。只有掌握了那种使人能够控制自己命运的理智的工具，人才能得到自由。所谓理智的工具，就是来自过去经验的知识和理智的方法。因此，要使儿童获得真正的自由，就要使儿童学习经过检验的过去的经验或知识，并掌握理智的方法。

在教育的实践中，最好的方法就是围绕有意义的问题来组织学校的工作。在这个方面，有人把它解释为要围绕学生想要调查研究的问题来组织学校的课程，因为有充分的证据表明，如果人们做他想要做的工作或做他认为是重要的工作时，他就比较努力。然而多数人认为，学生感兴趣只是教育或教学方法的原则，而不是组织课程的原则。学校工作计

---

① 罗伯特·梅逊.西方当代教育理论[M].陆有铨,译.北京：文化教育出版社,1984：107.

划的安排不能只围绕学生直接感觉到和直接表达出的兴趣，因为可能存在着个人没有觉察到的严重问题和个人没有意识到的重大需要。

悉尼·胡克（Sidney Hook）指出，感觉到的需要和兴趣同客观的需要是有区别的。他认为，需要是客观的，不是幻想的产物；此外，需要不仅是个人的，而且也是社会的。从本质上讲，需要和社会的价值标准有关。如果客观的、社会的需要变成"儿童意识到"的需要，那么为了满足这些需要，个人和环境之间的相互作用过程将得到强化。如果它们变成"理智上"所感觉到的需要，那么个人在决定他的教育经验的质量和方向方面则表现出更大的主动性和责任感，而且满足需要的内驱力就变成自愿克服障碍的持久力量。从中可以产生一种纪律，而这种纪律比任何外部的报偿或惩罚所造成的纪律更得人心、更可靠。

悉尼·胡克还指出，决定需要的因素有自然的结构、社会的制度和理智的运用。最初认识到这些需要的是父母、教师、家庭和学校，然后才由儿童以及学生的主动合作提出需要，所以，在儿童没有完全成熟之前，不能完全由儿童来决定他们的教育需要。

根据这种理论，在课程设置方面，学生直接感觉到的需要虽然重要，但不是决定课程的必不可少的因素。所以，作为课程组织之中心的"问题"，应该是对当前具有客观意义的现实问题，而不是青年人一时的狂想。此外，还要强调教材的重要性，要重视教材的组织和系统地、有条理地讲授教材，然而，教材必须要与现在和将来的问题联系起来。

实验主义认为，问题产生于过去的事实，一切情境都要经历过去、现在和将来这样一个发展的过程。要想理解情境，就必须认识到：现在的情境是过去的产物；意义和事实材料是过去的产物；当前所有的情境都是过去的产物，只有根据过去才能理解现在，所以，对于未来行动的假设就必须认真地考虑过去的经验；所有的探究都必须毫无例外地建立在历史研究的基础之上，必须建立在彻底认识与当前问题有关的科学探究结论的基础之上。然而，专注于儿童自由和儿童中心的进步主义者由于不理解儿童生长和学习的规律，在促进儿童生长和发展的过程中，出现了忽视社会的过去和系统知识的倾向。虽然我们关心的是目前的情境，儿童目前的生活，但必须承认，我们用以处理如何适应目前生活问题的工具，乃是由过去提供的。

实验主义强调，现实具有有问题的、偶然的、变化的性质，要鼓励儿童去适应动态的、不断变化的宇宙，为此，除了要掌握社会的过去和系统的知识之外，还要充分认识到理智方法的至高无上的价值。理智的方法就是实验的方法，从一定的意义上讲，理智的方法即民主的方法，这就是说，要对普通人所关心的所有的事务进行充分的、公开的、群众性的批评。开放社会的一个特点就是对不同的意识形态和观点采取宽容的态度，那些在不同程度上不赞成民主方法的人也都应接受为民主社会的成员，他们的孩子也应该入校上学，研究各种社会集团据以解决问题的不同的价值、义务和信仰。

实验主义认为，每一个人都有权利和义务提出自己的见解和信念以供公众审查和检验；只有经受公众审查和检验，并得到认可的意见才能成为真理。学校就是忠诚并信仰于批判、实验、公众检查、集体评议的机构，教育的最基本的价值就是培养学生的科学态度和习惯。

第二次世界大战以后，由于国际政治、经济形势的变化和进步教育自身存在的弱点，进步教育的力量日渐衰微。1955年6月，进步教育协会宣布解散，两年以后，《进步教育》杂志停刊，这些都标志了美国教育一个时代的结束。

尽管进步教育协会解散了，但进步主义对于传统教育的批评，对于儿童兴趣、活动的重视等许多重要的思想，仍然有其深刻的影响。由于美国后来的课程改革没有取得预期的效果，美国教育界又重新重视儿童个人的兴趣和需要的教育思潮，许多人称之为"新进步运动"。

除了进步主义教育思潮有复活的趋势之外，对于杜威的研究也逐渐引起人们的重视，根据博伊兹坦和波罗斯合著、1978年出版的《关于约翰·杜威著作的目录》一书的资料，"在过去86年中研究杜威及其著述的作品大约有2200多份，每年平均为25种。但是从1973年2月到1977年1月这四年内已经出现了300多项关于杜威的研究，即平均每年为60多项。……对于杜威研究的质量和深刻性也在不断地增加"。[①]

第二节 杜威与进步主义教育

"美国哥伦比亚大学师范学院院长劳伦斯·克雷明（Lawrance Cremin）在他的《学校的转变》一书中曾经指出这样一个远景，即如果美国发生另一次改革，教育的进步主义就要复活，这时杜威的哲学和他的教育哲学就可能要复兴并应用于实践。要做到这一点，首先必须从理论上和实践上把杜威的哲学和浪漫主义的进步主义教育思想分开，然后要系统地理解杜威自己的理论并确切地解释它。"[②]克雷明的这一段论述至少可以说明这一点，即杜威的教育哲学思想同进步主义教育是有原则分歧的。

在美国，杜威的名字和"进步教育"几乎是联系在一起的，以至有人认为进步主义教育哲学就是实用主义教育哲学，因而也就是杜威的教育哲学。这种说法固然事出有因，而且从一定的意义上来讲也不是没有根据，然而，如果我们仔细考察一下杜威本人的教育理

---

① 傅统先,张文郁.教育哲学[M].济南:山东教育出版社,1986:366.
② 同①.

论和实践活动，以及杜威与进步主义教育运动的关系，我们就会发现，把杜威的教育哲学同进步主义教育完全等同起来的说法并不准确。

19世纪末、20世纪初，当进步教育运动在美国渐成风气之时，杜威于1896年创办芝加哥大学实验学校作为他的哲学和教育思想的实验室，进行他所希望的改革。

除了躬行实践之外，在这期间，杜威还发表了一系列的重要著作。他于1897年发表了《我的教育信条》一文。在这篇文章中，杜威对教育问题的主张作了提纲挈领性的说明："一切教育都是通过个人参与人类的社会意识而进行的"，"受教育的个人是社会的个人，而社会便是许多个人的有机结合"；"教育是生活的过程，而不是将来生活的准备"，"教育应该被认为是经验的继续改造"；"学校主要是一种社会组织"，"学校作为一种制度，应当把现实的社会生活简化起来，缩小到一种雏形的状态"；"教育是社会进步及社会改革的基本方法"。① 在这期间，杜威还发表了《学校与社会》（1899年）、《儿童与课程》（1902年）、《明日之学校》（与伊夫林·杜威合著，1915年）。在这些著作中，杜威对教育、学校、教材、教法以及学校与社会等问题都作了纲领性的说明，并对其教育理论的各方面作了较为深入的探讨。1916年他发表了系统阐述其教育哲学思想的专著《民主主义与教育》。杜威的教育实践和理论活动，使他赢得了进步主义教育运动代言人的称誉。

虽然杜威的教育思想和实践同当时的进步教育运动有很多相通之处，而且他本人也同情进步教育，但是这不等于说，杜威与当时的进步主义教育在所有的问题上都完全一致。事实上，杜威对当时的进步教育运动仅仅反对传统教育的实践，缺乏正确的理论指导，以及浓厚的浪漫主义倾向并不赞成，而且还提出过忠告。然而，杜威的教育实践和理论活动并没有左右当时进步教育运动的总的发展趋势。"根据1981年美国全国教育研究会出版的第80卷年鉴第一部分：《教育与哲学》一书中乔·伯纳特（Joe L. Burnett）写的一篇《约翰·杜威怎么样了？》的文章，他说，杜威的影响很小很小，事实上，杜威的一些教育主张在当时的学校里并没有广泛地应用过；教师一般并没有受过杜威思想的训练；学校里没有掌握杜威教育思想的资源，家长和政治家们也没有多少人支持过他的学说。"② 事实上，当时的进步学校主要是受欧洲自然主义教育家裴斯泰洛齐、福禄倍尔的影响，表现出浪漫的自然主义和儿童中心的倾向。正像博德所评论的那样，进步教育运动的某些教师没有清楚地理解他们正在做的事情以及为什么这样做。"进步教育似乎是被伤感主义、不断增长

---

① 杜威.我的教育信条//华东师范大学教育系,杭州大学教育系编译.现代西方资产阶级教育思想流派论著选[M].北京：人民教育出版社,1980：3-14.
② 傅统先,张文郁.教育哲学[M].济南：山东教育出版社,1986：365.

的对普通老百姓的重视、卢梭主义和本能心理学，以及 19 世纪浪漫主义的模糊混合物所推动的。"① 当时许多进步主义者似乎有这么一种信念，即反对传统就是一切，而且各人都以自己的理解和自己独特的方式向公认的敌人传统教育开战。

进步教育协会的发起人之一玛丽艾塔·约翰逊（Marietta Johnson）受查尔斯·亨德森（Hender Son）"有机教育"思想的影响，于 1907 年在亚拉巴马州的费尔霍普开办了一所与卢梭的设想类似的有机教育学校。她认为教育不应为遥远的成年时代服务，也不要为社会服务，而是要使儿童的感觉、体力、智力、生活能力都得到健全的发展。教育的原则应该顺乎儿童天性的发展，使"童年像童年的样子"。要顺乎儿童天性的发展，首先得了解他们究竟有哪些需要，而儿童的需要同他们的兴趣是分不开的，所以，教育的内容不仅要使儿童有兴趣，而且还要按照儿童感兴趣的方式来展开。她认为，理想的学校应当有台子和椅子，而不应有书桌。9 岁或 10 岁以下的儿童不应当学习读、写、算，只应学习音乐、手工、自然和故事，以便为儿童的劳动和游戏提供无限多的题材。随着儿童年龄的增长，儿童学习的范围也相应地扩大，如从音乐可以逐步扩展到戏剧艺术、民间舞蹈，从故事扩展到文学、历史、地理等，最后逐渐形成专门的学科。因此，儿童学习的内容和科目及将要达到的学业标准，不决定于成人的需要，而是决定于他们的自然发展。

1919 年，美国重要的进步教育家沃什伯恩（C. W. Washburne）在温内特卡学校创行一种新的教学组织形式和方法，称为温内特卡制。这是一种摆脱正统的班级教学的影响，更加适应个性的教学形式，旨在充分发展儿童的个性和才能，培养儿童的社会意识。温内特卡制通过使个人作业和社会作业相结合的办法，来加强学生的自我教育，培养学生集体的创造性活动的技巧。在个人作业方面，温内特卡制突出了自我教学、自我改正、诊断性测验和个人进步的评定。在社会作业方面，温内特卡制注意利用社会资源，强调诸如文艺演出、俱乐部、运动会、农业和商业经营、学生自治等创造性的社会活动，旨在满足学生的兴趣，为社会意识的发展和自我发展提供机会。温内特卡制"由于学科间进度不一，因此相关学科间不能很好联系，从而影响了学科的深入学习，同时也容易产生偏废某些学科的现象"②。

1920 年，美国进步教育家帕克赫斯特（H. H. Parkhurst）在马萨诸塞州的道尔顿中学试行一种新的教学组织形式和方法，即道尔顿制，又称道尔顿实验室计划。其主要目的是废除年级和班级教学，使每个学生在教师的帮助下，根据拟订的计划按自己的方式和速度

---

① 罗伯特·梅逊.西方当代教育理论[M].陆有铨,译.北京：文化教育出版社,1984：108.
② 中国大百科全书总编辑委员会.中国大百科全书：教育卷[M].北京：中国大百科全书出版社，1985：389.

进行学习。这是一种个别化的自我教育形式，认为只有这样，学生才能充分地、彻底地掌握所学的内容。这种新的教学方式排除了课堂教学而代之以课题作业，学生按照与课题作业相配合的参考资料目录、实验仪器、标本以及如何完成作业的建议等完成自己的任务，而激励学生完成任务的重要杠杆是兴趣。协助学生完成作业的教师具有顾问的性质。他的任务是帮助学生安排课题作业开始时的工作，解决学生可能遇到的共同困难，回答学生的问题并评定学生的工作。道尔顿制在 20 世纪 20 年代之所以深受欢迎，并推广到包括中国在内的许多国家，主要原因在于它满足了当时大多数进步教育家的愿望，即给予每个儿童以更多的自由。

上面列举的是影响比较大的进步教育对传统教育进行改革的几个例子。应该指出，在反对传统教育，努力对当时的教育进行改革这一点上，当时的进步学校与杜威的思想是一致的，其中有些内容与杜威的教育思想也有相通之处。例如约翰逊对杜威的思想就很感兴趣，而且杜威也曾对约翰逊的学校表示称许。在《明日之学校》这本书中，通过对当时二十多所新学校（其中包括约翰逊的有机教育学校）的调查，杜威除了对新学校的一些共同的特征作出概括之外，对于学校承担着向学生传授民主价值观与民主作风的义务这一点尤为赞赏，认为这种对于民主与教育之间之联系的进步认识，乃是当时教育总趋势中最令人感兴趣和最重要的方面。然而，这并不是说，当时的进步教育运动是在杜威教育思想的影响下开展的，也不能说当时进步教育为改造传统教育所进行的种种尝试就是杜威搞的实验学校的推广。傅统先教授在他与张文郁教授合著的《教育哲学》一书中谈到，关于芝加哥大学实验学校，杜威本人反对普遍实行那样的学校，因为它只具有实验的性质，而且没有地方能有这样的资源有效地加以推广。至于《明日之学校》一书中所谈到的那些学校，他认为那些学校在一定的意义上也属于实验的性质，但在那些学校中，没有一所学校是按照杜威的教育哲学办理的。

一般来说，20 世纪 30 年代以前的进步教育对儿童的天性抱一种浪漫主义的态度。这个时期进步教育的最主要的弱点在于下列几个方面。首先，学校过分强调儿童自己、充分的自然发展，与此相应的是，过分地强调避免成人和教师对儿童的约束，因而在智力、道德发展方面缺乏系统的、严格的要求。这一方面导致课程、教材缺乏全面计划、安排和连贯，另一方面也造成了儿童道德、行为的放纵不羁。其次，虽然这个时期的进步教育注意到儿童的社会发展，而且认为教育对社会进步具有推动作用，但对学校与社会联系的途径和手段未做认真的分析。最后，进步主义学校的改革主要在私立学校进行，而这类学校的教育对象主要是中产阶级的子女。

早期进步教育浓重的"儿童中心"和极端个人主义的倾向，在 1920 年进步教育协会提出的进步教育七原则中得到了集中的体现。在这些原则中，除了提出学校与家庭、教师与父母的合作，以及进步学校是教育运动的领导者之外，主要强调儿童个人自由、充分的发展，鼓励儿童创造性地表现自我的个性，以及认真地培养和利用学生的兴趣。对于这种倾向，杜威是表示不满并提出批评的。

虽然杜威在1928年同意担任进步教育协会的名誉主席，直至去世。但他对协会的工作并不非常主动积极，一方面，这固然同"杜威既没有鼓动和领导运动的性格，也没有为鼓舞和引导运动所需的口才"有关，另一方面，这同他与进步教育运动的严重分歧可能也不无联系。"早在1926年，他就对美国进步学校的修业缺乏成人指导加以批评，说'那样的方法是愚蠢的。因为它在做永远是愚蠢的、不可能的事，它误解独立思考的条件。'杜威还忠告说，自由不是生来就有的东西，也不是无计划性的产物；它是有待于达到的东西，是要与了解自己的传统的有经验的教师系统创立起来的。"①

1928年，杜威以"进步教育与教育科学"为题在进步教育协会第八届年会上作了讲演。他提出，进步教育普遍地都尊重个性、扩大自由，强调非正规化，反对将外部的教材和规范强加给儿童。然而，极端地强调作为进步教育的个性和自由是消极的或是应该反对的。进步教育的工作人员应该负责对他们的工作进行合理的组织。杜威反对传统学校那种刻板的、正规的组织形式，然而，这决不意味着进步教育就不需要有高度的计划性。虽然杜威反对不管什么教材都要教的做法，但是，如果要使学生有意义地掌握教材，那么有些教材必须进行经常的、系统的阐述，也就是说，必须进行连贯的、富有意义的学习和成长。

1930年，美国《新共和》杂志为进步教育协会成立十年举行专题讨论，杜威写了《新学校里有多少自由》一文，文章指出，在进步教育极力避免传统学校极端形式主义的同时，许多进步主义教育家走向了另一个极端。他们认为，不应将成人的兴趣和目的强加给儿童，而要儿童来决定他们应该学些什么。这样的教育家忘记了这一点，即儿童不成熟的、一时的兴趣对于引导他们持续的、连贯的成长和发展是不合适的。许多进步教育家将教师的地位降低为儿童的陪伴者和守护人。他们没有看到，成熟的、有知识、有技能的教师将引导儿童真正的成长。这些进步主义教育家放弃了教室里的任何约束，以至于使他们之所谓"自由"几乎达到了无秩序的状态。杜威指出，这些教育家忽略了这么一个事实，这种"自由"状态养成的态度、性情和行为习惯将使儿童不能适应有组织的文明社会的生活。杜威坚持认为，进步学校的这些缺点来源于进步教育家们不理解成长和学习的规律，他们需要学习新的知识并用它们来纠正现存的错误。如果进步教育不注意这一点，如果他

---

① 马骥雄.试论杜威的育人观[J].华东师范大学学报(教育科学版),1989(2).

们对既有的成就自鸣得意，如果他们不意识到理论基础的脆弱，不研究生长的规律，那就必然要遭到人们的反对。

在20世纪30年代美国经济危机期间，进步主义教育与主张保守的要素主义以及主张"复古"的永恒主义展开了激烈的论争，杜威本人也多为人们所诟病，在这种形势下，杜威于1938年发表了他在20世纪30年代撰写的教育方面的最重要著作《我们怎样思维：经验与教育》。

杜威在这本书中提出了教育研究必须采取的方向。"我认为，在全部不确定的情况当中，有一种永久不变的东西可以作为我们的借鉴，即教育和个人经验之间的有机联系。或者说，新教育哲学专心致志地寄希望于某种经验的和实验的哲学。"① 杜威指出，那种认为抛弃旧的教育观念和实践就足够了的想法是错误的。新教育提出的诸如主张表现个性和培养个性、主张自由活动、主张从经验中学习、主张把技能和技术当作达到直接的切身需要的手段、主张尽量利用现实生活中的各种机会、主张熟悉变化着的世界等普遍原则，其本身并不能解决进步学校的任何实际的指导和管理问题。它们只是提出了一些新的问题，而这些问题则需要依据新的经验哲学来加以解决。

由于《我们怎样思维：经验与教育》一书旨在论述经验的教育哲学，所以该书的大量篇幅用于经验的分析及其对教育理论和实践的含义的阐述。杜威认为，经验涉及两个原则，即连续性（continuity）原则和交互作用（interaction）原则。连续性原则是指，现在的经验产生于过去的经验，并导致未来的经验；交互作用原则是指，经验乃是个人的、主观的、内在的因素与诸如物质的、社会的、文化的等环境因素的交互作用。杜威在这本书中详细地论证了一点，即这两个原则对于指导人们确定教育的理论和实践是大有帮助的。

杜威指出，进步教育存在的一个重大的弱点就是没有处理好教材的选择和组织问题，而这个问题的最终解决则依赖于经验。在他看来，经验的连续性原则说明了生长是教育的目的或目标，"如果用主动分析'生长着'来理解生长，那么教育过程就是生长过程"。教材必须适合儿童在每一个发展阶段的兴趣和需要。学校的组织和教学方法必须与儿童持续增长的成熟性和责任心相协调。交互作用的原则要求教育者在教材的选择、学校的组织和纪律方面既要考虑到儿童目前的能力、兴趣、喜恶，又要考虑到儿童外部世界目前和将来的要求。目前的活动是否称得上是真正的具有教育意义的经验，这取决于它对儿童未来成长的作用。那些对未来的成长具有阻止、破坏或错误导向的活动不是真正的教育。"人的生死是不由自主的，同样，经验的生死也是不由自主的。每种经验完全不受愿望或意图的影响，每种经验都在未来的种种经验中获得生命力，因而，以经验为基础的教育，其中心

---

① 杜威.我们怎样思维：经验与教育[M].姜文闵,译.北京：人民教育出版社,1991：253.

问题是从各种现时经验中选择那种在后来的经验中能够丰满而具有创造性的生活经验。"①

杜威在《我们怎样思维：经验与教育》这本书中重新论述他的教育思想，并澄清多年来人们对他的批评、歪曲和误解。同时，这本书也清楚地表明他同进步主义教育并非在所有的问题上都完全一致。他坚持认为，"根本的问题并不在于新教育和旧教育的对比，也不在于进步教育和传统教育的对立，而在于究竟什么东西才有资格配得上'教育'这一名称……我并不仅仅是因为任何目的和方法采用了进步主义的名称，就去赞成这些目的和方法"。②

杜威于1952年逝世。这一年杜威为埃尔西·克拉普（Elsie R. Clapp）著的《教育资源的使用》一书写了一篇导言。这是杜威最后发表的教育论文，克雷明在"编者按"中说："杜威借写导言的机会，回顾了半个多世纪以来他和进步教育运动的联系。在他的一生事业临近结束时，回想他对进步思想的希望，他对于这一运动的现状表示极大的失望，并十分忧虑地关注它的将来。"③杜威在这篇导言中指出，尽管进步教育运动有不同的名称，涉及的方面也很多，但都以改进教育制度为总的目标，然而在诸如观点、原则、方针和计划等许多具体的方面，则互不相同。

杜威谈到他参与教育理论和实践半个多世纪的过程中亲眼看到的进步教育的许多成功和失败。他认为进步教育最广泛、最显著的成就是，使课堂生活的意义发生了深远的变化，对正在生长的人的需要有了更多的认识，师生关系变得富有人性而民主化了。不过他也指出，到目前为止，这些方面的成就还是有限的，"主要是气氛上的改变，还没有真正地深入和渗透到教育制度的基础里去"。至于进步主义的失败，这主要表现在，进步教育虽然清除了"依靠威吓和压制的教育方法的那些陈旧的、粗暴的表现"，但"形成这种粗暴的表现的根本态度"，在许多方面还没有根除；旧教育最根本的权威主义还以多种多样的形式存在着；在把学校教育作为师生民主地共同参与的一种协作的事业方面，议论远远多于实行。

杜威还分析了失败的原因，即没有做到"不断取得进步"，不能随着生活情境的变化不断进步；用他引用埃默森的话来说就是，已经达到的良好的目的，容易变成更美好目的的敌人。在杜威看来，生活的情境在不断地发生变化，会不断出现新的问题。为了明智地解决问题，就需要设想新的目标、新的目的，而新的目的又需要发展新的手段和方法，而用"老一套的观念和原则"是不能明智地解决问题的。杜威指出，这种失败不能完全归咎于教师，因为无论改变个人长期形成的习惯，或是改变长期确立的制度，都是一个困难

---

① 杜威.我们怎样思维：经验与教育[M].姜文闵,译.北京：人民教育出版社,1991：255.
② 同①：305.
③ 赵祥麟,王承绪编译.杜威教育论著选[M].上海：华东师范大学出版社,1981：430.

的、复杂的过程。

概言之，杜威与进步教育运动最一般的共同之处在于反对传统主义教育中的形式主义的种种表现，然而，在许多具体的方面，两者又有根本的分歧。杜威反对传统主义教育的目的不仅仅是为了解放儿童，而是为了通过教育使美国成为所谓的真正的民主社会。在临近生命的终结所发表的这篇导言中，杜威比较概括地表达了他的教育理想："为了创造一个民主社会，我们需要一种教育制度，在这种制度中，道德、智力发展的过程，在实践上和理论上乃是自由、独立的人从事探究的合作的相互作用的过程，这些人把过去的思想和继承的东西，无论从数量上和质量上，都作为进一步丰富生活的手段和方法，他们运用已获得的良好成就来发现和创造更美好的东西。"①

第三节 思想基础

在本章第一节关于进步主义教育产生和发展过程中，我们可以看到，以卢梭、裴斯泰洛齐等人为代表的欧洲自然主义思想对进步教育的直接影响。除此之外，达尔文的进化论，尤其是杜威的实验主义对进步主义教育也有着很大的影响。

一、达尔文的进化论

英国生物学家达尔文在1859年发表了《物种起源》一书。在这本书中，达尔文提出生命的形式乃是长期变化的产物，而造成变化的原因除了环境的因素外，还要依据"用进废退"的原则，在生物求生存的斗争中，其原则是"物竞天择、适者生存"。后来，在《人的降临》一书中，达尔文进一步说明人类本身也是进化的产物。

达尔文的理论给人们的启示是：第一，世界的基本特征是变化，任何事物都不是永远固定的、静止的、完善的，这使我们从一个"静止"的宇宙概念转变为"变动"的宇宙概念。在达尔文以前，人们都假定世界上有一个永恒不变的结构，虽然在当时也有人提出过"变化"的概念，但在他们看来，一切变化都不过是永恒形式的具体体现。古希腊哲学家赫拉克利特（Herakleitos）曾提出"一切皆流，无物常住"的观点，认为世界万事万物都在永远不停地变化，犹如川流不息的河水，"人不能两次踏进同一条河流"。然而，他之所谓变化决不意味着向前发展，而只是一种周而复始的循环。亚里士多德（Aristotle）在他的实体说中表述了实体是"变中的不变"的思想，实体在保存着自己同一性的同时，能够

---

① 赵祥麟,王承绪编译.杜威教育论著选[M].上海：华东师范大学出版社,1981：435.

容受相反的性质,所以,变化只意味着实体具有的性质发生了变化,而实体本身却没有改变。总之,他们不承认变化能造成旧物种的突变,能产生新的生命形式。

进化论的突创原理则与此不同,这种原理说明,进化、变化、发展并不是一种事先的安排,不是在预先安排好的轨道上的运动,它意味着从旧物种中产生新的突变体,出现新的形式。

第二,推翻了上帝造人的思想。根据达尔文的学说,人也是生物进化过程中的突创物,是从别的不太复杂的生命形式中经过长期演变的产物。人类的祖先可以追溯到类人猿、海洋生物,最终可以追溯到无生命的物质。所以,过去那种关于上帝造人,人起源于伊甸园以及人与自然的两分法就无立足的余地。

第三,达尔文的进化论使我们对人类的行为有了新的解释。"人类本身是从低等的生物有机体进化而来的。人和其他生物有共同的基本内驱力。他的起指导作用的道德价值是创造出来的,而不是以事物的本性为根据的……人与其伙伴在生活过程中所要遵守的那些法则是在社会的过程中逐渐形成的;不存在绝对的法规。因为人能够熟练地使用语言,所以人的社会生活比大多数其他的生物要复杂得多。然而,语言也是进化的产物。心灵被认为是一种'生物——社会的突创物'。所谓心灵,事实上并不是人的一个实体部分,相反地,它只是人使用符号的一种行为(即利用符号进行动作)。"①

人产生于自然,人就在自然之中。作为自然一个部分的人所面临的是一个不具人格的现实,其中没有任何神性的痕迹。人要服从于自然的法则、自然的选择。人要生存就必须理解自然演化的运作,人的生活就是与环境求得平衡。由于环境和有机体时刻发生着变化,所以需要不断地进行适应。为了使人更好地适应环境、控制环境以达到我们的目的,人必须要发挥人的心灵、理性的作用。所以,人类发展理性,追求知识的目的不是为发展理性而发展理性,不是为知识而知识,也不是为了文化上的享受,而是为了使人更好地生存。人的价值应当由是否适应演化需要这一点来加以判断。

演化是一个自然的过程,其中没有任何超自然的成分在内。人类和人类的事业都置于自然的环境之中,其发展、变化无须借助于超自然的神的原动力,而是有其自然的起因和自然的背景。这就是说,无论对于以事物为研究对象的物理学家、化学家、生物学家还是以人为研究对象的心理学家、教育学家、社会学家来说,他们研究的对象都是自然,因而研究的方法也不应该有明显的差别。

杜威在他的《达尔文主义对哲学的影响》一文中指出,这种产生于进化论的自然主义

---

① 罗伯特·梅逊.西方当代教育理论[M].陆有铨,译.北京:文化教育出版社,1984:71-72.

的新逻辑具有三个积极的特征。[①] 第一，探究集中于研究特殊变化怎样服务于我们的目的，又怎样使我们的目的遭受挫折，而不是去发现或陈述某种终极意义或这种特殊变化背后的永恒本质。第二，探究就是考虑经验、经验本来的性质和价值在当前有什么用处和意义。第三，探究的观念负起了研究生活的责任。人对于决定未来起着实际的作用，即在不确定的情境中我们的行动是有力量的。我们可以在一定的程度上影响我们环境发展的前景。

二、杜威的经验自然主义

1. 实用主义和经验的自然主义

在哲学思想方面，实用主义哲学及其主要代表人物查尔斯·皮尔斯（Charles S. Peirce）、威廉·詹姆斯（William James）和杜威的思想给进步主义教育提供了理论基础。

实用主义出现于19世纪后期的美国，它的产生除了受英国经验主义哲学，尤其是培根和洛克哲学思想的影响之外，还同当时美国社会和文化的发展有关。由于工业革命和经验科学的兴起，人们开始认为现世的生活本身是最有价值的，而且，人们可以改变和改善的，也只是现世的生活。这样，人们对于宗教以及那些主张维持现状的任何哲学便开始失去兴趣，而对个人自由的要求则越来越强烈。人们更关心的是现世的日常的"实际"生活。实用主义反映的正是这种实际的人生观。

皮尔斯首先使用"实用主义"（Pragmatism）一词，它来源于希腊文，原意是"行为""实际"或"行动"。1878年，皮尔斯在其论文《怎样使我们的观念清楚明白》中认为，观念只有与经验发生联系时才具有意义。如果一个观念不能用于实际行动，不能在实际行动中产生效果，那么这个观念就毫无意义。如果我们明白某个观念有什么效果，没有什么效果，那么这个观念的意义便清晰了。皮尔斯的理论开始于观念，要求有实际的行动（deeds），但他还认为在观念和实际行动之间还有一个重要的因素，即信念（beliefs），因为信念可以指导方向。然而信念需要加以确定，而确定信念的唯一切实可行的方法就是科学所运用的方法，因为科学方法处理的是现实的东西，它独立于人们的意见（opionions）之外。这种获得真理的方法要求有试验、运用，并要在经验中验证其效果。

詹姆斯认为实用主义乃是一种观照世事的态度和解决哲学争端的方法。它不谈"第一原理"(First Principles)，也不讲"范畴"，而只论事功。他认为，真理要以行动的后果来证实，并要受未来事实的校正。不管什么观念，只要它在实际上有用或具有当时的"现实

---

① 罗伯特·梅逊.西方当代教育理论[M].陆有铨,译.北京：文化教育出版社,1984：77.

价值",都是真理。因此,世界上没有永恒的、绝对的真理,而且真理本身没有任何价值,它的价值取决于能实现什么目的。

从上述皮尔斯和詹姆斯的基本观点中我们可以看到,实用主义并不是一种铁板一块似的理论体系,它基本上是一种强调行为结果的哲学思维方法和哲学态度。"在实用主义演化的不同阶段,在它的各个代表人物之间,都存在着不少差异。于是,它又获得了一些其他名称。"① 例如,最先使用"实用主义"这个名词的皮尔斯后来避免使用这个名词,而采用"实效主义"或"实用化主义"(Pragmaticism),詹姆斯认为自己是经验主义者,英国的实用主义者席勒(F. C. S. Schiller)认为自己是"科学的人本主义者",和杜威一起形成实用主义芝加哥学派的乔治·赫尔伯特·米德(George Herbert Mead)则避免任何称号,只承认自己是社会心理学家,而实用主义哲学集大成者杜威则更喜欢用"工具主义""实验主义"或"经验自然主义"。这些有关实用主义的五花八门的别称,并不是简单的文字游戏或出于命名者的别出心裁,而是反映了他们的哲学观。

杜威对实用主义发展的作用在于,他不仅综合了其他人的思想使之成为一个完整的思想体系,而且还将这种思想体系运用于各个领域,其中包括教育。他反对那种以固定不变的原则为基础的哲学方法,而采用从经验出发的、实验的或工具的方法。在一定的意义上我们可以说,杜威的经验的自然主义乃是实用主义这种关于真理知识、价值的一般理论在实践领域比较明确而系统的运用。

2. 经验自然主义的形而上学

关于"实在究竟是什么""什么是真实的"这些形而上学的问题,经验自然主义不像以前的观念论和实在论哲学那样提出某种永恒的、独立存在的"东西",如柏拉图(Plato)的"理念王国"、亚里士多德的"纯粹形式"等。经验自然主义者认为实在既不是精神,也不是物质;实在有待于人们去发现,它就是人们所谈论的那样,而除了经验,我们不能谈论什么。经验自然主义的一个重要人物蔡尔兹说,经验自然主义者"绝对地断言,经验乃是我们拥有,而且能够指望拥有的一切。它是'根本的论题'。用一句比较到家的话来说,'它是任何人都能谈论的一切'。它本身既是出发点,又是终结。经验'提出我们的问题',而且它'检验我们的解决办法'。因此如果人类的经验不能给我们提供一个关于实在的适当的说明,那么人类就不能得到这样的说明"。② 这里所讲的是普通人的日常经验,并认为其形而上学的最大优点是它的公众性,它能够公开让大家检验。

---

① 刘放桐,等编著. 现代西方哲学[M]. 北京:人民出版社,1981:260.
② John L. Childs. Education and the philosophy of experimentalism[M]. New York:The Century Co. ,1931:50-51.

经验自然主义形而上学的一个最关键的概念是"经验"。那么，什么是经验呢？

首先，经验自然主义之所谓"经验"含义比较广泛，它不仅仅局限于我们的感觉经验，而是包括人们所做、所想和所感的一切。经验既包括沉静的反省，也包括积极的行动；既包括感，也包括知；既包括思索，也包括感觉。它绝不包括将这些相当平常的经验转化为超验的东西，因为那是人的智慧所无法达到的。至于超验的东西，人们既不能肯定它存在，也不能断言它不存在；我们对它不能谈论，我们之所以不能对它谈论，是因为我们无法知道它；而我们之所以无法知道它，是因为我们无法经验它。

其次，实验主义认为经验是有机体与环境的相互作用，杜威把它称为"交互作用"（transaction）。人作用于外部世界，然后外部世界反作用于人。例如，人拦河筑坝，然后河流便给人提供水力，这就是一种相互作用，也就是一种"交互作用"。在这种相互作用中，主观和客观不能分开，知者与被知者不能分开。经验自然主义认为，经验便是主观与客观的相互作用，有机体与环境的相互作用。

对于"实在究竟是什么"的问题，经验自然主义的基本回答是经验，认为我们所知道的最后实在是经验。除此之外，经验自然主义对于实在的问题还强调另一点，即认为实在是变化的。从前的哲学都把实在看成是某种物质的或非物质的东西，所以，实在是一种独立存在的实体的名称，是名词。经验自然主义者认为，实在是过程，即经验。它更像动词。由于人的经验是变化的，所以实在也是变化的，它就是我们所说的那样。经验可能会使人对实在作出错误的判断。例如，人们曾一度认为我们的地球是平的，也曾认为它处于宇宙的中心，等等。但是，我们可以通过后来的经验，通过更为严密而准确的探究来纠正它们，所以，只有通过仔细的探究，我们逐渐获得关于实在的较为准确的判断。因此，关于"实在究竟是什么"的问题，它的答案类似于数学上的无理数，这就是说，我们在理性上可以不断地接近它，但不能最终解决它。

3. 经验自然主义的认识论

经验自然主义认为实在是变化的、运动的，而且，我们所知道的最后实在是经验，所以知识也不能例外，知识具有暂时的、试验的特性，它最终要受到我们经验的支配。此外，经验自然主义还反对观念论和实在论的主观和客观的二元论思想。经验自然主义认为，人本身就是他力求认识的这个宇宙的一部分，而且，在人与周围环境持续不断的相互作用的经验过程中，他与这个宇宙构成了一个不可分离的整体，他既在宇宙之中，又是宇宙的一个部分。

经验自然主义认为，以前的观念论和实在论哲学，除了它们的二元论错误之外，还有一个共同的问题，即为知而知，它们的认识论至多只能解释认识过程发生以前的实在，而不能通过认识来改造实在。知识起源于经验的过程之中，求知的目的在于解决人们生活过程中的疑难问题。

经验自然主义把知识看作是有机体与环境的相互作用，用杜威的话来说，就是人与宇宙的"交互作用"的对话。在经验的时候，人们会提出各种关于宇宙的假设、猜测，这便是人类认识活动的起点，而这些假设、猜测暂时还不能说就是知识，它们只是可能的知识。人们有了关于宇宙的各种假设和猜测以后，这些假设和猜测就将指导人们的行为。人们作用于宇宙的活动，必然会得到宇宙的回报，也就是说，人们必须要承受自己行动的后果。通过自己行动的后果，我们可以看到自己原先的假设和猜测正确与否。如果能够得到人们在行动前预期的结果，那么原先的假设、猜测就是正确的，就可以称之为知识。如果没有出现预期的结果，那么这种假设、猜测就不能称为知识，这样，人们便会提出另外的假设、猜测，再作出另外的行动。此外，如果人们活动的条件发生变化，我们承受的活动后果也将发生变化，这样，我们就要提出新的假设和猜测，这些新的假设和猜测又将指导人们新的活动，因而出现新的结果。

如上文所述，经验自然主义认为实在的本质是变化的，所以上述过程也就没有终结。这个无终结的过程就是认识的活动，杜威把这称为"反省思维"（reflective thinking）。然而，这种"反省思维"不是传统意义上的坐在安乐椅上的沉思默想，而是指思想从经历到的人的活动结果再回到原先的尝试的假设和猜测的活动。换言之，它是从我们经历到的结果对原先假设的再组织，杜威把这称为"经验的改造"。而这种经验之改造的活动乃是一个没有终结的活动，我们绝不可能"毕其功于一役"。由于实在是变化的，所以知识也不是静止的，人只有在经验的过程中，在活动中才能求得真知；真理不是某种处在于人类等待人们去发现的东西，它是由我们自己创造出来的。

经验自然主义认为，认识的目的不是为认识而认识，也不是为了单纯地解释外部世界，它的最终目的是为了解决生活中的问题，以更好地适应环境。上述认识活动的过程不仅说明了人们解决问题的过程，而且同科学家在实验室中解决问题的过程，即"科学方法"，是完全一致的。科学家解决问题的过程从本质上讲乃是试图达到理智决定的过程，杜威把这个过程概括为五个步骤，"它们是：（1）暗示，在暗示中，心智寻找可能的解决办法；（2）使感觉到的（直接经历到的）疑难或困惑理智化，成为有待解决的难题或必须寻求答案的问题；（3）以一个接一个的暗示作为导向意见，或称假设，在收集事实资料中开始并指导观察及其他工作；（4）对一种概念或假设从理智上加以认真的推敲（推理是推论一部分，而不是推论的全部）；（5）通过外显的或想象的行动来检验假设"。[①] 所有的认识都采用这种形式。当然，有些学科（如社会科学）不可能通过直接经验来验证每一个暗

---

① 杜威.我们怎样思维：经验与教育[M].姜文闵,译.北京：人民教育出版社,1991：88.

示，这就要求我们通过想象来估计可能的结果。

经验自然主义认为，在人们将暗示阶段心智寻找的可能的解决办法和外显的或想象的行动结果联系起来的过程中，智慧就得到了发展。智慧乃是生活过程中的理性的活动，它是一种表示过程、活动和行为方式的名称。所谓有智慧，并不意指拥有某种"东西"，而是指能够做某些事情，即用上述科学方法来处理生活中的问题的能力。

经验自然主义认为，检验知识真伪的最后标准是，人们尝试性地提出并付诸行动的那些假设和猜测是否真正"有用"。如果它们能够解决问题，能够解决生活中的困难并获得我们希望达到的结果，那么就是真理。所以，经验自然主义之所谓真理往往是或然的、相对的。它仅仅是用以解决问题的一种工具。

总之，经验自然主义认识论认为，认识是人类的一种无止境的、不断发展的活动。它是一种"公众的"认识论，是一种每个人都可以利用的、公开的求知的方法。只有那种适合每一个人并且能够加以检验的经验才是唯一可以成为所谓知识的经验。

4. 经验自然主义的伦理学

经验自然主义的形而上学和认识论，既不同于观念论，也与实在论相异，在伦理学和美学的领域同样有类似的情况。

经验自然主义既不认为道德是发自内心的一种判断善恶的本性或康德之所谓先验的"善良意志"的"绝对命令"，也不承认有决定道德观点的所谓神秘的自然法则，因为它们都超出了人类经验的范围，人们无法对它进行探究，人们除了服从，别无所为。

经验自然主义认为，就像我们是真理的创造者一样，我们也是我们价值的创造者。我们之所以能够无求于超验力量的帮助而创造价值，是因为我们可以在经验中加以检验，而且，价值判断不是永远不变的或普遍的，它们只适用于某种情境。

在经验自然主义看来，每一种伦理的情境都来源于以一种更合需要的方式来调整经验的渴望。所以，"应该"怎么做的问题必须要考虑到情境，它取决于人们可以预见的结果。在回答"应该"怎么做的问题之前，他必须先要回答这样的问题，即如果我下决心这样做，将会有什么结果，我是否希望有这样的结果。

经验自然主义"主张人的行为动机和他的行为效果乃是一个连续过程的两个方面：一个人的完整道德行为首先是他具有一个他需要达到的目的，即他所预见的结果，经过一番思考，决定采取什么行动才可能达到这个预期的效果，然后采取具体的行动，最后这种行动达到了他所预期的结果，使他的需要获得满足，即他的行动产生了有效的后果，这整个的行为过程就是良好的行为，是具有道德价值的行为"。① 显然，善的行为由其结果来衡量，伦理的原则同样也要由依据该原则行事的结果来评判。如果某一原则总是导致人们不想要的结果，人们最终便会抛弃它。人类历史的发展充分地证实了这一点。例如，"君权神授"曾一度被认为是天经地义的事，所以绝对服从君主被认为是绝对的善，因为这是神所期望的。然而，人们最终却抛弃了这一伦理原则，人们之所以抛弃它，不是因为神废除了这个原则，而是因为它不能造成人们向往的生活。

经验自然主义的伦理学同其认识论一样，都非常强调科学方法。就像真理是人们试验出来的，是相对的一样，伦理原则也是人们试验出来的，如果人们按某一原则行动并产生所希望的结果，那么这就是一个伦理的原则，然而，这个原则绝不是绝对的、普遍的，而仅仅是尝试性的、暂时的，一般说来，它只是表示，在这样的情境中，我们更愿意如此这般地行动。

当然，科学方法之于伦理道德问题，不能完全等同于科学问题，因为在伦理、道德的范围内，对于结果的检验需经历一个漫长的时间。然而，人们却不能因此而否认科学方法的价值，因为人们确实是根据伦理原则用于日常生活的后果来判断它们价值的。如果说历史是一种硕大无比的、人本主义的"试管"，那么，伦理原则恰恰就是通过科学的方法在人们的经验中获得的，这个过程和在实验室中获得物理学、化学的真理是一致的。

经验自然主义还强调，衡量行为是否道德的结果主要指公众的结果。例如，小偷之所以偷窃，是因为偷窃可以产生他所希望的结果，即财富。然而，如果从一个更大的范围，也就是公众的结果来衡量，那么偷窃就不是道德的行为。不过，这也不是一种绝对的禁忌。如果为了挽救一个挨饥受饿的孩子的生命而不得不偷些食物，这就得另当别论。因此，人们应该从行为的背景，产生某种行为的情景，以及行为的总的公众的结果中去判断行为道德与否。因此，实验主义认为，对于"我们应该如何如何"这一道德领域的终极问题是没有最后答案的。因为价值是在人们的经验中发现的，所以，我们必须在日常经验的情境中去发现我们的"应该"。

5. 经验自然主义的儿童观

经验自然主义对人的看法深受达尔文进化论的影响，其中以杜威的观点最为典型。

杜威认为，从本质上讲，儿童的本性与其他任何有机体没有什么差别，其主要活动是为了适应环境。然而，他之所谓适应并非单单指对于环境的顺应，而是强调人能够通过自己的理智使环境在一定的限度内适合自己的需要。人的理智能够控制感情的冲动，并将它

---

① 傅统先,张文郁.教育哲学[M].济南：山东教育出版社,1986：144.

们引向正确的方向。正是在这个意义上我们可以说，人能够不断地改善环境和社会，因此，人具有几乎是无穷的发展潜力。

在杜威看来，人与低等动物具有明显的区别。对于低等动物来说，它们的生活不外于身体的舒适、力量的增强等，而没有思维能力，可是人却具有反省思维的能力。杜威在《我们怎样思维：经验与教育》一书中，将思维能力看成是"把人同低等动物区别开来的机能"。他还进一步说明了反省思维的价值："首先，它使我们从单纯的冲动和单纯的一成不变的行动中解脱出来。从正面来说，思维能够指导我们的行动，使之具有预见，并按照目的去计划行动，或者说，我们行动之前便明确了行动的目的。它能够使我们的行动具有深思远虑和自觉的方式，以便达到未来的目的，或者说，指挥我们去行动，以便达到现在看来还遥远的目标。我们心中想到了行动的不同方式所导致的结局，就能使我们知道我们正在做些什么。思维把单纯情欲的、盲目的和冲动的行动转变为智慧的行动。就我们所知，一只凶猛的野兽费力地从后面冲过来；它的动作是依据某些当时的外界刺激而引起的生理状态。一个能思维的人，其行动取决于对长远的考虑，或者取决于多年之后才能达到的效果。"①

杜威认为过去的人生观是错误的，而这种错误导致了教育中传统的二元论思想，即儿童与社会的对立，兴趣与训练的对立，禀性与教养的对立，知识和行为的对立。他也不同意卢梭对于儿童本性的自然主义观点。杜威认为，那种认为儿童的自然冲动是正确的，自然将引导儿童趋向于善的说法是站不住脚的。因为卢梭的自然主义把儿童的发展看作是一种向着最后的尽善尽美目标展开的过程，是向着最终的、不变目标的逐渐接近。然后，既然儿童自然展开所要达到的目标是如此遥远，而且这种目标往往是精神的、伦理性的，那么这个目标不仅仅是"可望不可即"，而且它也从根本上排斥了教师所不能发挥的指导作用。

杜威认为，儿童具有相当大的潜力和可塑性，人们既可以将他们引向堕落，也可以将他们导入健康的方向。要使儿童能够健康地发展，就要控制他们在其中行动、思考和感受的环境。杜威认为，学校是为了教育的目的而设置的特殊的环境，它对儿童智力和道德的发展有着很大的影响作用，学校这个特殊环境有三个比较重要的功能：②第一，由于复杂的文明无法全部吸收，而且现今社会生活的种种关系错综复杂，如果要求青少年对这一切全部加以注意，结果便会陷于混乱，无所适从。"我们称作学校的社会机构的首要职责就在于提供一个简化的环境。选择相当基本并能为青少年反应的种种特征。然后建立一个循

---

① 杜威.我们怎样思维：经验与教育[M].姜文闵,译.北京：人民教育出版社,1991：13.
② 杜威.民主主义与教育[M].王承绪,译.北京：人民教育出版社,1990：22-23.

序渐进的秩序，利用先学会的因素作为领会比较复杂的因素的手段。"第二，学校的职责"在于尽力排除现存环境中的丑陋现象，以免影响儿童的心理习惯。学校要建立一个净化的活动环境，选择的目的不仅是简化环境，而且要清除不良的东西"。第三，"学校环境的职责在于平衡社会环境中的各种成分，保证每个人有机会避免他所在社会群体的限制，并和更广阔的环境建立充满生气的联系"。

第四节 进步主义的基本主张

在前几节中我们已经看到，进步主义教育虽受到杜威经验自然主义哲学的影响，但作为一种教育理论和实践，各个进步主义者在教育方面的主张并不完全一致。而且进步主义在其发展的不同阶段，其侧重点也不尽相同，所以就出现了对进步主义教育的主张和实践的多种概括。下面我们先介绍几种主要的说法。

1920年，进步教育协会公布的"七点原则声明"："（1）学生有自然发展的自由。（2）兴趣是全部活动的动机。（3）教师是一个指导者而不是一个布置作业的监工。（4）进行有关学生发展的科学研究。（5）对于儿童身体的发展给予很大的注意。（6）适应儿童生活的需要，加强学校与家庭之间的合作。（7）在教育运动中，进步学校是一个领导。"[①]

杜威在《我们怎样思维：经验与教育》一书中对于从各种进步学校中发现的一些共同的原理的概括：[②]反对从上面的灌输，主张表现个性和培养个性；反对外部纪律，主张自由活动；反对向教科书和教师学习，主张从经验中学习；反对通过训练获得孤立的技能和技术，主张把技能和技术当作达到直接的切身需要的手段；反对或多或少地为遥远的未来做准备，主张尽量利用现实生活中的各种机会；反对固定的目的和教材，主张熟悉变化着的世界。

西奥多·布拉梅尔德（Theodore Brameld）认为：[③]作为一种教育的理论和实践，进步主义同实用主义一样，它源出于许多思想家和文化的影响，并且通过各种组织和实验学校博得崇高的声望。它的关于学习的学说基于其本体论、认识论和价值论。所以，它强调教育的主题是经验和"整个儿童"的成熟，而且它通过诸如兴趣、努力、习惯、成长、有机体、文化，尤其是智慧这些操作性的概念来完善其心理学。它的典型化的经验课程，或许

[①] 赵祥麟主编. 外国教育史[M]. 上海：华东师范大学出版社，1987：58.
[②] 杜威. 我们怎样思维：经验与教育[M]. 姜文闵，译. 北京：人民教育出版社，1991：250.
[③] James A. Johnson. Introduction to the foundations of American education[M]. Boston：Allyn and Bacon，1973：368.

是"以经验为中心课程"中最先进的,这种课程抛弃了固定的内容和常规,而采用以学习者的需要和兴趣为依据的单元。在教育的方法方面,进步主义旨在以"实际的问题"来代替传统学程的"食谱式的问题";它认为操练只是一种次要的技能;虽然它既支持儿童中心学校,也支持社区中心学校,但它更主张一个学校应兼顾两者;它赞成大大扩大了的成人教育。在教育和社会控制的问题方面,进步主义坚持,自由乃是秩序的积极的互相关联的事物。因此,它赞成那种从无拘束的生活和参与中产生的纪律,反对刻板的学校管理。

乔治·奈勒(George F. Kneller)在他的《教育学基础》一书中认为进步主义最重要的基本原则有六条:①(1)教育应当是主动的,而且要与儿童的兴趣联系起来;(2)智力把生活经验详细分解为种种具体问题时,便能最顺利地处理生活中的新奇事物或疑难问题;应当通过解决问题的各种设计,而不是通过吸收教材来进行学习;(3)教育就是经验的明智改造,教育跟文明生活是同义语;因此年轻人的教育应当是生活本身,而不是生活的准备;(4)因为儿童应当按照自己的需要和兴趣来学习,所以,教师应当更多地像一位向导或劝告者,而不应当完全凭权威行事;(5)当人们彼此合作,而不是彼此对立时,成就会更大,因此学校应当培养合作精神,而不是培养竞争精神;(6)教育意味着民主,民主意味着教育,因此应该以民主方式来管理学校。

除了上面摘引的之外,关于进步主义教育的主张,还有许多人进行过论述。如克伯屈(Kilpatrick)在《学校与社会》杂志上曾概括过进步教育的七个主要观点。此外,我国许多研究进步教育的学者也提出了自己的看法,兹不一一列举。下面,笔者就自己的理解,谈谈这方面的一些学习体会。笔者认为,进步教育的基本主张可以概述如下。

一、对教育的根本看法

1. 教育即生活,而不是生活的准备

杜威在批评传统教育的错误时曾经指出,传统教育"或多或少地为遥远的未来做准备",似乎儿童时代是成人生活或他自己人生的准备期。在这种对于教育根本看法的指导下,传统教育总是把过去已经拟定好的知识和技能的体系作为教材,因而学校的主要任务就是把这些知识和技能的体系传授给新的一代,并形成与过去的各种行为标准和规则相一致的行为习惯。在实践上,传统教育往往采取自上而下的灌输方法,将适合成人需要的种种标准和教材强加给尚未成熟的儿童。这种教育,不仅严重地脱离了儿童的实际,而且也不适合儿童的能力和需要,势必要扼杀儿童的个性。

---

① 陈友松主编.当代西方教育哲学[M].北京:教育科学出版社,1982:72.

"进步教育认为儿童不是个小成人,而且绝不可单纯地把他当作一个书生对待,这是有充分的心理学根据的。卢梭是最早唤起我们注意这一事实的人之一。卢梭说过:期望还未达到推理年龄的儿童去埋头学习抽象理论,是毫无益处的。反之,儿童应当学习通过他的亲自发现所能理解的事物。卢梭的信徒们敦促教师把儿童在学校学的东西同家里及在本地社会中将要经历的东西结合起来。"[①] 关于这一方面,杜威做了比较系统的说明。杜威认为,儿童的教育不是为其日后的成人生活做准备,教育就是生活。

杜威在其名著《民主主义与教育》中,第一章的标题就是"教育是生活的需要"。在他看来,生活乃是人与环境相互作用并不断更新的结果。生活的内容不仅仅指生理意义上的生活,而且也包括个人与种族的全部经验。人作为社会的一分子,有生有死,然而,作为一个"群体"与"种族"的社会生活,不但要继续下去,而且要不断地更新,只有这样,社会生活才得以继续。"因为生活的延续只能通过经久的更新才能达到,所以生活便是一个自我更新的过程。教育和社会生活的关系,正如营养与生殖和生理的生活的关系一样。这种教育首先是通过沟通进行传递。在个人经验成为共同财富之前,沟通乃是一个共同参与经验的过程,通过沟通,参与经验的双方的倾向有所变化。"[②] 没有教育,人类的生活就要停止。"教育在它最广的意义上,就是这种生活的社会延续。"[③]

生活的延续和更新有赖于教育,反过来说,教育也不能离开生活,因为生活为教育提供了具体的内容。

就生活的内容来说,它有两个方面,即物质生活和精神生活,其中包括风俗、习惯、信仰、成功与失败、工作和娱乐等;就生活的范围来说,包括家庭、学校、社会、自然等方面。在个人的全部生活史中,他必须与上述多个方面都发生关系,在个人与上述各个方面相互作用的过程中,个人需要不断地调整和适应,并逐渐形成自己的行为和性格,所以,生活的每一个方面对儿童都具有教育的意义,这就是说,生活提供了教育的具体内容。

既然教育是生活所必需,同时生活又为教育提供了具体的内容,那么,最好的教育就应该是"从生活中学习"。教育应该充实儿童的生活,使儿童能够适应生活,更新生活,在内容上应该配合儿童社会生活的需要,教育方法则要以儿童的实际生活经验以及实际的学习活动为出发点,使学校成为儿童真正的生活场所。

2. 教育即生长

从一定的意义上讲,"教育应当是生活本身,而不是生活的准备"这一命题可以看成

---

① 陈友松主编.当代西方教育哲学[M].北京:教育科学出版社,1982:79-80.
② 杜威.民主主义与教育[M].王承绪,译.北京:人民教育出版社,1990:10.
③ 同①:3.

是进步教育，尤其是杜威对教育的最根本的看法。如果从"教育即生活"这个命题的纵向的意义来看，教育与人的一生的生活共始终，"我们的最后结论是，生活就是发展；不断发展，不断生长，就是生活"。① 教育是人的一生持续不断的生长、发展过程，"因为生长是生活的特征，所以教育就是不断生长"。②

生长是个体与环境相互作用时儿童整个机体所发生的生理、心理等各个方面的变化。只有在生活的过程中，才能发生"生长"，而且，只要有生活，只要有个体与环境的相互作用，就会有自发的生长，所以，生长不是由外部强加进来的事情。

儿童的教育、儿童的生长能决定未来社会的面貌。但是，儿童的生长是有条件的。杜威指出，生长的基本条件是"未成熟状态"。③ 这种未成熟状态不表示一无所有或缺乏的意思，而是表示积极的、向前发展的能力。它有两个特征，即依赖性和可塑性。

依赖性乃是一种积极的东西，它不是只含有"无依无靠"的性质，否则就永远不会产生发展。从社会的角度看，依赖性乃是指能力。"无依无靠"暗示了某种补偿的能力、生长的能力，如婴儿生来就具有一定的社交能力，对成人的态度与作为都能作感应的能力等。

可塑性指儿童为生长而有的特别的适应能力。但儿童的可塑性与油灰或蜡因为受外面压力而改变形状的可塑性不同。儿童的可塑性与柔韧的弹性相近，这种弹性作用，使他可以借此来吸收他们周围的优点，同时又能保持他们自己的倾向。除此之外，可塑性还有更深一层的意思，指从经验中学习的能力。即以从前经验的结果作为基础，改变自己的动作。可塑性就是发展各种倾向的能力，如果没有这种能力，就不能养成习惯。

生长表现为习惯。习惯是一种实行的技能，或做事的效率。习惯使我们能控制环境，并且能为了人类的利益利用环境。教育的意义就是使人获得能够使自己适应环境的种种习惯，保持有机体与环境的全面平衡。但这里所说的适应是主动的，而不是对环境的顺从，它要使环境适应于我们自己的活动。

习惯除了指动作上的流利，经济与效率的增加以外，也指理智与感情倾向的养成。无论什么习惯，都表示一种意志的趋向。此外，习惯还指主动地调整自己的活动以应付新的情况的能力。这种主动的习惯包括思维、发明和使自己的能力应用于新的目的的首创精神，它构成了继续不断的生长。所谓发展，就是将能力引导到特别的渠道，如养成各种习惯，这些习惯含有执行的技能、明确的兴趣，以及特定的观察与思维对象。

杜威批评了关于生长或发展的错误观点，即"认为生长或发展乃是朝着一个固定目标

---

① 杜威.民主主义与教育[M].王承绪,译.北京：人民教育出版社,1990：54.
② 同①：45-54.
③ 同①：57.

的运动……把生长看作有一个目的，而不是看作就是目的"。这在教育上产生的相应的错误就是："第一，不考虑儿童的本能或先天的能力；第二，不发展儿童应付新情境的首创精神；第三，过分强调训练和其他方法，牺牲个人的理解力，以养成机械的技能。这三件事都是把成人的环境作为儿童的标准，使儿童成长到这个标准。"①

杜威认为，"教育即成长"或"教育即发展"指教育无遥远、固定的目的，生长、发展的过程即教育的过程。如果把生长、发展看作是潜在的能力向着一个固定目标的不断地展开，而发展的每一个阶段都是向着这个最终的、不变目标的逐步接近，那么生长、发展就成为毫无意义的事了。其根本错误就在于它忽视了"现在"的作用和意义，而且，这种遥远的目标乃是外铄的。所以他提出，教育过程除了它自身之外，并无目的，它就是它自己的目的。

杜威还批评了卢梭的"遵循自然的学说"。② 在卢梭看来，任何东西，只要出自造物主之手的东西都是好的；无论何物，经过人的手，都是要蜕化变质。自然不但能提供开始生长的最初能力，而且供给生长的计划与目标，所以，教育要远离社会环境。杜威承认，腐败的社会制度和风俗固然能给人以一种错误的教育，即使是最审慎的学校教育，也不能补偿这种错误的教育，但是，我们决不能因此就使教育与环境隔离。相反，我们必须要创设一种环境，以便使儿童固有的能力能够在这种环境中获得更好的应用。

3. 教育即经验的改造或改组

这个命题与"教育即生活"有着休戚相关的联系。前面已提到，从"教育即生活"的纵向意义，即生活的历程来看，可以说教育即生长，教育即发展。如果从生活横向的方面，即生活各个方面的内容来看，可以说教育即经验的改造或改组。

生活就是有机体与环境的相互作用，所谓经验，就是从这种相互作用中产生的。在人与环境相互作用的过程中，由于环境始终处于变动不居的状态之中，所以，为了能够不断地适应环境以求得与环境的平衡，人就必须改造或改组其既有的经验，所以，经验的改造或改组乃是使生活得以继续的手段。而这种经验的改造或改组，既能增加经验的意义，又能提高后来经验进程的能力。

要增加经验的意义，使它具有教育的意义，一个重要的条件就是要对所从事的种种活动的相互关系和连续性有认识。这同盲目的活动是有区别的，盲目的活动不知道它干什么，也就是说，不知道它和其他活动有什么相互的作用，而"一个具有教育或教学意义的活动，能使人认识到过去未曾感觉到的某种联系"。③ 所以，只有将人对环境的动作和动

---

① 杜威.民主主义与教育[M].王承绪，译.北京：人民教育出版社，1990：55.
② 同①：125.
③ 同①：82.

作的结果联系起来，经验才具有教育的价值。

杜威认为，"经验包含一个主动的因素和一个被动的因素，这两个因素以特有形式结合着。只有注意到这一点，才能了解经验的性质。在主动的方面，经验就是尝试——这个意义，用实验这个术语来表达就清楚了。在被动的方面，经验就是承受结果。我们对事物有所作为，然后它回过来对我们有所影响，这就是一种特殊结合……单纯活动，并不构成经验……作为尝试的经验包含变化，但是，除非变化是有意识地和变化所产生的一系列结果联系起来，否则它不过是无意义的转变。当一个活动继续深入到承受的结果，当行动所造成的变化回过来反映在我们自身所发生的变化中时，这样的变动就具有意义，我们就学到了一点东西"。① 杜威曾经举过一个例子：一个儿童将手指伸进火焰，如果他不将"伸手指"的活动和"被火烧痛"的结果联系起来，这只能说有活动，而无经验。如果将"伸手指"的活动和活动的结果，即"被火烧痛"联系起来之后，才算有了经验。因为只有有了这种联系，儿童才能预见作用于类似环境的结果，并能据此来改变今后的活动方式。这便涉及有教育作用的经验的另一个方面，即这种经验既不同于机械的活动，又不同于任性的活动，它能增加或控制后来经验的能力。也就是说，有教育作用的经验既是日后新经验的基础，又是解决未来问题的方法。当新的问题得到解决以后，经验的内容也因之而增加。换言之，旧的经验得到了改造。经验的特性就是这种前后连贯的不断改造。

杜威指出，"经验的改造可能是个人的，也可能是社会的"。② 经验之改造或改组的作用，在于对人的活动和活动方法具有指导作用，使他更能预料将会发生的事情，由于他能预见，所以就能获得有益的结果，避免不良的结果，以实现趋益避害的目的。环境在不断变化，经验的改造或改组也不能毕其功于一役。

二、教育目的观

进步主义教育赖以生长、发展的理论基础，无论是达尔文的进化论还是实验主义哲学，都突出了一个"变化"的思想，世界上的一切都处于变化的历程之中。与此相对应，在教育目的观上，进步主义也反对任何普遍的、绝对的、永久不变的教育目的。进步主义对传统教育的批评，一个很重要的方面就是集中在传统教育的目的上面。因此，这一部分的叙述，先从进步主义对传统教育目的的批评开始。

1. 对于传统教育目的的批评

在本章的第一节中已经讲到，美国作为一个移民的国家，最初从欧洲去新大陆的移民

---

① 杜威.民主主义与教育[M].王承绪,译.北京：人民教育出版社,1990：148.
② 同①：84.

多数是反对英国宗教压迫的清教徒。这批移民到达美洲大陆以后,没有放弃他们的宗教信仰,所以宗教对教育具有很大的影响。后来,虽然与宗教教育相对立的私立学校和公立学校有很大发展,但即使是在这些学校中,对学生的道德训练仍然是一个重要的目的。19世纪时,欧洲移民大量涌入新大陆,这对美国的教育产生了两个显著的影响。第一,随着欧洲移民的增加,欧洲根深蒂固的观念论和唯理论哲学也影响了美国,到19世纪中期和后期,美国的教育一般都忽视知识的获得和掌握,而注重智力的陶冶。这时,美国教育界虽然出现了实科教育和职业教育,但在普通教育领域,前者仍占优势。而且,即使开设了实科教育和职业教育的学科,也要证明它们具有的"智力陶冶"的作用。第二,随着大量移民的涌入,国家主义和所谓"美国化"的努力也不断增长,在教育上表现为注重公民教育,即灌输所谓的基本的民主政治制度。

概括地说,美国传统教育目的论的根深蒂固的基础乃是"教育即预备",即对儿童的教育乃是为他们日后的成人生活做准备。杜威在《哲学的改造》①中指出,"教育作为预备的观点和成年作为生长的固定界限的观点,是同一句使人引起反感的不真实的话的两面"。他认为,传统的教育目的把教育看成是预备,看成是学习并获得将来有用的东西。这种目的是遥远的,"童年只是成年生活的预备,成年生活又是另一种生活的预备。教育总是重视将来而轻视现在"。他对这种"教育准备论"大为反对,认为这种理论"只是一般地假定但很少讲清道理"。在他看来,"技能的获得,知识的占有,教养的成就,都不是目的:它们是生长的标志和继续生长的手段"。

综合进步主义对传统教育目的的批评,传统的教育目的论有下列危害:

(1) 传统的教育目的是外铄的,这种外铄的目的使受教育者对于自己应该做的事情无考虑的余地,用杜威的话来说,它"要限制人的智慧"。由于目的是外铄的,所以不能给活动主体留有自由创造的可能性,限制了儿童的创造精神,而只能选择"机械的方法",使儿童只能对教师所教的东西作出反应,从而沦为教师和教科书的奴隶。

(2) 传统的教育目的与儿童直接的、现实的生活无关,不考虑儿童的发展水平和能力,因而不能引起儿童积极的主动的活动。既然教育与实际生活脱节,教育也因此而失去了达到目的的手段。

2. 目的性质以及良好目的的标准

杜威在《民主主义与教育》一书中,②通过"影响"和"结局"的比较,说明了"属于活动里面的目的"和"由外面加入这个活动的目的"之差别,说明"目的所含的意思是

---

① 赵祥麟,王承绪编译.杜威教育论著选[M].上海:华东师范大学出版社,1981:248-250.
② 杜威.民主主义与教育[M].王承绪,译.北京:人民教育出版社,1990:106-107.

指有秩序、安排好的活动，在这个活动中，秩序就是循序地完成一个过程。如果一个活动须经一段时间，在这段时间内，活动逐渐发展，这个活动的目的就是预见终点或可能的结局的能力"。他认为，这种"预见的结局"的目的或先见之明有三个功用：第一，可以使我们对目前的情境审时度势，发现进行中的障碍，寻求达到预见的结局的方法；第二，使我们能够对方法的应用知道先后缓急的秩序，作出经济的选择和安排；第三，有助于行动方针的选择。这三种功用是互相联系的。目的的作用在于它能够指导我们的活动，避免盲目性。

根据目的性质和功用，可以概括出良好目的的特性。

第一，良好的目的应该产生于活动之中，而不是由外部的权威强加的；此外，活动要"真正的连贯一致"，而不是一串堆积的动作。在活动的过程中，前一项动作将引起后一项动作，后一项动作在前一项动作的基础上产生，而且要运用前一项动作的经验。由于动作是连续的，所以目的也是连续的。

第二，目的要随着情境的变化而改变，使之足以指导我们的行动。目的带有实验的性质，目的价值要受到实践的检验，它是在实验的过程中不断完善，而不是一成不变的。此外，如前所述，既然目的和活动是不可分的，目的产生于活动之中，所以杜威认为，目的作为指挥活动的计划，这种目的既是目的，又是手段。在杜威看来，我们之所以有"目的"和"手段"的区别，不过是为了便利起见。在他看来，目的和手段是一个意思，它们在活动的过程中互相交替。某一手段在活动进行之前，我们把它称为目的，一旦这个目的达到，它又变成再促进活动的手段。如果这个手段指示了我们所从事的活动的将来方向，这个时候我们就把它称为目的，如它是指示我们活动的现在方向，我们就把它称为手段。所以，就这个意义上说，目的是完成了的手段，而手段则是未完成的目的。

在人与环境相互作用的过程中，会出现不少疑难和问题，要使生活继续进行下去，要解决这些不断出现的疑难和问题，人们必须对它们加以观察、分析，并根据当时现实的情境提出种种可能的解决办法，然后还要对提出的这些方法加以比较、选择，直到最后实行选定的方法。所有这些，都要受到目的的指导。所以，良好的目的必须要能够指导活动的方法。

第三，我们所定的目的，必须能使活动自由。杜威认为，"目标"（end in view）这个名词很有暗示作用，因为它能使我们把某种过程的结果作为对活动的指导来规范我们的活动。他举了一个人用枪射击兔子的例子。在这个射击的活动中，活动的"目标"不是"兔子"，而是"击中兔子"。"兔子"只是这个活动终结的对象，是活动所要达到的目的的一个方面。虽然为了"击中兔子"要瞄准兔子，但在瞄准的时候射击者须看着手上所拿的枪，要把枪弹放得正，放枪的时候心里想起这个对象等，都是用来指挥射击的活动。而兔子作为活动所要达到"目的"的一个方面，不过是为了使射击者的活动能够顺利地继续进行，这就是"使活动自由"的意思。

3. 良好教育目的的几个特征

在杜威看来，目的的价值只在于它能时时刻刻地帮助我们观察、选择和计划，使我们的活动得以顺利进行。教育的目的也是这样，它也是对可能的结果的一种预见，使我们对自己所要做的事情进行更审慎、更广泛的观察，拟订工作计划，规定行动的程序。因此，"只有人，即家长和教师等才有目的；教育这个抽象概念并无目的。所以，他们的目的有无穷的变异，随着不同的儿童而不同，随着儿童的生长和教育者经验的增长而变化"。①即使家长或教师能以文字形式表达出他们的哪怕是最好的目的，其实也只能看作是给教育者有关怎样观察、怎样展望未来和怎样选择的建议。在承认这些条件的前提下，杜威提出了一切良好的教育目的应具备的几个特征：

第一，它必须要考虑到受教育者特定的个人固有活动和需要（包括原始的本能和获得的习惯）。因为一切知识都是个人在特定时间和特定地点获得的，所以，既要反对不顾受教育者的能力，把遥远的成就和职责作为目的的倾向，又要反对无视个人特殊能力和需要的倾向。

第二，它必须能转化为受教育者的活动进行合作的方法。教育目的一定要有助于制定具体的进行程序，而且这些程序又能加以检验、校正，并扩充这个目的。

第三，它必须不是一种抽象的和终极的目的。抽象意味着遥远而不切实际，抽象的教育目的将导致人们把教和学仅仅作为准备达到和它无关的目的的一种手段。除非学习和训练有它自己的直接价值，否则它们就没有教育意义。

总的说来，杜威和进步主义对于传统教育的反对，不在于它"有目的"，而是反对它有"不好的目的"，而这种目的之所以不好，是因为它有碍于儿童的生长。

曹孚曾对杜威的思想做过评论："在杜威教育思想中，中国教育工作者最耳熟能详的一句话是：'教育无宗旨'。其实这句话是不完全的。杜威的原文是：'教育除自身之外无宗旨。'从一连贯的前提，杜威达到了这个结论：教育即生活，生活的特征是生长（growth），故教育与生长是二而一的东西；生长无宗旨或目标，故教育也无宗旨或目标。或者说，生长的目标是更多的生长，教育的目标是更多的教育。所以，生长除自身之外无目标，教育除自身之外无宗旨。"②曹孚先生指出，杜威认为教育与生长是"二而一"的东西，这对

---

① 杜威.民主主义与教育[M].王承绪,译.北京：人民教育出版社,1990：114.
② 瞿葆奎,马骥雄,雷尧珠编.曹孚教育论稿[M].上海：华东师范大学出版社,1989：24.

我们理解杜威的教育目的观有很大启发。

对杜威教育目的观的理解不能离开他对教育的根本看法。实验主义哲学的一个核心就是"变化",此外,杜威又借用了达尔文学说中的"适应""生长"等生物学概念,认为人的生活就是与环境永无终止的相互作用,就是对环境的主动的、积极的适应,而教育作为延续人类生活的不可或缺、不可分离的手段,教育的过程即生活的过程。从人与环境相互作用也就是生活的内容来看,教育即经验的改造,而从这种相互作用即生活的过程来看,教育即生长。检验经验是否得到改造的标志,可以用是否有生长来加以衡量,反过来说,人之所以有生长,是因为经验得到了改造。因此,生活、经验的改造、生长乃是"三而一"的事情,对于重"变化"、重"过程"而轻"结果"的经验自然主义来说,三者中最有意义,最有价值的是"生长",换言之,"生活""经验的改造"都可归结为"生长"。人类的生活不会停止,人与环境的相互作用也没有终结,这样,经验的改造和生长也将持续不断地进行下去,所以,生长的观点乃是确定教育价值之最后的标准,它也就是教育的宗旨。

三、课程论

进步主义对传统教育的课程论持反对态度,认为它的最大弊端是以学科内容为中心,使课程与儿童的生活脱节,强调死记硬背,并将学习的过程同学生个人和社会的需要分离开来。进步主义认为,传统教育的课程论基于其错误的心理学理论,即将一个完整的心理过程分解成一系列的心理功能,这样,儿童学习的完整内容就被分解为互不联系的孤立的论题。

克伯屈反对传统教育将完整的知识、技能等分解为孤立部分的做法,并且指出,在儿童活动的时候,他们的全身心都在运动。他在《我们认为进步教育表示什么意思?》一文中说,"他们在思考,他们在作情绪的反应;他们的身体在活动;我们可以确信,他们的内分泌腺也在工作……整个儿童都在工作,而且整个儿童也就这样稍做改变……我们把所做的称作举动,而留给人的作用我们称为学习"。他在另一个场合说过,这种整个儿童的学习每时每刻都在进行。每一种经验都留有其多方面的作用。我们作为教师或家长,可能并不知道这些,我们甚至宁可不理会它们,但它们在任何时候都是这样的。

杜威在《儿童与课程》一书中,对传统的课程也持批评的态度。① 第一,传统的课程是以社会文化为本位的,因而与儿童的经验相对立。儿童生活在十分狭隘的世界里,除非

---

① 赵祥麟,王承绪编译.杜威教育论著选[M].上海:华东师范大学出版社,1981:76-78.

涉及他自己或他家庭和朋友的利益，其他事物很难进入他的经验，而社会文化本位的课程，在时间上无限地回溯过去，在空间上无限地向外伸延，这种课程必然使"儿童的小小的记忆力和知识领域被全人类的长期的多少世纪的历史压得窒息了"。

第二，儿童自己的生活具有统一性和完整性，而学校的课程却将他统一而完整的生活加以割裂和肢解。

第三，学校课程的逻辑分类和排列的抽象原理乃是许多年代的科学的产物，而不是儿童经验的产物，没有考虑到它们在儿童自己的经验中的地位和意义。

进步主义认为，传统的以成人为中心，以学科为中心的课程是不可取的，而应代之以儿童的活动为中心的课程。此外，课程的组织应该心理学化。

1. 课程应以儿童的活动为中心

进步主义的活动课程的理论，其渊源可以追溯至法国的卢梭。在课程的选择和组织上，卢梭是最早将注意力放在儿童内部发展上的人。他认为，儿童既反映了自然的次序（the order of nature），又反映了课程的次序。所以不应使儿童服从课程，而应让课程服从儿童。他主张以自然为教材，"小学生在校园中互相学习知识，比你在课堂上给他们讲的东西还有用一百倍"。①

福禄倍尔主张围绕儿童的本性去建立课程。他受康德哲学的影响，认为儿童具有一种内在的自我活动性，所以教育不是外部世界的产物，课程不应是完全外在于儿童的某种东西。相反，学习是内发的，是一种由内向外的活动，是一种实现内在的自我的过程。因此，课程的选择和组织应该考虑到儿童的能动性。当然，强调儿童的内在的自我活动性并不意味着忽视社会文化。事实上，儿童要充分发展其内在的本性在很大程度上要依赖外部世界，即他人的经验，只有把外在的东西转化为内在的东西时，才能给内在的本性以外在的表现。所以，内在的本性与外在的文化要达到对立的统一。然而社会文化和教材不过是自我实现的养料。

詹姆斯的机能主义心理学也为进步主义的活动课程理论提供了基础。一方面，机能心理学认为人有与生俱来的本能和冲动，课程必须适合它们。另一方面，它认为学习的目的与其说是学习某些内容，不如说是发展一般的心智能力，即发展对特殊情境作出特殊反应的能力。所以，课程的基础应该是特定的反应或活动。

进步教育之父帕克认为教育要根据儿童活动的需要来进行，只有这样，才能引起他的好奇心和探索精神。在昆西的实践中，他打破了传统学科之间的逻辑组织的界限。例如，

---

① 卢梭.爱弥儿[M].李平讴，译.北京：商务印书馆，1978：140.

他不把阅读作为一门独立的学科，而是把阅读作为获得历史、科学等知识的手段。到 20 世纪初，许多进步学校完全抛弃了传统学校长期袭用的教材，而主要由观察、游戏、故事和手工作业来组成课程。

杜威在活动课程方面有过自己的实践，在芝加哥大学实验学校中，他实践了诸如烹饪、缝纫、木工等儿童已经在其生活中熟悉了的活动为中心的课程，而且，对于教材的学习也一反传统的做法，而是与这些活动相联系。

除了实验之外，杜威还对课程问题做了理论的阐述。他认为，课程必须与儿童的生活相沟通，应该以儿童为出发点、为中心、为目的。理想的课程应该促进儿童的生长和发展，这也是衡量课程价值的标准。课程的内容不能超出儿童经验和生活的范围，而且，课程要考虑到儿童的需要和兴趣，否则不能引起学习的动机，不能有自发的活动。

2. 课程的组织应该心理学化

进步主义课程理论的另一个要点是，主张课程的组织应该心理学化。虽然进步主义者中有许多人在课程组织方面始终坚持浪漫主义的、感情色彩很浓的、以儿童兴趣和需要为主宰的活动课程，但多数进步主义者却赞成杜威在这方面的见解。

19 世纪末、20 世纪初，在课程的问题上，进步教育与传统教育曾有过激烈的争论，双方各执一词，互相攻击，当时的主要争论点集中在课程的本质上，即以活动为中心的课程同以教材为中心的课程孰优孰劣的问题。杜威作为这场争论的参加者，在 1902 年发表了《儿童与课程》的小册子，自这本小册子发表之后，争论的中心便逐渐转向教材的逻辑组织和心理组织的问题上，而且使原先势不两立的活动课程和教材课程有调解的趋势。

杜威认为，过分看重儿童的不成熟性以及把儿童理想化都是错误的。这两种看法不是互相矛盾而是互相补充的。"抛弃把教材当作某些固定的和现成的东西，当作在儿童的经验之外的东西的见解；不再把儿童的经验当作是一成不变的东西；而把它当作某些变化的、在形成中的、有生命力的东西；我们认识到，儿童和课程仅仅是构成一个单一的过程的两极。正如两点构成一条直线一样，儿童现在的观点以及构成各种科目的事实和真理，构成了教学。从儿童的现在经验进展到以有组织体系的真理即我们称之为各门科目为代表的东西，是继续改造的过程。"① 这就是说，两类课程都有一个共同的特征，即经验。活动课程的活动性固然无须多说，即使教材课程，从本质上讲也是前人活动的经验，它实际上也是活动课程。两者并无根本分歧，关键是如何组织课程。

杜威认为，课程的组织应该心理学化。传统的教材课程的逻辑组织对于成人可能是适

---

① 赵祥麟，王承绪编译.杜威教育论著选[M].上海：华东师范大学出版社，1981：81.

用的，而对于儿童来说，情况就不一样。因为儿童是初学者，还没有能力接受成人完整的经验，所以，课程的组织应该考虑到心理发展的次序以利用儿童现有的经验和能力。杜威认为，课程的组织之所以要心理学化，是因为"经验的心理的叙述是依照经验实际生长的情况；它是历史性的，它记录了实际采取的步骤，即有效的以及不确定的和迂回曲折的步骤。另一方面，逻辑的观念把发展看作已经达到某一确定的完成的阶段。它忽视了过程，只考虑结果"。①

应该注意的是，尽管杜威主张教材的组织应该心理学化，但他也不绝对排斥逻辑，课程的组织最终取决于它所发挥的功能。逻辑也是一种工具，它是心理次序的一个方面。杜威曾对这个问题做过很好的概括，为了说明问题，下面我们不得不大段地引用他的原话："每种学科或科目都有两个方面：一方面是就科学家作为一个科学家来说；一方面是就教师作为教师来说。这两方面绝不是对立的或互相冲突的，但又不是直接地完全相同的。照科学家看来，教材不过代表一定的真理，可用来找出新问题，制定新的研究，并贯彻执行以达到验证的结果。对科学家来说，科学中的教材是自身独立的，他把其中各种不同的部分相互归类；并联系新的事实以相印证。作为一个科学家，他从不超越他的特定范围之外，即或有的话，也只是搜集更多的同类的事实。教师的问题就不同了。作为一个教师，他并不关心对他所教的科目增加些新的事实，提出新臆说或证实它们。他考虑的是科学的教材代表经验发展的某一阶段或状态。他的问题是在引导学生有一种生动的和个人亲身的体验。因此，作为教师，他考虑的是怎样使教材变成经验的一部分；在儿童的可以利用的现在情况里有什么和教材有关；怎样利用这些因素；他自己的教材知识怎样可以帮助解释儿童的需要和行动，并确定儿童应处的环境，以便使他的成长获得适当的指导。他考虑的不限于教材本身，他是把教材作为在全部的和生长的经验中相关因素来考虑的。这样来看，就是使教材心理化。"②

根据杜威对课程问题的分析，人们便对以前作为同义词而交替使用的"课程"（curriculum）和"学程"（course of study）两个概念作了区分。学程是指教师对课程的加工，是教师根据可能会有或可能已经有的经验制定的教学大纲，而制定这种大纲的目的是使教师在任何时候都能对儿童已经学到的内容的连贯性和理解程度作出判断。而课程是指儿童从他的学业活动中生长出来的实际经验的总和。

---

① 赵祥麟，王承绪编译. 杜威教育论著选[M]. 上海：华东师范大学出版社，1981：87.
② 同①：89—90.

四、教学方法

进步主义认为,教学方法必须与教材统一。所谓教材,实质是人们对于自然界和人类生活中的种种事实和原理做系统的归类而组成的用于教给学生的现成的材料;教学方法就是通过对教材的加工和安排,使之最有效地在学生心中产生印象并转化为学生的知识。两者统一于经验之中。杜威说:"经验作为洞察所尝试的事情和所承受的结果之间的联系,这是一个过程,撇开控制这个过程的进程所作的努力,教材和方法并无区别。只有一个活动,这个活动包括两个方面:个人所做的事和环境所做的事……任何纯熟、流畅进行的活动,如溜冰、谈话、听音乐、欣赏风景都不会意识到一个人的方法和材料之间的划分。在聚精会神的游戏和工作中,也有相同的现象。"①

如果没有教材,教法便无所着落,也无所谓教法;如果没有好的教法,教材也不能发挥作用。所以,"方法就是安排教材,使教材得到最有效的利用,方法从来不是在材料以外的东西"②。为了具体说明教材与教法的统一,杜威还举了吃东西的例子:③ 如果有一个人在吃,他不能凭空地吃,他必须吃些东西,所以,他不能把他吃东西的动作分解为吃的动作和吃的东西。如果人们强行把教材和教学方法分离开来,无异于说人没有吃什么东西也能够吃一样的可笑。

传统教育把教学方法与教材牵强地加以划分,所以产生了下列流弊。④

其一,学校忽视了经验的具体情境,致使教学方法"机械的一律"。不利于学生增长经验,不能对经验运用自如。

其二,使训练与兴趣对立。致使学校往往"利用兴奋、快乐的冲击和迎合学生的胃口"或是"用恐吓的手段……以痛苦的结果来吓他";再就是"不说明什么理由,直接逼他努力"。

其三,使学生觉得"学习"本身就是一个直接的有意识的目的,这样就使学习与他自身经验的发展失去了联系。

其四,使教师的教学方法呆板,不能随机应变,缺乏创造性。

进步主义根据从经验中学习的原则,力求做到使教法与教材统一,目的与活动联系,并通过活动的结果加以检验。他们提出了许多服从于这一宗旨的教学方法,其中最著名的

---

① 杜威.民主主义与教育[M].王承绪,译.北京:人民教育出版社,1990:177.
② 同①:176.
③ 同①:177-178.
④ 同①:179-180.

是杜威的"问题教学法"和克伯屈的"设计教学法",兹分析如下。

1."问题教学法"

乔治·奈勒在《教育哲学导论》中说,① 进步主义反对传统的认为学习基本是接受知识,而知识就是教师堆积到学生头脑中的抽象物的看法;认为知识是解决生活中问题的工具,要使知识有意义,我们必须要用知识来做某些事,所以,知识必须是通过积极主动的活动得来的,必须与经验结合在一起。此外,进步主义还认为,通过解决问题所得到的学问比通过其他学习方法所得到的学问更能使人养成真正的超然物外,不偏不倚,不徇私情的治学态度。

杜威和进步主义的观点相一致,主张学校应鼓励儿童在行动中通过解决问题来求得知识,并提出了一个著名的说法,即"从做中学"。

杜威的"从做中学"虽然受到以前的教育家如亚里士多德、裴斯泰洛奇、福禄倍尔等人的主张的影响,但应该指出,它们之间是有很大差别的。第一,杜威的"从做中学"指儿童必须要有一定程度、一定数量的外显的活动,即"做",因为要学会某些东西一定要有身体的活动,并且要了解其活动所造成的结果是否与他预想的相一致。这与亚里士多德之所谓学生的活动指内部的、心灵的活动是不同的。第二,儿童是在通过利用某些物体以达到某种目的的过程中了解某些物体的性质并利用感官的。这与裴斯泰洛齐等以为学生"先知道实物的特性,然后才能明智地应用这种实物"的看法是正相颠倒的。②

在杜威看来,所有的学习都要涉及"做",只有通过"做"得来的知识,才是"真知识",因为无论从哲学、心理学还是生物学的角度来说,"做"是儿童的本性。应该指出,杜威强调"做",并不排斥学生内部的思维活动,"做"的目的是为了培养学生的思维能力。赵祥麟先生指出,杜威认为"持久的改进教学方法和学习方法的唯一直接途径,在于把注意集中在要求思维、促进思维和检验思维的种种条件上"。③ 在实践上,他主张通过"主动的作业",如园艺、木工、金工、烹饪等,来进行教学。在他看来,这些作业的教育价值在于既能适合儿童的能力和兴趣,又能代表社会的情境。因为人的基本活动就体现在衣、食、住、家庭的供应以及关于生产、交换和消费的工具这些方面。

主动作业用于课堂教学的实践就是"问题教学法"。问题教学法的价值在于,一方面可以避免传统教育灌输教材的方法,另一方面,学生可以在解决问题的过程中获得真知。

杜威从进化论中受到启发,认为儿童生活的本质是适应环境,所以,儿童学的知识必

---

① 陈友松主编.当代西方教育哲学[M].北京:教育科学出版社,1982:75,79.
② 杜威.民主主义与教育[M].王承绪,译.北京:人民教育出版社,1990:212.
③ 赵祥麟主编.外国现代教育史[M].上海:华东师范大学出版社,1987:164.

须是有用的,以便帮助他将来更好地解决问题。在杜威看来,有用的知识必定是科学知识,因为科学的命题是可以实验的,因而是客观的。

既然科学知识是实用的,是真理,那么获得科学知识必须要用科学方法。教学的任务不仅在于教给学生一些科学的结论,更重要的是要激发并促进学生的思维,让他们掌握发现真理、解决问题的科学方法。所以,就这个意义来讲,问题教学法这种教学方法与科学方法是完全一致的。

所谓"问题教学法"或"科学方法",就是引导学生运用智慧去探究或探索,以解决问题。其中包括两个因素:一是智慧,它与冲动相对立。由于运用了智慧,这样,人对于问题的解决就同动物的"尝试与错误"区别了开来。另一个因素是探究,它与传统学校"静听"的方法相对立,它是一种主动的、积极的活动。它的价值在于可以使学生在思维活动中进行"有意义的经验",将经验到的模糊、疑难、矛盾和某种紊乱的情境转化为清晰、连贯、确定和和谐的情境。这种"转化"大体上有五个步骤(即本章第三节中提到的科学探究的五个步骤)。

在课堂教学的实践中,与五步探究法相一致的也有五个步骤:"(1)学生必须要意识到一个困难。最好的情况是,他必须在他所从事的某种活动中感受到了障碍,这样引起的问题就是,如果使该活动继续进行下去。(2)在学生意识到问题以后,他必须随着探索并清楚地界定这个问题。(3)一旦对情境做过透彻的检查和分析,就会产生诸如一个人原先进行的活动怎样才能继续下去,或怎样将原先的活动改造为比较适当的形式等提示。(4)然后,学生就要推论出这些提示的含义。他要在头脑中想象,如果按每一个提示去行动,那么是其结果各是什么。(5)最后,他要对通过活动最可能实现他目的的提示、假设或理论加以检验。"①

关于在教学过程中如何具体运用上述教学法的要求,以培养学生思维的能力,杜威作了如下论述:(1)为了激发学生的思维,必须有一个实际的经验情境,作为思维的开始阶段。为此,教室的设备和布置要与实际的经验情况相一致,必须要有更多的实际材料,更多的资料,更多的教学用具,更多做事情的机会。(2)思维的材料不是思想,而是各种行为、事实、事件和事物的种种联系。困难是引起思维的不可缺的刺激物。教学的艺术大部分在于足以激发思维,足以使学生得到一些富于启发性的立脚点,从而产生有助于解决问题的建议。(3)所谓创造,就是用别人没有想到的方法,应用于日常习见的事物,新奇的是操作,不是所用的材料。教师要共同参与学生的活动。(4)要创造条件使学生的观念应

---

① John Seiler Brubacher. A history of the problems of education[M]. New York: Mc Graw-Hill Book Company, inc, 1947: 239.

用于实际。学校要设置实验室、工场和园地,并充分运用戏剧、游戏和运动。①

杜威认为,问题教学法与赫尔巴特的教学阶段的理论有很大区别。赫尔巴特的教学法是以思维附属于获得知识的过程,问题教学法则是以获得知识附属于思维的过程;而且,解决问题也不是最终目的,它只是从实际问题到理论原则,从具体的感性到抽象的理性的一种手段。此外,问题教学法也不同于福禄倍尔的儿童自我活动,福禄倍尔只注重自我活动的象征意义,而杜威认为学校乃是一种社会机构,问题教学法是为儿童未来的社会生活做准备的。

2. 设计教学法

设计教学法是克伯屈于1918年从杜威的"从做中学"的教育思想出发,并在"问题教学法"的基础上所创行的一种教学组织形式和方法,其目的在于克服传统教学中呆板的课堂教学,只重书本知识、学生被动学习以及孤立的分科教学体制等缺陷。

克伯屈认为,设计教学法比问题教学法有更广泛的应用范围,而且,它的一个最重要的特征是能够激发学生的动机。用他自己的话来说,设计"是任何有目的之经验的单元,任何有目的之活动的实例,在这种有目的的活动中,作为一种内在的政策,处于支配地位的目的是:(1)确定活动的目标,(2)指导活动的过程,(3)提供活动的动力以及内在的动机"。②

在设计教学法中,学生可以在活动中选择、计划并进行他们自己的工作,"设计"可以促使儿童做有目的的努力。从理论上讲,设计也是一种解决问题的方式。学生要对从他们经验中产生的问题加以界定,他们的活动不是漫无目的,而是以任务为中心,对于解决问题的办法也需要通过行动的结果来加以检验。

克伯屈认为,学校的课程可以组成四种主要的设计类型:

第一种是创造性的或建构性的设计,它主要是使一种理论的计划以外在的形式具体化。例如,如果学生决定创作,然后上演戏剧。那么,他们可以写出剧本,分配角色,并实际上演。创造性的设计可以是绘制一幢建筑物的蓝图。这种设计的目的在于求得工作,制造和实践的种种经验。

第二种是鉴赏性的或娱乐性的设计。其目的在于培养审美的经验,获得审美的享受和满足。阅读小说、看电影或听交响乐等都是这类设计的例子。

第三种是问题的设计。这类设计要求学生解决一个智力的问题。例如,种族歧视问题

---

① 赵祥麟主编. 外国现代教育史[M]. 上海:华东师范大学出版社,1987:166-167.
② Brubacher. A history of the problems of education[M]. New York:Mc Graw-Hill Book Company, inc,1947:243.

的解决办法，解决环境恶化问题的办法等，这些社会问题解决都需要有智慧的探究。

第四种是具体的学习设计，它主要是为了获得某种技能或某个领域的知识，如学习打字、学游泳、学跳舞、学写作等。

设计教学法的实施步骤是：

(1) 确定目的。学生根据其兴趣和需要，从实际生活环境中提出学习的目的，即要解决的问题。真正的设计必须要让学生专心致志地去做。

(2) 拟订计划，即制订达到目的的计划。这是整个过程中最困难的一步。在这个阶段，教师既不能包办代替，又不能撒手不管，而是要巧妙地指导学生，使他们不出大错。

(3) 实施工作。在自然的状态下，运用具体材料，通过实际活动去完成这项工作。这是最有兴趣的一个阶段。

(4) 评判结果。学生在教师指导下，按照设计的活动，使学生获得比较完整的经验，以及分析问题和解决问题的能力。

设计教学法有其确定的教育目的，如发展学生的创造力，提高审美水平，发展智力等。然而，克伯屈认为设计教学法的价值不止于此。他认为，教育乃是一种社会的活动，设计必须具有"社会意义"。设计教学法通过学生之间，师生之间心平气和的讨论、争论，作出决定等都要求每个参加者采用开诚布公的，不使用权力的方法，这可以发展学生合作的、民主的精神。而具有民主精神的人将对历史上遗留下来的任何传统、价值和信念加以检验。这对于所谓民主社会的发展是大有裨益的。

五、民主、自由与教育

进步主义作为19世纪末、20世纪初发生于美国的一个范围广泛的教育运动，无论其起因及其影响，都不能仅仅局限于教育内部，因此，只有把它放到那个时代美国政治、经济、文化、教育的历史变化的总背景去考察，才能更好地把握其精髓。

南北战争以后，美国的资本主义经济有了很大的发展，到19世纪60—70年代，自由资本主义发展到顶点，在政治思想上，资产阶级反对封建专制主义，主张"自由，平等"，实行资产阶级民主。到19世纪末20世纪初，资本主义完成了由自由资本主义向帝国主义的过渡。这时，生产和资本高度集中，形成了垄断组织，银行资本和工业资本融合，形成了金融寡头。其直接结果是国内贫富悬殊，工人大批失业，造成了许多严重的社会问题。为了维护资本主义制度，缓和阶级矛盾，在20世纪初美国出现了一场社会改革运动。西奥多·罗斯福（Theodore Roosevelt）的"新民族主义"、伍德罗·威尔逊（Woodrow Wilson）的"新自由"等政策的提出，以及20世纪初美国各个州的许多立法的产生，都在一定的程度上反映了当时社会政治的变化。

除此之外,还有一个重要的变化,那就是中产阶级的势力有了增加,"1900 年左右的社会,变成了中产阶级的社会,工业、贸易和商业成了国家财富的主要来源,而权力集中在拥有所有权和从事经营管理的中产阶级手中。生活的中心,逐渐移到城市、商业和工业上。农业人口向城市迁移的情况,在 19 世纪后期已经增加,而在 20 世纪则加速增长。与城市商业生活联系在一起的办公室工作人员与服务行业的人数,在 20 世纪初叶已经很多,从而大大增加了中产阶级的人数"。① 在那个时候,中产阶级已经有人把教育当作实业看待,表现了对教育的关心。他们除了考察学校的效能、编制之外,更为关心和感兴趣的是,要保证教育满足中产阶级的需要。

资产阶级的理想是通过平和的"渐变"的方式来缓解 20 世纪初美国尖锐的社会矛盾,以延缓他们所谓的"民主""自由"的社会。进步教育从本质上正是迎合资产阶级的这种需要应运而生的。

从本章前面部分的叙述中,我们可以看到,进步主义教育对传统教育的各个方面都表示反对,进步主义对传统教育的反对集中到一点,那就是:传统教育的实质是权威主义的,缺乏民主和自由。所以,进步主义之各项主张的精髓,也在于它的所谓民主与自由的精神。

进步主义认为,民主、自由和教育是三位一体的事情。许多著名的进步主义教育家如博伊德·博德、克伯屈等人对此都有过说明。当然,论述得最为深刻、系统的是杜威。

1. 杜威论民主与教育

杜威认为,"民主主义不仅是一种政府的形式;它首先是一种联合生活的方式,是一种共同交流经验的方式"。② 他认为民主的理想包括两个要素,第一个要素是,"不仅表明有着数量更大和种类更多的共同利益,而且更加依赖对于作为社会控制的因素的共同利益的认识。第二个要素,表示各社会群体之间更加自由的相互影响(这些社会群体由于要保持隔离状态,曾经是各自孤立的),而且改变社会习惯,通过应付由于多方面的交往所产生的新的情况,社会习惯得以不断地重新调整"。③

在杜威看来,民主社会的生存或发展离不开教育。因为要实现杜威上述民主的理想,就要消除"产生于一个团体内部壁垒森严的社会集团和阶级划分"④ 的起源。

---

① 康内尔.二十世纪世界教育史[M].张法琨,等译.北京:人民教育出版社,1990:38.
② 杜威.民主主义与教育[M].王承绪,译.北京:人民教育出版社,1990:92.
③ 同①.
④ 同①:394.

杜威列举了"二元论"哲学的许多表现，如人与自然、心灵与身体、理论与实践、个人与社会、闲暇与劳动等。他认为，这些二元论表现的根源是由于社会分化为富与贫、统治者和被统治者、闲暇者和劳动者等阶级。这使他们彼此之间缺乏"畅通的自由交往。这种缺陷等于树立各种不同的生活经验模式，每一种生活经验模式有其孤立的题材、目的和价值标准"。①

在上述二元论哲学的表现中，杜威尤其反对劳动与闲暇的二元论。他认为，从民主社会的观点来看，这种二元论可能是最根本的。这种二元的划分对于教育的影响，就在于教育目的的二元化，即上层闲暇阶级的孩子将接受博雅教育，而下层劳动群众的孩子则接受职业训练。这种教育制度反过来又巩固了原有的阶级差别，这是民主社会的致命伤。杜威在《民主主义与教育》第19章中阐述了这种二元论的历史沿革及其理论基础，并对当时教育的状况做了分析。他认为，"虽然目前的情况在理论上出现了根本的多样化，在事实上也有了很大变化，但是旧时代历史情况的因素仍旧继续存在，足以维护教育上的区分，还有很多折中妥协之处，常常降低教育措施的功效"。最后他强调指出："民主社会的教育问题在于消除教育上的二元论，制定一种课程，使思想成为每个人自由实践的指导，并使闲暇成为接受服务责任的报偿，而不是豁免服务的状态。"② 显然，杜威指望通过他之所谓民主社会的教育来消除劳动和闲暇的二元论，并维护所谓的民主制度。在他看来，"如果没有我们通常所想的狭义教育，没有我们所想的家庭教育和学校教育，民主主义便不能维持下去，更谈不到发展。教育不是唯一的工具，但它是第一的工具，首要的工具，最审慎的工具"。③ 教育对于民主社会的意义也集中地表现在这里。

除了民主社会的生存和发展离不开教育之外，杜威还认为民主社会对于教育也有积极的意义。

在杜威看来，教育乃是一种发现意义并通过交流传达意义的手段。传达实际上是一个参与经验的过程，其目的在于使个人经验变成公众共同拥有的经验。传达能改变参与人双方的倾向，它的深远意义在于能够改进经验的质量。所以，杜威也把教育看作是经验的改造或改组，而这种改造和改组可以增加经验的意义，并提高指导今后经验的能力。如前所述，民主社会排除了个人与团体的各种障碍，在各社会团体之间可以"共同交流经验"，所以，教育作为一种参与经验的过程，它可以造成经验的改造或改组，造成个人的生长，也就是说，只有在民主社会中，教育的功能才能得到最好的发挥。

---

① 杜威.民主主义与教育[M].王承绪,译.北京：人民教育出版社,1990：349.
② 同①：276.
③ 杜威.人的问题[M].傅统先,邱椿,译.上海：上海人民出版社,1965：27.

除此之外，民主社会对于教育还有另一种意义，那就是要求教育要最好地适应民主社会，并与现代科学的成果保持一致。这样，教育就必须使学生在校的经验与他的校外生活经验相联系。教材必须集中于儿童而不是成人的兴趣。由于在教师的指导下，儿童的兴趣不断增长、扩大，教材也要随之扩大、加深。由于学和做，理论与实践是同时发展的，所以，学校要给儿童提供检验他们思想的设计和活动。学校和班级应该组织得像一个具有合作精神的社区。只有这样，儿童才能发展作为民主社会之一员所必需的态度和性情。

杜威说，他的教育哲学的目的就是要把关于民主与教育的这些要点所蕴蓄的哲学观念提出来，显示出来。他指出，哲学、教育和社会理想与方法的改造是携手并进的。随着科学的进步，工业革命和民主主义的发展，社会生活发生了彻底的变动，这些必然要求实行教育的改造以应付这些变化。"如果我们愿意把教育看作塑造人们对于自然和人类的基本理智的和情感的倾向的过程，哲学甚至可以解释为教育的一般理论……除非对教育在当代生活中的地位能进行像哲学工作所提供的那种广泛的和同情的考察，使教育的目的和方法富有生气，否则，学校教育的工作往往成为机械的和经验主义的事情。"①

2. 杜威论自由与教育

杜威认为，教育不但同民主有内在的联系，它同自由也是密切相关的，所以甚至有人认为，他的经典著作《民主主义与教育》也许本题名该为《自由与教育》，或《民主·自由与教育》。

同诸如民主、经验、价值等概念一样，他把自由看作是一种过程，而不是某种固定的状态；认为自由对于个人的意义和社会的意义在每一点上都是相关的。此外，他对自由也采取工具主义的观点，认为自由"随着需要的变化而采取了不同的形态，它的'功用'就是用以帮助人们处理许多困境"②。他希望以自由来促进科学、民主和个人的发展，通过教育的作用来形成一个所谓真正自由的社会。

在杜威看来，自由表现为三种主要的形态，即：（1）我们所作的选择；（2）我们执行这些选择时的行动力量；（3）促进我们睿智与预见的成长和发育的能力。这三者有着内在的联系，而且，自由的实现不能离开与客观环境的相互作用，而且，只有在这种相互作用发展了智慧，发展了反省思考的能力时，才有利于实现自由。③

自由的第一种形态，即"我们所作的选择"，在杜威看来很好地界说了自由这个概念。自由选择不同于放荡不羁的个人主义的绝对的自由意志，它同个人选择的动机密切相关。

---

① 杜威.民主主义与教育[M].王承绪,译.北京：人民教育出版社,1990：344-345.
② John Dewey. Philosophy and Civilization[M]. New York：Balch & Company,1963：271.
③ 同①：263.

上文在叙述民主与教育问题时,谈到杜威坚决反对二元论哲学,他用以反对二元论的武器是他从现代科学,尤其是达尔文进化论以及黑格尔哲学中学来的连续性(continuity)原理,认为自然界是一个整体,有着内在的有机的联系,而二元论切割了随处可见的事物之间的联系,因而是错误的。在杜威看来,把自由意志看作是自我选择的原因,实质上也是一种二元论思想。杜威只承认统一的过程,所谓因果联系只是一个过程相继的次序,任何事件本身既表示一个行动过程的结束,又表示另一个行动过程的开始(这与他关于"目的"和"手段"的看法是一致的)。所以,个人选择的动机不在于过程之外的某种力量。杜威认为,人是天生的活动者,人的活动说明了他的本质。人类的本性是积极的、可塑的,而不是被动的、固定的,只要有人与环境相互作用,就可以产生自我的欲望、兴趣、动机。此外,人在与环境的相互作用中,经验得到了改造,这不仅增加了感受环境的敏锐性,也发展了对于环境的反应能力,这样,个人对自己选择之行动的价值和结果有了更好的控制和预见能力。所以,自由既不是自由意志的产物,也不是冲动,而是在对环境有了深刻理解基础上的选择。

自我选择的自由,如果不能按照自我选择去行动也是毫无意义的,这就涉及自由的第二种形态,即我们执行这些选择时的行动力量。

在这方面,杜威同进步主义教育运动早期出现的自由放任的个人主义哲学是有分歧的。早期进步主义教育运动采取了18世纪欧洲自由主义哲学的观点,强调个人行动的自由乃是一种天赋的权力。虽然杜威承认这种天赋权力的思想对于反抗专制的政治制度有其积极的一面,但从根本上说,其理论基础是错误的,它忽略了社会的方面。"自由是有关实际力量的分配问题,而最后争取自由的斗争是重要的,因为它的结果影响着在男女老少之间产生一些比较公平的、平等的和人道的关系。"[①] 杜威显然认为,自由行动、做事的能力有赖于社会力量的分配,依赖于公正的社会安排。个人要真正得到实际的自由,就要放弃个人的一些权利与他人结成团体。"受民主的社会契约所约束的个人自由,是学校这个共同体所有成员(学生、教师、行政管理人员及其他人员等)的目的",[②] 也是清除关于权利和自由的二元论的根本方法。杜威认为,科学技术领域里集体智慧的方法就是一个很好的说明,科学的发展需要每个研究者充分的自由,然而,个人的权威不能置于科学团体的集体活动之上,因为他的研究结论需要经受公开的、普遍的检查。

除此之外,按照自我选择去行动的力量还来自个人的理智。由冲动而生的选择,即使

---

① 杜威.人的问题[M].傅统先,邱椿,译.上海:上海人民出版社,1965:60.
② 理查德·D.范斯科德,理查德·J.克拉夫特,约翰·D.哈斯.美国教育基础——社会展望[M].北京师范大学外国教育研究所,译.北京:教育科学出版社,1984:58.

在行动中取得成功,那也是侥幸的,不能算是真正的自由,因为从本质上讲,冲动仍然没有摆脱环境的支配。只有当理智起作用时,我们的选择和我们执行选择的力量才能相得益彰。这就涉及自由的第三种形态,即促进我们睿智与预见的生长和发育的能力。

前面已经讲到,自由不是一种天赋的权力,而是后天的获得。这种后天获得的途径主要是反省思维的探究过程,关于这一点,本章前面部分已经有过叙述,兹不赘述。需要强调指出的是,无论在形而上学还是在认识论方面,杜威都强调"变化",在探究的活动中,个人的自由就表现在各种可能的解决办法的提出和理智的选择之中。"除非在个人行动自由的背后有理智的和有学识的信念来支持它,否则,它的表现几乎可以肯定将产生混乱纷扰的结果。民主的自由观念并不是说每一个人都有权做他所喜欢做的事……根本的自由就是心灵的自由以及产生理智自由所必需的在一定程度上的行动与经验的自由。"① 此外,他与欧洲理性主义哲学家如斯宾诺莎、黑格尔的看法也有歧见,他不认为自由就是对客观必然性的理解,他的实验主义或试验主义哲学使他更重视对行为预见结果的实验或试验。世界处于变化之中,它是不确定的,正是这种变化、不确定以及探究,对可能结果的预见才导致了经验的改造和生长。所以,杜威认为他的哲学不是一种关于宇宙、人生终极的、固定不变的说明。在《民主主义与教育》一书中,他明确指出:"哲学是思维的一种形式,它和一切思维一样,起源于经验材料中的不确定的事情,它的目的是要确定困惑的性质,制定消除困惑的假设,并在行动中加以检验。"②

3. 教育应有利于发展民主和自由

(1) 学校应鼓励合作而不是竞争。19世纪末,赫伯特·斯宾塞(Herbert Spencer)运用达尔文的进化论来解释社会现象,人们称之为社会达尔文主义。社会达尔文主义用生存竞争来解释人类的社会关系,把生物现象同社会现象混淆了起来。它一方面强调限制国家的权力,认为国家的职能是保护个人的自由。另一方面认为需要扩大个人的自由,包括生存竞争的自由,主张社会应该仿效自然和鼓励竞争,以便使最适者得到成功的报酬。

进步主义反对社会达尔文主义。进步主义者认为,原始森林中动物互相残杀的现象,只有在饥饿、发怒、交配时才有,一般来说,动物的合作也是多于竞争。即使自然界确有达尔文主义指出的种种现象,那也不适合于人类的需要。动物之所以为动物,主要原因就在于它们不能控制自己或自己的生活条件。人与动物不同,人能控制自己,所以合作更适合于人的生物性和社会性。

进步主义主张,教育应该鼓励合作精神。这一方面是因为互相友爱的精神能够提高人

---

① 杜威.人的问题[M].傅统先,邱椿,译.上海:上海人民出版社,1965:46.
② 杜威.民主主义与教育[M].王承绪,译.北京:人民教育出版社,1990:348.

性的社会水准，在社会的环境中，教育作为经验的改造，将导致人性的改造。另一方面，合作也有利于发展民主和自由。因为如前所述，民主既是联合生活的方式，也是共同交流的方式。此外，个人要真正得到实际的自由，他就必须与别人联合，结成团体。

进步主义认为，合作、民主、自由、教育都可以统一到经验的过程之中，统一到科学的探究活动之中。教育首先要鼓励人们从传统和习惯中解放出来，作自由的观察和探究，这样科学和社会才能得到发展。而科学的探究、科学的方法又不允许任何高于团体的权威，因为任何个人得出的结论都必须经受大家的检验、批评、质问，其中不允许任何一个人的独断专行。这种科学的方法和态度，用之于人的社会生活之中，也就是民主的方法和态度。在民主社会里，大家都应参与讨论、批评，作出决定，有言论和出版的自由。所以杜威认为民主态度乃是科学态度的扩大化。

个人的经验、探究不仅是自由的，也是合作的。杜威所概括的科学探究的五个步骤，不是个人的事情，其中充满了合作，这不仅有同辈人之间的合作，也有上一辈人和下一辈人的合作。

进步主义之所以强调科学方法，是因为他们认为，教学生科学方法的最终目的，不在于使每个学生都成为科学家，而在于培养他们的民主态度。

（2）教育必须与民主社会相适应。进步主义认为，民主的教育对于民主社会是至关重要的，但是，教育若要担负其任务，教育必须要与民主社会相适应。

首先，学校要办成一个雏形的民主社会。

民主无论在观念上和外部表现上，都是发展变化的，所以，学校必须使学生了解当时的社会需要和满足这些社会需要所能利用的一切资源，否则即使学校给学生提供了许多知识，也不能同"社会上的事情怎样做和可能怎样做"联系起来，"不能保证在'关于事物的间接的知识'中将跟着产生了解——明智行动之源泉"。① 这样也就不能保证民主社会的继续存在。所以必须要拆除隔离学校与社会的樊篱。"学校必须呈现现在的生活——即对于儿童说来是真实而生气勃勃的生活。像他在家庭里，在邻里间，在运动场上所经历的生活那样。"②

其次，学校本身要成为一个民主的机构。

杜威认为，每个人都生活在一定的社会制度之下，而社会制度对个人的影响，虽然在数量上可能有差别，但在质量上应该是平等的。人的民主观念不是来自天赋，而是在经验中形成的。在对人的民主观念的影响方面，制度也是一个重要的方面。所以，一切制度都

---

① 杜威.人的问题[M].傅统先，邱椿，译.上海：上海人民出版社，1965：36.
② 赵祥麟，王承绪编译.杜威教育论著选[M].上海：华东师范大学出版社，1981：4.

有教育作用，它们对于人的态度、性情、才能等方面都起一定的作用。"这个原理特别能应用于学校方面。因为家庭与学校的主要职责就是直接影响情绪上、理智上和道德上态度与性情的形成与生长。所以，这个教育过程在主导的方面是以民主的或非民主的方式进行的，就成为一个特别重要的问题了……而且在它对于一个专心致力于民主社会生活方式的社会的一切兴趣与活动方面的最后影响中也是重要的。"① 为了所谓民主社会的根本利益，就必须把学校当作一个合作的社会看待，它本身要成为一个民主的机构。应该鼓励各种思想自由交流，促进学生自治、自由讨论、师生共同制订计划等。

（3）教师。进步主义教育要求教师要具备不同于传统学校教师的性情、训练和教育方法。要求教师具备诸如历史、数学、生物学等学科的专业知识，并更希望教师的知识要有一定的广度和综合性，尤其要明了知识的发展过程。此外，由于进步主义教育注重学生的活动，如问题的解决、设计，所以要求教师要有一定的组织能力。杜威认为，教师要学习教育理论，要具有时代的精神，要能促进社会发展，"首先需要的就是要明白我们所生活的是一个什么样的世界；要考察它的力量；要看出在争夺领导中各种力量的对立现象；要决定哪些力量是世界在其潜能中从过去遗留下来的过时的东西，以及哪些力量会指向一个更好的和更幸福的未来"。②

在实际的教育过程中，教师的作用不是发号施令，而是建议劝告。他本人要具有民主作风、尊重所有的人，当然也包括学生的自然权利。他要运用心理的方法来组织教材，引起学生学习的动机，而不是灌输知识。

教师作为学生集体活动的领导者，在教学的实践活动中，教师的具体作用表现在下面三个方面：

第一，创设一个活动的、进行探究的课堂环境。教师所创设的课堂环境应该能够使儿童沉浸于智慧探究的活动之中，教师要善于利用儿童的好奇心，并把它引向认识的渠道。

第二，教师必须认识到，兴趣是探究活动中至关重要的因素。教师除了要认识到儿童具有多种多样的，甚至是冲突的好奇心之外，还要看到，他有责任去"引起"学生的兴趣，而不仅仅是发现学生已有的兴趣。

第三，教师要认识到，探究是一个活动过程。组织课程的基础是鼓励智慧的探究，所以课程的内容必须包括有学生的活动。既要有思想的活动，又要有身体的外显的活动。这样就能自然地扩大学生智慧的范围。课程乃是有目的的活动，而教师就是这种活动的组织者。

---

① 杜威.人的问题[M].傅统先,邱椿,译.上海：上海人民出版社,1965：48.
② 同①：56.

（4）儿童的中心地位。19世纪末、20世纪初，进步教育在很大的程度上受到以卢梭为代表的欧洲自然主义的影响，认为从社会习俗中解放出来的人远比受到这种习俗教养的人更幸福。他认为，美国的学校已经成了压制儿童和青少年的地方，要彻底改变传统学校成人中心、教师中心、书本中心的状况，就必须代之以儿童中心的学校，要强调儿童个人的自由、创造和自然的发展。这一点，在进步主义教育的七项原则中表现得非常明显而系统。

杜威对进步主义教育早期的极端个人主义倾向持不同意见，但在反对传统教育这一点上，他与进步教育是一致的。虽然杜威后来指出儿童的生长或发展需要"社会指导"，并批评进步教育的某些做法，但在他20世纪20年代以前的著作中，也表现了明显的"儿童中心"的立场。他主张教育要来自儿童自己的活动，而儿童自己活动的来源则是儿童的本能和需要。在《学校与社会》一书中，他批评旧教育消极地对待儿童，机械地将儿童集合在一起，课程和教育整齐划一，而学校的重心则在教师，在教科书以及其他你所高兴的任何地方，唯独不在儿童即时的本能和活动之中。他提出要对这种旧的教育进行变革，使学校成为儿童生活的地方，在学校里"儿童变成了太阳，而教育的一切措施则围绕着他们转动，儿童是中心，教育的措施便围绕他们而组织起来"。[①] 杜威在1897年写的《我的教育信条》中主张，学校教育不能违反儿童的天性，要避免突然提供与学生社会生活无关的专门科目如读、写、地理等。

杜威认为，理想的学校就是儿童生活的地方，它只是以一种更系统、更扩大、更明智、更适当的方式去做大多数家庭以一种比较简单和偶然的形式所完成的工作罢了。理想家庭的父母知道满足对孩子有益的需要，让孩子通过与社会交往和家庭的组织进行学习。在家庭成员的交谈中，在家务劳动中，都有孩子感兴趣并对他们有益的东西，通过叙述、提问、讨论可以陈述他们的经验，纠正错误，养成勤勉、守秩序以及尊重别人的习惯。理想的家庭还应有一个小型实验室，以指导他们的探索研究。儿童的生活还包括远足、散步，这可以开阔他的视野。杜威认为，如果将理想的家庭扩大，使儿童接触更多的成人、更多的伙伴，并且将家庭中的作业在促进儿童生长这一目的下加以选择和安排，那么，儿童的生活就成了决定学校一切的目的，如果学校以儿童的生活为中心并把儿童的生活组织起来，那么儿童在学校中就不是一个"静听"的人了。

在进步主义者看来，学校应该是儿童生活的场所，是他们在一起做事情的场所。儿童所做的事情不应由教师或固定的、现成的教材来规定，而主要由儿童个人来决定，也就是说，儿童所做的只是那些在他们看来是重要的事情。儿童居于学习过程的中心，他可以自

[①] 赵祥麟，王承绪编译.杜威教育论著选[M].上海：华东师范大学出版社，1981：32.

由地探索真理，获取他认为有用的知识。教师的任务是在儿童做的时候给予帮助，提出忠告，并努力创设一个尽可能好的学习情境。

第五节 评 论

本章前面部分关于进步主义各种主张的叙述，以杜威及以他为代表的观点为主，在这一节的评论中，也以杜威的思想为主。

一、关于杜威的经验自然主义哲学

杜威经验的自然主义哲学是以反对在他以前的传统哲学物质和精神、经验与自然、主体和客体分离和割裂的"二元论"哲学的名义出现的。他把世界的一切都统一到"经验"这一元之中。所以，在教育方面，他提出教育即经验的改造，教育的过程就是改组或改造经验的过程。

杜威从1904年6月或1905年春离开芝加哥大学到哥伦比亚大学任教以后，虽然在开始的十年左右时间内，主要教授逻辑方面的学科，然而，他的主要兴趣却在于建立一种经验的哲学，因而开设了诸如"经验论""经验的分析"等课程。此外，杜威对于科学方法在诸如伦理学、政治学、经济学方面的运用，也做出了很多的努力。

19世纪末新康德主义和观念主义哲学在欧美居统治地位，自20世纪初以来，新康德主义和观念主义受到了实用主义和实在论哲学的挑战，并引起了争论。杜威本人及其哲学观点当然也不可能避开这场论争。在1905年至1914年期间，杜威在《哲学杂志》或其他刊物上发表了几十篇文章反驳别人对他的批评。在这些文章中，杜威力图阐述或澄清的一个重要观点就是，实在与经验是一致的，经验就是有机体与环境的相互作用。1905年杜威到达哥伦比亚大学不久即在《哲学杂志》上发表了一篇题为《直接经验主义的假设》的文章。他提出的这个假设是，任何事物，或所有的原始意义上的"事物"，都是被人们经验的那样。所以，如果人们想要真实地描绘任何事物，那么，他的任务就是说出他对该事物经验到了什么。不同的人对同一个事物所作的描述也是不同的。①

杜威的这种观点在当时就引起人们的反对，认为这有违于人们的常识和科学，因为谁也不能否认，在人们经验以前，实在已经存在了。杜威承认这一事实，然而他有自己的说

---

① John Dewey. The Postulate of Immediate Empiricism[J]. The Journal of philosophy. 1905(2): 393-399.

明和解释。1906年他在《哲学杂志》发表了《实在就是经验》（Reality as Experience）一文。在这篇文章中，杜威坚信，从一定的意义上讲，实在可以等同于经验，并且从许多方面对这一问题做了解释和澄清，然而人们仍然难以理解和接受他的观点。此后，杜威花费了很多时间来解释他所使用的诸如"经验""实在""自然""环境"等重要概念。1925年，杜威系统地整理了他的经验的自然主义哲学观点，并出版了人们普遍认为是一部哲学"巨著"的《经验与自然》一书。

杜威强调指出，经验和自然是"连续的"（continuous），只有当实在进入人的经验的范围时，实在才是可知的。杜威根据达尔文进化论的观点，说明经验就是人和环境相互作用的统一体；人作用于环境，环境由此而得到变化，而变化了的环境又反过来作用于有机体，人的这种行为与环境的密切联系，就是我们的经验。与早先强调经验的生物学和心理学因素相比，在这本书中杜威突出的是经验的社会和文化的方面。杜威指出，"我们首先要注意'经验'属于詹姆斯所谓的'双义语'。它和它类似的'生活'和'历史'一样，既包括人们所做的、所遭遇的事情，人们所追求的、所爱的、所相信的、所忍受的事情，也包括人们怎样活动和接受活动，人们行动和遭受、意欲和享受、观察，信仰、想象的方式——总之，包括各种经验的过程"。① 显然，这与本章第三节中所引用的蔡尔兹关于经验的解释是完全一致的。两者的共同之处在于，"经验"一词不仅包括被经验的实在，而且也包括经验的过程和经验的主体即人。

所谓"双义的"含义，即不承认任何行动与材料、主体和客体的区分，因为经验乃是"一个原始的整体"，至于人们所说的"事物"和"思想"都是从这个整体中分化出来的，因而是"单义的"。杜威还用具体事例来说明他的"经验"的含义。他所说的经验，即指耕种的土地、播下的种子、割下的收成、日和夜、春和秋、干和湿、热和冷的变化、人们的观察、恐惧、期望，也指那个耕种和收割的人，那个工作、享乐、希望、畏惧、筹划、求助于巫术或化学的人，那个垂头丧气或得意扬扬的人。②

从上文我们可以清楚地看到，在经验的自然主义哲学中，经验包容了一切，事物和思想没有根本的区别，此外，经验除了包括人们的感觉经验之外，用蔡尔兹的话来说还包括人们的"所做""所想"和"所感"的一切，而这些显然与人的"主观"是分不开的，换言之，这种"经验"本身属于人的主观意识的范畴。

杜威还认为，经验的自然主义哲学乃是"平等对待"经验"这一无所不包的整体"的唯一的方法。以前的哲学"不管用什么名词和概念"所表达的诸如客体与主体、精神与物

---

① 赵祥麟，王承绪编译.杜威教育论著选[M].上海：华东师范大学出版社，1981：272.
② 同①：17.

质的分离和独立"则是从一种反省的结果出发，而反省是已经把经验的材料与经验的活动和状态割裂为二的"。① 而这种"合扰"的基础在于强调，主体是经验的中心。显然，在杜威看来，认识和思维的主体乃是最重要的。虽然经验的自然主义哲学的形而上学否认任何超验的和先验的成分，但是，它把经验看做纯粹是主体的产物，在指出经验是有机体与环境相互作用统一体的同时，否认了经验乃是客观实在在人的头脑中的反映，把客体和主体、物质和精神的区别和对立归结为"反省"的结果，这就从根本上否认了客体与主体、物质与精神的区别和对立，以至于杜威提出了实在就是经验的命题。把实在、自然包含在经验之中，把经验作为最原始的实体，乃是一切主观唯心主义哲学的共同特征，经验的自然主义也不是例外。

经验的自然主义哲学把经验界定为有机体与环境相互作用的统一体，在认识论方面，它把认识看做是适应环境的工具，这与传统的认识论有着很大的不同。

传统的认识论认为，认识过程所指向的目标是知识，这个过程涉及两个方面，一个是意在求知的知者，另一个是有待于知者认识的固定的被知的世界，所以，知者和被知者是分离的，是两种不同类型的存在。此外，认识的目的是获得关于世界的一般知识，如规律、原理等，而且知者求得一般知识的目的是为知而知。

杜威反对这种传统的认识论观点，认为根本不存在追求关于世界一般知识的一般的知者。在认识过程中，只有面对具体问题，并试图通过探究的方法来解决这些问题的具体的人。此外，认识或解决问题的最终目的是为了适应环境，利用环境。所以，认识过程离不开人的活动，人的行为。在《哲学的改造》一书中，杜威指出，"有生命的地方就有行为、有活动。为要维持生命，活动就要连续，并与其环境相适应。而且这个适应的调节不是全然被动的，不单是有机体受着环境的塑造……生活的形式愈高，对环境的主动改造就愈重要"。② 在杜威看来，第一位重要的是，在利用环境以求适应的过程中引起的有机体与环境的相互作用，而认识虽然重要，但它处于派生的、次要的地位。从这个基本的前提出发，引出了杜威的工具主义的知识观和真理观。

工具主义的知识观把知识看作是工具、假设，是指导人们活动的假设性的纲领。如果按这些假设行动并取得成功，即为真理；知识和真理是人创造出来应付环境的工具。所以，所谓知识和真理，最终取决于是否合于人的主观目的。换言之，知识的真理性完全由是否能满足人的需要的效用来决定。工具主义的知识观和真理观完全否定了知识和真理乃是对客观现实的本质反映，从而必然要否认真理的客观性。虽然杜威努力赋予真理以科学

---

① 赵祥麟，王承绪编译.杜威教育论著选[M].上海：华东师范大学出版社，1981：273.
② 同①：241-242.

的、客观的色彩，但这同詹姆斯的真理等于有用的说法，并无实质的区别。

在价值论方面，经验的自然主义哲学仍然以经验为基础，认为价值判断不能离开事实判断；价值、伦理道德等离不开人的可以观察、可以证实的探究活动及其结果。杜威提出，"凡有价值的地方就有探究的因素，因为要形成一个目的和追求这个目的，就要采取行动以满足现有的需要，补充现有的匮乏，解决现有的冲突"。① 因此，任何价值的判断都与调整既有经验，使之更合于人的需要有关，而伦理道德的价值都与人的改善现状的愿望有关。此外，杜威在《价值论》这本书中还指出，价值既不是内心感情的表达，也不是某种固定的、绝对的东西。在杜威看来，价值、伦理道德等乃是众人的经验过程中出现的，它们也应该由经验来决定。

经验的自然主义价值论主张对于价值的研究不能脱离现实的背景，而且价值判断不能脱离事实判断，这在西方价值论的研究方面，不失为一种发展。然而，它把价值归于人的需要的满足，用杜威的话来说就是，"价值的存在依赖于情境，价值之适当与否则取决于能否适合于满足这个情况所提出的需要和要求"。② 因此，所有的价值都具有同等的意义，实质上这是一种价值相对主义和多元的价值论。

诚然，价值具有相对性，因为价值是从人们对待满足他们需要的外界关系中产生的，而人们要求满足的需要本身是历史的产物，就其历史局限性来说，价值是相对的。但是，价值还有其绝对性，马克思主义主张的是价值相对性和绝对性的统一，这与价值相对主义是有根本区别的。

马克思主义还指出价值具有层次性，在各种各样的价值中，物质生产活动所产生的价值以及从这种物质生产活动过程中所发生的人与人之间关系所产生的价值，是最基本的价值。在此基础上产生的政治价值、文学艺术价值、美学价值、道德价值等，都是互相联系、互相影响的。这与把各种价值看成互不相干的多元价值观也毫无共同之处。

二、关于教育目的

杜威在《民主主义与教育》一书曾评论过三种思想。这三种思想是：把未成熟的状态仅仅看作缺乏发展；把发展看作是对固定环境的静止的适应；对于习惯的"僵硬性"观点。与这三种思想相对应的在教育上的错误就是：不考虑儿童的本能或先天的能力；不发展儿童应付新环境的创造精神；过分强调养成机械技能的训练等，不发展儿童的理解力。

---

① John Dewey. Theory of valuation[M]. Chicago: The University of Chicago Press, 1939: 34.
② 同①.

概言之，它们共同的错误在于把成人的环境作为儿童的标准，并依靠外部的压力来达到这个标准，即家长、教师、学校希望达到的目的。在杜威看来，这些目的都是外面强加到活动过程之中的，不能算是真正的目的，因为"一个真正的目的和从外面强加给活动过程的目的，没有一点不是相反的……在教育上，由于这些从外面强加的目的的流行，才强调为遥远的将来做准备的教育观点，使教师和学生的工作都变成机械的、奴隶性的工作"。①

杜威把"更多的生长""更多的教育"作为教育的宗旨，其用意在于反对传统教育无视儿童生活的需要、无视现时环境的需要。这种重视儿童、注重现时环境的主张，使教育与生活有了直接的、密切的联系，并由此而引发教育实践方面许多重大的改革和变化。这种教育目的观的提出，不仅纠正了传统教育的许多弊端，而且丰富了教育的内涵，这对于人们关于教育本质的探讨，以及目前我国教育理论界有些同志提出的"主体性教育"思想，在教育过程中"学生是主体"等问题的研究，都有一定的积极作用。

杜威认为，目的乃是人们意识到的自然过程的结果，它是人们决定当前的观察和选择行动方式的因素。把儿童的生长，经验的改造等作为教育目的，是为了"在特定的情境下激发智慧"，使教育的活动"更自由、更平衡"，而不是阻碍教育活动的进行。在这个目的的统率下，杜威力图通过清除"二元论"来解决教育理论和实践中长期存在并且争论不休的一系列问题，如自然发展和社会效率、兴趣和训练、经验和思维、教材和教法、劳动和闲暇、课程的逻辑方法和心理学方法、个人与自然、道德论上的"主内"和"主外"、动机和效果等。尽管杜威对这些问题的论述有其片面性或重大的错误，但他所提出的这些问题以及对这些问题的思考，对于人们不断深入对这些问题的认识和研究，无疑具有借鉴的作用。

在杜威的著作中，生长和发展几乎是同义词，"生长"是从生物学中借用的一个术语，而杜威之所以使用这一术语，同他受达尔文进化论思想的影响显然是有密切联系的。

达尔文强调生物个体的变化可以导致物种的变化，就生物的"个体"和"物种"两者而言，个体的变化有可能造成新的物种，而不是物种决定个体的发展方向，所以，个体的变化是根本的，而物种的变异则处于从属的地位。既然物种不能决定个体发展、变化的方向，个体的变化也就无方向可言。如果把达尔文的这种思想用于教育，那就是儿童个人的生长是最根本的，而且，儿童的生长无须有，也不可能有预定的发展方向和目标，于是他得出的"最后结论是，生活就是发展；不断发展，不断生长，就是生活。用教育的术语来说，就是：① 教育的过程，在它自身之外没有目的；它就是它自己的目的。② 教育的过

---

① 杜威.民主主义与教育[M].王承绪，译.北京：人民教育出版社，1990：117.

程是一个不断改组、不断改造和不断转化的过程"。①

教育的目的是"更多的生长",而这种"更多的生长"又是没有目的的,对于这一点,许多人提出了批评的意见。生长可以有不同的方向,其中有正确的,也可能有错误的。以一个开始盗窃生涯的人为例,他在这个方向上的更多的生长,将会成为一个扒窃能手,所以,只提出生长而不讲明生长的方向和趋向的目的是不够的。杜威对这种批评意见做过争辩。他在《我们怎样思维:经验与教育》这本书中承认有些人可能会生长为扒窃能手、歹徒或腐败的政客,然而他坚持认为:"从教育即是生长和生长即是教育的立场来看,问题在于,这种方向的生长是促进还是阻碍一般的生长……当一种特殊方面的发展有助于继续生长的时候,也只是在这个时候,它才符合教育即生长的标准。因为概念必须具有普遍适用性,而不是特殊的局限性。"②

对于人们的批评,杜威又引出"一般的生长"和"继续生长"这两个概念来为自己的生长无方向的说法作辩解,并且强调他的理论"必须具有普遍适用性"。其实,杜威为自己所作的辩护是非常无力的。不解决生长方向的问题,即使某一"特殊方面的发展"能够"促进"一般的生长,"有助于"继续生长,也不可能解决某一不健康的、有害的"特殊方面的发展"(如偷窃、为非作歹等)转向健康的、有益的方向。实际上,在有害的方向上越发展,离有益的目标的距离就越远。换言之,某一有害的特殊方面的"继续生长"决不可能导致有益的"一般发展"。所以,撇开生长的方向,把"一般生长"和"继续生长"作为"更多的生长"的诠释,是错误的,无方向的生长不能作为教育的目的。

杜威一口咬定生长无方向,除了受达尔文生物进化论的影响之外,还由于他将社会对儿童发展方向的要求看作是永恒的、固定不变的,社会的要求将限制儿童的生长。这种观点是错误的,因为社会对儿童的某些生长加以限制,本来是不可避免的,而且是必需的。杜威之所谓"生活",除了"物质的东西"以外,还"包括习惯、制度、信仰、胜利和失败、休闲和工作",它"表示个体和种族的全部经验"③,并且正确地指出"教育是生活的需要",生活通过"传递"而得以更新。然而,所谓个人和人类的"全部经验",实质上并不是经验的全部,因为被保留下来的经验已经有过一个汰劣存优的筛选,而在教育过程中向儿童传递的,又需经过再一次选择,这些筛选和选择的标准,则取决于社会发展的需要和社会发展要求儿童生长应取的方向。从一定意义上讲,这就是一种限制,否则,生活就不能通过教育的传递而更新。此外,这些需要和方向,也不像杜威所说的那是永恒的、固

---

① 杜威.民主主义与教育[M].王承绪,译.北京:人民教育出版社,1990:54.
② 杜威.我们怎样思维:经验与教育[M].姜文闵,译.北京:人民教育出版社,1991:262.
③ 杜威.民主主义与教育[M].王承绪,译.北京:人民教育出版社,1990:3.

定不变的,在社会发展的不同历史时期,社会对教育和儿童生长总是有着不同的要求,而且这些要求首先表现为政治、经济方面的要求。

社会要求儿童向着一定的方向发展,这是教育的一个基本规律,即使坚持生长无方向的杜威的教育思想,也不例外。杜威的教育思想集中地反映了美国资产阶级所谓民主社会的需要,而且实际上以这种需要来规范儿童生长的方向,并限制不适合美国资本主义社会需要的生长。本章第四节中曾经提到,杜威之所以重视科学方法,其宗旨不在于使每个儿童都成为科学家,而是通过科学方法训练,养成民主社会每个公民必须具有的民主态度。他把民主社会的进步归于该社会成员自由的心理态度和行动中相当的灵活性,以及由此表现出来的个别差异,强调生长无方向显然是为了保护这种个别差异。他认为,"一个进步的社会把个别差异视为珍宝,因为它在个别差异中找到它自己生长的手段。因此,一个民主的社会,必须和这种理想一致,在它们各种教育措施中考虑到理智上的自由和各种才能和兴趣的作用"。① 概言之,生长无方向的幌子掩盖的是为资本主义民主社会服务的真正目的,生长无方向的教育目的观是虚伪的。

三、关于"儿童中心"和"从做中学"

"儿童中心"和"从做中学"的主张与杜威把无方向的不断生长作为教育宗旨的教育目的观休戚相关,它们共同的基础是达尔文的进化论和经验的自然主义哲学。

杜威在《达尔文对哲学的影响》中说,"在自然和知识的哲学里已经统治了两千年的那些概念,已经成为人们所熟悉的学术上的那些概念,是建立在凝固的和终极性的这个假定上的;它们是建立在把变化和起源看作缺陷和不真实的标记上面的"。② 因此,在杜威的思想中,变化和起源的过程是第一位的,而它们的结果则在其次。在教育方面,杜威主张教育目的应来自教育过程本身,而不是来自教育过程之外。在杜威看来,处于生长过程中的儿童在教育活动的过程中处于主体的地位,因而顺理成章地提出了"儿童中心"主张。

杜威认为,他的"经验"的概念可以使主体和客体的区别和对立得到统一。经验兼具主动性和被动性,其主动性表现为经验主体的活动,而对活动后果的感受则是被动的。在经验的获得方面,主体的活动更为重要。教育作为经验的改造,学校的任务在于给学生提供活动的场所、条件,组织学生的活动,用以不断改造学生的经验,而不是向学生传授知

---

① 杜威.民主主义与教育[M].王承绪,译.北京:人民教育出版社,1990:321.
② 赵祥麟,王承绪编译.杜威教育论著选[M].上海:华东师范大学出版社,1981:109.

识。杜威还认为，儿童生来具有从事各种活动的本能，其中"做"的本能最为重要，于是，儿童应该从做的活动中学习，即改造自己的经验。

"儿童中心"和"从做中学"都是针对传统教育的弊端而提出的，从教育理论和实践的发展方面来看，具有一定的积极意义。"儿童中心"突出了儿童以及儿童的活动在教育过程中的重要地位，注重儿童的需要和兴趣，强调儿童的主动性、创造性，这对于克服目前我国教育实践中仍然存在的一些问题，也具有借鉴的作用。"从做中学"对于激发学生兴趣，引起学生学习内在的动机，充分发挥学生潜在的智慧，引导学生注意并解决现实中的实际问题，都有一定的作用，这也是应该加以肯定的。

"儿童中心"论的错误，也是显而易见的，其关键在于未能摆正教师和学生的关系，否定了教师的主导作用。在教育过程中，教师对学生施加的教育和学生各方面的发展是这一个辩证统一过程的两个方面，两者都不能偏废。但是，从教育的角度来看，教师应该发挥主导作用。中国古代的韩愈把教师的任务表述为传道、受业、解惑。教师代表社会对学生施加影响。此外，教师不仅闻道在先，而且受过专门训练，教师有资格、有能力承担社会交给他的任务。诚然，教师要使自己的教育工作发挥最大的主导作用，他必须尊重儿童、认识儿童、理解儿童，按教育的规律和儿童身心发展的规律办事，因为学生的学习和各方面的发展，是任何人无法代替的。但这与"儿童中心"论的内涵有着根本的区别。

"从做中学"打破了学科之间的界限和各门学科的知识体系，取消了各门学科在学校教育中的地位，这样，学校的教学计划、教学大纲都成了无用之物；此外，它还要求教师离开学生面前的讲台而"站到学生的背后去"。这样，学生在"做"的过程中所获得的只能是零星的、片段的知识。在感性知识和理性知识、直接经验和间接经验的关系上，杜威注重的是前者，这将妨碍学生掌握全面而系统的知识。1957年苏联首次发射人造卫星以后，美国各界舆论哗然，把美国空间科学落后的原因归之于进步主义教育，这固然不尽准确，但应该说，这是事出有因的。

曹孚引证他人总结的对进步教育的批评：①

因为……"进步教育"以杜威的教育哲学为理论基础，（所以）对"进步教育"的批评即是对杜威教育哲学的批评。其中有几项是与杜威的知识论和经验论有关的：

一、学校工作缺乏制度与组织；这事实反映在学生身上，他们在大体上是心猿意马的，而不是认真而独立的思想者。

二、对于有组织的知识价值之蔑视，引起对于不相连贯的、浮华的"计划"与活动之

---

① 瞿葆奎，马骥雄，雷尧珠编.曹孚教育论稿[M].上海：华东师范大学出版社，1989：62.

浅尝；它们的用处，不超过对于儿童之一时兴致之目的的满足。

三、忽视教师的指导与教导职能，使教育成为一种近乎混乱与无政府状态的儿戏事情。

四、限于动"手"做的活动，不能做任何需要运用想象的思想活动。

五、进步教育是无计划的或凌乱的急就篇，结果是，它不能发展稳固而坚毅的人格与品格。

四、关于"民主主义教育"

杜威的民主概念，内涵比较丰富，包括政治民主、经济民主、社会民主等。单就社会民主而言，他认为民主社会具有两个特征。第一，"不仅表明有着数量更大和种类更多的共同利益，而且更加依赖对作为社会控制的因素的共同利益的认识"。第二，"不仅表示各社会群体之间更加自由的相互影响（这些社会群体由于要保持隔离状态，曾经是各自孤立的），而且改变社会习惯，通过应付由于多方面的交往所产生的新情况，社会习惯得以不断地重新调整"。①

为了实现这一民主社会理想，则需借助于"民主主义"教育。杜威在中国的一次讲演中说，"归总一句话，美国的趋向要把民治主义和教育合在一块，民治就是教育，教育也是民治。凡是教育部都是为民治设的，……必须有这种教育，才可使政治格外改良"。②杜威把民主主义界定为一种社会生活方式，在民主社会中，各种利益互相渗透，并尤其注意进步或重新调整，所以民主政治尤其重视教育，"这是众所周知的事实"。杜威认为，民主主义的教育之于民主社会的意义，在于它否定外部的权威，通过教育形成人们"自愿的倾向和兴趣"，共同交流经验，参与有共同利益的事，使自己的行动参照并考虑别人的行动等等，这样就可以打破阶级、种族和国家之间的屏障，从而看到自己活动的全部意义。在杜威看来，民主社会对教育提出的这些要求，主要应通过科学方法的训练以养成学生的民主态度。

杜威所提出的这种民主社会的理想具有很大的迷惑性和欺骗性。在他提出的民主社会的理想中，社会成员之间的"共同利益"和各社会群众之间的"自由的互相影响"是至关重要的。自从人类分化成阶级，进入阶级社会以来，从根本上说统治阶级和被统治阶级究竟有没有共同利益，究竟能否自由地互相影响，对我国的读者来说，答案是明确的，无须

---

① 杜威.民主主义与教育[M].王承绪,译.北京：人民教育出版社,1990：92.
② 赵祥麟,王承绪编译.杜威教育论著选[M].上海：华东师范大学出版社,1981：443.

赘述。

杜威生活的时代，正是马克思主义在世界范围内广泛传播，工人阶级和资产阶级、社会主义和资本主义激烈斗争的时代。作为哲学家和教育家，对这些事实当然不至于视而不见。杜威在《自由与文化》一书中说，美国人由于他们的祖先发现了北美这片新大陆，这种自然条件的变动，使人们对在没有民主的情况下所存在的传统、习俗、制度造成的旧有的态度有了极大的改变，因此，"作为过去千百年来文化交流结果的思想感情上的积习被松弛下来了，根底不深的倾向已经中断了，因而形成新制度的任务就比较容易得多"。① 尽管如此，杜威还是看到了美国社会中的种族歧视、劳心劳力分离等不民主的现象，而且提出要有意识地、在道德的基础上去解决这个问题。

美国社会的不民主的问题，其根源乃是美国的资本主义制度。真正的民主只有在社会主义制度下才能实现。然而，杜威却提出，争取民主的斗争必须在政治的、经济的、国际的、教育的、科学与艺术的、宗教的战线上去进行，要用"思想和努力"去赢得。在杜威提出的这么多的战线中，阶级斗争、暴力革命是排斥在外的。他所希望的是"能够通过最少的外部冲突而且一反过去暴力的传统，好心善意地来应付变化"。杜威强调，致力于民主事业的斗争必须局限于"我们的制度和态度之内，我们要赢得这场战争，就应该使得我们自己的政治、工业、教育、一般的文化都成为民主观念的仆人，成为民主观念正在进行中的一种体现，并在执行这个任务中，广泛地应用民主的方法，应用协商、说服、交涉、交流、理智协作的方法。诉之于军事力量就首先明确标志着我们放弃了追求民主生活方式的斗争"。②

对于马克思主义的学说，杜威在《自由与文化》一书中，虽然承认马克思"前无古人"地把财产关系追溯到生产力的作用，而且"十分可能"接受马克思的经济决定论的观念，然而，他对经济力量通过阶级斗争的途径来影响社会变化和社会进步这一"马克思主义的本质"却不能接受，并武断地认为这不是"从历史事实的研究中推演出来的规律"。此外，杜威还引用其他人的话，说什么共产主义者的思想是权威主义，不允许有对立意见存在。所有这一切都说明，杜威对马克思主义是抱仇视态度的，而且，面对社会主义和资本主义的激烈斗争，杜威也意识到了马克思主义的威力和对资本主义制度构成的威胁。正因为如此，悉尼·胡克才在《教育是什么？》一文中提出，"能够预见我们的危机的普遍性的是杜威……杜威要求教育家们认识到共产主义对自由世界的威胁"。③

---

① 赵祥麟，王承绪编译.杜威教育论著选[M].上海：华东师范大学出版社，1981：31.
② 同①：392.
③ 悉尼·胡克.教育是什么？[J].现代外国哲学社会科学文摘.1965(8)：25.

民主社会要通过民主的方法来实现。在杜威的著述中，民主的方法经常是作为实验的方法、科学的方法、智慧的方法的同义词而交替使用的。

科学的方法之所以在杜威的民主主义教育中占据重要地位，这与他对于科学和科学方法同社会进步之间关系的看法密切相关。杜威认为，科学是促进社会进步的一个重要因素，同人们的日常生活也有很大的关系。科学促进社会进步的途径有二。其一为完善对行动手段的控制的主要工具，这一点，已为铁路、轮船、电报、电话、电动机等大量的发明创造所证明。其二为丰富先前的目的和构成新的目的，因为人控制自然能力的增强，将使人产生新的目的，此外，新的发明创造的出现本身也暗示了新的目的。在杜威看来："科学的进步已在相当程度上改变了人们关于生活目的和生活幸福的思想……科学在人类活动中产生的影响，已经打破了过去把人们隔离开来的物质障碍；大大拓宽了交往的领域。科学以巨大的规模带来了利益的相互依赖。"[①] 一言以蔽之，具有两个基本特征（即"共同利益"和"自由的相互影响"）的杜威理想中的民主社会，都可以通过科学来实现。

既然科学具有如此神奇的功效，致力于实现民主社会的民主教育，理所当然地要利用科学。杜威认为，在教育上利用科学，就要"通过教育，使科学方法深入学生的习惯，就要使学生摆脱单凭经验的方法以及单凭经验的程序而产生的惯例"[②]。而要实现这种"摆脱"，就要抛弃经验的自然主义哲学出现以前的"所有过去占支配地位的哲学"，并将经验与理性中真正合理的东西结合起来。

科学方法的实质在于一切"假设"都需经过"实验"，经过实验"证实"的东西才算是正确的。应该指出，杜威对科学方法的概括，以及科学方法对旧的哲学观念的破坏作用和确立新思想方面的建设作用所作的论述，都是比较精辟的。问题在于，这种方法是否适用于社会问题。毛泽东说，在阶级社会中，人都在一定的阶级地位中生活，各种思想无不打上阶级的烙印。人们对于社会问题的观点，从根本上讲，取决于一个人所处的经济和政治地位，取决于人的阶级立场，而不是实验的验证。此外，即使对于经过验证的事实的解释和意义，不同阶级立场的人也可能有不同的理解，以为科学方法可以消除社会不同群体、不同阶级的"屏障"，只是一种天真的幻想。

马克思主义认为，社会发展有其客观的、内在的规律，而杜威对此极为仇视，因为他之"科学方法"的一个重要前提和结论就是不承认客观规律，在杜威的论述中，在不同的场合用不同的措辞表述了同样的意思。杜威强调这一点的用意在于，资产阶级的民主主义不仅是人类最美好的社会制度，而且能够万古常青。杜威在南京的一次讲演中说："我

---

① 杜威.民主主义与教育[M].王承绪,译.北京：人民教育出版社,1990：237.
② 同①：238.

最后有几句话，欲告诸君，就是现在共和，虽然为试验时期，但我觉得有一件事，足以保证其能永久存在，而且能日渐推广。这就是"人心均好发表"，专制国家仅少数人得发表思想，而共和国则人人皆可以发表其思想，并且有实行所想的机会。少数必不能敌多数，故吾敢以此证明共和能永久存在，而且能一天天发展。"[①] 杜威在这里所说的"共和国"，即与"专制国家"相对立的资产阶级民主主义国家，而能够保证其永久存在的"一件事"，就是民主的方法，即科学的方法或实验的方法、智慧的方法。

---

① 赵祥麟,王承绪编译.杜威教育论著选[M].上海：华东师范大学出版社,1981：441.

第二章

要素主义

要素主义（Essentialism）又译为"精华主义""精粹主义""本质主义"。它是当代西方主要的教育哲学流派之一。同进步主义的哲学基础主要是实验主义哲学不同，它的哲学基础比较复杂（主要是实在论和观念论），但要素主义者对于教育问题的看法比较一致。

要素主义是一种保守的教育理论，所以有人也称之为传统主义教育或保守主义教育。要素主义的基本观点是，文化的价值具有永恒性和客观性，在人类的文化遗产中有着"文化上各式各样的最好的东西"，即共同的、不变的文化"要素"，学校的任务就是把这些共同的、不变的文化要素传授给年轻一代，"要素主义"也因此而得名。由于要素主义注重维护社会的文化遗产，所以便重视教材的价值、对个人的社会训练以及教师的权威地位。

第一节 要素主义的产生及其发展

产生于19世纪末、20世纪初的进步主义教育，其主要矛头是针对传统教育。而要素主义作为一种保守的教育理论，对进步主义的这一新型的教育哲学主张以及实践在许多方面都表示异议，甚至提出了一些针锋相对的主张，似乎表现了一种捍卫传统教育的立场，以至有人称之为"新传统教育"。

诚然，要素主义的有些主张确乎与已被进步主义否定的过去的教育实践有相似之处，而且，如果追根溯源，要素主义的理论的确也与西方长期的教育传统有深刻的关联，但是，我们决不能把要素主义看作是传统教育的"复活"，或是对进步主义的"反扑"。"其实，要素主义教育哲学已经采取了一种新的立场，它已经超越于传统教育理论，而把许多新旧观点中合理的部分加以融洽结合。"① 事实上，无论从要素主义的产生，还是它对进步主义的反对来看，它所要解决的问题等各个方面，都有其鲜明的时代特征，否则，我们就不能理解要素主义何以能在20世纪世界政治、经济、文化、教育发生急剧变化的背景下产生广泛影响并经久不衰的原因。

一、要素主义的产生和发展

20世纪初，进步主义教育在美国发展迅猛，并对世界其他国家的教育产生了广泛的影响。进步主义教育成为一时的风尚。此外，在20世纪20年代，美国资本主义经济发展迅速，呈现出一派"欣欣向荣，万象更新的景象"。

然而好景不长，从1929年秋开始，资本主义各国陆续卷入一场历史上空前严重的世

---

① 傅统先,张文郁.教育哲学[M].济南：山东教育出版社,1986：374.

界性危机。这场危机使资本主义遭受价值 2500 亿美元的损失（第一次世界大战的损失为 1700 亿美元）。美国最先陷入危机，遭受的打击也最重。美国 1932 年的工业生产只是危机发生之前 1929 年的 53％。这场危机充分暴露了资本主义制度的腐朽性。在经济危机时期，资本主义各国阶级矛盾空前激化。例如，法国 1930 年爆发 1700 次罢工；德国在危机年代发生一千多次罢工；英国水兵暴动；美国 125 万失业工人举行示威等。

面对这场危机，在教育方面美国教育界谈论的一个焦点的问题是关于学校的社会作用。人们关心的是，为了渡过难关，学校应该发挥什么样的作用；学校怎样为建立一个没有危机的社会做出贡献。围绕这些问题，人们便要对教育理论做深入的探讨，顺理成章地也要对当时教育的现状进行反思。20 世纪 30 年代的经济危机以及教育界关于学校与社会关系的争论，导致了教育哲学的发展。当时出现了各种各样的主张、建议，出现了多种多样的教育哲学流派，以致有人不无戏谑地把 20 世纪称作为"主义的时代"（an era of isms）。在 20 世纪 30 年代出现的主要教育哲学流派中，除了目前正在阐述的要素主义之外，还有永恒主义和改造主义，这些将在本书随后部分加以讨论。

"要素主义"这个名词最早在 1935 年由迈克尔·德米亚西克维奇（Michael Demiashkevich）提出。据威廉·哈威克（William H. Howick）说，要素主义虽然对当时进步主义的理论和实践表示不满，但"无意于对进步主义宣战"。① 关于要素主义者自己组织的成立，还有一个小小的插曲，"1937 年，迈克尔·德米亚西克维奇和奥尔登·肖（F. Alden Shaw）同哥伦比亚师范学院的威廉·巴格莱教授商议，准备成立一个组织，以反对当时在许多公立和私立学校中占支配地位的进步主义教育，并致力于使公众了解美国教育的软弱无力和进步主义教育的危险。德米亚西克维奇把那些以保存和传递人类文化的基本要素为教育之首要职责的人们称为'要素主义者'。初步商议之后，巴格莱接受了他们的建议并马上开始支持他们的主张。他迈出的第一步，就是起草《要素主义者促进美国教育之纲领》（以下简称《要素主义的纲领》）"。② 然而巴格莱起草的《要素主义的纲领》未经批准而出版发行，这遭到美国教育理论界重要人物的激烈谴责，这反而使他们名声大振，使要素主义从一开始就引起人们的注意。

1938 年，要素主义者在美国新泽西州的亚特兰大市成立了自己的组织——"要素主义者促进美国教育委员会"。该委员会成员共有七名，他们分别是"底特律市乡村走读学校的校长奥尔登·肖，心理学家及小学教科书编辑盖伊·惠普尔（Guy M. Whipple），乔治·

---

① William H. Howick. Philosophies of Western education[M]. Danville：Interstate Printers & Publishers，1971：50.

② 刘要悟，李定仁. 要素主义教育理论再评[M]. 外国教育研究. 1989(2).

皮博迪师范学院的路易斯·舒勒斯（Loais Shores）、米尔顿·肖恩（Milton L. Shane）和德米亚西克维奇，东北密苏里州市师范学院院长沃尔弗·赖尔（Walfer H. Ryle）以及巴格莱"①。其他著名的要素主义者有亨利·莫里森（Henry Morrison）、托马斯·布里格斯（Thomas Briggs）、弗雷德里克·布里德（Frederick Breed）、艾萨克·康德尔（Isaac L. Kandel）、罗斯·芬尼（Ross Finney）等。在这些人中，巴格莱处于首脑的地位。人们认为巴格莱作为要素主义代言人，其地位更甚于杜威作为进步主义代言人的作用。

应该指出，要素主义之兴起，除了对进步主义教育表示不满以外，以希特勒为代表的德国纳粹主义和以墨索里尼为代表的意大利法西斯主义的兴起也是一个极为重要的原因。当时美国许多教育家都意识到，德、意等国独裁势力的兴起是对所谓"美国的民主理想"的直接挑战，而"正当国内外情况处于非常危急的关头，美国教育竟然意外软弱无能，这是特别不幸的"②。巴格莱认为，如果美国人民不想在绝望中抛弃民主而屈服于独裁，那么任何真诚的教育学者就必须与其他公民协作来捍卫美国的民主。"美国教育的首要作用是保护美国的民主，尤其是言论、出版、结社和宗教信仰的自由。其次，教育必须造就有文化的选民，在巴格莱看来，所谓有文化意指对一些大是大非的问题要有理智的了解。他认为，这两种作用是如此之重要，以致无论教师或学习者都必须要认真、慎重地加以对待。"③

教育对于美国的所谓民主理想的作用是如此之重要，对照当时美国教育的状况，巴格莱认为美国教育不堪负此重任。在《要素主义的纲领》中，巴格莱列举美国教育的种种弊端：（1）美国初等学校的学生没有达到其他国家的基础教育的学业标准；（2）美国中等学校学生的学术水准落后于其他国家18岁学生达到的水平；（3）美国高等学校学生缺乏基本语言方面知识（illiterate）的人数越来越多，而且实际上不能阅读，由于缺乏基本的和中等的水平，所以许多高等学校不得不开设补修阅读课程；（4）除了文化水平降低之外，美国学生数学、语法的水准也明显降低；（5）尽管美国的教育经费增加了，但重大的犯罪率还是有了明显的提高。

除了描绘当时美国教育的病态之外，巴格莱还指出了造成这种现象的两个主要原因。第一，诸如进步主义之类的占支配地位的教育理论"从根本上讲是软弱的"；第二，许多

---

① William H. Howick. Philosophies of Western education[M]. Danville: Interstate Printers & Publishers, 1971: 50.

② 巴格莱. 要素主义者的纲领[M].//华东师范大学教育系, 杭州大学教育系编译. 现代西方资产阶级教育思想流派论著选. 北京：人民教育出版社, 1980: 155-156.

③ Richard Pratte. Contemporary theories of education[M]. Scranton: Intext Educational Publishers, 1971: 136.

学校标准的放松导致了一种普遍的"促进社会性"的政策。他认为，在这个方面进步主义也是不能辞其咎的。巴格莱严厉谴责进步主义过分强调儿童的自由、兴趣和活动，而放弃训练、努力和工作，所以，"进步主义教育在许多学校系统中完全放弃了以严格的学业成绩标准作为学生升级的一个条件"。

为了传播要素主义教育的观点和价值，巴格莱创办了一个名为《学校与社会》（School and Society）的杂志。该杂志刊登了不少指责进步主义教育实践中失误的文章，而且在一个比较长的时期内，巴格莱的文章、著作、讲演也不离这个主旨。1934 年巴格莱出版了《教育与新人》（Education and Emergent Man）一书，在这本书中，巴格莱在批评进步主义降低智力标准的基础上，还指责进步主义降低了美国青少年的道德标准，并指出其危险性。巴格莱在这本书中考察了无机界的进化和社会进化，指出人能够积累、传递知识乃是人类进化的原因，也是与生物进化根本区别之所在。在"教育与社会进步"这一章中，他指出社会利益高于个人利益，学校的首要功能是促进社会进步；美国教育过分强调个人主义，导致了美国社会犯罪率提高，政治腐败等。

应该指出，尽管巴格莱以及其他要素主义者在一个比较长的时期内对进步主义持批判态度，两种意见的论争有声有色，甚至非常激烈，但不能因此就认为要素主义完全否定进步主义的观点。这一点在本章的后面部分将要谈及。

巴格莱作为要素主义的首脑人物和代言人，在 20 世纪 30 年代和 40 年代曾一度使要素主义声名大振。但是，巴格莱本人于 1946 年逝世，这对于要素主义无疑是一个极大的损失。虽然威廉·布里克曼（William Brickman）（《学校与社会》杂志编辑）等人勉力支撑局面，但作为 20 世纪 30 年代勃然兴起的一种新的教育哲学思潮，要素主义虽不能说随着巴格莱的去世而"人亡政息"，但总给人以一种"明日黄花"的印象。

二、要素主义的复兴

第二次世界大战以后，世界的局势发生了很大的变化。当时的苏联经受反法西斯主义战争的考验，东欧数国人民选择了社会主义道路，加上 1949 年以中华人民共和国成立为标志的中国革命的成功，一时形成了一个强大的社会主义阵营。1957 年苏联第一颗人造卫星上天，标志着在空间科学方面苏联对于美国的领先地位。

在这种情况下，美国国内对于进步主义的批评更趋激烈。人们得出了一个比较一致的看法，那就是美国的教育失去了方向，而且美国的教育忽略了一个至关重要的东西，那就是对于儿童进行社会和智力遗产的传递。因此，国内要求对教育进行全面改革的呼声日趋高涨，要素主义也获得了一个再次引起人们重视的"复兴"的机会。

值得注意的现象是，在 20 世纪 50 年代以后的重要的要素主义者中，许多著名的人物都不是专业的教育理论家。例如，担任 1956 年成立的美国基础教育协会（The Council for Basic Education）会长的阿瑟·贝斯特（Arthur Bestor）是历史学教授，海曼·里科弗（Admiral Hyman Richover）是海军上将，詹姆斯·科南特（James B. Conant）是化学教授、外交家。然而，他们的观点同专业的教育理论家却是一致的。要素主义认为，美国的教育（当然主要是指进步主义教育）不懂得所谓民主社会教育的真正性质，因而造就了没有文化的一代，这一代人不仅在智力方面没有得到发展，而且不能忠于所谓的民主理想。"要素主义纲领的中心要点是，在基本文化里有一种共同的基础课程，学校的职责就是以一种适当的、负责的方式传递这种基础课程。要素主义者宣称，教育人们的最有效验的方式，就是让他们精通社会的遗产和价值。"①

贝斯特的主要著作有《教育的荒地》（1953 年）和《学习的恢复》（1956 年）。贝斯特在《教育的荒地》中认为②，美国的"反理智主义"教育造成了美国学校学术水准的下降，使公众不信任学校教育的成果，以致使学士帽和学士衣"成为漫画家作为愚蠢和无能的公认的象征"。反理智主义的教育不仅使学校不对学生进行科学的和学术的训练，"而且还威胁着自由本身"。此外，贝斯特还对教育的管理提出指责，他认为尽管美国教育人均经费不断增加，但并未使教育的面貌改观，"美国人民已经慷慨地、忠实地维持了他们的学校。他们有权问一下我们公立学校的教育质量是否和我们所投资的经费和人力相称。实际上就是问学校行政人员是否已经像美国人民那样忠实于民主教育的理想"。在《教育的荒地》这本书中，贝斯特坚持强调经过训练的智慧才是力量的源泉，真正的教育就是智慧的训练。

在《学习的恢复》一书中，贝斯特提出了以理智的训练为基础的教育标准，他强调指出，美国教育的一个重要作用就是培养有理性、有智慧的公民，好的教育就是要提供"在历史、科学、数学、文学、语言、艺术以及其他科目中呈现的基本思维方式的训练，而这些科目是在人类长期追求有用知识、文化的理解以及智慧的力量的过程中发展起来的"③。这些智慧的科目乃是现代人生活的基础，所以应该成为学校课程的基本成分。

科南特 1957 年后在卡内基财团的支持下曾对美国的教育状况进行调查和研究。他的

---

① Edward J. Power. Philosophy of education: studies in philosophies, schooling and educational policies[M]. New Jersey: Prentice-Hall, 1982: 189.

② 本自然段中的引文均引自：华东师范大学教育系，杭州大学教育系编译. 现代西方资产阶级教育思想流派论著选[M]. 北京：人民教育出版社，1980：170-180.

③ Arthur Eugene Bestor. The restoration of learning: a program for redeeming the unfulfilled promise of American education[M]. New York: Knopf, 1955: 7.

主要著作有《教育与自由》（1953年）、《知识的堡垒》（1956年）等。在《知识的堡垒》一书中，科南特认为，① 当时的时代特征可以用"分裂的世界"和"核武器时代"来概括。美国要保持其"自由世界"领袖的地位，就必须关注教育问题，因为"我们国家内部政治、社会和经济的发展，和美国人对中小学、学院和大学的特有的观点的形成是紧密地联系的"。科南特对美国的教育政策、学校制度和课程设置，提出了一系列改革的建议，主张所有的中学生都要学习各门学科的基本核心的东西，包括英语、社会学科、美国历史、数学和自然科学。科南特尤其重视"天才儿童的教育"，提出"要利用天才儿童和青年所拥有的人类才能的丰富资源，中小学和学院对天才学生的教育必须特别注意"。

里科弗在其主要著作《教育与自由》（1959年）一书中根据对人类文明进化的历史回顾，指出科技人才、有创造力的人才、科学管理人才对社会发展的重要作用。不同文明需要不同的人才，因而也需要不同的教育，而原子时代需要的则是创造性人才。苏联人造卫星的上天使他感到非常震惊，他提出，面对公开声明要埋葬美国的苏联，除了唤醒美国认清所面临的危险，改善对科学家和技术专家的待遇外，还要学习欧洲的教育，尤其是欧洲名牌大学的经验，以改变对优秀智力漠不关心，对心智问题漠不关心的状况。为了强化他的主张，他还引用了怀特海的一段话："规律是绝对的。凡是不重视有训练的智慧的民族是注定要失败的。所有你们在陆上或海上的胜利，并不能改变这个命运。今天我们维护我们自己，明天科学又将前进一步，到那时，对没有教养的人所作的判决将不会有上诉。"②

三、20世纪70年代以后的要素主义

20世纪70年代以后，要素主义不再像30年代那样以反对进步主义为鹄的，而是针对美国教育的实际状况，其中也包含有对60年代课程改革的不满。他们的主张集中表现为"回到基础学科"。同以前的要素主义者一样，70年代的"回到基础学科"也对美国的公立学校教育提出了诸多批评和指责。他们将美国的教育同联邦德国、日本等国家加以比较，认为美国教育的学业标准和教育成果都已下降，不如这些国家。他们的批评归纳起来有以下几个方面：

（1）学校忽视了读、写、算基本技能的训练，并造成了越来越多的文盲。
（2）学校没有强调诸如勤奋、准确、努力、品行、爱国主义等基本的价值。

---

① 本自然段引文均引自：华东师范大学教育系,杭州大学教育系编译.现代西方资产阶级教育思想流派论著选[M].北京：人民教育出版社,1980：161-169.
② 华东师范大学教育系,杭州大学教育系编译.现代西方资产阶级教育思想流派论著选[M].北京：人民教育出版社,1980：193.

（3）师资质量不变，即使那些致力于提高教育质量的教师往往也受到缺乏效能的官僚主义的干扰。

（4）60年代的课程改革忽视了基本技能和学科。此外，所谓"新数学、新社会学科、新科学"中的令人摸不着头脑的行话使家长无法指导和控制孩子的教育。

（5）高等学校学生学术水平过低。

（6）教师和学校行政人员非教育性活动过多，削弱了基础教育。

（7）对学生放松管理的政策导致学生不守纪律和骚乱。

（8）对于黑人、西班牙人等少数民族的基本技能的教学更为薄弱。

（9）学生缺乏基本技能，缺乏劳动的技术和习惯，不能有效地阅读和书写，导致了美国生产的下降。

针对这种状况，主张回到基础学科的人究竟要采取些什么措施呢？"由于他们没有发言人和论坛，也没有宣布过原则，我们只得综合他们的要求。下面是在各个时期、各个地方'回到基础学科'鼓吹者提出的一些要求的综合。"①

（1）小学阶段，强调阅读、写作和算术，学校教育主要将精力集中于这些技能的训练。读音法是语言教学的方法。

（2）中学阶段，学校教育主要把精力集中于教授英语、自然科学、数学和历史，使用不违背传统家庭和国家价值思想的"干净"教材。

（3）在任何一级由教师起主导作用，"不得有任何由学生自主的活动"。

（4）教学法包括练习、背诵、每日家庭作业以及经常性测验。

（5）学习成绩卡用传统的A、B、C等记分或用百分制记分，定期发给学生。

（6）纪律严明，把体罚作为可接受的控制方法，学校应规定学生的衣着和发型要求。

（7）考试证明学生已掌握的要求技能和知识后，方可升级或毕业，学满课程所要求的时间就给予升级和毕业的做法应予取消。

（8）取消一切点缀性课程，一家保守杂志《全国评论（The National Review）》这样写道，"泥塑、编织、做布娃娃、吹笛子、打排球、性教育、对种族主义的担忧以及其他重大问题应利用课外时间进行"。

（9）取消选修课，增加必修课。

（10）取缔发明创造（让创造见鬼去吧）。让新数学、新科学、语言学、用电子玩意教学、强调概念而不强调事实统统滚蛋。

---

① 瞿葆奎主编.教育学文集·美国教育改革[M].北京：人民教育出版社，1990：485-486.

（11）取消学校的社会服务项目，因为它们占去基础课程的时间。"社会服务项目"包括性教育、驾驶教育、指导、反吸毒教育和体育。

（12）把爱国主义教育重新列入学校教育。教育学生爱祖国、爱上帝。

"回到基础学科"运动似乎并未达到预期结果，美国人普遍感到自己国家的教育有某种严重失误。在"为大中小学提供领导、建设性批评和有效帮助的责任"这一宗旨下，1981年8月26日，里根行政当局的教育部长泰雷尔·贝尔（Terrel Bell）成立了"国家教育优异委员会"，并在1983年提出了题为《国家在危险中：教育改革势在必行》的报告。这份报告同30年代的巴格莱、50年代的贝斯特的观点有类似之处，即揭示美国教育存在的严重问题，而且该报告所提出的各项建议同要素主义者的看法亦有本质上的类似之处，故不赘述（读者若对该报告有兴趣，可查阅瞿葆奎主编《教育学文集·美国教育改革》一书第586—617页）。

应该指出，这份报告的发表进一步引起了人们对基础学科和基本技能的重视。

要素主义作为当代一种重要的教育哲学流派之所以"经久不衰"，是因为它始终牢牢地抓住"教育与社会的关系"以及"什么知识最有价值"这两个教育哲学的重大问题，而且，要素主义者们往往能随着国内外政治经济形势的发展和变化不断深入对这些问题的探讨。更重要的是，它在政治上表现出一种显著的保守主义色彩（这一点下文将要详述）。只要有教育，这些问题都不能回避。要素主义从20世纪30年代兴起，其名称或主张的重点历经"要素主义"—"基础教育"—"回到基本学科"的变化，但其保守的特色始终未改，这种教育思想是受美国统治者欢迎的，容易"长寿"的，尽管名称可能还会翻新。

第二节　思想基础

本章开始部分已经提到，要素主义的哲学基础比较复杂，虽然也有人说要素主义同新托马斯主义也有内在的联系，但一般来说，要素主义者主要采纳观念论或实在论的哲学观点。由于各个要素主义者信奉的哲学观点不尽一致，所以在教育观上他们之间既有共同之处，也存在一些分歧。然而，在人性观和社会观方面，要素主义者的保守主义观点却是基本相同的，本节主要讨论要素主义的哲学基础以及保守主义的人性观和社会观等。

一、哲学基础

在要素主义哲学基础方面，这里主要阐述观念论哲学以及实在论哲学的最一般的观点以及它们分别对要素主义者基本教育观的影响。

观念论（idealism）有时也称为唯心主义、唯心论、理想主义。其有主观唯心主义和客观唯心主义两种主要形态。在本体论方面，观念论主张精神是万物的本源，世界是按预定规律运行的。当然，这里之所谓"精神"，在不同的观念论哲学家那里有不同的名称，如柏拉图的"理念"、莱布尼茨的"单子"、康德的"物自体"、黑格尔的"绝对精神"等。在认识论方面，观念论极端夸大意识的作用，使主观与客观、认识与实践相分裂，认为单凭经验不能获得知识，只有理性才能使我们获得普遍的、永恒的知识。在价值论方面，观念论认为服从宇宙的法则就是善，而恶则源于人的低级的内驱力和享乐主义。

信奉观念论的要素主义者如德米亚西克维奇、霍恩、特勒等一般主张"给予心灵以优先的性质"，强调形式教育，注重对学生心智的训练，严格学业标准。他们强调教师对学生的示范作用。在课程方面，他们主张以"观念为中心"，注重诸如历史、文学等人文学科，以及观念的吸收和把握，尤其注重所谓文化遗产、文化要素在课程中的地位。

实在论认为客观世界、客观事物的本质是不依赖于人们的意识而独立存在的实在。但"实在"这个术语很不确切，往往被观念论所利用，因为实在论并不明确肯定客观"实在"就是物质。例如哲学史上客观唯心主义者柏拉图就主张普遍概念具有脱离个别事物独立存在的实在性，是客观事物的本质。所以，实在论同唯物论是有区别的。在认识论方面，实在论认为真理是外在于人而存在的，真理是发现的，所观察到的事实与观念相一致就是真理。在价值论方面，实在论认为价值是客观的，服从自然的法则即为善。

属于实在论的要素主义者如巴格莱、芬尼等人注重学生的感觉经验，服从自然的法则。在课程方面，他们强调诸如数学、科学等学科，注重事实、知识的掌握。要求教师鼓励学生发现真理，鼓励他们提出新的见解、新的观点。

布拉梅尔德在《教育哲学的文化透视》一书中讲到要素主义在哲学观上受观念论和实在论的影响后说，"然而，尽管观念论哲学和实在论哲学存在着一些差异，但两者同样地都深深地关注三个主要的信仰领域：实在、知识和价值。而且，在考虑了许多限定条件之后，无论用其比较主观或比较客观的表达，三者都集中围绕一个共同的信念，即实在乃是由一些不变的、永恒的、先定的规律、过程、原则以及全真、全善、全美的原理所控制的。观念论者在这个信念中发现了精神宇宙的'存在的理由'，而实在论者则往往将它同比较物质化的、类似机器的宇宙相联系。在某些著述中，虽然有些持这两种立场的人发现个人比服从法则的宇宙（他就是这个宇宙的一个不可分割的部分）更重要，但他们力求把他自己、他的知识和他的行为结合到那整个宇宙之中"[①]。上述观念论

---

① James A. Johnson. Introduction to the foundations of American education [M]. Boston：Allyn and Bacon，1973：360-361.

和实在论这种内在的一致,实际上也是使持这两种哲学观点的要素主义者得以结盟的思想基础。

二、政治观、人性观

本章开始部分已经提到"要素主义是一种保守的教育理论",本章第一节结束部分再一次指出要素主义"在政治上表现出一种显著的保守主义色彩",现在需要对这一点加以说明。

20世纪30年代的美国陷入空前严重的经济危机,围绕着学校的社会作用问题,要素主义独树一帜,反对进步教育。当时的要素主义者对进步主义的攻击集中于一点,那就是认为进步主义主张以儿童为中心,强调儿童的兴趣、目前需要和个人经验,从根本上削弱了资产阶级的统治地位,造成了社会的不稳定。所以,巴格莱在《要素主义的纲领》中,对于进步主义集中批评的那个部分的标题就是"根本上正在起削弱作用的教育理论"。在《要素主义的纲领》中,巴格莱提到,如果不用要素主义教育代替进步主义教育,所谓的美国民主社会就可能敌不过极权主义,他说,"现在十分清楚,无论什么时候如果容许这些民主理想的任何一方面遭到破灭,整个的民主结构将会像儿童用纸牌搭的房子一样倒塌下",并且强调,"这些民主的理想就是包括在《要素主义的纲领》中最首要的因素。"①

要素主义教育同西方资产阶级保守的政治主张、保守的政治势力有着内在的联系。如果说,要素主义者在其开始阶段主要是教育理论家,那么,在其后来的发展中,要素主义者中"政治人物"就越来越多。在20世纪50年代以后的主张要素主义教育理论或与要素主义教育主张息息相通的人物中,科南特当过美国驻联邦德国大使,里科弗是美国海军上将,曾参与制造美国第一艘原子能潜艇,而贝尔则是里根行政当局的教育部长,看来这不是偶然的。"许多论述教育哲学的著作,在列举要素主义教育的设计师时,提到了下列名声不好的保守主义者,如英国的埃德蒙德·伯克(Edmund Burke),美国的拉塞尔·柯克(Russell Kirk)和威廉·F. 布克莱(William F. Buckley)。当然,如果坚持认为保守主义思想的代表者制止了他们保守主义的教育倾向,那是错误的,所以他们中许多人最后都要对要素主义美言几句,但是,如果认为所有的要素主义者都没有偏离保守主义社会的、政治的和经济的理论,那也是错误的。我绝不是说持自由主义政治和经济观点的人就不可能赞同要素主义教育,这并无任何不可理解或不合逻辑之处;要素主义最一般的论题是,确信

---

① 华东师范大学教育系,杭州大学教育系编译.现代西方资产阶级教育思想流派论著选[M].北京:人民教育出版社,1980:156.

基础文化具有一种能够保证社会平衡的共同核心。所有学校的首要作用就是认真对待这种核心并热情地、忠诚地传达它。"①

本书无须论述保守主义的所有方面，我们比较感兴趣的是与教育关系比较直接、比较密切的方面，即人性观、社会观、知识观。事实上，只有了解了这些方面以后，才能对要素主义有较深的理解。

保守主义的人性观认为，人性从根本上讲是恶的，如果不加控制地按照人的欲望和感情行事，他总是要倾向于胡作非为，捣乱，不守纪律。在保守主义看来，包括进步主义在内的自由主义，其错误的根源就在于对人性的看法。他们没有看到人性的缺陷。自由主义不加分析接受了卢梭的人性观，认为人的自然本性是好的，应该自由地发展人的自然本性；人受外力的控制越少，人性的发展也就越好。

从保守主义的人性观出发，要素主义者认为，既然人性恶，那么世界上的罪恶之源就不在于社会或人的无知，恰恰相反，世界的罪恶之源乃是人类本身的邪恶。如上文提到的埃德蒙德·伯克认为，在日常生活中，人之所以没有做出他们本来能够做的兽性的行为，主要是由于社会约束。所以，伯克得出了与卢梭完全相反的结论，即人之所以得到拯救，人之所以没有导致毁灭，是因为人加入了社会，服从于社会的传统、习俗等。他认为，人由于社会而得到拯救，所以，作为其本性邪恶的人就不能破坏社会的安排和社会机构，也不能改变目前"文明社会"的人的关系。即使有某个非常聪明的人想出了某些改善人的社会关系的正确途径，而且如果真的实施确实能给人带来好处，那也要谨慎行事，我们只能作点滴的改进，而不要企求整个社会的改变。伯克认为，促进社会改革的真正动力并不是所谓的善良的人性。

三、社会观

保守主义认为，社会乃是一种契约，它不能用人的善意或恶意来加以解释。现代人正是由于社会才能居于文明的顶峰。因此，人不仅要承认从过去以及体现了过去最好思想的当今社会制度中得到好处，而且他还必须支持社会的安排，正是由于社会，人才能守纪律。不管用革命的手段还是非暴力手段，只要想去除社会的机构和社会已经形成的生活方式都是错误的，都是对前辈和新生一代的背叛，因为社会不仅表现了现在活着的人之间的合作，而且还代表了已死的一代和未来一代之间的合作。

---

① Edward J. Power. Philosophy of education: Studies in philosophies, schooling and educational policies[M]. New Jersey: Prentice-Hall, 1982: 190.

拉塞尔·柯克认为,社会所代表的这种合作是不可侵犯的,因为它体现了人对于某种高于现代生活的东西的调整,它也体现人对于规范的调整。在柯克看来,正是由于有了这种规范,人的生活才具有价值。然而,人要理解这种规范,就必须了解几千年来的传统。社会之所以能如此长期存在而没有崩溃,其主要原因在于人能尊重那些受到保护的传统。[①] 所以,人必须要忠诚于社会,尊重传统,并对那些企图改革的人表示仇恨。

保守主义强调个人服从社会,但也承认个人的尊严和自由。它认为,个人有一种不可剥夺的自由生活的权利,但是,自然的法则使人结成了一定的联系,因此,在强调个人自由的时候,不能忽视个人对社会的责任。权利和责任是不可分离的,而且,有些保守主义者如伯克认为,责任先于权利,在自然的权利成为法则之前,人们必须先要服从这个法则。然而,许多美国人,尤其是头脑糊涂的自由主义者过分强调个人的权利而忽略了他的责任,这引起了年轻人思想的混乱。

保守主义认为现代教育的失败就在于没有向年轻人灌输责任的意识,因而造成了学生的骚乱、青少年犯罪等。要克服这种现象,就必须让年轻人学习过去和过去的传统,以此来控制年轻学生的感情和狂想,年轻人必须通过社会才能得到改造和拯救。

保守主义者普遍认为,社会具有一种结构,它是能够被人理解的。要理解社会的结构,必须要了解包括了社会结构之本质的所谓"西方的传统"。从历史上看,解释这种传统的人往往是上层阶级的精英人物,因为他们智力高,受过良好的教育,因而是可以信赖的。所以,具有高度智慧的杰出人物应该成为社会的领导者,只有当最聪明、最有才能的人管理社会时,才能很好地继承社会历史遗产,而这对于社会的每一个成员来说,都是有益的。

四、知识观

在知识和真理的问题上,保守主义普遍持"符合说"(the theory of correspondence),认为知识就是思想和观察到的事实相符合。而知识的获得乃是一个过程,在这个过程中,人要用自己的智慧对一些零星的、片段的事实加以反省思考,这样才能对世界的真正本质以及目的有较好的理解。这种获得知识的方法基本上是一个理性的过程,而且,人类的理性可以使人把从经验中获得的一些材料整理成知识。所以,从根本上说,认识的过程乃是联系从事认识的个人和有待认识的外部世界之间的桥梁。

保守主义反对完全依赖经验的认识方法以及在教育上与之对应的"从做中学",认为

---

① Philip H. Phenix. Philosophy of education[M]. New York:Holt,1965:98.

实验主义的这些主张将使许多有价值的传统课程在学校中失去立足之地。应该指出，保守主义的这些主张并不意味着它否认科学以及科学在智慧训练方面的价值。它的目的是，在承认科学价值的同时，也要重视诸如数学、现代语言、文学、历史等科目。

保守主义认为，真理并不是某种神秘的、不可理解的东西。根据"符合说"，所谓真理就是与事实相符的陈述，它是公开的、公众的。外部世界的存在是谁也不能否定的，我们可以知道外部世界的真实情况，因此，人们可以发现事实，也可以了解我们的陈述究竟是否与事实相符。保守主义认为，这实际上就给人们提供了一个判断真伪的客观标准。实验主义否定了普遍的真理，否定了不变的原则，在教育上，它主张向学生传授所谓获得真理的科学方法，而不是教学生知识和真理，所以实验主义的真理观毫无意义，因而也是不足取的。

保守主义认为，教育就是传授真理、传授知识的艺术，重要的是，教师传授的必须是真理，至于儿童对所学的东西是否有兴趣，那是次要的，当然，教师在首先传授真理的前提下，也要引起学生对真理的兴趣，尤其要引起学生为真理而掌握真理的兴趣。在保守主义看来，西方资产阶级的义化遗产都是实实在在的事实和原则，因而都是真理。学校应该成为传授"文化遗产"的机构，要通过教育使这些遗产在新生的一代中再生出来。

第三节　要素主义的基本主张

要素主义者的哲学基础主要是观念论、实在论，在具体的教育观点上也有分歧，例如，要素主义者们在保存特定社会和特定文明最优秀的传统，并促进个人智力成长这个第一位的教育目的方面意见是一致的，至于应该达到什么是第二位的目的方面，他们的意见就不相同了。此外，"历史学家白斯托（即本书中的贝斯特——作者注）希望减少师范生所学习的教育专业课程的门数，并减轻专业教育学者对教育实践的影响。教育学家布里克曼要求像白斯托这样的著名作家多提供一些资料，而少做一些攻击"[①]。然而，这些分歧并没有妨碍他们都集中在保守主义的大旗之下，所以，要素主义教育有着浓厚的保守主义色彩。

关于保守主义的本质特征，傅统先曾经引用怀特（R.J. White）在《保守主义传统》中的一段话加以说明："要发现属于事物本身的秩序，而不是把秩序强加于事物之上；要加强与保持这种秩序而不是按照某种时髦的公式去重新安排事物；要按照人性的本质而不

---

① 陈友松主编.当代西方教育哲学[M].北京：教育科学出版社，1982：87.

是违背人性去立法；要注意追求有限的目的；要从事修补工作，按照国家所运用的方法办事，因为自然是一种未经思考和超越思考的智慧——这就是保守主义。"[①] 保守主义的这些基本特征，在要素主义者的基本教育主张里面得到了体现。

一、教育目的

要素主义者一般认为，教育的目的是为了社会"进步"。按照一般人的理解，进步意味着改变原先的状况，使之更好一些。

表面看来，在为了"进步"这一点上，要素主义与进步主义似乎无分歧可言，其实不然。它们的深刻分歧在于进步的方向以及用什么手段来取得进步。

要素主义教育对进步持保守主义观点。它认为，人性是邪恶的，人的发展可能趋向邪恶的方向，如果情况是这样，那么，所谓越进步，实际上就是越堕落。例如，对一个小偷来说，他的"进步"便意味着偷盗的技术越高明，越熟练。对于希特勒来说，社会的所谓进步则意味着对犹太人的种族灭绝。此外，在取得进步的手段上，自由主义认为解放人性，让人的自然的善良的本性充分发展，就可以得到个人和社会的进步；在自由主义者看来，进步的方向就包含进自然的发展之中。换言之，进步是自我导向的。对于这些观点，保守主义也深深地不以为然，从保守主义的观点来看，进步的获得乃是在于消除人的本性。

从保守主义的观点看来，人的堕落、社会的罪恶从一定的意义上说带有必然性，不过，这种堕落或罪恶也可以通过精神的力量加以控制。人们若要了解这种精神力量究竟是什么，那就得学习历史，掌握历史的遗产。因此，进步与否，不能以物质、经济、技术的发展来衡量，不能以是否解决眼前的问题来衡量，归根到底，衡量的标准在于其精神方面。具体来说，衡量进步的标准是，人的智慧和道德是否得到继承和发展。当然，保守主义所要继承和发展的是指西方资产阶级所谓精神文明的遗产。

要素主义认为，要促进社会进步，就必须通过理智和道德的训练来保存文化遗产。在要素主义看来，文化是人类共同努力、分工协作的结果，人类只有接受文化，才能避免堕落和毁灭，人类只有继承文化遗产，才能使之发扬光大。

从教育目的来说，要素主义认为教育目的有两个方面。第一，从教育目的的宏观方面讲，教育就是传递人类文化遗产的要素或核心，认为只有掌握了文化，人才能够准确预见各种行为方式的后果，从而达到他期望达到的目的。第二，从教育目的的微观方面讲，教育就

[①] 傅统先,张文郁.教育哲学[M].济南：山东教育出版社,1986：373.

是帮助个人实现理智和道德的训练，因为这对于个人理智和人格的和谐发展是必不可少的。

"作为美国教育中占统治地位的教育哲学，要素主义具有经久流行和颇受欢迎的性质，尤其对社会领导人和教育界领导人来说更是如此。"① 要素主义尤受美国社会和教育两界的"领导人"的欢迎是耐人寻味的。其实原因很简单，那就是要素主义教育的终极目的是为了美国资本主义社会的稳定和发展。巴格莱1934年在副标题为"一种特别应用于美国公共教育的教育理论"的著作《教育与新人》中说："社会环境以某种与混乱有内在联系的东西为其特征的时候，正是学校想要避免混乱之时。社会环境充满怀疑和规范被破坏的时候，正是学校强调那些与确定和稳定有关的价值之时。教育跟随着，而不是领导着。如果要使教育成为一种稳定的力量，这就意味着学校必须要发挥那种实际上的训练的作用。教材、教法以及作为一种社会组织之学校的生活必须要在下列方面加以典范化和理想化，这些方面是：合作，愉快，对于职任和职守的忠诚、勇气，对于挫折的不屈不挠，对于人们发现要做以及能够做的工作的进取性的努力，对朋友、家庭以及自己负有责任的人的忠诚，不弄虚作假以及愿意正视现实，清晰而可靠的思考。虽然这些可能并不是不朽的价值，但人们却可以非常自信地作这么一个大胆的预言，即它们对于今后千百年中的重要性同它们在过去的重要性是一样的。"②

从上面巴格莱所列举的十几个方面来看，可以分为两大类，即道德方面的训练和智慧方面的训练。这两方面训练的目的，乃是在于使社会环境有稳定的、确定的价值，并不致出现混乱。

当然，要素主义在不同的历史时期之社会价值、社会稳定的内涵是不同的。然而，尽管巴格莱、贝斯特、科南特所说的教育目的，所针对的现实各有差别，但在利用教育以保护美国资本主义这一点上却是共同的。贝斯特在《教育的荒地》中提出，如果一个民族要保持自由，那就要求学校行政人员必须忠于民主教育的理想；通过教育，要使受教育者"得到启迪"，并"赋他们判断力"。科南特指出，教育同经济生活方式是联系在一起的，通过教育使受教育者形成的观点将影响国家内部政治、社会和经济的发展。他们显然都指望教育在维护资本主义所谓的民主制度中发挥作用。布拉梅尔德对于要素主义的一段很好的评论可能有助于读者理解要素主义的教育目的，所以这里不嫌其长地引用了它。布拉梅尔德说："要素主义在我们自己文化中的意义可以充分地加以估价，然而，这必须要把这

---

① 理查德·D.范斯科德,理查德·J.克拉夫特,约翰·D.哈斯.美国教育基础——社会展望[M].北京师范大学外国教育研究所,译.北京：教育科学出版社,1984：53-54.

② William C. Bagley. Education and emergent man: a theory of education with particular application to public education in the United States[M]. New York: T. Nelson and sons,1934.155.

些现代哲学的伟大体系放到 4 个多世纪历史的背景中去加以考察——这 4 个多世纪的特征是，破坏性的骚乱和重大的成就兼而有之，其中最具破坏性和最重大的是新型经济的兴起。这种庞大而有力的经济（它被称为资本主义）需要一些新的政治机构来支持它的扩张，并认可其促进者的权威。同样的，资本主义也需要使经济与科学、宗教、道德、教育保持持续的合作，只是这一些不如前者那么明显罢了。这样，无论在理论上还是在实践上，学校便作为现代文化一个关键的基础而服务于它。因为它不仅要训练控制的领导者和在其政治经济机构下发挥作用的工人，而且更重要的是，它还要培养发展并依附这些机构的习惯。从这种历史的透视来看，人们可以认为要素主义教育已经很好地服务于这种文化。事实上，要素主义在其自己的前提的基础上，它过去是而且仍然是'好的'教育，它已经对社会和教育的发展作出了持久的建设性的贡献。"[1]

二、课程

乔治·奈勒认为，要素主义并不反对整个进步主义，而只反对它的某些具体的学说；要素主义者并不拒绝接受杜威的认识论，但否定他的轻率的追随者的言论，因为许多这样的追随者公开地否定教材的重要性。[2] 在课程的问题上，要素主义与进步主义的分歧绝不是仅仅在于是否承认教材的重要性这一点上。事实上，要素主义不仅否定杜威的"轻率的追随者的言论"，而且同杜威本人的课程论观点也是对立的。下面我们便来谈谈要素主义的课程论思想。

1. 课程的内容是"文化要素"

在课程的设置方面，要素主义有几个原则。

第一，必须要有利于国家和民族。和进步主义不同，要素主义基本上是一种以社会为中心的教育哲学，所以，课程的设置首先要考虑国家和民族的利益。巴格莱在《要素主义的纲领》中，对于当时美国的"课程改革"运动提出了严厉的批评。巴格莱的批评集中到一点，那就是当时课程改革的理论从来没有认识到国家或民族对于学校教学的内容有着一种利害的关系，因而实际上否定了在全国人民的基础文化中，特别是在民主社会中所需要的共同因素。在巴格莱看来，课程的设置必须要考虑到"要素主义论坛的第一要素"，那就是"保卫并强化美国民主的理想"。

---

[1] James. A. Johnson. Introduction to the foundations of American education[M]. Boston：Allyn and Bacon，1973：361-362.

[2] 陈友松. 当代西方教育哲学[M]. 北京：教育科学出版社，1982：86.

第二,要具有长期的目标。要素主义认为,"种族经验"之所以比"个人经验"重要,就在于前者具有永久的价值,它对于个人一生的生活也是有益的。要素主义认为进步主义的一个失误就在于它破坏了教育上已经建立起来的一些模式,而过分强调儿童眼前兴趣和利益的重要性,过分注重"看来似乎是当前值得解决的重大问题",因而失去了长远的目标,这是不可取的。所以,学校要有稳定的课程,而稳定的课程就是人类文化的精华。学校不必为社会一时的变化而动辄修改课程。在要素主义看来,具有理智训练作用的基础学科,以及诸如读、写、算等基本技能的掌握,都是具有长期目标的课程。

第三,要包含价值标准。本节"教育目的"部分已经提到,要素主义教育目的一个重要的方面是它的道德训练的特征。不言而喻,要素主义要求包含的当然是资产阶级所需要的"某种有关集体的价值标准,也就是社会上传统阶级的社会文化价值标准、本国政治领导人和思想界领导人(已故的和活着的)的价值标准,以及西方文明的'伟大'著作家的价值标准。为传授社会的传统,人们也必须传授社会的传统价值标准"[①]。

根据上述标准,课程的内容应该就是西方"文化上各式各样的最好的东西,即共同的、不变的文化'要素'"。用巴格莱的话来说就是,"有效的民主需要文化上的共同性。在教育上这意味着要使每一代拥有足以代表人类遗产最宝贵的要素的各种观念、意义、谅解和理想的共同核心"[②]。

莫蒂默·史密斯(Mortimer Smith)在《基础教育委员会的纲领》(1959)中提出了学校教育的四个目标[③]:(1)教学生如何读、写、算;(2)传授关于学校民族遗产和民族文化的事实;(3)在教学生读、写、算和传授民族遗产和民族文化事实的过程中,培养智力并激发思考的乐趣;(4)提供道德判断的环境,否则教育就仅仅是一种动物式的训练。

一般人可能会认为这样的课程内容难以直接应用于初等教育,其实不然。为了具体说明这一点,下面引用卡尔·汉森(Carl F. Hanson)所著《爱弥东(Amidon)小学:基础教育的一个成功的示范》中的一个小学的计划。

课程:在有关人的许多方面,最重要的是具有理性和智慧的行为能力的发展。

因此,学校最重要的工作是教理智的行为。这个目的适用于所有的学生,不管这个学生是聪明的,中等的或是发展慢的。

---

① 理查德·D.范斯科德,理查德·J.克拉夫特,约翰·D.哈斯.美国教育基础——社会展望[M].北京师范大学外国教育研究所,译.北京:教育科学出版社,1984:54.

② 华东师范大学教育系,杭州大学教育系编译.现代西方资产阶级教育思想流派论著选[M].北京:教育科学出版社,1980:158.

③ 瞿葆奎主编.教育学文集·美国教育改革[M].北京:人民教育出版社,1990:167.

这样，爱弥东小学的课程将由一些基础学科领域组织而成。它将是选修性的，因为在上课的日子里，只有那些最基本的技能和知识才能适当地加以教授。它将是具体的，目的是将所要教授的东西告知教师、学生和公民。虽然这种课程在难度上要考虑到学这种课程的情况而具有灵活性，但它对学生每一个发展阶段来说都是需要的。它将开阔思想，产生新的兴趣，给人以高尚的抱负。

学科领域：只有在个人确实而系统地获得那些能使理智的行为成为可能的工具时，这种理智的行为才是可能的。这些工具是语言和数字系统，它们启示人已经获得并保存的知识和经验，并且它们也可能扩大和提炼那种经验。没有这些工具，有理性的有预见的行为是不可能的。

除了这些理性行为的工具之外，为了处理生活的问题，人必须知道、理解、感受经验是如何获得的，而且他必须要对它进行反省思考。在科学、地理、音乐和艺术中，他是能获得这种作为教育之目的的有理性的反应之理解的。

爱弥东小学的课程计划建立在这么一个前提的基础之上，即有组织的教育的主要目标乃是修习那些作为理智行为之根基的基础学科。①

应该说，爱弥东小学的课程相当典型地反映了要素主义的教育思想，从中我们可以看到，学校的主要任务是教授基础知识，而这些基础知识乃是确定的、已知的、有结构的。

2. 学科中心和逻辑组织

要素主义认为，为了保证实现他们提出的教育目的，就应该恢复各门学科在教育过程中的地位，并按照严格的逻辑系统组织课程和编写教材。

进步主义主张"从做中学"的活动课程，杜威虽然后来的思想有所改变，但在20世纪初时他的确曾经说过："学校科目相互联系的真正中心，不是科学，不是文学，不是历史，不是地理，而是儿童本身的社会活动。"② 此外，在《明日之学校》里，杜威还总结了美国一个公立学校的一个班关于课程改革的情况，作为"从做中学"的实例。这个班的课程以建造一所小平房为中心。动工前，手工课大家学打图样，算术课计算所需材料和测量房子的面积。接着，儿童们经过讨论决定，这个房子要住一家农民，于是算术课就计算耕地面积、所需的种子、可能的收获以及利息。语文课以农民一家的生活为中心，单词的学习采用有关建筑的词语，作文的主题则是描写这个家庭的生活。大家对学生自己作文的评论，就是修辞课。美术描绘房子的颜色，表演课就是儿童自己编的关于农场生活的戏

---

① Richard Pratte. Contemporary theories of education[M]. Scranton：Intext Educational Publishers，1971：152.

② 赵祥麟,王承绪编译.杜威教育论著选[M].上海：华东师范大学出版社,1981：6.

剧。对于这样的课程改革，在此不想做全面的分析，单就目前正在谈论的这个主题来说，它的一个明显的特点是，打破了学科之间的界线，同时也打破了每门学科自身的逻辑组织。对于这些，要素主义都是反对的。

要素主义认为，学校的课程应该给学生提供分化了的、有组织的经验，即知识。如果给学生提供未经分化的经验，学生势必要自己对它们加以分化和组织，这将妨碍教育的效能。在要素主义者看来，要给学生提供分化了的、有组织的经验之最有效能和最有效率的方法就是学科课程。这种课程的一个重要特点或作用在于，它是由若干门学科组成的，而每一门学科都有自己特定的组织，这样，每一门学科及其发挥的智力训练的作用就能得到充分的发挥，不致造成像活动课程那样的相互混淆以致削弱的现象。

要素主义主张对课程实施严格的逻辑组织，这显然与进步主义和杜威关于课程组织应该心理学化的观点是相对立的。当然，关于课程的心理组织与逻辑组织两者之间的分歧，并非开始于进步主义与要素主义的抗争，而是起源于进步主义对传统主义教育的反对。早在进步主义主张课程组织应该心理学化时，传统主义教育就嘲讽这种新的课程组织除了能纵容孩子外，什么有益的结果也不能得到。当初两派争论得甚为激烈，并不断扩大范围，从普通教育扩大到师范教育中去。主张课程心理组织的人认为，教师对儿童要有同情心，而这种同情心需通过学习儿童心理学来加以培养，因此，教师的培训应该加强儿童心理学的教学。主张课程逻辑组织的人则认为，对于教师来说，最重要的是专业知识，而增加儿童心理学的教学，势必削弱专业课程的学习，因而也影响了教师的素质。这场争论的结果是明显的，随着进步主义势力的增长和传统主义的步步退却，主张心理组织的人也越来越多。

1935年，巴格莱发表了一篇题为《教材过时了吗》的文章。在这篇文章中，巴格莱旧话重提，坚持教材的逻辑组织。这又引起了要素主义和进步主义的争执，一直到20世纪中期才结束。[①] 对于绝大多数要素主义者来说，巴格莱的观点显然代表了他们的主张。

在学科课程和活动课程之间也有与上述类似的情况。要素主义既反对杜威提倡的"解决问题"式的课程改革和克伯屈的设计教学，也反对本书下面要谈的改造主义的课程思想。要素主义认为，这些课程设计的指导思想就是错误的，除非学生能够真正懂得某门学科产生和发展的背景以及发展的过程，否则他们将一无所获。很多知识，就其性质来说是抽象的，而且不能令人满意地分解成所设想的若干问题。在实践上，进步主义和改造主义的课程将鼓励学生异想天开，而不是迫使学生学习并运用现有的知识。除此之外，它们的课程设计将引起学生思想的混乱，最终将导致理智和社会组织权威性的削弱。它只能满足

---

① John S. Brubacher. A history of the problems of education[M]. New York：Mc Graw-Hill Book Company，inc，1947：306.

学生一时的需要，但为此却牺牲了课程的长期目标。它为了学生那不切合实际的自由，却牺牲了民主社会不可缺少的理智和道德的规范训练。这从根本上讲是不利于所谓民主主义的社会制度的。在要素主义看来，"活动课程"在教育过程中只能起辅助作用。"虽然从'做'中学在一定情况下适合于某些儿童，但是不能普遍化。难道要儿童实际去修建印第安人的棚屋和尖顶帐篷，才能学到他们是如何演变到定居生活的吗？没有疑问，这样做可以帮助儿童了解印第安人的生活方式，但是这种经验只能成为学习过程的辅助工具，而不能成为学习过程的基本的东西。"①

要素主义认为，小学阶段学习的"要素"是：阅读、说话、写作、拼音和算术，以及以后的历史入门、地理（也许还有其他一些社会科学，它们总是作为单独的学科来学习的）、自然科学与生物科学、外语；次一等的要素是美术、音乐和体育。中学阶段要把小学的各门要素加以扩大，使之更专门、更艰深。例如，算术要变成数学（代数、几何、三角、微积分）；自然科学变成物理学、化学和地质学。次一等的要素是美术、音乐和体育，还有职业科目和业余爱好的科目。允许各种形式的课外活动，如各种学生社团、体育运动队、乐队或合唱队。要素主义强调，一些要求严格的科目如拉丁语、代数、几何，对心智的训练有特殊的价值，这些科目在课程中应占有重要的地位，应该作为中等学校的共同必修科目。此外，只有在这些学科不致受到干扰的情况下才能学习一些非要素的东西。

20世纪60年代以后，要素主义者除了强调所谓"新三艺"，即数学、科学和外语之外，还要求扩充课程；强调通过学习加强对学生心智的训练，以达到教育的"优秀"。贝斯特在《为心智训练的教育》一文中提出了心智训练的最基本的学科："第一，一个受过教育的男人或女人必须能够有效地运用他祖国的语言。他必须能够阅读和书写；所以他必须学习英语。第二，在一个所有民族都有着密切联系的世界里，每个人都必须有一些外语知识，并在需要时能够说一些外语。事实上，许多学者（包括我）都认为，除非他懂得一些外语，否则任何人都不能很好地懂得他自己的语言。第三，不管是谁，只要他想在现代社会里有效地发挥作用，那么学习历史是至关重要的……第四，没有人可以否认这一点，即当今的科学对于生活和学习比以往任何时候都更重要。第五是数学，它是科学的基础，而且对理智的训练有着重要的作用。"② 在他看来，英语、外语、历史、科学和数学乃是心智训练的最好的课程。

要素主义还要求，各门学科的讲授要有一定的次序，要组织成一个体系，此外，还要

---

① 陈友松主编.当代西方教育哲学[M].北京：教育科学出版社，1982：91.
② Richard Pratte. Contemporary theories of education[M]. Scranton：Intext Educational Publishers，1971：154.

求有一定的难度，对学生的智力发展要有挑战的作用。

三、教学

1. 教师的地位、作用和培养

这是要素主义的一个实质性的、极为重要的问题，也是要素主义与进步主义之间争执的一个重要的方面。

要素主义与进步主义在教师地位和作用问题上的对立，其根源乃是在于两者哲学基础的差异。在"进步主义"一章关于"杜威的经验自然主义"部分中，我们已经知道，实验主义认为，由于实在是变化的，所以知识也不是静止的，人只有在经验的过程中，在活动中才能求得真知；真理不是某种外在于人类等待人们去发现的东西，它是由我们自己创造出来的。在本章第二节中，我们看到，要素主义者或者认为"世界是按预定规律运行的"，或者认为"真理是外在于人而存在的，真理是发现的"。而且，要素主义的保守特征要求"发现属于事物本身的秩序，而不是把秩序强加于事物之上"。概括地说，两者在认识论和真理观方面的分歧在于，进步主义主张"创造"真理，而要素主义则认为真理是"发现"的。"创造"和"发现"导致了一系列的差异，在教师问题上的对立只是比较集中罢了。

从要素主义的观点来看，既然实在是客观存在着的，那么，无论教师还是学生，都是对这个实在的观察者，然而，两者又有区别，即教师是一个有知识有见识的观察者，而且，教师要使学生明白，我们的任务不是"创造"真理，而是"发现"真理。此外，教师还要设法引起学生观察实在并"发现"真理的愿望。由于学生"想要"知道的东西和他"应该"知道的东西往往不一致，甚至还常有冲突，如果出现这种情况，那么教师还必须迫使学生明白，发现真理是必要的，在他形成自己对实在的看法之前，他必须首先明白专家、权威们是怎么认为的，否则他将一事无成。在要素主义者看来，教师应该成为学生心目中的专家、权威。

要素主义认为，教育过程中的主动性在于教师而不在于学生，教师应该处于教育过程的中心地位。因为组织儿童学习活动的是教师；在教室里保持学生遵守纪律，维护严格的价值标准，为学生提供有益于学生学习优良环境的也是教师。只有在教师的指导和控制下，儿童才能充分实现人类所具有的潜在的能力。因为教师受过专门的训练，就像康德尔所说的那样，他是"精通科目的逻辑体系，又是了解教育过程发展的人"，他有资格担负对儿童的指导和控制任务。教师是社会的代理人，他能帮助儿童领会成人生活的性质和需要，使他们顺利地过渡到成人社会，以保证社会的延续。

要素主义认为，教师应该拥有较大的权威，要用教师的权威去对"火热的一代"进行严格的控制。巴格莱说,"'权威主义'是一个令人讨厌的词,但当鄙视这词的人在以值得称赞的精神反对这词的某些含义时,甚至否认明显事实的权威,那么,他的论证也许正好适应激进的一代,可是却可悲地缺乏见解"①。

要素主义既赋予教师以较大的权威,又对教师提出了严格的要求,在这一点上可以说是体现了"权利与义务"的统一。布里克曼说:"要素主义把教师放在教育这个大千世界的核心地位。"② 教师要能够发挥自己的作用,必须有能力、有资格承担这个任务。教师要成为鼓舞学生探索实在、发现真理的榜样,还要能推动学生、领导学生做这种探索和发现。

这里就提出了有关教师之标准和培养的问题。

在一个很长时期内,对教师没有专门的职业培训,只要有一定文化水平的人都可以充任教师,其中不乏"教非所学"的情况。

美国对教师职业的培训是从小学教师的培训开始的。耶鲁大学最早于1812年开始这方面的工作。1818年,导生制(Monitorial System)的倡导者约瑟夫·兰卡斯特(Joseph Lancaster)为了培训导生,在费城创办模范学校以进行培训工作。然而,这时的师资培训主要是以学习专业知识为主的,无论在质量还是数量方面,都不能满足需要。1823年,塞缪尔·雷德·霍尔(Samuel Read Hall)在佛蒙特州创办美国第一所三年制的师范学校。以后,各地相继成立类似的机构,师范学校在美国兴起。在这些师范学校中,学生除了学习专业知识外,还要学习基本的教育理论如教育哲学等,当时尤其重视教育心理学和教育史的学习。

由于人口的增长,中学生的增多,为了适应这一需要,到19世纪末时,美国的师范学校实际上已经开始向中学输送教师,而且从那个时候起,师范学校逐渐改变为师范学院,这必然带来一个师资质量的问题。所以,19世纪末,美国的一些大学曾围绕一个问题争论,即大学是否要承担培训中学师资的任务。当时由于教育学尚未完全摆脱经验状态,心理学的研究尚未得到很大发展,多数大学拒绝承担这一工作。20世纪初,由于杜威、爱德华·李·桑代克(Edward Lee Thorndike)在教育学、心理学领域的贡献,加上其他许多人的努力,一些著名的大学开设了独立的教育系或师范学院,其中著名的是哥伦比亚大学师范学院,巴格莱就是该学院的教授(1917—1940)。

要素主义者强调要加强教师的培训,而且对美国的师资状况表示不满,认为师范院校

---

① 华东师范大学教育系,杭州大学教育系编译.现代西方资产阶级教育思想流派论著选[M].北京:人民教育出版社,1980:160.

② 陈友松主编.当代西方教育哲学[M].北京:教育科学出版社,1982:89.

充满了不合格的学生，这些不合格的学生由不合格的教师来教，而所教的内容不但肤浅，而且毫无用处。他们认为这是美国教育存在的主要问题。

此外，要素主义还主张，为了提高美国教师的质量，大学应该参与师资的培养。科南特认为，培养教师乃是整个大学的一个功能，他要强迫教育学教授和专业课教授结合起来，以便提出一个在大学里进行师资培训的政策。他认为，良好的教师必须受过严格的训练，因为一个守纪律的学生只有通过守纪律的教师才能培养出来。

要素主义对教师培养的目标，除了强调要有相当的学术水平，熟悉人的成长和发展的规律之外，还要重视教师的教学技能、课堂管理等知识和技能的掌握。布里克曼认为，"教师必须受过通才教育，具有有关学习领域的广博知识，对儿童心理学和学习过程有深刻的理解，有传授事实、知识和理想给年轻一代的能力，能正确评价教育学的历史—哲学基础，并且忠诚于自己的工作"。①

2. 教学方法

在教学方法方面，要素主义既反对进步主义，又区别于传统主义那种"布置作业——学生记忆——背诵"的方法，而是注重心智的训练。

要素主义认为进步主义倡导的问题教学法或设计教学法固然有一定的可取之处，但无普遍的适用性，因为不是所有的内容都能够通过经验、问题解决或设计来学到。此外，这些方法可能将学生的注意力引向一些具体问题，而忽视了知识的掌握。在要素主义者看来，学习的目的在于使学生掌握使他终身受用的知识、技能，而不能只以是否具有目前的价值为标准。为此，有些知识，即使眼前没有直接的实际效用，也必须要求学生加以掌握，并贮存在大脑中，以备日后之用。所以，在教学中，对要求学生掌握知识的内容和范围加以指定是完全必要的。此外，教学方法也不能完全排除记忆，不过，要素主义提倡的记忆，不同于传统教育鹦鹉学舌般的死记硬背，而是强调在对观念深刻理解基础上的记忆，有目的的记忆。

巴格莱在 1905 年写的《教育过程》一书中，充分利用了当时著名的权威学者提供的科学数据，从心理学和生理学的角度，论述了获得较好教学效果必不可少的基本原理。而他提出的教学方法基本上采用了赫尔巴特的五段教学法。此书曾再版 27 次，在当时具有非常广泛的影响。1934 年，巴格莱出版《教育与新人》一书。在这本书中，巴格莱认为进化乃是一个由低级到高级的过程，在这个过程中不断地有新质的出现，而且这些"新质"不能由在它出现以前的低级阶段来加以说明。新人的出现意味着有两种"新质"的出现，

---

① 陈友松主编.当代西方教育哲学[M].北京：教育科学出版社，1982：89-90.

即抽象思维的能力和高级意志。因此，人的学习不同于动物的学习，人的高级阶段的学习也不同于低级阶段的学习；人的教育应当注意严格的理智教育，并要求学生刻苦努力。巴格莱还认为，教育是社会进化的主要因素，而教育的最高目的就是进行心智的训练。

主张心智的训练，始终是要素主义在教学方法领域里坚持的一个主题，早期的巴格莱如此，后来的要素主义者也是如此。贝斯特在《教育的荒地》（1953年）中指出："对一个民主的社会非常重要的那一种教育……就是承认'普通的心智必须用教育加以强化'的那种教育……总之，真正的教育就是智慧的训练。"[①] 他还明确指出，《教育的荒地》这本书的论点是"学校的存在总要教些什么东西，这个东西就是思维能力"[②]。

关于要素主义提倡的心智训练，有两点需要加以说明。第一，心智的训练不能凭空进行，它必须要凭借具体的内容来完成，因此，任何学校都必须审慎地计划和安排包含有实质内容的教材。此外，不能把心智训练看成是强加到教学过程的东西，在他们看来，这种训练本身就是学习，也就是经验，如果离开了它，任何真正意义上的学习都不可能发生。贝斯特反驳那种认为强调心智训练会否定"优良教学"的说法，并指出美国教育中存在的不良现象，即教师仅对优良的教学表示真正的关心，而在同时表现了令人吃惊的不重视智力的训练。"问题在于有些人相信优良教学应该导致健全的智育的目的，而另一些人则满足于废弃智力的价值而在智力和文化的真空中为教学技术而发展教学技术。"[③] 在他看来，心智的训练和教学两者是不能分离的，"严格的智慧训练有赖于优良的教学"。科南特在讲到外语学习时，除了指出当前学习外语的重要性之外，还指出了学习外语的重要意义，即"这一切意味着对口语和书面语大量的艰苦劳动，长时间的学习，耐心的工作"。

第二，由于人的本性，儿童往往不能专心致志于心智训练，甚至厌恶它，所以，心智训练不能凭借进步主义提倡的兴趣原则。然而，更重要的是，不能把心智训练看成是对儿童的一种惩罚。心智训练乃是对儿童具有积极意义的、有效的智慧和情感方面的陶冶。只有经过心智训练的人，才能对他自己的生活进行理性的思考并作出有理性的决定和行动；只有经过心智训练的人，才能够理智地分析环境而不是简单地适应环境。巴格莱猛烈抨击那种为了学生不切合实际的"自由"而放弃心智训练的做法，他甚至把儿童是否受到成年人的"管束、指导和训练"看成是文明人和野蛮人的分界线。在他看来，纵容和放任孩子乃是野蛮人普遍的惯例，"只有当野蛮人几乎普遍地为了标志少年成丁而举行

---

① 华东师范大学教育系，杭州大学教育系编译.现代西方资产阶级教育思想流派论著选[M].北京：人民教育出版社，1980：172，179-180.

② 同①.

③ 同①.

的仪式时,才有唯一简单而重要的例外,把它看作是有意识地指导人类的教育的最早而不明显的开端"①。而文明人之所以强调对儿童心智的训练,目的在于使儿童日后免于匮乏、恐惧、欺诈、迷信和错误,而这些东西对一个人的束缚甚至同戴在奴隶身上的锁链一样残酷。当然,这种理智训练的重要性不仅仅在于丰富儿童日后的生活,其更深刻的内涵则在于美国的所谓民主制度的延续,这一点,无论在巴格莱,还是贝斯特、科南特等人的著述是完全一致的。

在教学实践中,根据关于心智训练这一指导思想,要素主义提出了若干具体要求。

第一,要求学生刻苦学习,而且往往要强迫自己专心致志。前文已经谈到,要素主义根据其"保守"哲学,认为人性中的兽性方面,往往导致学生在"想要"的东西和"应该"要的东西之间存在着冲突,然而,"应该"的东西无论对社会和个人来说,都是不可或缺的。要素主义要求学生掌握的东西乃是"一个民族付出了非常大的代价才学到的",而且往往是以抽象的、观念化的形态出现的,所以,就其内容来说,不可能所有的东西都会引起学生的兴趣。至于心智的训练,更要求学生以理智来抑制学生本能的冲动和情感。所以,就学习的性质来说,它必须要求刻苦努力,强迫自己专心致志。

应该指出,要素主义并不否认学生的兴趣在教学过程中的积极作用,承认它是使学习成功的一个条件,但是,从方法论角度来说,相对于努力和刻苦,兴趣毕竟是次要的原则。

在兴趣的问题上,要素主义与进步主义的分歧,还表现在如何看待儿童的兴趣上。要素主义坚决否定的是儿童眼前的、直接的兴趣。要素主义认为,较高级或较持久的兴趣并非一开始就能产生,而是要经过大量的刻苦努力才能产生的。无论是外语还是其他学科的学习,在开始时,人们很难发现它对日常生活有什么即时的价值,往往会感到索然寡味。然而,如果学生能坚持努力,一旦掌握了某一门学科,情况就会发生相反的变化。更重要的是,学生对学习本身发生的兴趣就会成为他继续努力的动力。

除此之外,要素主义还认为,教师的任务不仅仅在于发现学生的兴趣,他还要改造学生的兴趣。康德尔说:"要素主义对这个原则的兴趣并不比进步主义小。这个原则是:学习除非建立在学生的能力、兴趣和目的的基础之上,否则是不会成功的。但是要素主义者相信:学生们的这些兴趣和目的必须经过教师的熟练技巧加以改造。"②

第二,要严格学业标准。要素主义对进步主义不满,称它为"软弱"的教育理论,其

---

① 华东师范大学教育系,杭州大学教育系编译.现代西方资产阶级教育思想流派论著选[M].北京:人民教育出版社,1980:157.
② 陈友松主编.当代西方教育哲学[M].北京:教育科学出版社,1982:89.

"软弱"的一个表现,就在于对学生缺乏严格的要求,缺乏严格的学业标准。几乎所有重要的要素主义者在对美国教育兴师问罪之时,都没有忽视这一点。要素主义者指出了学校缺乏严格学业标准的危害。一方面,它不能造就社会所需要的合格人才,造成教育的浪费,这种浪费,既有资金的浪费,也有"智力资源"的浪费。他们认为,由于要求不严,使美国教育的质量落后于欧洲的一些国家和日本,造成了公众对教育的不信任,也使美国在高科技领域缺乏与其他国家抗衡的力量。另一方面,缺乏严格的学业标准不仅"对于学习者和民主集体都是严重的不公道",而且它不仅威胁着学校,也威胁着自由本身。

要素主义要求学习要有系统性和循序性,因为一些重要的事实、原则和技能,并不是等到需要时走进工具间就能拿到的工具。此外,为了确保学习的系统性和循序性,要素主义还强调要对学生的学业成绩进行严格的考试,如果通过了考试,证明他确实已经掌握了所学的知识,然后才能够升入下一个年级。要素主义者认为,尽管不及格是令人讨厌的,留级不仅不经济,而且往往不是很有效,然而这是必要的。巴格莱曾经以法国化学家巴斯德(Louis Pasteur)在巴黎高等师范学校第一年留级,以及爱因斯坦中学时考试不及格为例,说明不及格或留级既不表示学校无能,也不标志学习者永远无能。如果不严格标准,这将浪费学生的时光,而且学生在日后将因发现自己无知和缺乏基本训练而日益处于严重不利的困境。

第三,不排除灌输。要素主义认为,在教学过程中灌输是不可避免的,它也因为这一点而频招人们的非议。要素主义要求学生严格遵守过去的习俗和传统,以保证社会的稳定和延续。要素主义认为,如果按照进步主义、人文主义的办法行事,那么,学生就要被"灌进"各种各样的思想和行为习惯,而它们是与经过检验的社会秩序和标准相对立的,这将导致社会的不稳定,要素主义者认为,如果说世界上还存在着一种消除灌输之危害的办法的话,那就是接受基本学科的良好教育,因为掌握了基本学科之后,他就能很好地作出判断,以免受灌输之害。

除了上述三点之外,在教学方法方面、要素主义还要求教师要机智地运用奖励和惩罚的手段,以创设良好的学习环境。

3. 学生

要素主义主张教师处于教育过程的中心,教师拥有较大的权威,而对学生的要求,最重要的便是服从。

学生之"服从"有两层含义。第一,学生要服从教师的指导,服从学校的纪律。要素主义认为,学生要想在自己日后的生活中取得成功,他必须要发展自我控制、自立、自戒的能力。要素主义认为,虽然人有兽性的一面,但人毕竟不同于动物。人能够使自己眼前的欲望服从于长远的目的，但要做到这一点，就需要有一种自我约束、自我控制的能力。儿童的这种能力是通过艰苦的努力得来的，在正常的情况下，它是外部纪律约束的结果，所以，学生应该理解权威和成人指导的价值，自愿而明智地服从教师强加的纪律。第二，理智上的服从。学生必须明白，世界的运行有其自己的规律，它不以个人的意志为转移，人们必须服从这个规律。儿童之所以入学，其目的就在于如实地认识世界，以便使自己有资格日后在成人社会中占有适当的地位。学生还必须明白，学校传递给他的知识都是在过去的历史上经过检验证明是正确的真理，他的首要任务是吸收它们。只有在吸收了规定的教材之后，他才能有效地进一步认识和理解周围的物质环境和社会环境。

四、天才教育

在本章第二节关于作为要素主义之思想基础的保守主义"社会观"部分，我们已经知道，保守主义认为，上层社会阶级的所谓精英人物由于智力高并受过良好的教育，所以他们能理解社会结构，并能正确地解释西方的"伟大传统"。他们还认为，为了全体社会成员的利益，那些具有高度智慧的所谓杰出人物，应该成为社会的领导者。

要素主义从其保守的社会观出发，认为教育要通过传统学科知识的掌握和心智的训练，向年轻一代传递文化和历史遗产。学校要为培养未来的社会成员做出贡献。在要素主义者的心目中，未来的社会成员既有一般大众，更要能够继承西方所谓优秀传统的领导者，所以，学校教育要承担这方面的筛选和淘汰工作。

随着国内外政治、经济形势的变化，尤其是受国际竞争逐渐激烈的影响，要素主义在"天才教育"问题上的主张也越来越极端。

提高美国教育的所谓智力标准，把美国的教育办成世界第一流的教育等，始终是要素主义的一个重要的主题。虽然在20世纪30年代要素主义刚刚兴起之时，要素主义者对于天才教育的主张不像50年代以后那么强烈，但在他们的著述、言论中已见端倪。德米亚西克维奇早就宣称，蕴藏在全国儿童身上的智力和道德力量的资源是不应被浪费的，并认为这是真正的民主利益之所在。

巴格莱在《教育与新人》一书中，认为美国教育，特别是中等教育和高等教育的最大障碍是，如何提供能满足不同人需要的教学材料和教学方法。他还分析了当时的几种主要的解决办法，如按能力分组的小组教学，按个人能力安排进度的个别教学，进步主义倡导的设计教学、活动教学等，他认为这些方法固然都有一定的可取之处，但都有缺点。虽然巴格莱在当时也没有提出解决这一问题的具体办法，但他的指导思想是非常清楚的，即不能让天资高、能力强的儿童与天资低、能力差的儿童按同一进度学习同一内容。在这本书中，巴格莱还探讨了"学习能力方面个体差别之谜",尽管他对以往使用的智力测验提出不同意见,认为有不科学之处,因为它主要测量的是由于生活环境、家庭背景不同而造成的知识方面的差异,而没有测出人的先天的差别,但他并没有废除以智力测验作为衡量人的"天资"这一手段。

20世纪50年代,由于美国和当时的苏联在各个领域对峙,尤其苏联人造卫星上天,要素主义为维护美国在世界的霸主地位,在教育方面,反对教育机会均等所造成的教育上的"平庸",主张"优化"美国教育,明确地提出了"天才教育"的口号,在这方面主张最强烈的有贝斯特、科南特、里科弗等人。

1957年,贝斯特在《优秀与平庸》一文中对美国教育致力于机会均等的做法提出质疑,并明确提出,"民主国家里具有一般能力的儿童或不到一般能力的儿童并不是唯一值得考虑的对象。高智能的儿童也有他的民主权利。美国公立学校里高智能的儿童有权接受在严肃性、高质量和综合性方面同其他国家最好的学校制度下类似智能的儿童所接受的相同的教育"。①

美国学者詹柏士在《三十年来(教育上的)要素主义》中提出,"为了排除……机会均等这一反对运动,我们将推进这样一个社会,即最有天才、最有能力的人能在社会中处于顶层","千万不要忘记,对最有天才的人的教育,是要素主义哲学的中心环节",为此,"全国优秀生应纳入与他们能力相称的教育计划之中"。②

在要素主义者中,对"天才教育"主张最强烈而且最具体的人是科南特。

科南特在卡内基财团的资助下,调查了美国公立教育的状况,并提出了一系列改进学校教育、提高学业水平的建议。经过调查,他认为,从全国看,"有学术才能者"约占中学人口的15%,③"极有天才的学生"从全国看占学生人口的3%。④ 他认为,为了美国的利益,要充分利用他们所拥有的人类才能的丰富资源,所以学校要特别注意对他们的教育。

科南特曾经为检查评估综合高中的人员设计了一份检查评估的清单,这份清单共计四大类15项。其中的第三类就是"为具有学术天才学生的特殊安排"。这一类就占了总清单15项中的5项(第7项至第11项)。按科南特原来的排列顺序,这一类的5项分别是:(7)为满足极有天才学生需要所作的特别安排;(8)发展阅读技能方面的特别教学;

---

① 瞿葆奎主编.教育学文集:美国教育改革[M].北京:人民教育出版社,1990:97.
② 上海师范大学编.教育发展史资料[G].上海:上海师范大学,1973:273.
③ 同①:153.
④ 同①:157.

(9) 有才能的学生可以从中受益的夏季学期（summer sessions）；（10）个别化的教学计划（缺课或硬性的教学计划）；（11）将一个学日组织成 7 节或 7 节以上的学时。

为了培养所谓天才，要素主义者主张学校要按学生的能力分班，即所谓"同等程度编班"（homogeneous grouping）或"按能力编班"（ability grouping）。他们往往反对在学校搞大学预备班、专业培训班、商业班等按不同学习内容的分班，而主张按学生不同的程度分班，因为他们担心那些天才学生同普通学生在一个班学习会埋没他们的天才。

要素主义者如此重视"人类的宝贵资源"，如前所述，其总目标是为了维护美国的所谓民主制度和世界霸主的地位。在这个共同的总目标下，不同的人的直接动机也各有特色。例如里科弗，他本人对教育理论并未做深入研究，作为军人，他最关心的是提高科技人员的素质，希望学校能输送大批合格的数学、物理、化学等领域的杰出科学家和工程师，以提高美国的军事实力。然而，在他从事原子能领域工作期间，为建立一个"理想的"工作机构，他"竭力去寻找合适的人选"而不可得，感到原子能领域和教育领域"关系如此之密切，以致我不知不觉地卷进了美国的教育领域之中"，因而"一直热衷于教育问题"，并为"天才教育"从实践方面提供依据。当然，要素主义者中，对天才教育之社会作用看得最深、最远的还是要数科南特。他在 1962 年出版的《托马斯·杰斐逊和美国公共教育的发展》一书中明确地说明，在过去的 20 年中发生的事件使他看到了发展一种知识分子贵族（intellectual aristocracy）的必要性，此外，最近真正的而且是革命的历史进程已经迫使美国接受这么一个原则，即选拔领导者的基础乃是学术竞争。他的观点同贝斯特有异曲同工之处。贝斯特说："如果领导权一定要产生，那它必须来自学者、科学家和专业人员。"① 他们的观点可以代表要素主义者的一般看法，那就是理想的社会乃是最有才能、最有天才的人居于顶端的社会，而且只有"天才"人物充当社会的领导人，全体社会成员才能从中受益。

值得注意的是，作为要素主义"天才教育"思想的一个有机的组成部分，要素主义对那些所谓缺乏天才而"十分迟钝"的学生的观点也不容忽视，我们可以说，不了解这一点，就无法理解"天才教育"之真谛。

首先，"天才教育"的真正内涵并不是普通教育中的一个附加的成分，也不是"偏离了心理、生理和行为的常模而需要获得特殊的教育"，在要素主义看来，"天才教育"乃是与普通教育相平行的一种独立的教育形态，它应该有自己独立的体系。换言之，"天才教育"不能与对那些盲人、半盲人、聋人和重听的人、说话有缺陷的人、拐子、体弱的人、癫痫病人、智力缺陷的人、社会适应不良的人所进行的一种补充教育相类比，也不能把它

---

① 瞿葆奎主编.教育学文集：美国教育改革[M].北京：人民教育出版社，1990：102.

看作是普通教育的变体或补充。要素主义认为，对天才儿童的教育应该高瞻远瞩，从基础做起。学校应该对他们的潜能有彻底的了解，做充分的估计。在为他们制定的教学大纲中，要对他们可能取得的成就充满信心。学校也应该看到，这样做无论对天才儿童本人还是对国家，都是有益而无害的事情，应该把这作为学校的主要职责。

其次，对于那些缺乏天才、能力平平的儿童，也要在培养"有效率的和服从的工人"这一目的下，进行严格的智能训练，养成现代文明社会所需要的"文化习惯"。

贝斯特认为对一部分儿童实施"天才教育"而对另一部分儿童"提供职业或生活适应训练"是合理的。

科南特在1961年出版了《陋巷和郊外》[①] 一书，在这本书中，科南特明确提出，根据居住在陋巷的儿童的实际条件和状况，最好的办法是向他们提供职业训练的课程，而这些职业训练的课程最好又是当地社区就业所需要的。

无论贝斯特还是科南特，在他们提出这些主张时，都没有忘记强调这一点，即美国的教育应以培养美国的公民为务，要使所有的儿童都成为美国"民主社会"的公民。人们不难看出，他们心目中的公民是有等级之分的，不言而喻，天才儿童将成为他们理想中的"民主社会"的一等公民，而出身于陋巷的儿童则要等而下之。

第四节 评 论

一、关于要素主义的思想基础

作为要素主义之主要哲学基础的实在论和观念论，尽管有许多差异，但在一些重要的方面，二者又有共同之处。

在本体论方面，观念论以精神为万物之本源，这是众所周知的事。实在论不像观念论那样明确提出精神为第一性，并自称反对观念论，表现出折中主义的特征。但是，实在论在强调人的认识对象具有客观实在性的同时，把感觉和观念也看作是客观实在的，这样就混淆了物质和精神的本质区别，因而也是错误的。此外，无论观念论还是实在论，都认为实在受一些永恒不变的规律所控制，然而，这些永恒不变的规律，人们无法通过经验来把握。观念论把对于这些永恒规律的把握归之于理性，而实在论哲学则诉诸逻辑。这样，在观念论和实在论看来，所谓控制宇宙的规律不但是独立于时间的，而且是超验的。

---

① 此书名原文为"Slums and Suburbs"。slum 的意思是贫民窟，suburb 的意思是郊区。在美国，家境殷实的中产阶级以上的家庭多在郊区居处。——作者注

规律的确独立于人们的主观意志,但它是客观事物本身所固有的。列宁说:"规律就是关系……本质的关系或本质之间的关系。"① 人们虽然无法直接感知规律本身,但这不等于规律就是超验的。在实践的基础上,人们通过对规律表现出的种种现象的研究,不仅可以透过现象看到本质,而且能够理解"本质的关系或本质之间的关系",从而达到逐步把握并利用规律。把规律看成是超验的,这是有违于辩证唯物主义基本原理的。

在认识论方面,观念论强调理性或心灵的作用,认为知识和真理只有通过直觉或宗教的启示才能把握。所以,观念论的要素主义者主张对于心灵进行训练,注重发展学生诸如记忆、推理和理解的能力。实在论虽然强调对物质世界的种种事实加以观察,但认为认识的过程基本上是理性的过程,而且,"在坚持事物是独立的同时,也肯定,当事物被认知时,它们就是心灵的观念。它们可以直接进入心灵,而当它们进入心灵时,它们就变成了所谓'观念'。因此,观念只是在一定关系中的事物;或者说,事物,在它被认知的这一方面,就是观念"②。尽管观念论和实在论在认识论上有一些差别,但在认识脱离实践这一点上却是共同的。

观念论和实在论都强调永恒的、绝对的价值,这也是错误的。归根到底,任何价值观念都是一定的社会实践的产物,因此价值都是变化的。价值有其绝对性,但价值的绝对性是指衡量任何价值观念的标准只能是当时的社会实践,这同要素主义者主张的绝对价值有根本的区别。如果把价值看作是永恒的、绝对的,必然使价值与人类的实践相隔离,并赋予价值以超验的性质。

二、关于要素主义教育的本质

本章前面的阐述已经反复说明,要素主义教育的目的旨在维护和巩固美国的资本主义社会制度,这一点无须赘述。然而,维护和巩固资本主义社会制度乃是当代西方资产阶级教育理论的一般特征,为什么唯独要素主义能够历久不衰呢?这显然同要素主义的理论反映了教育的一般规律有关。

在教育本质的问题上,要素主义看到教育乃是传递社会文化的过程。要素主义者强调,教育的宏观目的是传递人类文化遗产的要素或核心,在美国20世纪30年代经济危机和50年代受到苏联人造卫星上天冲击情况下,要素主义的主张对于社会的稳定是有作用的。在西方传统的价值和所谓民主的理想受到国内、国外种种力量的威胁下,要素主义教

---

① 列宁.列宁全集:第38卷.北京:人民出版社,1986:161.
② 培里.现代哲学倾向[M].北京:商务印书馆,1962:300-301.

育提供了一个安全的避风港。要素主义在强调教育社会功能的同时，并未完全忽略个人。要素主义强调教育目的的微观方面在于帮助个人进行理智和道德的训练，以实现个人理智和人格的和谐发展。

教育本身是一种传递社会经验并培养人的活动，要素主义在教育的这两个重要的本质特征方面，没有偏废任何一方，并力图使两者取得协调，在各种不同的主张之间，无论对传统教育，还是进步教育、永恒主义教育，都注意吸取合理成分，取中间的立场，因而容易被人接受。此外，要素主义主张教育要以学术的"优秀"为其目的，也迎合了美国民众对于进步主义教育造成的知识水平下降和纪律松弛的厌烦心理。要素主义不但强调读、写、算，而且主张保存传统的习惯、文化、文明。这些主张乃是源于这么一个观点，即只有将作为人类智慧之结晶和人类长期努力之结果的真理传授给儿童，才能够实现教育的目的，人只有控制人性中邪恶的一面以及各种欲望，才能够得到发展。它不仅要求教师要控制学生，而且力求达到使学生认识到这种控制的必要性。虽然要素主义的这些主张都以人性邪恶为基础，但是，它抓住了教育的"传递"和"训练"这两个本质特征，突出了学校教育的特点，对我们是有启发作用的。

三、关于要素主义的天才教育

主张进行"天才教育"是要素主义的一个重要特色。无论 20 世纪 30 年代的德米亚西克维奇、巴格莱，还是 20 世纪 50 年代的贝斯特、科南特、里科弗等人，都从不同的角度提出了天才教育的重要性。科南特在 1956 年提出，"过去五年给我们揭示了生活在一个缩小了的但是分裂的世界的后果。这些后果肯定加强了对天才儿童的教育改革的必要。因为在这个困难时期，如果美国要完成它的责任，需要最大限度地利用每个世代的'人类才能的丰富资源'"。他还指出，"要利用天才儿童和青年所拥有的人类才能的丰富资源，中小学和学院对天才学生的教育必须特别注意"①。

人类对于自然资源无节制的开发、利用和浪费，造成了目前生态、能源等方面的严重的问题。人类自己造成的这些问题的解决，最终还需借助于人类自身的智慧。要素主义早就看到人类智慧是一种重要的资源，并提出要充分地开发和利用这种资源，是一种很有见识的观点，应该受到重视。而且，在第二次世界大战以后，世界各国普遍重视天才儿童的教育，并采用了多种培养天才儿童的教育形式。

---

① 华东师范大学教育系,杭州大学教育系编译.现代西方资产阶级教育思想流派论著选[M].北京：人民教育出版社,1980：166,167.

但是，要素主义主张的天才教育，除了其为资本主义社会制度服务的政治、经济的军事目的之外，还应该看到，这种天才教育并非纳入普通教育中的对于天才儿童充分发展的一种补偿性的教育，而是与普通教育相平行的一种独立的教育形态。这种教育的目的乃是在于形成一个知识分子的贵族，并从中选择社会的领导人。另一方面，对于缺乏天才的儿童只是在于养成他们现代文明社会的文化习惯，使他们在生产劳动中既有效率，又能服从。这种天才教育乃是双轨制的一种形式。此外，要素主义者对于天才儿童的鉴别往往依赖于智力测验或学生对于理论知识掌握，没有看到这些同社会的分工以及分工所产生的儿童受教育条件的关系，这在实际上将扩大教育的不平等。

四、关于要素主义同进步主义的分歧

要素主义和进步主义在 20 世纪 30 年代曾经有过激烈的争论，当时，要素主义抨击了进步主义的极端倾向以及对美国教育造成的危害。但是，在这场争论中，要素主义并不是作为传统教育以某种方式"复活"的新形式，对进步主义进行反扑，也不能把两者的争执看作是针尖对麦芒式的对着干。这一点，巴格莱 1940 年在密歇根大学的一次讲话中有了比较清楚的说明。巴格莱说，"我们可以通过把假定的对立观点配对来说明两派的冲突：努力与兴趣，纪律与自由，种族经验与个体经验，教师主动与学生主动，逻辑组织与心理组织，学科与活动，长远目的与直接目的，等等。如此直截了当地对这些假定的对立观点予以论述容易使人们误解，因为，每一对中的每个概念都代表着教育过程中的一个合理的，实际上是必需的因素。两派首先在对每个因素的重视程度以及对它们进行的比较上存在着分歧；由于两派都企图解决或综合两种对立因素，因而，当相反的观点互相映衬时，它们就成了如此尖锐的争论焦点"。① 巴格莱的这种说法是非常中肯的。也就是说，在两种对立的观点之间，有着某些共同的东西，其分歧主要在于侧重点的不同。

进步主义基于其对于宇宙的变化不居的根本观点，极力反对传统的遥远而固定的教育目的，强调教育目的的可变性和灵活性，将注意点集中于儿童的现实生活。要素主义承认变化的事实，但变化并非杂乱无序，而是要受到独立于时间的宇宙规律的控制，因而强调教育目的的一般性和稳定性，并着眼于合乎规律的未来。在进步主义看来，未来固然是一个不可忽视的方面，但未来并不是孤立的、虚幻的，它与现实有联系，把握了现实就是对将来的最好的准备，因而进步主义注重儿童对现实生活的适应、教育与儿童生活的联系，并强调儿童个人的经验。要素主义则认为，既然变化是有规律的，重要的是把握规律，预

---

① 刘要悟，李定仁. 要素主义教育理论再评[J]. 外国教育研究，1989(2)：18-25.

测各种活动可能产生的结果，从而控制和指导自己的行为。在要素主义者看来，经过历史检验的种族经验是人类的宝贵遗产，只有掌握了它们，社会才能不断进步，个人的经验才能够具有意义。显然，由于对共同承认的宇宙变化的本质的分歧，导致了在现实与未来、个人经验与种族经验的侧重。

在教学的领域，两者的分歧源于对知识的看法。进步主义认为知识来源于通过活动方法所获得的经验，强调知识的活动性和工具性，判断知识真伪标准不在于是否符合传统的事实，而是看它能否适合现实生活的需要并获得满意的结果。要素主义把知识的获得看成基本上是一个理性的过程，获得知识固然需要观察事实等感觉的经验，但更需要对它们进行抽象的思考，以形成概念。知识的价值不在于它能否解决问题，而在于能否促进理智的训练。

进步主义强调直接经验和儿童应付现实生活能力的培养，任何可以增加和改造经验的活动都可以成为课程。要素主义强调的是间接经验，以便在面临新的问题时能够提供解决它们所必需的知识。所以要素主义主张设置能够提供系统的间接经验的分科课程。而活动课程只能主要适用于初等学校，或在其他级别的学校教育中发挥辅助的作用。由于要素主义认为教学的根本功能在于传授系统的间接知识，所以他们便重努力轻兴趣，重纪律轻自由。

进步主义出于传统教育中教师对儿童的压制，提出对儿童的控制主要应该通过集体的生活，而不是教师。"教师在学校中不是要给儿童强加某种概念，或形成某种习惯，而是作为集体的一员来选择对于儿童起作用的影响，并帮助儿童对这些影响做出适当的反应。"① 要素主义强调儿童必须接受成人的指导和控制，只有这样，教育才能充分实现人的潜能。但是，要素主义在强调教师的地位和作用的时候，也承认学习应该是主动积极的过程，而且强调教师要了解学生，理解教育过程，掌握熟练的教学技巧。这同传统教育主张的教师的绝对权威是有区别的。

要素主义和进步主义的论争，对于教育理论和教育实践的发展也有一些有益的启示。教育应该处理好社会需要和个人需要、间接经验和直接经验、未来和现实、教师和学生等重要的关系。二者作为西方影响较大的教育哲学派别，虽然没有完全忽视上述几对关系中的任何一个方面，但在侧重点上各有偏颇，正确地协调这几对关系，应该说是教育理论和实践发展的一些重要的方面。

---

① 华东师范大学教育系，杭州大学教育系编译.现代西方资产阶级教育思想流派论著选[M].北京：人民教育出版社，1980：8.

第三章

永恒主义

永恒主义（Perennialism）又被称为"古典主义""新经院主义""古典人文主义"等。

永恒主义与进步主义、要素主义有显著的差别。如果人们可以用"进步"和"保守"来分别概括进步主义和要素主义之特征的话，那么永恒主义最明显的特点就是"复古"。

第一，在对于文化和社会的看法方面，虽然进步主义主张文化和社会的发展是开放性的，而要素主义认为它带有封闭性，但两者都承认文化和社会不是一种永远固定的状态，也就是说，两者都承认有变化，而且，这种变化从一定意义上讲是不可避免的。第二，进步主义和要素主义都注重美国现存政治、经济和文化的价值，都注重实验科学在课程中的地位和作用。第三，相对来说，进步主义和要素主义都不太重视对于人文学科所包括的价值、理论的理解。总之，它们都强调用知识来解决现实世界所面临的问题。

永恒主义在上述几个方面几乎都与进步主义和要素主义有不同的理解和主张。永恒主义强调人文学科的教育以及对于理论问题的理解，注重一般智力水平的提高。当然，永恒主义主张的"复古"，并非真的要使美国的资本主义社会回复到古代的状态，说到底，"复古"只不过是维护和加强"现实"的一种手段而已。

永恒主义大致上可以分为两个派系，一为世俗派，一为宗教派。宗教派永恒主义也叫作新托马斯主义教育。

第一节 永恒主义的思想渊源

作为现代西方教育哲学一个重要流派的永恒主义虽然产生于20世纪30年代的美国，但它所代表的却是西方最古老的教育学说，从一定意义上讲，永恒主义乃是西方传统的教育学说在当代以新的形式的复兴。然而，这种复兴有其鲜明的时代特征，所以不能把20世纪30年代兴起的永恒主义看作西方古老教育思想的简单再现，而应从其时代的意义上把握其精髓。

一、古代希腊哲学

古希腊哲学是在小亚细亚沿岸的伊奥尼亚一带发展起来的，其中心是米利都和爱非斯这两个城邦。

西方哲学发展史中第一位重要的哲学家是米利都学派的泰勒斯（Thales）。当时哲学主要考虑的问题是"宇宙的本质是什么""宇宙的基本'材料'是什么""怎样解释变化"。稍后一点时间，哲学家们的注意中心便从原先的宇宙论转向认识论，从此以后，哲学便开始关心人的价值问题，其中最主要的有"什么是真""什么是美"等。

应该指出，古希腊哲学的发展在一定程度上曾受到印度、巴比伦和埃及的影响。此外，当时的哲学家对这些问题并未都作出令人满意的回答，而且对许多问题的解释和说明乃是错误的。然而，这并不是说，他们所作的研究和探讨毫无意义。他们的价值在于提出了一些哲学上的根本问题，而且为以后的哲学发展实际上起到了一种导向的作用。

对永恒主义教育哲学起到直接渊源作用的是苏格拉底（Sokrates）和他的学生柏拉图的哲学。他们与同时代的德谟克利特（Demokritos）具有唯物论倾向的哲学相对立。德谟克利特等关心的是有关物质结构、客观世界的规律等问题。而苏格拉底则坚持认为，世界的一切乃是出于神的安排，所以，人不必直接研究客观世界、客观规律，而只要研究自己，从自己的心里去认识神。

柏拉图的哲学也叫作"理念论"，它是欧洲哲学史上第一个最庞大的客观唯心主义体系。柏拉图的思想主要体现在几十篇对话体的著作之中，其中主要的是《美诺篇》《斐多篇》《理想国》等。在此不拟对柏拉图的教育思想做全面阐述和评论，仅就其思想中对永恒主义教育哲学有关的部分作一介绍。

在本体论方面，柏拉图关心的中心问题是，在不断变化的世界中永恒的本质究竟是什么。他把世界划分为两个领域，一个是不断变化的具体事物；另一个是永远不变的具体事物之形式的理念。在他看来，相当于现在我们所说的一般概念的理念是永恒的、不变的、绝对的，因而也是真实的；一切可感知的个别事物（包括个别的人）都是相对应的理念的"摹本"和"影子"，是变化无常的、相对的，因而是不真实的。每一类事物的理念乃是这类具体事物追求的目的。柏拉图认为，理念是划分为等级的，最低级的是实物的理念，如桌子、椅子等，最高级的是诸如"善""美"和"本质"等理念，然而，这些理念在现实的世界中不存在与它们相对应的具体事物，然而它们却是绝对的实在。在变与不变之间，柏拉图强调的是不变的理念的领域。在教育方面，柏拉图则强调让受教育者理解高级理念的意义，为此，教育要加强理智的训练，并发展诸如智慧、节制、勇敢、公正等"人的美德"。

在认识论方面，柏拉图提出了"回忆说"。如上文所述，他把世界划分为两个对立的领域，即"事物的世界"和"理念的世界"。事物世界也叫可见世界，从那儿不可能得到真理，而只可能得到意见（opinions）。理念世界也叫可知世界，人只有从可知世界中才能得到真理。那么，人怎样才能获得理念世界的知识呢？柏拉图认为，人具有灵魂，而且人的灵魂是永存不朽的。在灵魂与人的肉体结合之前，灵魂同理念一起处于理念世界之中，因此，灵魂早就具有对理念的认识，而且这乃是真理之源。然而，在灵魂投身到人体之时，由于受到肉体的束缚，将灵魂原有的对于理念的知识暂时遗忘了，只有在经过一段时间以后才能逐渐回想起来。所以，求得真知的过程不在于探索可见世界的具体事物，而是一种"回忆"理念的智慧的活动。所以,人要求得真知、获得真理,就必须唤起自己的灵魂对理念世界的回忆。

柏拉图的认识论决定了他对教学过程的根本看法。在他看来,所谓教学,实际上并不是教师交给学生知识,因为学生的灵魂早就有关于理念的认识。教师的根本作用在于帮助学生回忆理念世界。所以柏拉图认为,所谓学习的人就是在回想的人,而所谓学习只不过是回忆罢了。

任何对教育理论关心的人都会自然而然地提出这么一个非常合乎逻辑的问题,即教育应该通过什么手段来"帮助"学生对于理念,尤其是柏拉图所强调的诸如"善""美"等高级理念的回忆。对于这个问题,柏拉图实际上也没有从正面作出根本性的回答,他只是对当时雅典的教育实践作出一些评论并提出自己的一般见解。

雅典教育除了军事、体育以外,还有较多的智育成分,注重身心的和谐发展。心的教育在雅典被称为"音乐教育",内容比较广泛,除了音乐本身外,还包括文字、文学和文化;身的教育有体操、舞蹈等。对于这种类型的教育及其课程,柏拉图肯定了它们的优点,以及在教育中的地位和作用。但他认为,这些课程对于个人理性能力和思辨能力的直接要求却是微乎其微的。受过这种类型教育的人,只能说是受过高度训练的人,但还不能称为"自由的"人。

柏拉图认为,真正的教育不能仅仅限于知识的传送和技能的训练,它必须要使人从偏见、狭隘的见识,尤其是要从经验所造成的狭隘性和偏见中解放出来,使他的灵魂获得自由。只有这种教育才真正称得上是"自由教育"(liberal education)。

柏拉图认为,自由教育就是使人的灵魂获得自由的教育,它要使人的灵魂从由于对理念的遗忘而造成的无知的锁链中解放出来。要做到这一点,人就必须学习和研究数学科学,其中包括几何、代数和天文学。因为这些学科乃是练习人的心灵的一种最好的形式,可以提高人的思辨能力。柏拉图的学园大门之所以高悬"不懂几何学者不得入"的告示,其原因盖在于此。应该指出,柏拉图关于自由教育的这几门学科与后来中世纪的"七艺",即"七种自由艺术"显然有直接的渊源关系。当然,柏拉图提出的数学研究和学习,在解放灵魂这一宗旨下主张摒绝感觉、脱离实际,突显了其神秘性,并阻碍了自然科学的发展,这一点柏拉图也难辞其咎。

古希腊哲学对永恒主义产生重大影响的另一个重要人物是柏拉图的学生亚里士多德。在这里,我们主要是阐述亚里士多德在"自由教育"方面的思想。

在哲学思想方面,亚里士多德动摇于唯物主义和唯心主义之间,但最终陷入唯心主义。亚里士多德认为具体事物是第一性的(他称之为"第一性实体"),概念是派生的,第二性的,"这是对唯心主义,即一般唯心主义的批判"。他不同意柏拉图把具体事物看作是理念的"影子"或"摹本"的说法,指出一般概念不能脱离个别的具体事物而存在。

关于事物的生灭变化,亚里士多德提出"四因说"来加以解释,认为要说明事物的变化,必须明确四种原因,它们分别是:(1)质料因,指出事物由什么质料构成;(2)形式因,说明具体事物有什么形式结构;(3)动力因,说明什么力量使一定的质料取得一定的形式;(4)目的因,说明一事物之所以形成是为了什么目的。亚里士多德的四因说认为形式和质料乃是构成个别具体事物的两个方面,形式寓于质料之中,质料必须具有一定的形式,即没有没有质料的形式,也没有没有形式的质料,形式和质料二者不可分离,表现了唯物主义的倾向。

然而,亚里士多德没有把他的唯物主义倾向坚持到底,认为形式和质料的区别只有相对性(例如,砖、瓦相对于泥土是形式,但相对于房屋又是质料)。他还进一步认为有所谓没有任何质料的纯粹形式,和没有任何形式的纯粹质料,把形式和质料绝对割裂开来,这样,所谓纯粹形式就等同于柏拉图的理念。此外,亚里士多德还把形式因、动力因和目的因看成本质上是一个东西,认为形式是质料追求的目的,而目的本身又构成推动质料运动的动力,事物的运动变化就是从质料到形式的过渡,就是还没有体现某种形式的质料体现这种形式的过程。亚里士多德认为,质料要成为任何事物需要有形式的帮助,而形式则以某种特定的安排来组织不同类型的质料。因此,质料是可能性,它可以成为任何事物;形式是现实性。

亚里士多德认为,事物乃是具有形式的质料。人也是如此,人是一个有机体,人的各个部分也是以一定的形式组织而成的。这种组织就构成了人的形式。在亚里士多德看来,事物是由于其具有的一定的形式才能以一定的方式发挥作用的。我们之所谓人的"灵魂"乃是他的身体的一种形式,如果不具备这种形式,它就可能是别的东西。正因为人具有以特定方式组织而成的"灵魂",而且它具有特定的功能,即理性的功能,所以只有人才具有理性。根据他的这种理论,灵魂乃生命之源,所有有生命的东西都有灵魂。然而,由于各类灵魂之组织形式有异,所以灵魂也是有等级的,只有人的灵魂才具有理性,只有人的灵魂才具有思维的功能。换言之,只有人的灵魂才能够概括、抽象,表现自我,实现其最大的潜在的可能性。在亚里士多德看来,人的这种功能就是人的才质,才是人区别于世界上其他所有事物的最后的标准。所以,对于人的教育就应该尽可能地实现或显示人的灵魂或理性。在教育实践上,他主张的自由教育要一切服从理性灵魂。这种教育既不要追求其用途,也不要为了利益,而是要为理性而理性。至于他所主张的自由教育应该有的课程,由于其《政治学》一书没有完卷,人们难得其详。但从他的其他著作和教育实践中,其内容似应包括几何学、物理学、天文学以及哲学和辩证法。

古希腊的这两位伟大的哲学家尽管在哲学观点上有不少分歧和对立，但对教育，尤其是永恒主义教育来说却有许多共同看法。

柏拉图强调对于抽象的理念的思辨，而且认为人要达到对于真理的认识就必须排斥日常经验以及具体事物的干扰。对于这一点，从根本上说亚里士多德是支持的。但亚里士多德还认为，人必须要研究构成某一类别的具体事物，以此达到对一定类别事物之真正的本质及其目的的认识。他们两人都强调灵魂在理解"理念"或"形式"方面的作用，两人虽然用词有异，但实质是相通的。他们认为，灵魂或心灵具有产生理念或形式的能力，因此，只有人才能获得关于世界和人自己的知识。此外，他们都贬低经验，而重视理性。这些都是永恒主义教育最根本的思想基础。

二、欧洲中世纪哲学

欧洲中世纪占统治地位的哲学是经院哲学。这种哲学因在中世纪时天主教的学院，即经院中讲授而得名。经院哲学形成于8世纪至10世纪，其前身为教父哲学。

11世纪时，经院哲学内部围绕着一般和个别这一问题的争论，形成了唯实论和唯名论两派。

唯实论受柏拉图哲学影响，认为一般独立于个别而存在，它高于个别，也比个别更真实。唯实论之所谓"一般"，实质上与柏拉图之"理念"毫无二致。然而，唯实论又进一步发挥了柏拉图的基本观点，提出一般存在于上帝的心灵之中，所以，如果我们想认识真理，我们的心灵必须符合于上帝的心灵。

唯名论则认为，不存在离开人的思想和个别事物而独立存在的一般，所谓一般只不过是名称、符号，至多也只是一种概念，它的价值只在于用来表示相似的一类具体事物。"一般"乃是人们的观察和经验的产物。

唯实论和唯名论的争论不仅非常激烈，而且也持续了很长时间。13世纪时，罗马天主教会的神学家、哲学家托马斯·阿奎那（Thomas Aquinas）站在唯实论的立场上，综合两派争论的许多方面，提出了"信仰与理性"，以及"一般"的地位问题，托马斯的哲学观点虽然受到亚里士多德的影响，但又不是亚里士多德哲学的简单翻版，而是利用亚里士多德哲学中的消极因素，为自己的哲学观点服务。

如前所述，亚里士多德认为质料是可能性，形式是现实性。他还认为，每一个具体物体都有它自己特定的实质或本质。托马斯对此有异议，认为所有的事物都是偶然的，也就是说，没有一样东西能在它自身之内找出其存在的原因。在托马斯看来，每一个物体最终总要依赖于某种东西,而他想解决的正是这个"某种东西",换言之,他想解决事物之所以存在,之所以是那个样子的原因。

托马斯认为,如果就一个事物本身来说,它无所谓本质。要讲事物的本质,一个必要的前提是它必须存在,离开事物的存在就无所谓本质。而存在就是现实性,即亚里士多德之形式。所以,存在加上本质才有事物。这样,形式就是独立存在的东西。就一般和个别来说,他认为一般实质上乃是某种寄居于个别事物中的特殊的实体,它是独立存在的。个别事物之所以存在,其原因就在于形式或一般。

托马斯认为,世界上所有的事物都在做从可能性到现实性的运动,都在追求实现完全的现实性。他认为形式和质料、本质和存在都是有等级的,每一种低级形式都把高级形式作为自己追求的目的,上帝是最高级的存在,也是万物追求的目的,因而也是他们的动力。

在人的问题上,托马斯认为人是上帝创造的,人由灵魂和肉体组成。虽然人的灵魂必须要与肉体结合在一起,但从根本上说灵魂是独立于肉体而存在的,它是肉体的"形式",是肉体的结构和生命之本原,也是人的感觉和思想之本原。人的灵魂给人以智慧,这样,人就可以理解,并作出理性的行动。由于人有理性,所以人和动物就有本质的区别。

在托马斯看来,人的理性是不变的,所以人性也是不变的。在教育上,托马斯虽然并不完全排斥人的肉体因素如感觉等的作用,但他更强调人的理性作用,认为离开了人的理性活动就不可能获得真知,而教育的主要目的就在于对人的理性的陶冶。托马斯的哲学称为托马斯主义,它对于永恒主义教育,尤其是 20 世纪 50 年代以新的形式出现的永恒主义,即新托马斯主义有直接的影响作用。

三、新托马斯主义

19 世纪末,资产阶级为了维护自己的统治,利用宗教麻痹人民,于是形形色色的宗教唯心主义沉渣泛起,在资产阶级革命时期曾一度被批判的托马斯主义以新的形式得以复活,是为新托马斯主义。

由于 19 世纪末的社会历史条件不同于中世纪,所以,新托马斯主义也表现了一些不同于托马斯主义的"新"的特征:[1]

第一,同托马斯主义一样,新托马斯主义把论证上帝的存在作为其全部哲学的基石,也沿袭了托马斯主义者论证上帝存在的那些方法。除此之外,他们还企图对上帝的存在作

---

[1] 刘放桐,等编著.现代西方哲学[M].北京:人民出版社,1981:343.

一些"现代化"的论证。例如，他们力图把现代西方社会中所存在的矛盾和危机、西方社会中人的异化以及现代科学技术的进步和存在的问题，都当作上帝存在的"新"根据。

第二，同托马斯主义一样，新托马斯主义使科学服从宗教、理性服从信仰，但又力图把自己装扮成科学和理性的倡导者，对某些露骨的反理性主义表示异议。

第三，新托马斯主义者是资本主义制度的维护者，但又竭力作出主张社会进步和改革的姿态；他们强调人对神的臣服，但又竭力鼓吹人道主义，要求维护人的自由和尊严，发扬人的个性。

在新托马斯主义者中，对永恒主义教育，尤其是宗教派永恒主义影响最大的人物是法国哲学家雅克·马里坦（Jacques Maritain），在教育方面，其主要著作有《教育在十字路口》《人的教育》《真正的人道主义》等。马里坦写的《新托马斯主义的教育观》[①] 系统地阐述了永恒主义宗教派的主要观点。

要论述教育，首先要涉及一个更为基本的问题，即关于人的概念，因为教育的主要目的决定于人的本性。新托马斯主义认为基督教关于人的概念乃是对于人的教育的最可靠的基础。新托马斯主义认为人具有精神性的永恒的灵魂，而且人性是不变的。"托马斯主义者对人的看法，和希腊人、犹太人以及基督教徒对人的看法一致：人是富有理性的动物，他的最高尊严在于智慧；人是和上帝有个人关系的自由的个体，他的最高正义在于自愿地服从上帝的法律；人是被召唤到神圣生命和感恩祷告自由的有罪的和受伤害的生物，他的最高完善在于爱。"[②] 因此，教育不仅要考虑到学生的身体，而且要考虑到他的灵魂和理性，不能仅仅把学生看作是一种物质的存在。

基于这种人性的概念，新托马斯主义认为，教育的主要目的，从最广泛的意义上就是"塑造人"，确切地说，就是帮助儿童成为充分成型的和完美无缺的人。至于为适应不同时期的变化向学生传递特定的文化遗产，为参与社会生活和成为优良公民做准备，为以后履行社会的某种职能、为谋生或家庭生活做准备等，都是教育的第二位的目的。然而，由于人性是不变的，人在宇宙中的地位和价值、人的尊严、权利、期望以及命运都不改变，所以，教育的第二位的目的必须受其主要目的的控制。

新托马斯主义认为，支持进步主义的哲学体系是错误的。经验主义没有看到感觉和理智的本质区别，把人的知识仅仅局限在感性经验的范围之内，排除了人类获得知识的"其他特殊的力量和手段"，这样就不可避免地限制了教育上的努力。新托马斯主义认为人有

---

① 华东师范大学教育系，杭州大学教育系编译. 现代西方资产阶级教育思想流派论著选[M]. 北京：人民教育出版社，1980：284-296.
② 同①：289-290.

理性，能思维，它不仅能说明经验，说明事物的本来面貌，而且能支配、控制和改造世界。所以，知识本身就是一种价值。高级的认识，即智慧能够实现理性的最高期望和理性对自由的渴望，因为它不仅要掌握自然现象，而且要深入探究根本的和最普遍的存在的目的，并且作为最后的结果，要享受真理的精神上的愉快和存在的趣味。

新托马斯主义主张通过教育获得真理而使人获得自由。为此，自由教育就"必须培养和解放智力，形成和装备智力"。为了达到这个目的，新托马斯主义强调课程的基础应该是"自由艺术"。不过，新托马斯主义主张的"自由艺术"在内容和作用上都与中世纪的有所区别。马里坦认为自由艺术应该包括自然科学，在作用方面，马里坦也不主张将自由艺术仅仅看作是"心灵的体操"，即不仅仅局限在其形式训练的作用方面，而强调对这些学科具体内容的掌握。

布拉梅尔德曾对永恒主义的哲学基础做过评论。他认为，永恒主义"大量地吸收了柏拉图、亚里士多德和托马斯这三位思想家的思想，仅仅对他们的原则做一些表面的修正，而且往往只是以一种更适合于20世纪的术语来表达他们的原则。宗教派的永恒主义者和世俗派的永恒主义者的区别在于神学方面——前者维护罗马天主教会的至上权威，以及罗马天主教会对于永恒主义学说的解释。然而，如果从文化的，因而也是教育的推断来加以识别，那么，永恒主义哲学的这两翼都承认许多共同的原则，这至少同要素主义哲学之实在论与观念论两翼的情况是一样的"[①]。

布拉梅尔德还对永恒主义者根本的哲学观点做过概括。永恒主义者认为实在乃是潜在于物质之中的永恒的形式之展现。在肯定这个原则的前提下，永恒主义者之间对实在的观点也有一些差异，一种是对实在的目的论倾向，认为所有的存在都有一种追求目的的特征；另一种是超自然主义的倾向，认为存在着一种绝对的精神领域，它最终控制着所有低于它的领域。在认识论方面，永恒主义者认为，认识要经历从全然无知到经验的和意见的水平，再到理性和精神的水平。在价值论方面，则认为道德从属于"智慧"。

第二节 永恒主义教育的产生、发展及特征

一、永恒主义教育的产生及发展

在西方的教育理论和实践中，"自由教育"有着悠久的历史传统。然而，这一传统从

---

① James A. Johnson. Introduction to the foundations of American education[M]. Boston：Allyn and Bacon,1973：364.

19世纪末开始，受到了进步主义教育运动的挑战。虽然不能说所有学校教师、行政人员都接受了进步主义的观点，而且，即使在进步主义教育内部，理论和实践相脱节的现象始终存在，但实际情况表明，进步主义在美国学校，尤其是公立学校中逐渐占据主要的地位。

以进步主义教育为代表的实验的、科学的教育运动的发展，不仅引起传统教育的不满，出现了以保守为特征的要素主义教育，而且由于它"降低了文艺人文主义研究的重要性，这使一些学院和大学里的人文主义学者深感惶恐。他们开始写文章、发表讲演，呼吁人们注意教育理论、学校实践与他们认为是体现在人文主义传统之中的价值之间的矛盾"①。

关于以恢复西方历史悠久的人文主义传统为宗旨的永恒主义教育的由来和发展，哈罗德·拉格（Harold Rugg）做了比较具体的阐述。② 根据拉格的叙述，20世纪20年代，在美国一些学院和大学讲授经典著作的"不受约束"的青年教师形成了一个小团体，其中的核心人物是：赫钦斯，人们称他为"神童"，29岁任耶鲁大学法学院院长，30岁任芝加哥大学校长；阿德勒，哲学教授；理查德·麦克凯恩（Richard McKeon）和斯科特·布坎南（Scott Buchana）；斯特林·费洛·巴尔（String Fellow Barr）；马克·范·多琳（Mark Van Doren）。这些人都出生于1900年前后，而且都是在保守的私立学校和学院接受教育的。

20世纪20年代后期，阿德勒和多琳都成为哥伦比亚大学约翰·埃斯克纳"优等"课程（John Erskine's "honors" course）的教师，这门课程由少数学生和教师组成，主要是在一起阅读和讨论大约50部经典名著。在这期间，阿德勒和布坎南产生了后来被称作"百本名著计划（the Great Books）"的念头，而且把这种想法告诉了赫钦斯。布坎南带着这个想法来到弗吉尼亚大学，在那里他与巴尔反复斟酌，在原先的50部名著的基础上又增加了50部名著。几年以后，赫钦斯担任芝加哥大学校长（1929年），并将阿德勒、麦克凯恩、布坎南都聘为芝加哥大学的教师。

这些青年教师为宣传自己的观点，发表了大量的著述和讲演，因而逐渐扩大了影响。开始时人们把他们称为"Great Book Boys"（似可译为"名著仔"）。阿德勒对这个名称不太满意，提出他们应该自称为"Perennialists"（永恒主义者），永恒主义也因此而得名。

赫钦斯担任芝加哥大学校长并把阿德勒等著名的永恒主义者招募到他麾下之时，正是美国开始陷入经济危机的时候。在20世纪30年代，围绕学校社会作用这一问题的争论，

---

① 罗伯特·梅逊.西方当代教育理论[M].陆有铨,译.北京：文化教育出版社,1984：26-27.
② Harold Rugg. Foundations for American education[M]. New York：World Book Co.，1947：4-8，612-627.

进步主义教育备受批评和攻击，永恒主义乘势而起，成为在美国有很大影响的一个教育哲学流派。1930年以后，虽然永恒主义者之间对一些具体的细节上存在着分歧，但他们对于下列几点的意见是一致的[①]：

（1）自然主义的、实用主义的和科学的哲学以及学校中居支配地位的教育实践是不适当的。

（2）学校需要有来源于自然主义哲学和实用主义学说之外的指导价值和标准。

（3）我们所需要的这些价值和标准可以在希腊、希伯来和西方世界的基督教传统中找到。

永恒主义者强调，教育的中心应该是体现在"名著"之中的西方的伟大传统和智慧，而它们之所以重要，是因为它们可以给人们提供一个关于人性、人的价值、人的命运的永恒的真理，可以引导我们解决当前社会存在的问题，并可以避免错误和混乱。永恒主义者认为，虽然不能绝对排除科学和科学方法，不能将它们从学校的课程中全部勾销，但它们必须从属于人文主义的传统并要采用获得真理的理性的方法。宗教派的永恒主义者则认为，只有基督教才能给学校的生活以意义，主张信仰和理性、宗教和哲学、超自然的知识和自然的知识的综合，只有这样，才能避免文化的冲突，并建立起一个统一的文化。

永恒主义者对进步主义教育提出了直接的批评，攻击进步主义是"无政府主义的个人主义""腐败的解放主义""对民主主义最恶毒的歪曲"。杜威以及克伯屈、蔡尔兹、博德等人则给予还击。他们强调，教育应该集中注意当前的问题，要研究改变现代文化的那些因素——科学、技术、知识领域的实验的方法，以及人际关系方面的民主精神。他们认为，过去的历史可以作为参考，如果"名著"与解决当前的问题有关，也可以阅读这些名著，然而，过去所提供的东西只能看作是解决当前问题的一种尝试性的、假定性的建议，决不能把它当做是固定不变的终极真理，它不能代替我们目前的思维；作为政治民主之核心之自由的、公开的、批判性的讨论也应该是美国民主教育的原则；任何权威主义的原则，不管它来自过去的"名著"，还是来自传统宗教的神学教义，都必须加以抵制。

在永恒主义与进步主义的争论中，杜威不可避免地成了主要目标，而且，就范围来说，也从教育扩大到哲学的领域。永恒主义者宣称，实验主义对学生的生活产生了影响，而这种哲学是"邪恶的""完全无神论的""异教的""反基督教的"。他们认为实验主义哲学"毒害了"学生的心灵，破坏了他们对上帝和道德原则的信仰，造成了青少年犯罪，因而从根本上毁坏了美国教育的理想和目的。

---

① 罗伯特·梅逊.西方当代教育理论[M].陆有铨,译.北京：文化教育出版社,1984：27.

永恒主义者对当时的苏联抱敌视、攻击的态度。20世纪30年代后期，德国纳粹和意大利法西斯主义兴起，永恒主义者把当时的苏联和它们相提并论，而且认为杜威的哲学将破坏美国的所谓民主传统，杜威所主张的民主主义实质上是一种披着民主主义外衣的极权主义，其危害作用甚至超过希特勒。阿德勒说："现代文化的缺点乃是它的智力领导人，它的教师和学者的缺点……对于民主的最严重的威胁是这些教授们的实证主义，它支配着现代教育的每一个方面，而且是现代文化的最主要的腐败。民主主义害怕它的教师的思想更甚于害怕希特勒的恐怖手段。两者是相同的恐怖，但希特勒的恐怖手段更诚实、更始终如一……因而危险性也小一些。"①

永恒主义者一方面著书、讲演，宣传自己的观点，同与自己意见相左的其他教育哲学流派，尤其是进步主义开展论战，另一方面还身体力行地进行他们的实践，推行他们的"百本名著计划"。

赫钦斯主张，所有的大学的人文学院、法学院、教育学院等都要学习"名著"。为了具体落实他的计划，他集资在芝加哥大学成立了"一个独立的自由艺术委员会"，并请巴尔和布坎南专门负责芝加哥大学普通学院的"名著"课程。1937年，他在马里兰州的安纳波里斯（Annapolis，Maryland）成立了"圣约翰学院"。1937年夏，赫钦斯、巴尔和布坎南去圣约翰学院进行复活七艺的试验。巴尔担任院长，布坎南任教务长，赫钦斯则是董事会成员。在圣约翰学院刚成立后的4年内，该学院对一部分学生实行"百本名著计划"，对一部分学生则实行旧的传统计划。从1942年开始，该院全部学生都执行"百本名著计划"。拉格对该学院的"百本名著计划"描述如下：

——取消选修课；计划表中所列各项对每一个学生全都适用。

——所有的学生都研究同样的书本和问题。

——阅读课程包括120部以上的"经典著作"。

——教员随学生升班，贯通全部课程（从荷马到弗洛伊德），每一个教员都要使自己熟悉所有这些著作，而且要随时准备主持任何研讨班。

——讲授大大地让位于小圆桌研究讨论。

——总的课程范围是：

- 语言，一周5小时
- 数学，一周5小时
- 一周2小时研究讨论

---

① Harold Rugg. Foundations for American education[M]. New York：World Book Co.，1947：623-624.

- 实验课，每周 1 次，每次 3 小时
- 自由艺术的特别论题的讲演，一周 1 次至 2 次

研讨的时间安排在下午的后半段或晚上，一般要持续到午夜咖啡店关门时。

——4 年的实验科学是强迫的，从简单的制造直尺开始……继而制造刻度尺和温度计……模仿阿基米德关于杠杆、重力和流体静力学的工作……构造托勒密所显示的世界系统，这要根据哥白尼、开普勒、牛顿等人的知识对它加以修订、补充、校正。在第二年和第三年，学生要做从伽利略到密立根（Robert Milikan）的近代科学的经典实验。第四年，学生要把他们的发现同当前最重要的具体问题结合起来，学生要从物理学、化学开始，进而学习生物学和医学。

——吸引学生自愿组织关于当代的事务、政治、国际关系、音乐、戏剧、劳工问题等方面的俱乐部。为了达到目的，这些俱乐部要请各方面的行家来加以指导。①

拉格本人是课程专家、进步主义的重要人物，并直接参加了与永恒主义的论战。拉格本人设计并在美国四千所学校试验的课程被永恒主义者认为是旨在使美国青年"苏维埃化"（Sovietizing）。拉格承认，虽然他认识阿德勒、布坎南等人，但他并未去过圣约翰学院，他描绘的上述情况是根据当时已经发表的一些材料整理的。对于永恒主义的这种"名著计划"，虽然拉格也认为在一些具体的方面有可取之处，但总的来说，经过 10 年的实践（拉格的《美国教育基础》发表于 1947 年），他并未发现有任何客观的效果。

永恒主义作为现代的一种教育哲学流派，是在反对进步主义的过程中勃然兴起的，而且永恒主义者和进步教育之间的论争也有声有色、声势浩大，一直持续到第二次世界大战之后。这也吸引了其他许多在大学里讲授古典著作的教授，以及诗人、作家参加到他们的行列，其中著名的有 A. J. 诺克（A. J. Nock，著有《美国的教育学说》），欧文·巴比特（Irving Babbitt，著有《人文主义和美国》），保罗·埃尔默·莫尔（Paul Elmer More，著有《希腊传统》），诺曼·福尔斯特（Norman Foerster，著有《美国的州立大学》），吉尔伯特·海特（Gilbet Highet，著有《教学的艺术》）和 T. S. 艾略特（T. S. Eliot，著有《对一种文化定义的注释》），此外还有英国的希腊学研究者理查德·利文斯通（Richard Livingston，著有《保卫古典语言》《论教育》《虹桥》等）。

教皇庇护十一世在 1923 年以通谕的形式确认新托马斯主义在天主教中的地位，1929 年又发布通谕《青年的基督教教育》，与永恒主义者赫钦斯、阿德勒等人的观点相呼应，并赋予他们的观点以超自然的色彩。新托马斯主义者形成了宗教派永恒主义的一翼。其领

---

① Harold Rugg. Foundations for American education[M]. New York：World Book Co.，1947：616-617.

袖人物是马里坦，其他重要人物有艾蒂安·吉尔森（Etienne Gilson）、克里斯托弗·道逊（Christopher Dawson）等。

永恒主义的代表人物赫钦斯于1977年去世，而另一位重要代表人物阿德勒针对美国教育改革问题于1985年还发表了《派地亚建议》一文（"派地亚"是希腊语 Paideia 的音译，现一般指古典时期希腊文化和希腊化时期文化的教育体系），这篇文章仍然体现了他的永恒主义观点。

二、永恒主义的"复古"特征

本章在开始部分，对进步主义和要素主义的共同点作了一些比较，并且指出，永恒主义的基本特征是"复古"。事实上，只有抓住永恒主义的这个基本特征，我们才能更好地理解本章下面部分将要阐述的永恒主义的基本主张，才能更好地理解永恒主义与进步主义长期的论争，以及永恒主义和以"保守"为特征的要素主义的区别。所以，在阐述永恒主义基本的教育主张之前，有必要对永恒主义的"复古"特征做一些分析。

1. 永恒的原则控制着变化

进步主义主张变化，一切都在变化之中，而且这种变化并非向着一个预定的目的。而且，人们不能用某种模式或形式来规范它。对于这种变化，永恒主义深深地不以为然。用进步主义者的话来说，永恒主义给他们扣了一大堆"帽子"，如"崇拜科学主义""崇拜怀疑主义""崇拜反理智主义""崇拜经验"等。在永恒主义者看来，实验主义哲学造成的最大危害是文化的混乱。它使人们只顾眼前的利益，崇拜金钱。在教育方面的表现是，只考虑学生想要什么，并如何满足他们的需要，而不注意学生"应该"要什么。这样，不仅使美国年轻一代智力水准降低，而且造成了道德的混乱和青少年犯罪。

永恒主义根据柏拉图、亚里士多德、托马斯等人的哲学观点，认为宇宙中的一切运动、变化不是像进步主义所说的那样漫无目的，而是具有方向性的，一切运动和变化受到永恒的原则控制。要使人真正成为一个人，要消除社会中的混乱现象，使人生活得美满幸福，就必须理解这些永恒的原则，以获得一种统一的文化、统一的思想。

宗教派的永恒主义者强调，要理解控制宇宙变化的原则，就必须研究神学。他们认为，宇宙中存在着意义、模式和计划，而这些乃是人类社会秩序的永恒的基础，如果把它们用一个人格化的词来表示，那就是"上帝"。也就是说，上帝主宰着人世间的一切，人类的一切事务都可以通过它得到解决。

世俗派的永恒主义者对此则求助于古希腊哲学。赫钦斯认为，我们不能利用神学，这一方面是由于法律不允许，另一方面，因为我们是没有信仰的一代。他认为，我们目前的情况和古希腊人相类似，古希腊人没有神学，然而他们却有统一的思想。古希腊人之所以能够如此，是因为他们研究"第一原理"。所以，最重要的是让我们的青年人研究"形而上学"问题，因为形而上学乃是关于"第一原理"的学科。

在永恒主义者看来，古希腊是人类的黄金时代。在那个时代，人与自然、人与社会以及人与人的关系完美和谐。人们知道人的价值并且尊重人的价值，知道如何教育自己的孩子，知道教育是使人过真正的人的生活的重要手段。永恒主义认为，人性是不变的，控制宇宙的永恒法则也是独立于时间和空间的，所以，适合古希腊人的教育同样也适合20世纪的美国人。宗教派的永恒主义者则极力赞赏中世纪的经院哲学，因此人们也把他们称为经院主义者。

哈罗德·拉格曾经说过："从对他们作品的研究中，我们只能得出这样的结论，即他们要把历史时钟的指针倒拨几百年，并且从'过去'那里获得他们的'第一原理'以及他们的教材。"[①] 拉格这句话的后半部分是事实，前半部分容易使人误解（他所说的"把历史时钟的指针倒拨几百年"显然指中世纪）。永恒主义赞赏过去的黄金时代，并非真正要现代的人过古代的生活。永恒主义也不是主张社会的发展就此停止。从一定的意义上说，永恒主义不仅承认变化的事实，而且也主张变化和改善。这一点同进步主义应该说没有根本的对立。永恒主义同进步主义的深刻分歧在于如何看待这种变化。永恒主义认为，在变化的现象中存在着一种永远不变的模式或形式，教育的任务就是使青年人理解它们，从而使人可以预言并规范变化。否则人们便不能理解宇宙和生活的意义，人类也就没有希望。

永恒主义与要素主义也有差别。要素主义也主张教育要传递西方的所谓伟大传统，要保存西方文化中共同的要素。粗看起来，这同永恒主义的主张是一致的。其实不然。要素主义的宗旨是保护并加强现存的政治、经济制度，要素主义同进步主义一样，也强调经验。要素主义和进步主义的区别在于，前者强调的是经过历史检验的种族的经验，而后者则重视个人的经验。此外，要素主义还借助于西方的传统。在要素主义那里，"传统"也好，"要素"也罢，这些都是作为保存、加强现在制度的工具或手段，并使社会成员更好地适应当前的环境。它对进步主义的不满和攻击也集中于削弱现存制度这一点。而永恒主义则从根本上否定经验的作用。无论是个人的经验还是种族的经验，他们认为都是不可靠的。在永恒主义看来，只有人的理性才是可靠的。此外，永恒主义想从这些传统中发现的乃是普遍的永恒的真理，并用它来改造现存的文化模式。对于宗教派的永恒主义者来说，现存的世俗化的政治制度和机构也是不能接受的。用一句我们比较熟悉的话来说，永恒主义以传统为体，而要素主义则以传统为用。当然，在我们看来，他们所说的体和用，从根

---

① Harold Rugg. Foundations for American education[M]. New York: World Book Co. ,1947: 8.

本上讲是一致的,都是为了维护资产阶级的统治。

2. 永恒的原则高于科学

前面已经讲到,在永恒主义者对进步主义者扣的众多"帽子"中,有一项是"科学主义"。其实,要素主义者,尤其是20世纪50年代以后的要素主义者对科学也是推崇备至的。关于进步主义和要素主义对待科学及其地位和作用的问题,上两章已经有过比较具体的阐述,此处不重复。

永恒主义认为,当时美国教育、社会等领域出现的许多问题,科学主义难辞其咎。永恒主义认为,那些推崇科学主义的人并没有理解科学的性质和作用。在永恒主义看来,科学固然可以确定事实,给人以力量,然而,科学并不能告诉我们发展、变化的目标,它既可以为好的目标服务,也可以助纣为虐。此外,科学本身无法认识人、知识、道德的价值,它也无法发现生活的真理。所以,科学、技术的进步并不意味着文明的发展。

永恒主义接受柏拉图、亚里士多德、托马斯等人对于人性的基本看法,认为人和动物以及其他生物的根本差别在于人有灵魂和理性。他们认为,人的骨骼、内部器官、肌肉组织、生殖系统的解剖特征和生理特征与其他哺乳动物非常相似,在生理的欲望和享受方面,也有类似之处。狗喜欢坐汽车,也喜欢吃人认为是好的食物。然而,在所有的生物中,只有人具有灵魂和理性。因此,只有人才能理解控制宇宙的永恒法则。

根据这种人性观,永恒主义认为人的生活和动物的活动也有根本的差别。人的生活的价值、美好生活的标准并不取决于科学、技术发展给人带来的物质享受,而取决于人的灵魂、理性对永恒原则的理解,而且这种理解并不带有功利的性质,而是为理解而理解。"理解之所以有益,仅仅是因为理解是有益的。这种态度就像登山者一样,登山者用毕生的精力攀登顶峰,只是因为那儿有一座山。这也像天文学家一样,天文学家研究星球,仅仅是因为那里有星球需要研究。"①

在永恒主义者看来,人获得美好生活的手段就是发展人的灵魂和理性,充分实现一个人内在的潜能,为此,需要进行训练,教育的作用也在于此。阿德勒认为,如果一个人经过训练而成为有教养的人,追求真、善、美永恒原则的人和理智美德的实践者,那么这个人就实现了自我。理性生活是人类独有的生活,其优越性是无须辩解的。对理性生活优越性发生怀疑的人就是对生活本身发生怀疑。为了追求物质享受而反对理性生活的人就是否定他本身是一个人。这样的人只能像动物似地生活着、像植物似地生长着。

在永恒主义者看来,获得个人美好生活的手段也是达到美好社会的手段,两者之间没

---

① 罗伯特·梅逊.西方当代教育理论[M].陆有铨,译.北京:文化教育出版社,1984:39.

有任何冲突。因为只有当人们追求真、善、美时，才有可能获得真正的幸福和真正美好的社会。自我实现的人是具有平衡和协调个性的人，这样的人不仅本人生活幸福，也是社会上最好的公民。

永恒主义认为，无论人的价值实现，美好生活的获得，还是统一和谐社会的建立，都必须求助于对永恒原则的追求。现代社会出现的种种麻烦、混乱，其根源全在于人们无视、抛弃了这些永恒的真、善、美原则，迷恋于科学技术的作用。由于人们对科学主义的崇拜，造成了社会上普遍存在的物质主义。赫钦斯对这一点作出了概括。他认为，当时美国出现的问题"是道德的、理智的和精神的。我们发现，当今世界麻烦的根源乃是一种普遍性的物质主义（materialism），一种破坏性的对于物质的欲望，它把一切都席卷到地狱的边缘，或许是越过了这个边缘。"[1] 永恒主义认为，物质主义已经占领了美国的文化、国家、教育和道德。对于物质享受和金钱的追求造成了教育上的"商业主义"和"职业主义"，要从根本上扭转这种现象，教育必须转轨，抛弃科学主义，而转向对第一原则的追求。因此，教育要回到古代去。

阿德勒认为："对于'什么是好教育'这个问题，我们可以从两个方面来回答。或者根据对于任何时代任何地方的人都是好的，因为他们是人；或者可以根据对于作为特定社会或特定政治秩序之一员的人来说是好的。最好的教育就是对上述两个方面都适用的教育。"[2] 从上文永恒主义关于人的美好生活以及和谐社会的基本观点来看，这种教育显然不是崇拜科学主义的教育，而只能是类似古希腊黄金时代的教育。

应该强调指出，永恒主义蔑视近代实验科学的"复古"特征，不仅仅是反对体现在科学、技术之中的各种混杂的观念，以及由此带来的不确定、不可靠的特征，他们主要反对的是依据实验科学和技术所形成的当代文化的模式。科学技术所形成的文化模式改变了对于人性、知识和价值的传统观点，使人成为技术社会里的奴隶。在永恒主义者看来，科学技术就像英国女作家玛丽·雪莱（Mary W. Shelley）小说中的生理学研究者所创造的怪物一样，他创造了这个怪物，然后他本人却被这个怪物毁灭。人类发展了科学技术，然而，如果人类不以永恒的真、善、美原则指导科学技术，那么，现代社会也可能毁于科学技术，成为一种没有灵魂的作法自毙者，它最终将导致资本主义社会的覆灭。

宗教派的永恒主义者则认为，实验科学和技术在人类生活的价值领域毫无作用，他们更强调人的信仰和直觉。"马里坦在第二次世界大战期间就发出警告：如果我们认为凡不能经过实验证实的一切东西都是荒诞不经的，那么，尽管我们在战场上征服纳粹，但在人

---

[1] Harold Rugg. Foundations for American education[M]. New York：World Book Co.，1947：620.
[2] 同[1]：625.

的价值领域我们将会输给他们。"① 在他们看来，人类生活的基本真理，控制宇宙的永恒原则，最终是不证自明的，它们好像是书写在天空中的法则一样，从某种意义上讲，人们只能通过直觉来把握它们。

3. 永恒原则只有通过自由艺术的教育才能获得

既然永恒的原则对于人的生活和完美的社会是如此之重要，那么，人们怎样才能获得它们呢？对于这个问题，永恒主义还是将人们的视线引向古代的自由艺术教育。

前面已经讲到，永恒主义认为重要的生活真理并不体现在实验科学之中，实验科学可以帮助我们决定事实，但它本身不能确定目的。确定目的的任务需由哲学（对宗教派永恒主义者来说则是宗教）来完成，所以，哲学、宗教以及体现永恒原则的人文学科的地位应该置于科学之上。只有受过那种使人的心灵获得自由的自由艺术的教育，从而掌握了永恒原则的人，才能决定科学及由科学决定的事实的意义。赫钦斯说："如果真理的确只能从实验室中发现，那么实际上我们就几乎不能知道什么是教育，因为我甚至不知道'真理只能从实验室中发现'这一陈述是不是真理。科学能回答的是一些关于物质世界之事实的问题。它们处理的是存在的物质条件。那种被称为社会科学的东西不能告诉我们应该建立什么类型的社会。甚至它能否告诉我们某一社会政策将导致什么结果也是值得怀疑的，其原因还是在于社会情境中有着无数的变量。我不反对社会科学学者对于理解社会所做的努力。我只想指出他们学科的局限。物理科学的伟大成就也不能使我们对它的局限性视而不见。我们能从科学和技术那里学会怎样造桥，或许我们也能从社会科学那里知道造桥将会产生的社会的、政治的以及经济的效果。然而，这些结果是好还是不好，则既不是物理科学，也不是社会科学的问题。"②

永恒主义认为，对于人类来说最重要的是诸如什么是美好生活、什么是好的社会、人的本性和命运是什么等关于人类存在的问题，而对于这些问题的认识和解决，只能通过自由教育。赫钦斯说："自由教育包括自由艺术方面的训练以及对于那些使人类生气勃勃之最主要观念的理解。它旨在帮助人类学会为他自己思考，发展他的最高级的人的力量。诚如我说过的那样，这是一种为了最好的最好的（the best for the best）教育，这一点从未被否认过。它必须仍然是为了最好的最好的教育，除非现在的时代、工业、科学和民主已经使它不相干。已经发生的社会、政治、经济的变化完全没有提出抛弃自由教育的需要。这怎么可能呢？要想使人成为人，它仍然是必要的，事实上，它比以往任何时候更必要，也

---

① 罗伯特·梅逊.西方当代教育理论[M].陆有铨,译.北京：文化教育出版社,1984：50.
② Robert M. Hutchins. The conflict in education[M]. New York：Harper,1953：78-79.

更困难。"①

永恒主义者之所以认为20世纪的自由教育比以往任何时候更困难，是因为目前的环境比以往更复杂。为了使学生能在复杂的环境之中把握并运用永恒的原则，永恒主义强调，自由教育要发展纯粹的理性，要获得形而上学的知识，要能使学生"像古人思考的那样去思考"，要"回到古人那儿去""和古代伟大人物的思想取得接触"。为此，自由教育注重概念和理论的理解，而不重视现成的事实材料的传递、吸收，以及具体技能技巧的发展。因为前者是永恒的，而后者只有暂时的用途。

第三节　永恒主义教育的基本主张

一、教育的性质和目的

1. 教育的性质是永恒不变的

永恒主义对教育的性质的看法，有两个前提。一个前提是，世界受真、善、美原则的控制，而这些原则是独立于时间和空间，独立于特定社会条件的，换言之，它们是亘古不变的、永恒的。另一个前提是，人性是不变的。由这两个前提，永恒主义得出结论：教育的性质是不变的，永恒的。

在上一节关于永恒主义的"复古"特征部分，我们对第一个前提已经做过说明。对于上述第二个前提，则需要加以说明。

赫钦斯说："每个人都具有作为人的职能。一个公民或臣民的职能在不同的社会可能各不相同，而且，训练、适应、教学或满足直接需要的体制可能也随之而变化。但是人之作为人的职能，在每一个时代和每一个社会中都是相同的，因为它来自他作为人的本性。"②

永恒主义强调人性不变，并不排斥儿童具有可塑性。事实上，如果否认儿童的可塑性，任何教育都无从谈起，这是一个不言而喻的前提，对永恒主义教育来说，当然也是如此。永恒主义关于人性不变的观点，包含两个要点：第一，儿童的可塑性是有限的；第二，任何时代、任何地方的儿童都具有一种普遍的、共同的本性。正因为如此，赫钦斯在《教育上的冲突》这本书中花了大量的篇幅分析了诸如适应论、直接需要论、社会改造论等学说的"明显的失误"，并从这些失误中想到"我们需要一个比较好的教育定义"。

---

① Robert M. Hutchins. The conflict in education[M]. New York：Harper，1953：83-84.
② 同①：68.

赫钦斯在那本书中开宗明义地说："本书论述教育哲学。我希望表明，教育哲学（我之所谓教育哲学是指对于它的目的、可能性做一种合理而连贯的说明）乃是第二位的主题，它取决于我们对于人和社会的概念，也就是说，它取决于我们的一般哲学。"① 根据不同的关于人和社会的概念，出现了不同的教育学说，在他看来，基于错误的人和社会概念所作出的诸如适应环境，满足直接需要，或进行社会改革的努力，只能说是"一种训练、教学、适应或满足直接需要的制度"，虽然根据其功用人们可以认为它是一种"好的"制度，但"它不是教育制度"。②

上述不能称其为"教育制度"的教育源自于"不好"的一般哲学，那么，真正的"教育制度"赖以建立的一般哲学关于人性的观点究竟是什么呢？赫钦斯指出："一种见解正确的（sound）一般哲学提出，人是有理性的，道德的和精神的生物，而且对人的改善意指充分发展他们理性的、道德的和精神的能力。所有的人都具有这些能力，而且所有的人都应该使它们得到充分的发展。"③ 虽然赫钦斯在这本书中没有说明这种"见解正确的一般哲学"来自何处，但读者很容易联想到本章第一节提到的那几位哲学家，即柏拉图、亚里士多德和托马斯等人的哲学观点。

在永恒主义者看来，人的"理性的、道德的、精神的能力"乃是任何时代、任何地方的人都具有的共同的不变的本性。正是由于人具有这些共同的特征，所以儿童的可塑性才不是无限的，不是任何文化形态都可以打上印记的东西。

永恒主义认为，尽管人的本性中具有这些能力，但这些能力是潜在的，它有可能被埋没，只有在适当的条件下它才能引发出来，而这种适当的条件就是适合人的本性的教育。所以，人要成为一个真正自由的人，也就是说，如果人要正确地运用他的自由，养成社会生活所需要的美德等，必须要接受理智的和道德的训练，即教育。由于人性是不变的，所以对教育的需要是不变的，而且所需要的教育也是不变的。不管人生活在2世纪还是20世纪，不管他生活在美洲还是亚洲，教育的性质是永恒不变的。阿德勒清楚地说明了这一点，他认为："如果人是理性的动物，全部历史时代中，其本性都是永恒不变的话，那么不管处在什么文化和时代，每一种健全的教育方案都必须具有某些永恒不变的特点。"④

2. 对几种教育目的理论的批评

在叙述永恒主义教育目的之前，有必要先将赫钦斯对于当时美国几个主要的教育目的

---

① Robert M. Hutchins. The conflict in education[M]. New York：Harper，1953：1.
② 同①：67.
③ 同①：69.
④ 陈友松主编. 当代西方教育哲学[M]. 北京：教育科学出版社，1982：65.

理论分析作一说明，这将有助于我们理解永恒主义的教育目的。

赫钦斯所著《教育上的冲突》一书共六章，其中前三章分别分析了"适应环境""满足直接需要"以及"社会改造"这三种关于教育目的的理论。

"环境适应"的目的是使青年一代适应他的自然、社会、政治、经济和文化环境，而不管他所适应的环境是好是坏。赫钦斯指出，奠定这种教育目的之基础的是杜威。

赫钦斯认为适应环境论是错误的。在实践上，它导致一种其内容由五花八门、枯燥无味的事实所组成的课程。这是难以改变的事实，因为人们不可能说出环境将来会是怎么样的，所以只能告诉学生在校时的现在的环境。

适应环境论之所以错误，还在于它在实际上行不通，不能适用于美国。因为美国一直是处于不断变化过程中的社会。20世纪的美国，由于科学技术迅速发展，"成千工人所从事的职业可能在一夜之间被消灭，被一天以前还没有想到过的职业所取代"。此外，美国是一个尊敬物质成就的国家，而"艺术家和知识分子是当作慈善事业的病号或超重的行李看待的"，适应环境必然导致适应经济环境。此外，工业操作非常简单，以致人们只需很少训练，甚至不要经过训练就能生产，因此美国人闲暇时间很多，而教育制度又"全然不教育他正当地利用他的闲暇"，这将导致道德败坏，使"生活变得无聊没味"。

除了上述错误之外，赫钦斯对适应环境论还提出了两点极为重要的尖锐的批评。

第一，我们在世界上的使命是改变我们的环境，而不是使我们自己去适应它。赫钦斯从历史上找到了根据。苏格拉底、甘地等人之死，恰恰在于他们不适应环境，他们想再造（re-make）社会，然而他们的死并未有损于他们自身的光辉以及作为他人之榜样的价值。赫钦斯还提到，在适应环境的名义下，可能会出现这种荒唐的情况，即让学生适应的不是实际的环境，而是适应某些人对于环境的概念，这样就不可避免地要导致某些观念的灌输。这是有违所谓民主社会原则的。

第二，适应环境论显然要排斥任何有关价值标准的考虑，不管环境是好还是坏，都必须要适应。所以，以适应环境论为基础的教育制度最终将成为一种不提价值问题的制度。然而，"任何不提价值问题的教育制度在措辞上是矛盾的……一个否认价值之存在的制度就是否认了教育的可能性……最终将使西方世界崩溃。"[①]

关于"满足直接需要"论，赫钦斯引用了加利福尼亚州圣迭戈一所中学对学生的毕业要求。该中学除了通常的学术标准以外，还包括有一些被称作"有效生活的要素"的新要求。其中有运用急救的能力，在水中照顾自己的能力（因为圣迭戈是海港城市），从事2种或3种到成年还能进行的运动的能力，等等。此外，女学生还必须获得购买并烹制某些

---

① Robert M. Hutchins. The conflict in education[M]. New York：Harper，1953：71-72.

类型食物的能力，挑选并保管某些类型服装的能力，持家的能力，照顾儿童的能力。男学生则必须获得使用并保管简单工具的能力，修理简单电器设备的能力等等。所有的学生都必须学会如何保持整洁并具有良好的举止。此外，他还列举了其他地方的一些需要满足的直接需要。概括地说，这些都是作为一个好公民、过好生活、保持健康等方面所必需的要求。

赫钦斯除了指出科学技术的发展使人难以掌握所有的信息之外，还指出，"在美国，人们提醒我们，我们的民族最近刚从隔离的状态中解脱出来并处于世界领导的地位。美国人必须知道欧洲的一切、非洲的一切，也要知道近东、中东和远东的一切，美国人需要知道所有的一切"。[①] 这就给满足直接需要论带来了下列困难。

第一，当前各个领域的发展非常迅速，所谓当前直接的需要和信息很快会过时。

第二，需要知道的事实太多。赫钦斯还引用美国最著名的社会学家的结论，要想把所有的事实都"灌"给学生，那么少年期至少要延长到45岁。

第三，要使人知道全部事实，教育计划就会搞乱，因为根据亚里士多德的观点，没有经验的人是不可能理解生活经验的。

赫钦斯认为，满足直接需要将破坏基础教育，也降低了高等教育的质量。"传统的'专家'的定义是，他是一个在越来越小的范围内学得越来越多的人。在美国，我们发现，他可能是一个在越来越小的范围内学得越来越少的人。"[②] 他认为，这种教育不能发展使学生能够适应新的环境和解决环境中出现的新问题所需要的智慧的力量。

赫钦斯说，几乎所有论述教育问题的人都具有社会改造论的观点。社会怎样才能改变？只有两条道路，一是革命，一是教育。由于他们畏惧革命所造成的破坏，所以便想通过和平的教育过程来实现社会的变革。

问题在于，通过教育能否实现社会改造论者心目中的社会目标。赫钦斯认为是不可能的，在他看来，教育制度不可能实现社会改造。能造成社会改造的制度就不是教育制度。当柏拉图设计理想国时，并没有指望首先通过教育来实现，他只是想通过教育使之永久存在。而现代的社会改造论者，如杜威和改造主义教育哲学，却想通过教育来改造社会，建立一个世界政府。同适应环境论一样，这不可避免地要进行价值灌输，即把自己心目中理想的社会形象灌输给学生，并让他们接受。赫钦斯认为，虽然他信仰杜威和改造主义教育哲学所主张的民主主义，但他反对给学生灌输社会改革的愿望，因为这本身就不符合民主主义。

---

① Robert M. Hutchins. The conflict in education[M]. New York：Harper，1953：34.
② 同①：39.

赫钦斯认为，社会改造论除了会产生与适应论、直接需要论相同的后果之外，它还是危险的。"如果人们承认通过学校获得人们喜欢的社会改造的可能性，那么，人们就必须也要承认获得人们不喜欢的社会改造的可能性。其结果将取决于不同的改造论者的名望，他们花言巧语解释理由的能力，以及他们能够给教育制度施加的压力。"①

赫钦斯同意教育目的是改善社会的观点，但是，要使它不至于成为一句空话，人们不仅必须知道什么是"改善"，而且要明白教育的局限性和可能性。杜威和改造主义教育哲学关于"改善"的概念是错误的，因而关于"教育"的概念也是错误的。这一切都根源他们哲学的错误。在赫钦斯看来，实用主义、杜威和他的同伙的哲学，如实证主义等，"根本就不是哲学，因为它没有提出关于好和坏的明确标准。实用主义和实证主义认为，最好的知识是科学知识……所以实用主义和实证主义乃是非哲学（unphilosophies）。它们甚至是反哲学（anti-philosophies）"②。

应该指出，赫钦斯反对"适应环境""满足直接需要"以及"社会改造"这些有关教育目的的理论，主要是反对它们赖以建立的错误的一般哲学观点以及错误的教育概念，他甚至不承认它们是教育制度，而只能算是训练的制度，或教学的制度。此外，赫钦斯对上述三者的态度也有差别。他认为教育不是为了使年轻一代适应环境，而应该鼓励他们改善环境。对于"直接需要"，教育不能完全排斥，也就是说，教育需要考虑学生的直接需要，然而，相对于比较长远，更为重要的真、善、美的需要来说，它应该放在次要地位，而且要由前者来控制后者。教育不可推卸地要承担改造社会的功能，然而，改造社会不能作为教育的目的，在赫钦斯看来，社会改造目的的实现乃是真正教育的必然的结果，人们无须刻意追求它。社会的发展，尤其是民主社会的发展，是由于人们受到了教育，而不是因为受到某种社会改革观念的灌输。如果以改造社会作为教育目的，不仅是不可能的，而且还隐藏着危险。

3. 教育目的就是发展人的本性、把人塑造成人

永恒主义对教育目的的论述有一个重要的前提，即教育乃是人类的一种活动，是人类许多活动的一个方面，所以，对教育目的的论述应该局限于教育这种活动的范围之内。根据亚里士多德的观点，世界上万事万物都是一种追求目的的活动，都是潜在能力的展开。对于人的种种活动来说，所追求的根本目的就是幸福。在永恒主义者看来，幸福不能作为教育目的。阿德勒认为，之所以不能把幸福作为教育的根本目的，是因为这样做将不能把教育活动同政治活动、家事活动以及其他人类的艺术活动区别开来，因为所有这些活动的

---

① Robert M. Hutchins. The conflict in education[M]. New York：Harper，1953：52-53.
② 同①：53.

根本目的都是为了幸福。所以，对教育目的的理解，应该针对教育这种特殊的人类活动的过程。

永恒主义认为，教育的根本目的就是发展那些使人同动物区别开来的根本特征，即人之所以为人的特征，把人塑造成为人。当然，不同的永恒主义者，甚至同一个人在不同的场合下，对于教育目的的表述措辞各异，如"培养人类的智慧""发扬人性""改善人""使人成为人""培养各种理智的美德"等，然而万变不离其宗，都涉及"人"以及其理性的、道德的、精神的方面。

永恒主义的这种教育目的观，诚如上文所述，乃是基于他们的人性观、世界观。如果人性得到发展，他就可以理解控制真实世界的永恒原理，并把这些永恒的原理应用于特定的情境，从而表现出和谐、自制和文明，成为一个高尚的人。如果人性得到充分发展，他不仅能够控制环境，而且还由于掌握了真理而富有人性。此外，由于人性得到充分发展，他能更好地理解他所生活的世界，以及自己在这个世界中的地位、作用和责任。最重要的是，发展人性的教育将努力使学生知道什么是最大的善，帮助学生了解并建立一个价值等级，这将使他具有高度判断力和道德感。

无论永恒主义的世俗派还是宗教派，在教育的这一根本目的上是没有分歧的。马里坦在《教育在十字路口》中明确指出，教育的目的就是"把他自己塑造成一个有人性的人"。多琳则反对谈论什么为民主的教育，为世界秩序的教育，或为这为那的教育。他只是一般地说我们需要的是"好教育"。赫钦斯认为，发展人的理性的教育就是最好的教育，它是获得幸福的最好手段，是培养公民的最好办法，他甚至是最好的职业教育。[①]

除了发展人的本性，把人塑造成人这个最根本的目的之外，教育是否还应有第二位的目的，永恒主义者之间存在着不同的看法。

马里坦认为，"人在历史中发展。但是他的本性，他在宇宙中的地位和价值，他作为一个人的尊严、权利和期望，以及他的命运并不改变，因此，教育的第二位的目的必须适应各个历史时期的变化中的情况"。他还说，除了教育的主要目的之外，"其他目的如传递特定文明区域的文化遗产，为参与社会生活和成为优良的公民做好准备，以及履行整个社会的特定职能，完成家庭责任和谋生所需要的精神准备，乃是一些推论，它们是重要的但又属于第二位的目的"[②]。除此之外，马里坦还主张，在不危及教育之主要目的的前提下，

---

① Robert M. Hutchins. The higher learning in America [M]. New Haven: Yale University Press, 1936: 63.
② 华东师范大学教育系,杭州大学教育系编译. 现代西方资产阶级教育思想流派论著选[M]. 北京: 人民教育出版社,1980: 289-290.

教育也要给年轻一代提供专门的训练。"教育的功利方面——它可以使青年人谋取职业，得以生活——当然不容忽视，因为人类的儿童不是为了优游嬉戏而降生的。"①

赫钦斯则认为，真正的教育就是引发人类天性中共同的要素，而这些要素在任何时间和任何地方都是相同的。他承认事物总是在变化中，承认人类历史呈现出惊人的技术进步、科学知识的巨大增长，他也认为物质上的成功和适应环境或多或少是有益的，尽管如此，教育仍然不能放弃它的根本目的。他明确地承认，现实生活是经常不断变化的，而他所建议的普通教育计划将远离生活。

对于赫钦斯观点的理解，必须要考虑到永恒主义关于教育目的论述的一个前提，即对教育目的的论述局限于教育这种活动范围之内。赫钦斯并不否认生活经验对人的全面发展的重要性，但教育不应提供这些经验。在学校之外，还有家庭、教堂、政府、报纸、无线电、电影、街道俱乐部和邻居的孩子，学生可以每日每时地从这些源泉获得经验，学校无须提供它的仿制品，因为这并不是属于学校的任务。赫钦斯说："青年们不是把所有的时间都花在学校里。他们的前辈通常都没有把时间都花在那里……至少，他们是有经验的。当他们正在受教育时如果我们能教他们怎样进行思考，他们也许能够理解和融会他们的经验。一个学院或大学不应当做那些别的机构也能做得好的事……因此，关于普通教育，我们应当明智地让经验由生活去提供，而从事于我们的理智训练工作。"②

二、教育与社会

1. 西方社会面临覆灭的危险

在本章第二节关于永恒主义"复古"的特征部分中，我们已经提到"由于人们对科学主义的崇拜，造成了社会上普遍存在的物质主义"。根据当时社会上出现的种种现象，永恒主义把当时的社会问题加以概括，认为归根到底，它们乃是一些属于智慧的、道德的、精神的问题。

在社会观上，永恒主义认为"最重要的是人类的存在问题。什么是好的生活？什么是好的社会？人的本性和命运是什么？这些以及类似它们的问题是不受科学研究影响的。科学能在一定的程度上说明它们的某些方面，这些说明应该受到欢迎。但这些问题并不服从于科学研究"③。归根到底，这乃是一些哲学的问题。

---

① 罗伯特·梅逊.西方当代教育理论[M].陆有铨,译.北京：文化教育出版社,1984：43.
② 华东师范大学教育系,杭州大学教育系编译.现代西方资产阶级教育思想流派论著选[M].北京：人民教育出版社,1980：203.
③ Robert M. Hutchins. The conflict in education[M]. New York：Harper,1953：79.

永恒主义认为,从19世纪末开始,美国开始迷恋于工业和技术文明,在教育上表现为抛弃了西方传统的自由教育,学校教育成了各种职业教育的拼盘,这固然造成了美国极大的物质文明,然而,这也造成了精神和文化的堕落,最终将导致社会的毁灭。在美国社会中,经济的合理性代替了人与社会的基本规律,追逐金钱、财富成了人们活动的目的。表面的物质繁荣潜伏着巨大的危险。在永恒主义看来,一方面,人们对于金钱和物质享受的需求是无止境的。另一方面,也是更重要的方面,金钱本身不能决定目的。面对美国拥有的巨大的生产能力,人们不禁要发问,这种巨大的生产能力用来干什么?它可以用于奢侈的生活,可以发动战争来毁灭它,也可以做出其他更为荒唐的事。所以,归根到底,社会的文明并不取决于科学、机械、技术。

面对科学主义所造成的社会崩溃的危险,"永恒主义者惊呼,整个资本主义社会是一个'动荡的世界''失去了文明的精神基础',人们'没有一种支配自己行动的原则',不知道什么是'善',完全为一时的'冲动'所左右,'常常被当代的潮流卷进去随波逐流',若不加以制止,'将会在以后几个世纪中改变世界'。他们认为'应该给一切人以更多的教育,这不是熟练的技术,不是知识,而是自制的能力,抵制意气用事的能力'"①。

由迷恋科学技术所造成的物质主义,需要由道德、智慧和精神的力量加以改造,其基础乃是自古希腊社会以来西方传统的对于人性、生活的目的观念的信仰。拯救危机的最有效的办法就是恢复所谓西方的伟大传统,至少要在实际上恢复古代的那种稳定的、以哲学而不是科学为定向的社会。

2. 社会文明需要自由教育

赫钦斯认为:"文明就是对共同理想的刻意追求。教育就是刻意地试图用一个理想来塑造人。物质主义的文明不能持久。试图用物质主义的理想来塑造人的教育不能挽救他们或他们的文明。"② 那么什么样的教育才能担此重任呢?本章前面已经讲过,社会的文明需要自由教育。

至于为什么自由教育是适合西方社会最好的教育,永恒主义认为这是无法证明的。第一,科学不能证明,这是不言而喻的事,读者只需回顾一下永恒主义的"复古"特征,就可明白。第二,自由教育所培养的人的特征不能证明,因为同受自由教育,有人可以成为学者,有人却要走进监狱。第三,公众的意见也不能证明,因为那也可能有错。正如本章前面部分所谈到的,赫钦斯认为,教育哲学乃是第二位的学科,它取决于一般哲学关于人性的概念。所以,要证明自由教育是最好的教育,人们的理由只能是,它适合人的本性。

---

① 上海师范大学编.教育史发展资料[G].上海:上海师范大学,1973:266.
② Robert M. Hutchins. The conflict in education[M]. New York:Harper,1953:82-83.

"人是理性的动物,一种通过经验和理性的完善来追求并获得最大幸福的动物。他不可避免地要成为一个自由艺术家,因为他不能选择他是否将成为人。他只能在成为好的自由艺术家和坏的自由艺术家之间选择。"①

如果说,永恒主义对于为什么自由教育是最好的教育这个问题的论述多少有点强词夺理的话,那么,对于西方社会需要自由教育这个问题的阐述倒比较具体。

第一,自由教育是西方的、传统的。自由教育起源于古希腊时代,为古罗马人所延续,并在中世纪的教会学校中得到蓬勃发展,至19世纪末,在欧洲和美国的中等教育中始终有着影响。在进步主义看来,西方的文明可以说就是体现在自由教育中的自由探索的文明。"自由教育旨在持续地交换意见(dialogue),这乃是西方文明之心脏。西方文明就是交换意见的文明。它就是逻各斯(Logos)②的文明,自由教育使学生成为伟大的对话(great conversation)的参加者,而这种伟大的对话起于历史初始而持续至现今。其他文明在其他方面有其伟大之处,而在这个方面,其他文明却不能与之相媲美。"③

作为西方的、传统的自由教育并不因为具体历史条件的变化而过时,因为了解传统乃是使人获得自由的一个重要条件。在美国,自20世纪开始,人们曾用工业主义、民主主义的教育来替代它(赫钦斯认为它是在1925年被扫除的,其标志是那一年耶鲁大学关于文科学士学位是否需要拉丁语的争论),然而,这导致了教育上的满足直接需要论,适应环境论,职业训练泛滥,物质主义流行等弊端。赫钦斯还现身说法,历数其弊端。他出生于1899年,正是进步教育开始兴起之时。赫钦斯所著《为自由而教育》一书的第一章标题为"一个未受过教育的人的自传"。他认为自己在学校没有受过教育,而只是通过一连串对自己毫无意义的考试。以至于在他18岁上完大学二年级课程时,竟不能理解科学、数学、哲学,也没有什么文学知识。及至他后来入耶鲁大学法学院学习,才从教授们无意识地介绍的自由艺术以及法律的学习中,学会了阅读、推理、写作等。虽然我们不知道他念书的中小学是否属于进步学校或其他什么类型的学校,但有一点是肯定的,即不是自由教育的学校。因为在他看来,只有自由教育才是真正的教育,否则他绝不会把自己贬为"一个未受过教育的人"。

赫钦斯还认为,除非人们自己对于有关人的生活和有组织的社会等一些根本问题有清楚的认识,否则人就不能解决他这一代人的问题。而要想弄清那些根本问题,就必须接受

---

① Robert M. Hutchins. The conflict in education[M]. New York:Harper,1953:81.
② "逻各斯"本义为"言词""思想""概念""理性"等。作为哲学术语,其最早出现在古希腊赫拉克利特的著作中。它在历史上有不同的含义。因其同中国哲学中的"道"相似,故亦有译为"道"的。——作者注
③ Robert M. Hutchins. The conflict in education[M]. New York:Harper,1953:81-82.

自由教育。然而，这要有一个先决条件，那就是必须要清除实用主义和实证主义的影响。如果像当时大多数西方国家的情况那样仍然受到实用主义和实证主义哲学支配的话，那么，自由教育就几乎是不可能的。这是因为"它们都否定过去。它们都夸大科学和科学方法的作用，而且看来都坚持认为获得正确知识的唯一方法就是实验科学的方法。这当然又强化了对过去的否定，因为实验科学仍是最近的现象"①。

第二，民主社会需要自由教育。自由教育起源于古希腊。当时的自由教育主要是为了巩固理想的社会秩序，所以，自由教育是为有闲暇时间的人和社会统治者即"哲学王"设计的。"柏拉图的全部教育体系归宿于这种'哲学王'……因为他们是根据来自理念世界的普遍、绝对真理来治理国家的；这样的国家将是万世一系的，因为'善'的观念是永恒不变的。"② 关于古代的自由教育为贵族统治服务这一事实，永恒主义并不否认，然而，这丝毫不妨碍自由教育为现代的所谓民主社会服务，而且，所谓民主社会对自由教育不仅是需要的，而且是可能的。

永恒主义认为，现代社会的一个重要特征是科学、技术的发展，但这并没有改变人性以及人的生活的基本特征，所以，自由教育没有过时。相反，在现代民主社会，每个人都是统治者，因为这仍是民主的精髓，所以民主社会更需要教育。如果说自由教育是统治者应该受到自由教育的话，那么，民主社会的每个公民都有选举权，都是统治者，那么民主社会的每个公民都应接受这种教育。

至于古代的自由教育的另一类对象即闲暇者，他们认为，工业的发展为社会成员提供了很多闲暇的时间。对于美国人来说，问题不在于有没有闲暇时间，而是如何理智地打发掉过多的闲暇时间。永恒主义认为，就闲暇这一点来讲，美国当时的社会不仅为所有的人接受自由教育提出了可能性，而且还提出了必要性，因为公民不能理智地利用闲暇时间是危险的，它将导致道德的衰败、社会的退化。

应该指出，在永恒主义者中也有一部分人认为自由教育不适用于所有的人。阿德勒就认为，"平等"的概念应该解释为受到平等的待遇，既然人与人之间存在着天生的不平等，那么"平等的待遇"必须指与这种天生的不平等相应的待遇。他认为，民主并不意味着要给所有的人以同样的参政权或受教育权。A.J.诺克甚至认为有些人根本就不配受教育，而只能受到识字训练。尽管如此，认为人人都应受自由教育的观点在美国有更大的市场，A.J.诺克本人也"清楚地认识到，美国公众可能不会热情地支持"他的想法。

第三，工业社会需要自由教育。在本节关于永恒主义教育目的的论述中，永恒主义对

---

① Robert M. Hutchins. The conflict in education, 1953：86.
② 曹孚,滕大春,吴式颖,等编. 外国古代教育史[M]. 北京：人民教育出版社,1981：57.

适应环境论等几种错误的教育目的理论进行了批评，那些批评主要是从发展人性塑造人的角度来论述的。在永恒主义看来，自由教育之所以必要，这也是由工业社会和自由教育的特点决定的。

工业社会变化迅速，各种职业层出不穷，教育若以职业培训为定向，难免疲于应付。在这种情况下，更需要自由教育。永恒主义认为，自由教育以理论思维为定向，凭借理论的力量，自由教育可以产生适用于各种环境的知识。"更重要的是，这种类型的教育比其他类型的教育更容易使学生领悟理论乃是一种使知识一体化的手段（device），它可以填补已知东西之间的间隙，能够灵活地对付新的、不确定的情境，而且能够探索未知的东西。"①

3. 自由教育要培养社会的领导人

乍看起来，这个标题似乎与刚刚谈到的"民主社会需要自由教育"部分中的观点相矛盾（在那一部分中，永恒主义强调自由教育是为了所谓民主社会的每一个公民）。其实不然。赫钦斯认为，民主社会的每一个公民需要自由教育，但是，"在我极力主张为全体人的自由教育的时候，我并没有提出要所有的人都成为伟大的哲学家、历史学家、科学家或艺术家。我是说，他们应该知道如何阅读、写作和计算，他们应该理解伟大的哲学家、历史学家、科学家和艺术家。在我看来，这并不是一个不能达到的目的"②。

在永恒主义者看来，一方面，为了所谓民主社会的利益，每一个人都受到尽可能多的自由教育，而且这种教育带有强制性（compulsory），任何人都不能逃避。另一方面，同样是为了民主社会的利益，社会需要由受过自由教育的杰出的人物领导。只有这样，社会才能稳定，西方的伟大传统才得以延续和发展。所以，自由教育还要承担甄别、选择和培养社会领导者的任务。永恒主义认为，"如果以真、善、美作为衡量的标准，根据人之为人的优劣程度来排列所有的人，那么大多数人都不够格，只有少数人可以达到这个衡量标准的上限。然而，既然这些标准是衡量一个社会，同时也是衡量一个人好坏的尺度，那么社会就应该由最好的人来领导。教育实践的主要作用之一就是选拔这种最好的人"③。

永恒主义的理论根据是亚里士多德的哲学。亚里士多德认为，理性灵魂可以分为实践理性和理论理性，前者是低级的，后者是人的灵魂中的最高部分，是人性而兼具神性者。教育的最高目的乃是使人能够过一种类似于柏拉图之"哲学王"式的纯理论思索的生活，

---

① Richard Pratte. Contemporary theories of education[M]. Scranton：Intext Educational Publishers，1971：180.
② Robert M. Hutchins. The conflict in education[M]. New York：Harper，1953：88.
③ 罗伯特·梅逊.西方当代教育理论[M].陆有铨，译.北京：文化教育出版社，1984：53-54.

因为这也是人生的最高幸福。永恒主义认为，人虽然同样都具有天赋的理性，但人的天赋的两种理性的比例不同。所以，尽管自由教育对每一个人都开放，但是人能接受自由教育的程度是不同的。能够充分接受自由教育的只是少数的天才，而这少数天才应该充当社会的领导者。

永恒主义认为，美国社会比以往任何时候都应有能力、有献身精神的人来领导。那么这种领导来自何方呢？永恒主义认为，如同一座金字塔一样，自由教育希望社会的每一个成员都来攀登，然而，个人的天赋和能力将决定他在何处中止。多琳认为，以全体人为对象的自由教育将产生一个金字塔，最好的人将居于该金字塔的顶端。

如果说永恒主义者在自由教育是否适用于全体人这一点上有分歧的话，那么，在社会的领导人必须接受自由教育这个问题上，他们倒是众口一词的。即使持比较极端意见，认为"社会必须由在各方面都博学多闻的世袭贵族来领导的"T. S. 艾略特也认为，"文化将由天赋很高的少数人来保持和延续，他们将受到自由教育，甚至有可能得到群众的资助"①。其原因何在？这是由于他们有共同的哲学基础，即归根到底世界是精神的，他们受真、善、美的原则控制；自由教育就是旨在自由地探索真、善、美，而且只有受这种教育的人才能把握它们。此外，"现代的工业、科学、民主需要智慧，自由教育的目的就是智慧"②。阿德勒在《艺术与智慧》一书中指出，如果我们的教育措施能辨别出有思想能力的人，并培养人们尊重他们，那么，这种教育就从根本上防范了极权主义暴民的统治。显然，在永恒主义者看来，自由教育通过选拔、培养社会领导人，将使他们理想的所谓民主社会"永恒"下去。

三、课程

1. 教育内容

教育的内容决定于教育的性质、目的。所以，在具体阐述永恒主义教育的内容之前，有必要先对自由教育的特性作一说明。赫钦斯所著《教育上的冲突》一书第五章专门论述"自由教育"，在该章结束部分，他带有结论性地指出，"在北美洲，我们是骄傲的，我们是西方伟大传统的成功的继承者，我们的任务不是为了使北美大陆成为世界的军火库、粮仓或发电站。我们的任务是保存并发展属于全人类的逻各斯（Logos）的文明"③。关键在

---

① 罗伯特·梅逊. 西方当代教育理论[M]. 陆有铨, 译. 北京：文化教育出版社, 1984：54-55.
② Robert M. Hutchins. The conflict in education[M]. New York：Harper：1953：90.
③ 同①：94.

于永恒主义之所谓逻各斯文明究竟是什么。

逻各斯的确是"西方的",马克思主义哲学不使用这一术语。杜林为了攻击马克思,把唯物辩证法故意说成是黑格尔"逻各斯"学说的复制,恩格斯在《反杜林论》中对这种恶意的攻击给了有力的回击。在西方哲学中,从赫拉克利特开始到黑格尔,对这一哲学术语赋予的内涵各不相同,然而有一点是共同的,那就逻各斯乃是精神的。它或者指宇宙的普遍规律、"宇宙理性"、"神秘的精神实体",或者指"绝对观念"。所以,赫钦斯之所谓逻各斯文明,我们可以一般地理解为西方世界的精神文明。

根据古希腊柏拉图等人对自由教育的界说,西方逻各斯文明的精髓乃是心灵对于控制世界的真、善、美永恒原则的"自由探索"(free inquiry),或"伟大的对话"。所以,有的永恒主义者也把西方的精神文明称作"自由探索的传统"。在他们看来,人在这种自由探索中掌握了知识,发展了判断力,并增强了道德感,从而也就充分地发展了人的潜在的智慧力量。所以,自由教育不是现成知识的传递,更不是职业训练。从本质上说,它是智慧的、道德的。

要使学生能够通过自由探索而发现真、善、美的永恒原则,就必须使学生具备清晰的思考能力和恰当的思考内容,即问题。阿德勒认为,西方思想的方法和内容论证了这些永恒的原则,因此,在学生认识到这些永恒原则不可避免的巨大作用以及在日后的生活中应用它们之前,必须先接受传统思想的方法和内容的训练。①

从教育理论的角度考虑,教育内容或课程涉及的第一个根本问题就是,为了实现教育目的,什么知识最有价值或如何选择学科。永恒主义对这个问题的回答是明确而肯定的,那就是具有理智训练价值的传统的"永恒学科"的价值高于实用学科的价值。在永恒主义的课程里,"那些职业训练方面的'如何做'('how-to-do-it')的学程(course)是列在黑名单中的,其根据是它们强调技术,而不是理解;它们强调具体的技能,而不是理论"②。

赫钦斯在《高等教育》一书中说:"课程应当主要地由永恒学科组成。我们提倡永恒学科,因为这些学科抽绎出我们人性的共同因素,因为它们使人与人联系起来,因为它们使我们和人们曾经想过的最美好的事物联系起来,因为它们对于任何进一步的研究和对于世界的任何理解是首要的。"③他紧接着说,"永恒学科首先是那些经历了许多世纪而达到古典著作水平的书籍",然后他比较具体地论述了"这些书"的重要作用。

---

① 罗伯特·梅逊.西方当代教育理论[M].陆有铨,译.北京:文化教育出版社,1984:42-43.
② Richard Pratte. Contemporary theories of education[M]. Scranton: Intext Educational Publishers, 1971:180.
③ 华东师范大学教育系,杭州大学教育系编译.现代西方资产阶级教育思想流派论著选[M].北京:人民教育出版社,1980:206.

如果把重要的永恒主义者对于教育内容或永恒学科加以综合并系统化，那么永恒主义提出的永恒学科围绕着理智训练这一宗旨，大体上可以分为三类：理智训练的内容，理智训练的方法，进行理智训练的工具。这些都和"不因时代改变而改变"的传统的"自由艺术"（liberal arts）有着密切的联系。

就理智训练的内容来说，永恒学科有：哲学、文学、历史。这些学科表达了人类普遍关心的问题，体现了某些永恒不变的东西，可以指导我们解决当前的政治、经济、道德和科学的问题。

就理智训练的方法来说，永恒的学科有：数学、科学、艺术。数学是一门以最明确、最严格的形式阐明推理的学科；科学可以培养人们归纳的习惯、论证的习惯；艺术乃是正确的推理过程和创作的能力。

为了使理智的训练得以顺利进行，学生还必须掌握一些必需的工具或技能。这主要是指读、写、算的知识技能。此外，为了能直接阅读经典著作，除了掌握本国的语言即英语之外，人们还必须掌握古典的语言，主要是拉丁语和希腊语。

为了不使读者产生误解，这里应该强调指出，上述三种类型的划分带有人为的性质。撇开"因果"这一对哲学范畴的思辨，即以实践的情况来说，在教育领域里，几乎不存在一因一果的直接对应关系。实际上，上述三个方面是互相渗透、互相影响的。换言之，每一种学科所发挥的实际功能都不是单一的。即以阅读而言，它也不仅仅就是工具，正如下文将要谈到的，阿德勒就认为，阅读对于发展人的理性有着极为重要的作用。此外，如哲学的学习，其作用也不只是局限于"内容"，用赫钦斯的话来说，它乃是将科学知识和直觉理性结合起来的最高智慧。从教育的角度来说，在设计课程时，将各门学科承担的主要作用做一划分是必要的。如果否认这一点，那么我们可以说，所有的学科都是实现教育目的的工具。

2. 高等教育的名著课程和教材

根据永恒主义的观点，课程和教材几乎是统一的，那就是传统的、经典的"名著"。当然，永恒主义提出以"名著"作为课程和教材，主要是针对高等教育而言的，然而，以培养社会领导人为己任的自由教育，高等教育的这种课程和教材对普通中等教育和初等教育具有统摄作用，并在一定程度上决定它们的方向和性质。所以，为了阐述方便，我们最好先了解一下名著课程和教材。

本章第二节中我们已经叙述了"名著"课程在圣约翰学院的实践情况，现在需要了解一下永恒主义者提出的"名著"究竟有哪些。

根据拉格的说法，永恒主义者提出的名著有一百本左右。① 在这份清单中，四分之三写于1800年之前，三分之二写于1700年之前，只有两本是20世纪的。美国人写的只有一本，即詹姆斯的《心理学原理》。近一百年来欧洲人写的著作只有2本，即马克思的《资本论》和弗洛伊德的《癔症研究》。② 其余的多为古典的哲学、文学、历史等人文学科方面的著作，也有部分自然科学方面的，其中多数为古希腊和罗马时期的作品。例如古希腊盲诗人荷马的《伊利亚特》，古希腊戏剧家埃斯库罗斯的《阿加绵农》，柏拉图和亚里士多德的哲学著作，古希腊历史学家修昔底德（Thou-kydides）的《伯罗奔尼撒战争史》，欧几里得的《几何原理》，古罗马历史学家塔西佗的《年代记》；中世纪教父哲学主要代表圣·奥古斯丁的作品，托马斯·阿奎那的《神学大全》；近代的有牛顿的《自然哲学的数学原理》，麦克斯韦的《电磁学通论》，莎士比亚的戏剧作品，黑格尔的哲学著作等。

对于永恒主义者之所以选定这些书作为教材，它们之所以称得起"名著"的理由，赫钦斯做了很好的说明："这些书历经若干世纪，获得了经典性。经典著作乃是在每一个时代都具有当代性的书籍。例如，苏格拉底对话提出的那些问题，对于今天来说，就是同柏拉图写这些问题的时候同样地紧迫。这些乃是我们知道的最好的书籍。没有读过这些书的人就是没有受到过教育。如果我们读牛顿的《自然哲学的数学原理》，我们便看到了一个伟大的天才在活动。"③

多琳认为，名著课程和教材对于克服当时以科学主义、实证主义为基础的美国教育尤为重要。他说："如果这份书单不完美的话，它可以由那些已经学过和将要这么学的人来完善。它目前对于自由教育的意义在任何情况下都是巨大的，因为它代表了当代美国在建立一个合理的课程方面所做的头等认真的努力。"

永恒主义者认为，名著课程和教材具有下列优越性。

第一，它是实现教育目的的最好途径。经典的名著包含了关于宇宙的见解和观念、正确的思维方法，论述了人类永恒的道德问题，因而体现人类应该考虑的永恒的原则和内容。阿德勒说："阅读这些书的目的不是研究文物，其兴趣不是在学考古学，也不是在学语言学……反之，我们必须阅读这些书，是因为这些书不因岁月流逝而改变其重要性，而

---

① 关于永恒主义者提出的"名著"的数量，不完全一致。布坎南和巴尔提出的书单是100本，多琳提出的是125本。——作者注

② Harold Rugg. Foundations for American education[M]. New York：World Book Co.，1947：624-625.

③ 同①：625.

且因为它们论及的问题和提出的思想,不受生生不息规律(永无止境的进步规律)所支配。"① 人类重大的问题是永恒的,阅读了这些名著以后,学生可以掌握永恒的原则,理解前人的喜、怒、哀、乐,能够掌握给他以力量和方向的价值,因此,不管世界发生多大的变化,不管个人和西方文化承受多大的压力,他都能泰然自若。

第二,名著的取向都是概念的、理论的,从任何意义上讲,它都不是技术的、应用的。学习名著比学习一般的教科书更能对一个人的智力提出挑战,它可以促进学生智慧的发展。阿兰(Alain)在《教育漫谈》中对那些"尽读第二流的作品"的"公认的有教养的人"表示不满,指出"谁不在开头吃些苦,谁就终久愚昧无知……正因为他难,才必须去认识他,到他的著作中去追踪他,去寻觅他,然后才能发现"②。赫钦斯在批评教科书大大地降低了美国人的智能之后提出责问:"为什么不读他们(指西塞罗、伽利略等)所写的著作呢?"在永恒主义者看来,每个人都潜在地具有一种或几种文学的、艺术的或政治的兴趣,只有通过刻苦努力,才能显露出来,而阅读理论性的名著,正是对他们的挑战和锻炼。

第三,读书本身就是一种很好的理智的训练。名著都是出自作为人类之精华的伟大的知识分子之手。人们在阅读名著的过程中,不仅受到他们伟大思想的熏陶,而且实际上也是在同这些伟大人物进行交流、对话和讨论。同时,他也是在运用书本去进行推理,并对推理中出现的问题进行思考。此外,读书要求有细微的观察、良好的记忆、丰富的想象,这些都是智慧训练的很好的方式。最重要的是,读书对智慧训练的价值还在于可以发展人们独立思考的能力,养成独立思考的习惯,所以赫钦斯说:"要破坏西方独立思考的传统,并不需要焚毁书籍,只要两个世代不去读它们就可以做到。"③

第四,不读这些名著,就不可能理解当代的世界。在永恒主义看来,现代的伟大成就早在这些名著中已见端倪。赫钦斯称之为"原始的开始",利文斯通则说作"各门学科得以生长的土壤",两种表述的意思是一致的。赫钦斯引用的一百年前剑桥大学三一学院院长威廉·休厄尔(William Whewell)的话能够很好地说明这一点:"从教育中删去古典文学或数学推理,无论怎样使一个人熟悉现代科学和哲学的术语,也一定会使他对了解文学和哲学的真正意义缺乏准备,因为他没有一个伟大的文学和哲学作家所具有的文化素

---

① 陈友松编译.当代西方教育哲学[M].北京:教育科学出版社,1982:63-69.
② 华东师范大学教育系,杭州大学教育系编译.现代西方资产阶级教育思想流派论著选[M].北京:人民教育出版社,1980:243-244.
③ 同①:214.

养。"① 除了能够理解当前各个学术领域的发展之外，名著还能使我们理解当前世界的各种病态的、混乱的现象，人们会明白，这一切都是"由于失去更早的时代曾经想的和做的事情所导致的"。

3. 初等和中等教育

本章前面部分已经讲过，关于自由教育是否适合全体人的问题，永恒主义者之间有不同的看法。部分永恒主义者认为，由于人天赋的理论理性和实践理性之比例的差异，所以普通教育也应针对不同人的情况施以不同的教育和课程。他们认为，普通教育至少可以区分出三种类型。第一种类型是有些儿童到十二三岁时已经达到可教育程度的上限，对于他们宜进行将来从事仆人式的、很少需要技巧的领域方面工作的准备，使他们从中受益；第二种类型是对那些表现出技术才能的人，可以对他们进行技术训练，以便使他们将来从事高技术的和与专业工作有关的领域的工作；第三种类型是针对杰出人才，他们将从事智力工作并将领导社会。

包括赫钦斯、多琳在内的多数永恒主义者主张自由教育应对每一个公民开放，因为自由教育是为了一个人将来过人的生活而不是为某一种具体职业做准备的，是为培养合格公民做准备的。只有受过自由教育、经过智慧训练的人才能算是好人、真正的人，而这样的人也就是好公民。社会的质量取决于该社会每一个成员的质量，而自由教育正是一种使人成为人的教育。就连在20世纪40年代时代主张自由和义务与人的天生的能力成正比，每个人的参政权或受教育权不能相同的阿德勒，到了20世纪80年代，在他的《派地亚建议》中，尽管做了一些限制性的说明，但在他的"建议"中，开门见山地第一句话就是"应该为所有的学生设立一个必修的学程"。他还说，"这意味着学程是单轨的，所有的学生都将（以不同的速度，或许也是在不同的条件下）沿着这条轨道前进"②。

在高等教育方面名著课程和教材的统摄之下，初等教育和中等教育的教学内容和课程，在一定的意义上乃是为名著课程和教材的学习做好准备。

在初等教育方面，永恒主义认为其主要任务不是提供经验，因为这可以由儿童的生活去完成。学校应该给年幼儿童为他们将来成熟的理性生活打下基础，主要是养成良好的道德习惯，进行读、写、算的基本训练。

永恒主义认为，人既是理性动物，也是社会动物，人的理智生活不是在真空中，而是在社会中度过的。既然社会是由人以及一定的人与人之间的关系组成的，那么，要使人成

---

① 华东师范大学教育系,杭州大学教育系编译.现代西方资产阶级教育思想流派论著选[M].北京：人民教育出版社,1980：206.
② 瞿葆奎主编.教育学文集·美国教育改革[M].北京：人民教育出版社,1990：659.

为人就必须进行道德的训练,在年幼时就应该为良好的道德生活打好基础,其中最主要的是热爱真理,崇尚正义以及认真负责的工作态度。教师应该把儿童的精力用到正当的地方,让他们对自己的欲望进行合理的控制,不能让儿童随心所欲地表现自己。阿德勒认为,道德的成熟是建立在习惯的基础之上的,应该让儿童养成在适当的时刻做正当事情的习惯。到了成年阶段,我们可以用习惯稳定的程度来区分道德成熟的人和道德不成熟的人。①

除了养成道德习惯以外,初等教育还要对儿童进行读、写、算的基本训练。有的永恒主义者还主张要求儿童熟记名著中的某些段落。

中等教育是在初等教育的基础上进行自由教育,为以后学习"名著"做好准备。中等教育的课程主要是人文学科,如哲学、语言、历史、艺术、数学、自然科学等。在中等教育方面,永恒主义特别强调下列几点:

第一,注重语言的学习,除了英语之外,还要学习希腊语和拉丁语,因为掌握语言技巧乃是自由教育的基础。利文斯通认为古典语言在教育体系中的消失将会成为一种灾难,"对于在中等学校里把保存古典语言作为一个主要科目是有许多理由的,可是有一个压倒一切的理由。绝大多数的英文字都起源于拉丁文,一个英国人如不具备拉丁语的知识就显不出在英语的修养上像是受过教育的"②。对当时中学生语言能力和阅读水平的低下,许多永恒主义者表示不满,认为这有碍于名著的学习,因为教师"在每星期和他们在一起的几小时内不能既讨论这些名著,又教他们如何阅读"。

第二,中学三、四年级的学生要阅读名著。

第三,将科学置于次要地位,经验科学不能成为课程的中心。

第四,纯粹的职业训练肯定要被排除在外,不过,那些具有社会价值并带有准智慧性的(quasi-intellectual)的前职业性的(pre-vocational)和职业性的科目(如簿记、速记、经营管理等,通常都是与言语或计算有关的)可以被纳入,然而它们也要以智力训练为目的。

第五,不设选修课,因为学生尚未掌握选择的标准,而且往往要受时尚和自己一时的兴趣所诱惑。

1985年,龄届八十有三的阿德勒仍然未改初衷,为"在危急中"的美国的教育改革提

---

① 罗伯特·梅逊.西方当代教育理论[M].陆有铨,译.北京:文化教育出版社,1984:44.
② 华东师范大学教育系,杭州大学教育系编译.现代西方资产阶级教育思想流派论著选[M].北京:人民教育出版社,1980:252.

了个《派地亚建议》。① 在这个建议中，他为美国的初等和中等共 12 年的基础教育提出了一个"合理的学程"。他的学程包括三种学习方式以及与之对应的三种目标和课程或活动：

第一种方式的目的是掌握有条理的知识，与之对应的有下列三类学科。A. 语言、文学和艺术；B. 数学和自然科学；C. 历史、地理和社会习俗研究。

第二种方式的目的是发展智力技能，与之对应的操作活动有，听说读写、计算、问题解决、观察、测量、预测、练习批判性的判断。

第三种方式的目的是加强对观念和价值观念的理解，与之相对应的是对书籍（不是教科书）和其他艺术作品的讨论，参加艺术活动，如音乐、戏剧和观赏艺术。

除此之外，还要求有三种辅助性的因素：A. 12 年的体育；B. 6 年或 8 年的家事技巧的手工训练，如烹调、缝纫、木工、机械维修和打字等。C. 1 年或 2 年的对职业领域的一般介绍。

阿德勒在建议中明确指出："进行手工训练的目的并不是让学生精通一两门手工去谋生。它也是对大脑的训练，这就是说，它将发展智力技能，就像在语言技巧、数学运算、在科学方法和计算机的运用方面的训练也将发展这种技能一样。"他还说："同样，用 4 至 6 年学习第二种语言的规定（学生可以任意选择所学的语言），并不是因为第二门语言能派上一定的用场，而是为了发展语言艺术本身的技能，即读、写、说和听的技能。"

如果我们把 20 世纪 80 年代阿德勒提出的基础教育的课程同上述永恒主义的见解加以比较，则可以发现，虽然在一些具体的方面（如第二门语言由学生选择）略有变化之外，总的原则还是相同的。

阿德勒指出，他的建议虽不是一个要求各地统一执行的死板的方案，但是，它却可以通过各种方式来适应不同的学校和学校系统的多种多样的环境。换言之，他的建议是有普遍意义的。

四、教学

永恒主义所依据的柏拉图、亚里士多德、托马斯的哲学观点以及对于人性的看法，也深刻地影响了他们的教学观。

在永恒主义者看来，教学过程既不是教师将现成的、成体系的知识向学生灌输，也不是学生的心灵吸收这些知识的过程。从上文关于永恒主义对于教育内容和课程的观点中，我们可以看出，其宗旨乃是在于通过对学生进行智慧、道德、精神方面的训练，从而把握

---

① 瞿葆奎主编. 教育学文集·美国教育改革[M]. 北京：人民教育出版社，1990：661-662.

永恒的原则。因此，教学的过程乃是理智训练的过程，而这种训练的目的，在于使人之潜在的理性得到最大限度的展开，而且也只有通过理智的训练，人的理性才得以展开。

人们很容易受思维定式的影响。进步主义的教学理论是儿童中心，要素主义则是教师中心，那么，永恒主义到底是教师中心还是儿童中心呢？在永恒主义者关于教学的见解中，教师和学生都不是中心。无论教师、学生，还是教学方法，都要服从一个宗旨，那就是使人的潜在的理性得到最充分的发展。

1. 教师和学生

同要素主义不一样，在永恒主义看来，教师不处于教育过程的中心地位。教师既不是给学生提供知识的源泉，他也不是文化遗产或历史传统的传递者。在教学过程中，教师的作用是第二位的。阿德勒说，"当教师努力扮演着传授知识的主角时，学生只是在没有理解的情况下被动地接受这些知识，受到影响的仅仅是学生的记忆力，而不是他或她的智力……在学习结束时，学生的智力并不比开始时提高多少"。①

教师之所以只能发挥第二位的作用，其深刻根源乃在于永恒主义对于学习活动本质之理解。

关于学习，永恒主义者深受托马斯的影响。虽然托马斯不同意柏拉图关于学习就是回忆内在的理念这一观点，但有一点他们两人是共同的，那就是学习需要学习者自我的积极活动。关于这种自我活动的性质，托马斯赞成亚里士多德的观点，认为主要是灵魂的积极活动。

为了说明问题，托马斯将教师的教学活动同医生治疗病人的活动做了比较，他认为，医生并不能治愈病人身体里的病患。医生的治疗手段仅仅能够增强病人的身体，实际上病人的患疾是由被医生增强了的身体治愈的。他认为，身体具有一些保持健康之平衡的自然的潜力，而医生所激发的正是这些潜力。教师的教也是如此。教师只能帮助儿童运用他自己的、自然的学习潜力。所以，教育不能从外部强加给学生，而只能引发儿童发挥存在于他自身之内的潜力。②

学习者本人灵魂的积极活动是任何人不能代替的，而且，根据亚里士多德的观点，学习是伴随着痛苦的。学习要求学习者刻苦努力。赫钦斯在分析杜威和其伙伴的哲学，以及进步主义教育之所以能改造美国的教育，而且持续时间长达40年的原因时说，一个原因就是它提出教育对于教师和学生来说都是轻松的。在儿童中心学校里，就像在美国其他地

---

① 瞿葆奎主编.教育学文集·美国教育改革[M].北京：人民教育出版社，1990：665.
② John S. Brubacher. A history of the problems of education[M]. New York: Mc Graw-Hill Book Company,inc,1947：107.

方一样，需要刻苦努力从事的任何工作都自然而然地要遭到抵制。① 阿兰用一个形象的比喻表达了类似的意思。他说，他不愿意别人将一个剥好的胡桃塞给儿童，相反，教学的艺术恰恰在于要给儿童吃一些辛苦。②

在认为学习乃是学习者自身的积极活动，而且旨在对学生进行理智训练的永恒主义教育中，教师处于第二位的地位几乎是一种逻辑的必然。阿德勒在《派地亚建议》中说，在他建议的那三种学习活动中，"智力的发展总是主要由学习者本人的智力活动造成的；在这个过程中，教师的协助仅处于次要地位"。他还说："教师必须理解自己在学习过程中的作用。如果他们认为自己是学生学习的主要原因，那么，他们就曲解了自己的作用。教师充其量不过是学习的辅助性因素。主要原因永远是，也只能是学生的智力活动。当这个主要原因不起作用时，真正的学习就不会发生。当教师认为自己是将自己脑子里的知识往学生头脑里灌输的时候，其结果是一种填鸭式的记忆，而不是智力的发展。"③

读者看到这里，很可能会发生这样的联想，永恒主义关于教师作用的论述，似乎和进步主义的观点殊途同归，似乎给人以一种学生中心或儿童中心的印象。实际上这是一个很大的误解。

所谓儿童中心乃是一种系统的教育理论，它贯串于诸如教育目的、教学内容、课程设置、教学方法等各个方面。儿童中心的确重视儿童的兴趣、儿童的自我活动，但这不是儿童中心的全部内涵。即使撇开上述各个方面，即以教学活动而言，永恒主义与儿童中心也有很大的差别。

首先，永恒主义之所谓学习者的自我活动和儿童中心主张的自我活动两者的理论依据不同。前者依据亚里士多德的观点，自我活动乃是内在潜能的展开和释放；后者依据达尔文的理论，自我活动乃是为了积极适应变化的环境。

其次，永恒主义主张的自我活动是为了"发现"永恒的普遍的真理，儿童中心的自我活动乃是为了"创造"真理。前者的活动方式是思辨、"沉思"，而后者的方法是实验、试验。前者追求共同性，后者追求个别性。

这里的主要目的不是比较上述两类自我活动。我们还是回到这部分的主题上来，永恒主义关于教师和学生在教学过程中地位的阐述，或许能使我们进一步了解上述两者的差别。

---

① Rokert M. Hutchins. The conflict in education[M]. New York：Harper，1953：86.
② 华东师范大学教育系，杭州大学教育系编译. 现代西方资产阶级教育思想流派论著选[M]. 北京：人民教育出版社，1980：244.
③ 瞿葆奎主编. 教育学文集·美国教育改革[M]. 北京：人民教育出版社，1990：665，669.

永恒主义强调别人不能代替的学习者的自我活动，并不意味着不需要任何帮助，无论赫钦斯、阿德勒，还是马里坦，都认为教师的帮助是必要的。

阿德勒在《为教育哲学辩护》一文①中，把教育看作是"合作的艺术"（赫钦斯在《教育上的冲突》一书中也明确地指出，"教是一种合作的艺术"）。阿德勒认为，艺术的事业是一个过程，在这个过程中，人的艺术对于某种结果的生产——目的之所在的产品，是必不可少的有效的原因。艺术可以做多种分类，然而，要理解教育属于哪种艺术事业，人们必须理解操作的艺术和合作的艺术之间的差别。操作艺术的产品，如一双鞋子、一座雕像或一首诗，如果没有人类的参与，在自然的进程中是不会产生的。换言之，操作的艺术从某种意义上讲，完全是生产的。合作的艺术不完全是生产的，合作的艺术"仅仅是帮助"自然完成它们目的所在的产品。例如，农业生产就是合作的艺术，因为如果没有人参与，土地也生长植物。所以，对于植物的生长来说，农民不是"绝对"必需的。但是，如果人（农民）和自然合作，那就更可能获得所期望的结果，而且这种结果往往是在满足人类需要的方式和环境下完成的。

根据上述关于操作艺术和合作艺术的界说，阿德勒认为，教育事业的各种艺术，尤其是教和学的艺术显然是合作的。教和学不像制鞋、绘画那样完全是生产的。为了说明这一点，他以知识作为例子。知识是作为目的之所在的美德或良好习惯之一，但这并不是操作艺术的产品，因为人类的心灵天然地存在着一种学习和获取知识的倾向，这同土壤天然地倾向于生长植物一样。教和学的艺术仅仅通过与自然的认识过程的合作来帮助心灵，正如农业技术帮助自然生产蔬菜一样。阿德勒认为，教育的艺术就是培育人的艺术，在任何情况下，人都具有自然地倾向于发展的能力，人只有与这种自然的能力合作，才能达到所期望的结果。

承认教与学乃是一种合作的艺术，就意味着通过"自然"，人也会学习，也能形成任何良好的习惯，这就是所谓人教育自己。然而，这丝毫也不贬低教育、教学活动的重要性，因为教学活动可以促进这个自然的过程。只有教学的技能、技巧与人的自然倾向相合作并形成良好习惯或美德，才能说是人教育自己，"凡是没有艺术介入的地方，我们就不能正确地称之为教育"。由于人是社会的动物，任何人在童年时期形成的大部分习惯，都是在某种监护或指导下形成的。换言之，作为一个社会的人，即使没有进过任何学校，他的发展也不完全是自然的过程，也是"合作的艺术"的产品。正是在这个意义上，阿德勒得出结论，"也许没有人永远地完全教育自己——不是因为这是不可能的，而是因为在人

---

① 华东师范大学教育系，杭州大学教育系编译.现代西方资产阶级教育思想流派论著选[M].北京：人民教育出版社，1980：234-240.

类生活的正常社会发展过程中,这是不大可能的"。

阿德勒关于教育是"合作的艺术"的阐述同上文所讲的托马斯关于医生治病的比喻同出一辙,只是阿德勒的论述更为全面、具体罢了。从中我们可以看到,教师的作用主要表现在同人的自然发展过程进行合作,而这种合作的作用也可以仅仅是"帮助""促进"人的发展,无所谓是教师中心还是学生中心。

2. 教学方法

具体教学方法之选择都离不开对于人性的基本看法,正如赫钦斯所言,"如果人是像别的动物那样的野兽,那么,权力超过他们的那些人就没有理由不该拿他当野兽对待。而且,他们也没有理由不受到像训练野兽似的训练"。① 然而,永恒主义认为人是有理性的动物,所以,塑造人,使人成为人的教育,既不能将学生当野兽对待,也不宜使他们受野兽似的训练,而是要"帮助""促进"人的灵魂积极的活动。上文所述托马斯关于医生治病的比喻以及阿德勒关于合作的艺术的论述,清楚地说明了这一点,实际上也奠定了永恒主义的教学方法论基础。

散见在永恒主义者论著中关于具体教育方法的论述有:反对灌输;反对填鸭式的记忆;发挥家长作用,督促、鼓励孩子多做家庭作业;严格要求、"沉思"的学习方法;教室有修道院气氛;等等。上面所列各项,或者由于它们是一般教学理论的"常规武器",或者由于永恒主义者的论述流于一般,在此不拟作全面介绍。在永恒主义者关于教学方法方面的主张中,最有特色的是苏格拉底的问答法和读书,兹分述之。

(1) 苏格拉底的问答法。关于教学的宗旨,永恒主义者在不同的场合所用的措辞也不尽相同,如"教育是从事人的智力发展工作""自由教育的目的在于发展理解和判断的能力"(赫钦斯);"教育、特别是自由教育,主要地必须培养和解放智力,形成和装备智力,准备智力成就的发展"(马里坦)。尽管措辞不同,但表达的却是共同的观点,即教学应有助于人的内在的理性之发展。他们还认为,实现这一宗旨的最好手段就是苏格拉底的方法。

永恒主义之所以极力推崇苏格拉底的方法,是有其深刻的文化背景的。如上文所述,永恒主义者在一定的意义上把所谓西方文明界说为"自由探索"的文明,通过"交流""对话""辩论"探索永恒真理的文明,而苏格拉底方法乃是这种文明的始作俑者。这种通过对话、辩论来实现对话、辩论双方共同训练理智的传统,自中世纪结束以后,特别是实验科学的兴起以来遭到了冲击,人们逐渐注重个别发现、发明。为了保存作为所谓西方文

---

① Robert M. Hutchins. The conflict in education[M]. New York:Harper,1953:69.

明的脉系,他们除了主张学习西方传统、阅读西方名著之外,还要强调苏格拉底的教学方法。赫钦斯说,"这样的一种教育(按:指自由教育)过程应该是辩证法的。① 受过自由教育的人应该能够继续伟大的对话,这种伟大的谈话开始于历史初期,持续至今,而且苏格拉底的谈话为之提供了最好的例证。"②

除了上述文化上的原因之外,永恒主义还认为,苏格拉底的方法最能达到发展人性、实现理智训练的目的。

在他们看来,苏格拉底善于从任何一个极普通的论题中引出最重要的问题,并围绕问题展开批评、讨论、质疑、争辩,其中没有任何强迫、灌输。控制对话双方的是一个,也只有一个共同的原则,即矛盾律。换言之,无论教师,还是学生,在对话的过程中都不能自相矛盾。所以,这种方法从根本上避免了知识、道德观念的灌输。苏格拉底的方法完全符合人性发展的规律,或用阿德勒的术语来说,完全不违背人性的"自然"。所以,这乃是真正地施之于人的教学方法。

苏格拉底法旨在激发学习者的思维。在教学过程中,教师所做的一切只是将各种意见集合起来,提出问题,澄清一些名词或观念的含义,并指出矛盾之处。学习者不一定必须同意教师的观点,也不必一定要同意与他一起讨论的同伴的观点,然而,这却要求学习者积极思考,并互相理解对话双方各自的观点,同时对自己的意见不能出现前后矛盾。

赫钦斯和阿德勒都认为,苏格拉底法很好地体现了作为"合作的艺术"之教学的本质特征。他们有时也把这种方法称为"产婆术",在他们看来,"教"的作用同"产婆"的作用一样。婴儿降生的最终依据不在于有没有产婆,然而,有了产婆,婴儿能比较顺利地出生。当然,发挥产婆作用的"教",接生的不是婴儿,而是使观念诞生。

永恒主义者强调苏格拉底法还在于苏格拉底式的教育处理的观念、理论的问题,丝毫不考虑其实用性、功利性。这种为理论而理论的教学与永恒主义的基本主张是完全一致的。

(2) 读书。几乎所有的永恒主义者都强调要读书,因为"自由艺术就是交流(communication)的艺术"③,而读书就是同杰出知识分子、"名著"作者交流的最好的方法。

永恒主义之所以强调思想的交流,读书,是因为他们认为交流既是必要的,又是可能的。第一,人类思想的伟大产品乃是全人类共同的遗产,也是不同国家得以协作相互理解

---

① "辩证法"一词从古希腊开始就在不同的意义上被使用。这个词的原意是指对话的艺术。从赫钦斯使用这个词的上下文意义判断,这里的"辩证法"应指对话的艺术。这同马克思、恩格斯创立的唯物辩证法有根本的区别。——作者注
② Robert M. Hutchins. The conflict in education[M]. New York:Harper,1953:95-96.
③ 同②:89.

的共同的思想基础。第二，无论当代的政治还是实验科学，都破坏了世界的统一性。然而，人类的共性多于他们的个别差异，人类应该有共同的基础，而这种共同只有通过交流取得一致意见才能达到。

当然，交流的方式除了读书之外，还有说话和写作，不过，在读、说、写三个方面，阅读更为根本，因而也更重要。因为一个人要达到和别人交流思想的目的，他必须要懂得怎样接受。再者，对于教师来说，他要指导学习者的"受教"过程，他自己必须体验、理解这个受教的过程，而阅读对于教师来说就是一个很好的受教过程。

阿德勒对于学校重视说话和写作而忽视阅读的现象表示不满。他认为，"读、写、说的技能是相互联系的。它们都是人们在交流思想的过程中运用语言的艺术……不必借助于以教育测验为工具的科学研究，我们就能预测，一个写作能力差的人，阅读能力也不会好。事实上我还可以进一步打赌，他在写作方面的缺陷，一部分是由于阅读方面的缺陷所造成的"①。

作为一种重要的教学方法，永恒主义者心目中的"读书"，除了它本身具有的交流思想的功用之外，更重要的还在于它具有理智训练的价值。

为了要读书，首先要知道怎样去读，所以要读书必须首先接受文法的训练。赫钦斯认为，文法的训练可以训练心灵的逻辑能力。这对培养有条理的思维是大有裨益的。

阿德勒认为，真正的读书不仅仅是接受，他要同作者进行讨论，此外，他还要通过读的时候发现的问题进行思考和推理，显然，这本身就是一种理智的训练。

总而言之，永恒主义主张的教学方法，无论是苏格拉底的方法还是读书，都注重思想的交流。在高等教育阶段，其主要的方法就是阅读名著和讨论（苏格拉底法也可以说是一种讨论），在他们看来，这些乃是进行理智训练，发展人的理性的最好方法。阿德勒在《如何读书》中的一段话对此做了很好的说明，他说："受过良好阅读训练的心灵已经发展了它的分析和批判的力量。受过良好的讨论训练的心灵进一步增强了这种分析和批判的力量。通过耐心的、通情达理的辩论，人们获得了在辩论中容忍对方的修养。这样就抑制了那种把自己的意见强加给别人的动物性的冲动。我们懂得了只有理性才是唯一的权威；在任何争端中，只有理性和证据才是唯一的仲裁者。我们不能试图通过显示力量或以众压寡来取得优势。真诚的辩论不能依靠意见的力量来解决。我们必须诉诸理性，而不是依靠人多而造成的压力。"②

---

① 华东师范大学教育系，杭州大学教育系编译.现代西方资产阶级教育思想流派论著选[M].北京：人民教育出版社，1980：227.

② 罗伯特·梅逊.西方当代教育理论[M].陆有铨，译.北京：文化教育出版社，1984：46.

第四节 评 论

一、关于永恒主义的哲学基础

作为永恒主义哲学基础的柏拉图、亚里士多德、托马斯的哲学观以及新托马斯主义，都可以归结为唯心主义哲学。

柏拉图的理念论是典型的客观唯心主义哲学体系。柏拉图否认物质第一性，把客观存在的具体事物看成理念的"摹本"和"影子"，这同辩证唯物主义的观点是决然对立的。在一般与个别关系的问题上，柏拉图不承认一般存在于个别之中，共性寓于个性之中，把二者形而上学地对立起来，认为一般（即柏拉图之理念）先于个别而客观独立地存在，从而否认由个别具体事物构成的客观世界是真实的存在。列宁在《哲学笔记》中曾经指出："原始的唯心主义认为：一般（概念，观念）是单个的存在物。这看来是野蛮的、骇人听闻的（确切些说：幼稚的）、荒谬的。"① 在认识论方面，柏拉图认为从感觉不能认识真理，只能使人得到错误的意见。真理只能从摒弃感觉的灵魂对于理念世界的"回忆"中获得，这是一种典型的先验论。

亚里士多德不同意柏拉图把一般概念看成是可以脱离具体事物而独立存在的东西的说法：认为一般只能存在于个别之中，普遍概念不能离开具体事物而存在，这种对于一般与个别关系的看法是正确的。此外，亚里士多德承认只有具体的事物才是第一性的东西，并把它们称为"第一性实体"，至于感觉、概念等都是从第一性实体派生出来的，并称之为"第二性实体"。他指出，引起感觉的东西是"外在的"，知识的对象是先于知识本身而存在的。正像列宁所说的那样，亚里士多德的看法是"紧密地接近唯物主义"的。

亚里士多德用以说明事物形成、运动、变化的"四因说"，力图把事物放在质料与形式、可能性与现实性等矛盾运动的过程中进行考察，并承认质料的客观存在，表现了唯物主义倾向并具有辩证法的因素。然而，他却将质料和形式割裂开来，认为形式可以脱离质料而独立存在，并且把质料说成是被动的，需要由具有能动性的形式的推动才能从可能转变为现实，形式成了高于质料的东西。由于亚里士多德把能动的形式看成是使质料由可能性转向现实性的推动者，形式便成了质料变化的动力，而且形式又是质料在运动中追求的东西，形式也因此而成为目的。这样，亚里士多德"四因说"中的四因实际上只有两个，即质料因和形式因，而且这两者是割裂而对立的。于是，亚里士多德之形式就成了与柏拉

---

① 列宁. 列宁全集：第38卷[M]. 北京：人民出版社，1986：420-421.

图的理念一样的东西，最终陷入了唯心主义。

亚里士多德认为，任何具体事物，人，乃至整个自然界都是一种追求目的的活动。每一个具体事物追求的目的是一定的形式，整个世界追求的是最高形式，即"纯粹形式"，也就是神。因此，神是第一推动力，是不动的推动者，是世界要实现的最终目的。它是绝对的现实性，因此也是永恒的。亚里士多德哲学中的消极因素后来被托马斯所利用并加以发挥。

托马斯从亚里士多德关于"第一推动力"的说法中推论出上帝的存在，认为上帝是世界的创造者，而被上帝创造出来的世界不是永恒存在的，只有创造者才是永恒的存在。托马斯还利用亚里士多德形式与质料学说的目的论思想，把世界描绘成自下而上相依属的等级结构，每一低级形式都把高级形式作为自己追求的目的，上帝是最高级的存在，也是万物追求的最高目的，还是万物运动的动力。托马斯的哲学是直接为封建等级制度辩护的。

19世纪末以新的形式复活的托马斯主义尽管表现了一些新的特征，但是在维护神学的权威方面，新托马斯主义与托马斯主义毫无二致。新托马斯主义调和科学和宗教、知识和信仰之间矛盾的目的，最终仍是为了使理性服从信仰、科学服从宗教，因为它强调，没有天主的帮助，理性便不可能解释宇宙。新托马斯主义还攻击马克思主义，甚至认为当代社会冲突、矛盾悲剧的根源是由于唯物主义和科学技术的发展；原子时代的到来使人类充满恐怖，使世界和平、自由和尊严得不到保证，使道德和各种精神原则之间的裂痕越来越大，因此要用天主教来改造社会，使社会生活秩序宗教化。

二、关于"复古"

永恒主义以"复古"为其特征，这种"复古"的真正含义何在？永恒主义者是否真的将使现代社会回复到古代去？这是正确认识和评价永恒主义的一个很重要的问题。

如果认为永恒主义"复古"的主张旨在以古代的社会模式来改造今天的社会；使美国的资本主义社会回复到古代、中世纪的等级社会中去，那就完全误解了永恒主义。只要仔细地辨析一下永恒主义者的各种主张，我们就会发现，永恒主义具有强烈的时代气息和特征，其"复古"的真正含义乃是在于维护并巩固现存的资本主义制度。永恒主义者并非古代、中世纪等级社会的卫道士，而是现代资本主义所谓民主社会的忠实维护者。

虽然永恒主义代表了西方最古老的教育传统，但它是在20世纪30年代资本主义陷入危机的时期出现的。在30年代的经济危机的打击下，资本主义各国国内社会混乱，各种矛盾加剧；在国际上，出现了以德国、意大利和日本为核心的法西斯军事集团，这一军事集团除了要消灭社会主义国家苏联以外，对以美国、英国、法国为首的西方所谓民主国家的生存和发展也构成了很大的威胁。面对这一局面，永恒主义者提出了自己的教育主张。

永恒主义者根据自己对于人的本性、人类命运和社会发展的根本观点，阐述了自认为是"根本的"救治措施。永恒主义者认为，世界出现如此混乱局面的根本原因乃是由于民族的文化基础受到了削弱，而西方国家的文化基础乃是古希腊和基督教的精神。利文斯通说："只要我们有一种民族文化的话，那么基督教和希腊精神过去是、现在还是它的基础。如果一个民族具有一种文化，那么这个民族的生活就像水流一样，穿过深渊、浅滩，越过障碍、漩涡、逆流，然后平稳地向前流去。"①

永恒主义者认为，由于西方文化基础受到削弱，造成了波及整个世界的混乱的变化，如果不加以制止，那么这种变化将要改变整个世界。他们惊呼西方的文明正在改变，正在毁灭，为了挽救西方文明，使资本主义制度永恒化，就必须把正在进行的过程倒转过来，恢复古希腊和基督教的精神。马克思在《路易·波拿巴的雾月十八日》中说："一切已死的先辈们的传统，像梦魇一样纠缠着活人的头脑……他们战战兢兢地请出亡灵来给他们以帮助，借用它们的名字、战斗口号和衣服，以便穿着这种久受崇敬的服装，用这种借来的语言，演出世界历史的新场面。"② 永恒主义"请出"古希腊和基督教精神所要演出的新场面，乃是现代的资本主义制度。

诚然，永恒主义者通常的确将人们的视线引向过去，而且，他们对"现在"的看法和"将来"的设想，都以"过去"为准绳。在永恒主义者看来，古希腊代表了人类的黄金时代。那时候，人与世界以及人与人的关系都是和谐的；人们知道并且尊重适当的价值，知道应该做什么以及如何去做；人们知道如何教育他们的孩子，尤其是社会未来的领导者。但是，如果因此而认为永恒主义者反对当今的资本主义制度，那就误解了他们的意思。在维护现存资本主义制度方面，永恒主义与以"保守"为特征的要素主义可谓有异曲同工之妙，然而二者却又有着细微而根本的差别。

同要素主义一样，永恒主义对当时资本主义的某些社会制度和教育实施提出了反对的意见，但是，与要素主义的不同之处在于，永恒主义所针对的不仅仅限于现存的社会和教育的政策及其实践本身，而是作为这些政策和实践之基础的文化模式。永恒主义认为，当今社会的特征是混乱无序、变动不居，人们无法预见人类和社会的前途，这样就蕴涵着巨大的危险性。这种"文化腐败"的根源是对于民主具有"最严重的威胁"的实证主义哲学。要素主义强调通过数学、科学、语言、历史等文化要素对于学生思维方式的训练，充

---

① 华东师范大学教育系,杭州大学教育系编译.现代西方资产阶级教育思想流派论著选[M].北京：人民教育出版社,1980：255.
② 马克思,恩格斯.马克思恩格斯选集：第1卷[M].北京：人民出版社,1972：603.

分发掘人的智力资源，增强国家的实力而达到长治久安，而永恒主义则专注于控制宇宙变化的永恒的原则。永恒主义对于科学、技术的反对，主要也集中于科学、技术所造成的高度的工业主义以及由此而造成的物质主义和非人格化现象。这种文化模式破坏了传统的关于人性、知识和价值的观点，有违于人类生活的真理，最终将导致资本主义的覆灭。

永恒主义与要素主义的另一个区别是，永恒主义否认文化的变迁和社会的演进是不可避免的事情。要素主义认为，集中体现在科学进步之中的文化变迁和社会演化可以使人懂得真理的要素。在要素主义者看来，纯粹的理性的方法是没有作用的，取得成功的手段是经验或实验科学。永恒主义则认为，变化的观点只适用于实验科学，而不能用于人类的生活，人类生活需要的是作为永恒真理的逻辑、道德和理性的知识，而这些永恒的真理是体现在古希腊和基督教的精神之中的。需要强调指出的是，永恒主义者之所谓文化和社会的变迁并非不可避免，其含义不是指永恒主义者反对变化。生活在现在社会之中的永恒主义者，对于社会急剧变化的事实并不否认。此外，他们也承认社会由个人组成，而且个人也处于发展变化之中。但是，在所有变化的事物和人之中，其共同的模式或形式是不变的、永恒的。"复古"的根据也在于此。只有掌握了亘古不变的模式或形式，才能对千变万化的人和事应付裕如，才能把握变化的方向，掌握人类的命运。

最后需要指出的是，永恒主义力图恢复的是过去"黄金时代"教育的方法，而不是其社会制度。而这种教育方法之精髓在于，通过教育使年轻一代认识到控制人类生活的"第一原理"，以便在变化和混乱的时代不致迷失方向，并继承和维护西方文明的精神基础。正是在这个意义上，永恒主义者才把他们的"复古"教育界定为生活的准备而不是生活本身的复本。不言而喻，永恒主义者之所谓为生活做准备，显然不是指为受教育者选择的未来的职业或某种具体的未来的活动做准备，而是"要使学生了解文化遗产中的精华，以便使学生实现其价值标准……通过自己的努力，对已有的成就做出贡献"① 而做好准备。概言之，永恒主义以"复古"为名，行维护和巩固现代资本主义社会之实。

三、关于永恒主义与进步主义的争论

永恒主义和进步主义曾经有过非常热闹的争论和攻击，在分析了永恒主义与要素主义的分歧之后，有必要对永恒主义和进步主义的争论做些说明。

虽然永恒主义和进步主义在维护资本主义所谓民主制度方面是一致的，但二者的争论从某种意义上讲又是难以避免的，因为它们分别代表了新旧两种文化模式。

---

① 陈友松主编.当代西方教育哲学[M].北京：教育科学出版社，1982：67.

永恒主义代表了植根于古希腊和基督教传统的文化模式,在教育方面则以自由教育为其特征。这种传统在不同的历史时期,其内涵也有不少变化,但其主旨在于保存和发展生活中所谓永恒的真、善、美的东西,注重心灵的训练和传统道德的价值,而对于人的现实生活中的种种问题则较少关心。自文艺复兴运动以来,上述传统受到了挑战。自文艺复兴运动以来的实验科学的飞速发展,不仅在物质和工艺的领域中发生影响,而且也影响了对于人、社会和教育的观点。进步主义体现了这种新型的文化模式。

以进步主义和永恒主义为代表的新、旧两种教育模式,在 20 世纪 30 年代美国社会秩序不稳定的情况下,发生了激烈的竞争和冲撞。由于二者所代表的价值观在社会中都有一定的基础,所以人们无法确定一种核心文化和统一的价值来指导教育的理论和实践,所以这种竞争和冲撞带有必然性。杜威在 1938 年出版的《我们怎样思维:经验与教育》一书中,曾对此做过下述评论:"我认为,如果要使教育不致无目的地漂泊不定,它只有在两条道路之间选择一条。一条道路是试图把教育家们引回到科学方法发展前几百年的那种理智方法和理想方面去。在经济上、情绪上、理智上普遍存在着不安全状态的时期,这条道路可能会取得暂时的成功。因为在这样的条件下,人心都强烈地希望依靠固定的权威。然而这是与现代生活的一切条件相抵触的,因此,我认为朝着这个方向去寻求补救的办法是愚蠢的。另一条道路是系统地运用科学方法,把它当作是对经验中固有的潜在力量进行理智的开发与探索的模式和理想。"①

永恒主义和进步主义争论的焦点在于对世界的根本看法,即世界是变化的还是不变的。进步主义主要以实验科学、达尔文的进化论和实用主义哲学为依据,认为宇宙的一切都在持续不断地变化;不仅物质世界在变化,而且精神世界也是变动不居的。进步主义还推翻了传统的宗教宇宙观,认为人产生于自然的过程,人在与环境的互相作用过程中不断地演化。永恒主义则坚持,控制人性和人所生活世界的真、善、美的原则是永恒的、不变的。世界的运行是有序的,宇宙具有意义的结构,虽然自然界和人类社会发生了许多巨大的变化,但只有永恒的原则才是真实的。

在教育目的方面,二者都以培养人、发展人为鹄的,然而对于各自目的的解释,却存在着深刻的分歧。

进步主义以儿童的生长作为发展的指标,所以教育就是不断地生长。杜威还认为,衡量学校教育价值的标准在于学校在创造儿童持续生长的愿望以及在实现这种愿望方面所提供的方法达到了什么程度。生长的过程就是儿童不断变化、不断改造经验的过程。

永恒主义者之所谓发展,乃是指人所具有的潜在能力的自我实现。他们认为人与动物

---

① 罗伯特·梅逊.西方当代教育理论[M].陆有铨,译.北京:文化教育出版社,1984:11-12.

的区别在于人具有理性，自我实现的过程也就是使人潜在的理性成为现实的过程。教育对于促进人的发展的意义就是使人自我实现。所以，永恒主义者认为"教育就是发展；就是引申；教育就是自我实现；教育就是由于人逐渐认识真理而使人变得富于人性。这样的教育是良好的教育，因为它是真实的"[1]。

由于永恒主义和进步主义分别从静态和动态的观点来考察世界和教育的使命，在教育目的方面表现出了持续生长、变化和引申不变理性的分歧。此外，在保证实现各自目的的手段，如课程和教学方法方面，也同样表现出对立的主张。

为了保证儿童能够不断地改造经验以实现持续的生长，进步主义反对向学生提供缺乏联系的支离破碎的各门学科的知识，而代之以一系列的有序的活动，即所谓活动课程。传统的教室成了儿童活动的场所。通过活动向儿童展现人类文明的发展过程和目前社会生活的基本模式，更重要的是在解决问题的活动过程中使学生掌握科学方法，以便在没有预定目标的、开放的未来中"创造"真理和价值。在教学方法方面，进步主义注重脑力和体力，行动和思考的结合、统一。

永恒主义认为对学生通过心智训练而达到自我实现最有帮助的是自由艺术，久经历史考验的名著杰作乃是永恒原则的物质载体，是人类理性的化身。阅读这些著作的目的在于同这些著作的作者"交谈"，并像他们那样去思考，以掌握人类文明发展的精髓。人类文明的进步不在于进步主义强调的发明或创造，而在于遵循传统。而对话、讨论、阅读等方法的使用，乃是在于从谬误中引申出正确，从恶中引申出善，使人变得富于人性，成为真正的人。

四、关于永恒主义的人性观

永恒主义者对于人性有两个基本的要点，其一为有共同的人性，其二为人性是不变的。永恒主义对于人性的看法是错误的。

关于人性，毛泽东曾经说过："有没有人性这种东西？当然有的。但是只有具体的人性，没有抽象的人性。在阶级社会里就是只有带着阶级性的人性，而没有什么超阶级的人性。"[2] 毛泽东对于人性的这种论述，实质上也是对永恒主义关于共同的不变的人性的批判。

应该指出，共同的不变的人性的说法既不是永恒主义的创造，也并非始于永恒主义。

---

[1] 罗伯特·梅逊.西方当代教育理论[M].陆有铨,译.北京：文化教育出版社,1984：41-42.
[2] 毛泽东.毛泽东选集：第3卷[M].北京：人民出版社,1972：827.

早在 14 世纪下半叶，意大利的人文主义者就开始以"人性"反对封建主义和中世纪基督教的"神性"。基督教认为，人要得到上帝的肯定，需以否定自己，否定人的生活、情欲为代价。人文主义者对此表示否定，他们崇尚人，认为人的一切都是合理的、正当的。从此以后，人性的问题便成了西方资产阶级哲学和教育的一个重要的主题，出现了多种关于人性的观点。其中有卢梭的以提倡个人解放为主要内容的人性论；康德、黑格尔的理性主义人性论；费尔巴哈的自然人性论等。尽管这些观点之间意见分歧，但这些分歧只是资产阶级在不同历史时期对于现实生活的反映。值得注意的是，在资产阶级关于人性的各种学说中，有着一个共同的特点，即总是把自己阶级的本性说成是共同的不变的人性。正像马克思和恩格斯在《德意志意识形态》中所说的那样："事情是这样的，每一个企图代替旧统治阶级的地位的新阶级，为了达到自己的目的就不得不把自己的利益说成是社会全体成员的共同利益，抽象地讲，就是赋予自己的思想以普遍性的形式，把它们描绘成唯一合理的、有普遍意义的思想。"① 事实上，自从人脱离一般动物界，进入人的社会生活以后，人的生活、生产劳动以及各种社会实践，都是在人与人之间一定的社会关系中进行的。人的这种社会性乃是人的本质属性中最重要的本质的特性。正是由于这种人与人之间的一定的社会关系，甚至使人作为自然实体所固有的自然属性，也在一定的程度上由动物式的自然性转变为人的自然性而包容于人性的整体结构之中。马克思说："人的本质属性并不是单个人所固有的抽象物。在其现实性上，它是一切社会关系的总和。"② 因此，自从人类进入阶级社会以后，就不存在普遍的、共同的人性。

人的社会性是人的本质特性，人性是社会的、历史的产物，这也从根本上揭示了人性是"永恒的"这种说法的荒谬性。没有凌驾于社会历史发展之上的不变的人性。永恒主义之不变的人性观，只是为了使资本主义社会"永恒"下去提供理论基础，这恰恰暴露了其资产阶级的性质。

---

① 马克思,恩格斯.马克思恩格斯选集：第 1 卷[M].北京：人民出版社,1972：53.
② 马克思,恩格斯.马克思恩格斯论教育[M].北京：人民教育出版社,1985：96.

第四章

改造主义

改造主义（Reconstructionism）也叫社会改造主义（Social Reconstructionism）。它是从进步主义中逐渐分化出来的当代西方的一个教育哲学流派，因此，有人也称之为"新进步主义"。

在"学校与社会关系"这个教育的基本问题方面，改造主义的观点与进步主义、永恒主义和要素主义都有差别。改造主义认为，教育的主要目的是以"理想社会"的模式来改造社会。学校是社会机构。学校之所以有存在的必要，一方面是因为它能履行社会交给它的职能，更重要的是，它能在社会改造方面发挥决定性的作用。改造主义认为，学校应该成为新社会的模范，教师和学生都要行动起来以努力实现改造社会的目标。

第一节 改造主义的产生和发展

一、改造主义的历史渊源

1. 作为进步主义一翼的改造主义

改造主义自称是进步主义的真正继承者。改造主义的重要人物布拉梅尔德也曾说过，改造主义教育哲学"从进步主义那里学到了最多的东西。在某些形式上这两种理论这样相似，以致人们可以合理地问，它们实际上是否分离得开"[①]。这些话不无道理，因为改造主义实际上来源于进步主义的一翼。

19世纪末至20世纪初，进步主义是作为一种反对传统教育的新教育登上历史舞台的，"然而，进步主义教育运动远远不限于一场反对旧教育的运动。它是一种由有思想的、敏感的和有进取精神的人们作出的富有创造性的努力"[②]。在进步教育内部，从一开始就有一部分人考虑社会的需要，并希望通过教育的作用实现合乎人们需要的社会。他们注意到当时社会下层阶级儿童的教育需要，并作出一定的努力以改善他们的孩子的教育条件。可以说，在进步主义教育运动刚开始的时候，就孕育了改造主义。

早在杜威在芝加哥大学创办他的实验学校之前，有人就作了另一种努力。同杜威集中精力于教育的改革、试验他的哲学思想不同，他们更注意社会的变革。1889年，珍妮·亚当斯在芝加哥为贫穷的移民创办了赫尔贫民习艺所（Hull House）。这所学校一方面传授使贫民容

[①] 华东师范大学教育系，杭州大学教育系编译.现代西方资产阶级教育思想流派论著选[M].北京：人民教育出版社，1980：71.

[②] W.F.康内尔.二十世纪世界教育史[M].张法琨，方能达，李乐天，等译.北京：人民教育出版社，1990：248.

易就业的技艺，使他们得以改善生活条件，另一方面，珍尼·亚当斯以及该校的教职员积极参与当地的社会改革活动，而且任何对社会改革的人都可以参加赫尔贫民习艺所的活动。"赫尔贫民习艺所是人们发表社会观点的大众的集合场所。在平时晚上和星期天，自由主义者、社会主义者、共产主义者、无政府主义者，以及其他人都集合到这里以交流他们的思想。亨利·德马斯特·劳尔德（Henry Demarest Loyd）来过这里，他的攻击标准石油公司的论文《大垄断资本的故事》乃是美国社会史的一个转折点。"① 杜威到了芝加哥大学以后，与赫尔贫民习艺所以及亚当斯本人都有密切的联系，而且"杜威在这里发现了对他的思想有所反响的气氛和读者，此外还发现实际的社会工作也检验着他的改造理论"②。

然而，以珍尼·亚当斯以及她的同事为代表的进步主义的这一翼并未发展成为进步教育的主流。当时，进步主义者普遍认为个人自由是人类生活的最重要部分，希望在教育上要尊重儿童的首创精神，让儿童自我表现，而在管理、课程方面很少做硬性的规定，表现为儿童中心主义。第一次世界大战结束，特别是 1919 年进步教育协会成立以后，进步主义者的注意中心更集中于学校教育，而且儿童中心的一翼有了更大的影响。

然而，这绝不是说进步教育内部关心社会改革的一翼便就此消失，从一定的意义上说，他们的力量也在增强。这样，力量分别向两个端点的集中，便意味着迟早要出现分裂。

1922 年，乔治·康茨（George S. Counts）对美国中等教育的政策进行研究，并发表了《美国中等教育的选择性》一文。通过研究，康茨发现美国的学校委员会（school board）成员的思想深处存在着阶级偏见，而且清楚地表明，虽然美国中等教育有许多好的理想，但高级中学在种族、阶级等方面始终是不平等的。穷人为公共教育事业做出了贡献，但他们却由于太穷或者由于无知而没有利用教育的机会。这对于他形成改造主义思想有很深刻的影响。后来，在 30 年代，他明确指出，要使教育真正做到民主，就必须使教育从中产阶级上层人物的手中解放出来。③

20 世纪 20 年代，哥伦比亚大学师范学院可谓盛极一时，除了杜威之外，还陆续聚集了进步主义教育的其他著名人物。在这些人中，哈罗德·拉格（Harold Rugg），威廉·赫德·克伯屈（William Heard Kilpatrick），约翰·蔡尔兹（John L. Childs），布鲁斯·劳普（Bruce Raup），杰西·牛伦（Jesse Newlon），戈德温·华生（Coodwin Watson），还有康茨等人经常聚

---

① George Dykhuizen. The life and mind of John Dewey[M]. Carbondale：Southern Illinois University Press，1973：105.

② W. F. 康内尔. 二十世纪世界教育史[M]. 张法琨，方能达，李乐天，等译. 北京：人民教育出版社，1990：155.

③ Richard Pratte. Contemporary theories of education[M]. Scranton：Intext Educational Publishers，1971：207.

会，讨论学校对于工业化社会的关系，尤其是教育如何通过给予教师和学生一些必要的理智工具，使他们理解并指导社会的变化，以建成一个理想社会等问题。这些人实际上组成了以后在30年代崛起的改造主义的核心。据当事人哈罗德·拉格说，早在1927年他们就成立了一个讨论小组（little discussion group），克伯屈担任组长。他说，这个小组的作用相当于60年前皮尔斯在哈佛大学的"形而上学俱乐部"。"我们每两个月举行一次（在1927年至1933年间是有规律的，1934年至1938年间是有间歇，开始于1939年的战争以后又持续了几年）晚餐讨论会，非正式地进行详细研讨，这种研讨事先没有计划，其主题是我们文化每一个方面的根源。在几百个小时的友好的争论中，我们挖掘了教育的社会基础。"①

应该指出，上述讨论小组的成员都是进步主义教育的重要人物，然而，也正是以这个小组成员为核心，造成了30年代改造主义教育思想的崛起。事实上，从20年代后期开始，他们同进步主义的分歧就逐渐表面化了。

2. 20世纪30年代的改造主义

如前面几章所讲的情况那样，1929年开始美国首先陷入经济危机。随着这场席卷资本主义世界的经济危机的延续，"美国人一面在这个物产丰富的国度里过着苦难的生活，一面带着辛酸的幸福感回顾前十年的那些已经逝去的紧张场面，有些人因此断言，解决萧条的办法是由社会来控制生产资料，显然，资本主义已经失败了；只有当人民接管了生产资料时，20世纪20年代的自由理想才能实现"②。这时，尽管有人提出美国需要有一个新的社会，然而，这种所谓新社会的理想仍然是资本主义的所谓民主社会。此外，在危机的时代，人们更注重现世的吃、穿、住和安全的价值。

在教育方面，一些原先主张儿童中心教育的进步主义者如克伯屈等人，也将注意力转向儿童实现创造自由的条件，其中最基本的是，社会必须为儿童的吃、穿、住等方面提供一定的保障。也就是说，他们越来越多地考虑如何使学校为建立一个没有经济危机的新社会做出贡献的问题。"有些人断定，以经验为中心、为学生而设计的活动学校只有在一个已经达到经济上公平的社会里才能存在。既然情况如此，那就必须优先考虑某些改造社会的教育任务，而人们在20年代谈论的关于理想学校的要求则应放在次要的地位。"③ 在他们看来，那种所谓的理想学校不能妥善地处理经济危机时期需要解决的社会问题，并明确指出，进步主义教育需要改变方向，要少强调个人中心、个人主义的教育，多强调社会中心、社会改造的教育；要少关心个人的成长，多关心社会的变革。这种重心的转移，乃是

---

① Harold Rugg. Foundations for American education[M]. New York：World Book Co.，1947：578.
② 罗伯特·梅逊.西方当代教育理论[M].陆有铨,译.北京：文化教育出版社,1984：99.
③ 同①：101.

30年代改造主义最终与进步主义分道扬镳的最深刻的基础。

虽然杜威早在1920年的《哲学的改造》一书中就使用了"改造主义"这个名称，但人们一般认为，改造主义教育哲学的形成应追溯到上述哥伦比亚大学师范学院以克伯屈为首的那个"讨论小组"。在20年代后期和30年代初，该讨论小组的成员发表了许多文章和著作，论述利用教育的手段为建立一个更为平等的所谓新社会开辟道路的问题，如康茨撰写的《美国通向文化之路》（1930）、《进步主义教育敢于进步吗？》（1932）和《学校敢建立新的社会秩序吗？》（1932），拉格的《美国文化与教育》（1931）。1933年克伯屈将他们小组成员撰写的关于改造主义教育思想的文章汇编成《教育前线》（Educational Frontier）一书。据克伯屈说，这本书的主题是，在科学和技术文明的情况下，教育的任务是为个人理智地参与他未来的生活条件的管理做好准备，并使他们掌握理智的和实践的工具，使他们自己直接成为一种社会的力量。①

康茨的《学校敢建立新的社会秩序吗？》一书为改造主义奠定了理论基础。在这本书中，康茨强调，学校要成为建立一个根除贫穷、战争和种族主义的全新社会的中心。要使美国成为比目前的状况更公正、更宏伟，教育必须发挥它的作用。康茨还指出，进步教育必须使自己从上层中产阶级的控制下解放出来，必须"公正而勇敢地面对每一个社会问题，勉力对付严峻的生活的所有方面，同社区建立一种有机的联系，发展一种现实的、全面的福利理论，形成一种激动人心的、具有挑战性的人类命运观……总之，进步教育不能把希望放在儿童中心的学校上"②。

20世纪30年代初，以哥伦比亚大学师范学院的那个小组为核心，聚集了其他十几所大学或学院60名左右的支持者。1934年他们创办了《社会战线》（Social Frontier）杂志。刚创办时，该杂志的社长是克伯屈，编辑为康茨。该杂志宣布，它的宗旨是为那些"相信教育在改造美国社会方面能发挥重要的甚至是战略作用"的教师提供一个发表意见的地方。该刊的第一期表达了他们的基本设想，即"经济方面的个人主义时代正在结束，一个以社会生活紧密结合，以及集体的计划和控制为标志的时代已经开始。无论是祸是福，它都将把这个历史过程的进行看作是不可改变的东西而加以接受。它打算向前去迎接这个新时代，而且，为了人类生活的富足和优美，将尽可能理智地实现所有的可能性"③。杜威也经常在这个杂志上发表文章，而且认为教育能够参与社会的改造，但单凭教育的力量是不能建立一个新的社会秩序的。该杂志于1943年12月停刊。

---

① William Heard Kilpatrick. The educational frontier[M]. New York：The century Co.，1933：71.
② Joe Park. Selected readings in the philosophy of education[M]. New York：Macmillan，1958：144.
③ Harold Rugg. Foundations for American education[M]. New York：World Book Co.，1947：580.

1935年，改造主义者成立了"杜威教育和文化研究会"（John Dewey Society for the Study of Education and Culture）。该会每年都出年鉴。据拉格说，每期年鉴都是对在变化中的美国生活实际结构之中教育的全新而直接的研究。任何重要的问题都没有回避，任何可以论证的条件也都没有忽略。①

由于30年代的改造主义者的观点"激进"，所以有时也被称为"前线思想家"。改造主义者的观点表现了一定的政治抱负，而且哥伦比亚大学的校方甚至担心那个小组将会成为"教师党"（pedagogic party）②。然而，据拉格说，"除了两个人之外，我们都避免成为政治组织的成员或参加政治组织，我们的努力局限于研究并批判地评价各种纲领、信条、计划和战略"③。另一个明显的特征是，30年代的改造主义倡导者中，不仅仅限于教育理论工作者。许多教育行政部门如教育政策委员会、州的教育管理部门，以及学校的行政人员也都在探索以社会为计划的教育计划。

值得注意的是，在《社会战线》杂志里，也出现过马克思主义的观点。后来在50年代成为改造主义教育哲学主要代表人物的布拉梅尔德1935年11月在该杂志发表的题为《卡尔·马克思和美国的教师》一文中，主张采用马克思的方法来改造旧的社会秩序。然而，马克思主义思想无论对改造主义者还是美国的教育，都没有多大的直接影响。"甚至在大萧条的高潮中，除两三个大都市外，只有很少数的教师同情马克思主义。诚然，赫斯特报系（Hearst Press）、一些专业爱国主义组织、全国制造商协会，都把《社会战线》杂志及其后继者《民主战线》（Frontiers of Democracy）的领导人物公开指责为'马克思主义者'和'赤色分子'，但是马克思主义只是这个集团的社会思想的一个因素，而且肯定不是最重要的因素。"④ 应该指出，改造主义者布拉梅尔德之所谓马克思的方法未必真正符合马克思主义，布拉梅尔德本人作为一个资产阶级教育哲学家，也未必能够掌握马克思主义的精髓。这个事实只能说明这一点，在30年代改造主义者所提出的种种主张中，的确是各种思想都有，真可谓鱼龙混杂。而且，在学校对于社会改造究竟能发挥什么作用方面，改造主义者之间意见分歧，长期争论。例如，克伯屈和蔡尔兹极力主张学校要更意识到它的社会责任，但不同意康茨和拉格关于学校应当承担具体的社会目的的观点；拉格反对布拉梅尔德的教师要发挥阶级斗争作用的主张，等等。

由于改造主义者所主张的社会改造未带来实际的效果，由于罗斯福行政当局的"新

---

① Harold Rugg. Foundations for American education[M]. New York: World Book Co.,1947:579.
② William H. Howick. Philosophies of Western education[M]. Danville: Interstate Printers & Publishers,1971:70.
③ Harold Rugg. Foundations for American education[M]. New York: World Book Co.,1947:580.
④ 瞿葆奎主编.教育学文集·美国教育改革[M].北京:人民教育出版社,1990:6.

政"完成了一些社会改革，同时失业的压力得到缓解，由于第二次世界大战的爆发，国际反法西斯主义的斗争冲淡了人们对国内问题的关注，此外，由于经济危机开始以后，进步主义原先强烈主张儿童中心的那一翼无论在理论上还是实践上都有一些变化，因此，在第二次世界大战期间，改造主义的活动和影响相对减少。但这并不意味着改造主义的观点完全被湮灭。改造主义者仍然继续使用"社会改造"这一术语，并且努力探索一种方法，以便保留公民基本的民主自由权利，同时又使学校发挥改造社会之工具的作用。

3. 20世纪50年代以后的改造主义

美国与其他国家一起取得了第二次世界大战反对法西斯主义的胜利，而且在战争期间美国借助"兵工厂"的作用，自己大发其财。虽然在大战以后，美国也发生过经济危机，但总算都安然度过，美国的资本主义制度总算没有崩溃。到了50年代，改造主义者在30年代提出的通过教育实现社会改造的观点，很难被人们接受。所以，虽然拉格、蔡尔兹等人从30年代开始，始终强调教育对于社会改造的作用，但他们的观点并没有引起人们普遍的兴趣。

在50年代，使改造主义以新的面貌出现，引起人们关注并给改造主义带来生机的人物是布拉梅尔德。在50年代，布拉梅尔德发表了一系列的教育哲学著作，如《教育的目的和手段：世纪中期的估价》（1946年）、《教育哲学模式》（1950年）、《从文化的观点来看教育哲学》（1955年）、《走向改造的教育哲学》（1956年）、《教育哲学的文化基础——一种跨学科的探讨》（1957年）、《来临时代的教育》（1959年）等。乔治·奈勒认为布拉梅尔德"奠定了以教育为手段的社会改造主义的基础"，"虽然许多理论自称是改造主义派的理论，但是，没有一种理论在重要性上能比得上西奥多·布拉梅尔德的著作"。所以，他对改造主义教育理论的叙述，便"以布拉梅尔德提出的主要论点为限"。[1] 有人甚至把布拉梅尔德看作是"改造主义之父"，因为他显示了改造主义独立的有组织的范畴。[2]

布拉梅尔德本人在《急需一个改造的教育哲学》中认为，改造主义"真诚地尊重和借用"了要素主义、永恒主义，尤其是进步主义的一些观点，而且"坦白"地承认"改造主义无疑具有折中主义性质"，不过，他把改造主义"现在任何折中的倾向看作是'生长中的磨炼'，而不把它们看作是正在努力发展的那种成熟哲学合乎需要的特点"。[3] 他还"正

---

[1] 陈友松主编.当代西方教育哲学[M].北京：教育科学出版社，1982：93-94.
[2] James A. Johnson. Introduction to the foundations of American education[M]. Boston：Allyn and Bacon，1973：370.
[3] 华东师范大学教育系，杭州大学教育系.现代西方资产阶级教育思想流派论著选[M].北京：人民教育出版社，1980：71.

确地评价进步主义、永恒主义和要素主义做出的许多贡献",并具体地指出了从它们那里"借来"的理论和实践。布拉梅尔德本人在1941—1942年曾一度担任过进步教育协会副会长,对进步主义情有独钟。他把进步主义引为"最亲密的哲学上的同盟者",而且指出,进步主义的"不可估量的成就",由于被组合到重新加以表述的改造主义的形式里去,"将会最好地保存和延续下去,这种重新加以表述的形式,在试图改正进步主义的弱点的同时,将会补充、统一和加强它的成就"。①

虽然布拉梅尔德表达了他的改造主义思想同进步主义的渊源和承继关系,但这并不是说,50年代的改造主义是30年代改造主义的简单重复。布拉梅尔德认为,第二次世界大战以后,世界处于一个社会变动急剧的时期,而且,这种社会变动可以归结为文化的危机,所以,任何教育理论都必须对该教育存在的文化环境作出反应,必须使教育为人类的改善服务,而且要能转化成具体的行动纲领。人们需要考虑的教育问题应该是:我们想要一个什么样的社会?我们能达到一个什么样的社会?为了解决文化危机,教育应该作出什么样的努力?

布拉梅尔德主张,教育的目的和手段都必须加以改造。他指出这一主张至少是建立在两个根本的前提之上的:第一,人类正处于一个前所未有的危险时期。核战争的危险,放射尘埃的威胁,世界大战的流血记录,社会主义制度的兴起,以及目前预兆又好又不好的对宇宙空间的逼近和征服,这一切都使人类面临这么一个可怕的事实,即人类已经能够在一夜之内毁灭文明。第二,科学技术的发达给人类提供了建设一个理想社会的可能性,但如果人们错误地利用它,又可以毁灭人类文明。虽然目前人们还不清楚究竟会出现哪一种结果,但是如果继续目前的状况,不改造人类的文化,那几乎可以肯定将走向毁灭。

面对这两个前提,布拉梅尔德认为,要素主义、永恒主义和进步主义都是对文化环境的广泛而互相交叠的一些看法。他也承认它们各自都有自己的价值:要素主义的作用在于传递现代文化,永恒主义的作用是"恢复"过去的文化,而进步主义要改变现存的文化,但其变化速度既不至于使之落后时代太远,也不想向前走得太远。②然而,在布拉梅尔德看来,它们都是为了应付危机时代的比较习以为常的方式,因而都不能妥善解决目前的文化危机。要素主义和永恒主义由于其保守复旧的特征,自不待言。即使主张改变现存文化,并被改造主义引为"亲密盟友"的进步主义,也不能当此重任。为了"补充、统一和

---

① 华东师范大学教育系,杭州大学教育系编译.现代西方资产阶级教育思想流派论著选[M].北京:人民教育出版社,1980:71.

② Theodore Brameld. Patterns of educational philosophy: divergence and convergence in culturological perspective[M]. New York: Holt, Rinehart and Winston, 1971: 62-63.

加强"进步主义的成就，布拉梅尔德对进步主义提出了批评。布拉梅尔德认为，杜威和进步主义过分强调经验的方法而忽视目的，过分重视过程而轻视结果。"虽然进步主义作为中心的那些反省思维的方法是极其重要的，但由于它过分专注于手段而忽视目的，因而是有缺陷的；虽然它表现了开放的思想（open-minded）、容许考虑所有问题的所有方面这种典型的实验的精神，但是却没有清楚地回答'我们在走向何处'这一问题。"① 在布拉梅尔德看来，要解决目前的文化危机，教育要关心方法，但更要关心目的；教育要关心过程，更要关心结果。

在50年代，改造主义重要人物除了布拉梅尔德、拉格、蔡尔兹之外，还有奥塞内尔·史密斯（B. Othanel Smith）、威廉·斯坦利（William O. Stanley）、艾萨克·伯克森（Isaac B. Berkson）等人。赫伯特·伯恩斯（Herbert W. Burns）对改造主义以及布拉梅尔德的著述进行过研究。他认为改造主义的主要观点是："我们处于世界危机的中心，解决危机的唯一有效的办法是创造一种现世的社会秩序，而且全世界的学校应该是对地球上的人和他们的文化进行改造的动力。"② 对于布拉梅尔德的观点，伯恩斯作了如下的概括："他的关心和忧虑蕴涵在这么一个基本的前提之中，即我们正面临文明的终结……拯救的办法只有靠改造过的世界秩序（目的），而这应该是对全界教育结构、功能和目的进行显著地、激烈地改变的结果（手段）。"③

第二节　思想基础

改造主义教育最根本的思想是，社会需要进行持续不断的改造和变化，此外，社会的改造和变化涉及教育的改造和变化，而且社会改造的实现需要利用教育。通过教育来实现社会改造的理想，在历史上可谓屡见不鲜。例如，柏拉图在《理想国》中阐述的关于政治与教育、个人与社会关系的主张，实际也可以认为是一种改造主义的思想，因为它的宗旨在于通过教育达到由"哲学王"来治理国家。教父哲学的主要代表人物圣·奥古斯丁提出的逐步由"上帝之城"完全取代"世人之城"的说法，除了为中世纪西欧天主教会的教权至上论提供了理论依据之外，也表达了一种基督教国家的理想。

本章阐述的改造主义指产生于20世纪30年代美国的一个现代教育哲学流派。它同历

---

① Theodore Brameld. Education for the emerging age: newer ends and stronger means[M]. New York: Harper, 1961: 26.

② James A. Johnson. Introduction to the foundations of American education[M]. Boston: Allyn and Bacon, 1973: 370.

③ 同②.

史上形形色色的"改造主义"思想虽然有一定的关系,但它的思想基础主要来源于实用主义,尤其是杜威的哲学思想。正因为改造主义与进步主义有共同的思想基础,所以改造主义才认为进步主义是自己的"亲密盟友"。然而,这两个"亲密盟友"之间并非毫无分歧,而且,正是由于两者之间思想上的分歧,才造成30年代改造主义的异军突起,这一点已经在本章的第一节中做了说明。本节主要阐述改造主义的思想基础。

一、哲学基础

1. 本体论

同进步主义一样,改造主义强调人的经验乃是第一位的。但是,改造主义之所谓经验,不同于进步主义强调的个人经验,而主要指团体经验(group experience)。其次,同进步主义强调"现在"不同,改造主义认为,过去、现在和未来是不可分割的,"未来"也是本体的一个部分,是存在的一般特征。

改造主义者之所以重视团体的而不是个人的经验,是因为他们认为个人从属于社会的团体,因而个人必然要受到团体的制约。在布拉梅尔德看来,团体的经验乃是一种文化实在(cultural reality),它包括社会团体的冲突和一致、它们的忠诚、承担的义务、理想、与其他团体的关系,以及整个社会的历史发展。文化是人塑造的,但它又反转来影响人的一切。布拉梅尔德认为,历史就是国际、国内、种族、宗教、民族等种种团体之间的冲突史,团体之间的冲突固然有其政治的、经济的、宗教的原因,但归根到底是团体利益的抵触,是一种生存斗争。在团体冲突的情况下,出现了个人对于团体的理想、义务等忠诚的问题。虽然个人和团体的行为有时会出现矛盾,但由于团体对个人具有制约作用,所以团体就是对于个人具有决定作用的因素。正是由于这个原因,布拉梅尔德才提出,任何想要处理我们文化尖锐问题的哲学,如果不首先尽可能客观地诊断团体行为并用一个全面的实在观点来考虑自己的各种诊断,那么它就要失败。①

在改造主义哲学中,未来是作为本体的一个部分出现的。布拉梅尔德认为,每一种哲学都是历史的,都是对一种文化环境的广泛的、互相交叠的一些看法,而且,"人类的全部环境,就是说,人类的全部文化,是人塑造的"。② 时间是一个从过去到现在,再影响未来的持续不断的运动。过去、现在和未来是不可分割的,其中,"未来"的理想是相当

---

① Theodore Brameld. Patterns of educational philosophy: divergence and convergence in culturological perspective[M]. New York: Holt, Rinehart and Winston, 1971: 371.
② 华东师范大学教育系,杭州大学教育系编译. 现代西方资产阶级教育思想流派论著选[M]. 北京:人民教育出版社,1980: 70.

重要的。布拉梅尔德说："甚至在我们相信我们主要关心着现在的时候，我们也坚定地信奉着未来。""未来对于理解过去和现在都是必需的。"① 改造主义之未来的理想与空想式的乌托邦不同，这种未来的理想乃是大众的最大可能的自我实现，它是批评和领导"现在"的一种力量。要了解未来能够怎样，首先必须明白未来应该怎样，然后再用未来的可能性来规划现在，为实现未来的理想而努力奋斗，这样，我们就能决定未来。所以，未来对于现在具有一种实实在在的规划和改造的力量。不仅过去和现在是实在，未来也是实在的一个部分，是存在的一般特征。

2. 认识论

在认识论方面，改造主义与进步主义，尤其是杜威的观点有许多一致之处。改造主义认为知识来源于经验，而且认为，观念、概念、学说等对于一定环境的主动改造，或对于排除某种具体的纠纷和困扰来说，乃是一种工具般的东西，其价值取决于能否取得成功。知识的获得无须采用神秘的、超自然的方法，认识论的方法和目标是受到人类物质的、经济的和实际利益所决定的。此外，改造主义也不承认绝对的终极真理。虽然上述两者有许多共同之处，然而，在认识论问题的某些方面，两者也存在着分歧。

就像改造主义者强调团体而不是个人的经验一样，在认识的问题上，他们认为，知识和真理的出发点是追求目标的社会，而不是个人。一般来说，知识产生于对社会目的以及用于实现这些社会目的之方法进行探索的团体。布拉梅尔德对于进步主义过分注重手段而忽视目的的做法表示不满。进步主义只适用于稳定的文化，当文化处于急剧变动的危机时代，人们必须首先明白我们向何处去的问题。一方面，人们的思维以及由这种思维获得的知识，受到人们对根本目的寻求的制约。另一方面，对目的寻求的理解，对于知识以及获得知识过程的理解是必需的。因此，目的寻求和知识有着内在的联系，人们寻求目的的过程也就是获得知识的过程。

在知识的获得方面，改造主义者认为，进步主义主张的实验和"解决问题"可以作为认识的方法而加以使用，但这些方法都有其缺点。拉格主张采取创造和设计的方法。在拉格看来，实验和反省思维的方法不能适用于混乱和复杂的情境。解决问题的方法不完全适用于创造性的工作。实验的方法虽然对民主行为的心理做了有效的描述，但它还需要补充说明目标、目的和价值的地位。②

布拉梅尔德提出的"社会一致"（social consensus）的探索真理的方法最具有代表性。

---

① Theodore Brameld. Patterns of educational philosophy: divergence and convergence in culturological perspective[M]. New York: Holt, Rinehart and Winston, 1971: 381.

② 罗伯特·梅逊. 西方当代教育理论[M]. 陆有铨, 译. 北京: 文化教育出版社, 1984: 101.

所谓社会一致，它不涉及如何认识某一事实的过程问题，而只涉及如何规定未来的理想社会问题。社会一致在目的寻求和决定未来中发挥着关键的作用。社会一致要求团体的成员对提出的未来目标加以证实，提出证据。证据可以是个人的直接经验，也可以是科学、历史等间接经验。证实的过程是在团体中进行的，它要求有下列四个阶段或方面。① 每个人都提出合乎需要的社会目标的证据；② 在公开的讨论中交流；③ 通过交流、探讨取得团体内的一致同意；④ 在社会中对有计划的行动加以检验。布拉梅尔德认为，重要的是一致同意以及随之而来的对有计划的行动的检验，如果没有这些，经验简直就不能证实为是真的。① 所以，真理取决于是否取得团体内尽可能多的成员的同意以及是否按这种同意来行动。团体一致同意的目标和手段就是所要寻求的真理。改造主义者认为，这种"社会一致"的探求真理的方法既是民主的，又是经验的。

3. 价值论

在价值论方面，改造主义与杜威的价值观有着更多的一致之处。杜威认为，价值和存在的情境紧密相关，而且在不同的存在背景中价值也不相同。"凡有价值的地方就有探究的因素，因为要形成一个目的和追求这个目的，就要采取行动以满足现有的需要，补充现有的匮乏，解决现有的冲突。"② 杜威的这些观点，改造主义都加以接受。改造主义者认为，价值不是永恒不变的，绝对的。价值乃是由"社会一致"决定的社会目标。价值将随社会的改变而改变，所以，不存在任何不可以改变的价值。

布拉梅尔德认为："价值就是需要的满足，这种需要的满足是扎根于个人与集体在寻求和达到目标时的倾向性的。"③ 因此，由人的需要所引起的寻求的目标就是价值。人的需要是多种多样的，如充足的营养、合适的衣着、住宅或隐蔽处、性的表达、生理和心理的健康、劳动、交往、理解和被理解、娱乐和创造、有文化、参与和指导等。这些都是人所要寻求的目标的价值，其中每一个价值都应受到重视。然而，最重要的，也是包容一切的价值乃是"社会的自我实现"（social self-realization）。

"社会的自我的实现"一方面表示了团体和大多数人尽可能丰富的自我实现的要求，以及团体和个人最大限度的满足，另一方面它又表示，这种实现既是社会中心的，又是个人中心的。任何阶级、种族和国家的人民都要通过个人和社会之间的相互影响来达到他们的实现。个人对于目标的寻求也要依靠团体的作用。

---

① Brameld. Patterns of educational philosophy: divergence and convergence in culturological perspective[M]. New York: Holt, Rinehart and Winston, 1971: 400.
② 傅统先，张文郁. 教育哲学[M]. 济南：山东教育出版社，1986：96-97.
③ 同①：414.

二、人类学基础①

20世纪初，人类学的方法开始应用于教育问题的研究。"最早应用人类学方法研究教育的是美国教育家埃德加·休伊特（Edgar L. Hewett），他于1904年和1905年先后在《美国人类学家》杂志上发表了《人类学与教育》和《教育中的种族因素》这两篇文章……他指出，要使教育成为科学，就要用科学方法研究教育。"② 1913年，意大利教育家玛利亚·蒙台梭利（Maria Montessori）在美国出版了第一本教育学专著——《教育人类学》。

20世纪30年代席卷资本主义世界的经济危机，除了引起永恒主义、要素主义、改造主义对进步主义的批评以外，也激发了人类学家利用人类学研究的资料和研究方法对教育理论进行系统的分析。人类学以文化的观点研究了教育的理论和实践，指出了教育具有传递文化、转变文化和改造文化的功能。此外，美国的人类学家还指出了美国教育的不连续性和不公正，即美国的教育具有明显的阶级倾向，是为美国某些权力集团的利益服务的。人类学研究的观点对改造主义产生了很大的影响。改造主义者认为，人们有足够的理由相信，美国的错误的教育能够如此广泛地存在着，这绝不是偶然的事情。

在教育与社会关系的问题上，人类学家的观点与改造主义者的观点是一致的。玛格丽特·米德（Margaret Mead）在1943年发表的《从原始的观点看我们教育的重点》一文中指出，学校教育的目的、过程和结果都应该理解为比较广泛的社会关系的功能。社会存在着内部冲突、各种复杂的亚模式或基本的变化过程，教育反映了这些变化和冲突，而且教育理论不可避免地或者赞成某些方面，或者提出全新的方法。她认为，教育采取灌输的方法将使学生除了服从教育者的规定之外一无所能，这将约束或限制他们未来的发展，我们应该设计并实践一种不限制学生未来发展的新的教育制度。我们教育的重点应该满足打破社会和情绪上固定状态的挑战，使我们的公民具有民主的意识。

改造主义之所以与人类学的教育观取得一致意见，主要是由于两者对人性以及人与社会关系的看法相同，所以，下面便来看看二者对于人性以及人与社会关系的观点。

1. 人性观

人类学家一般不愿意使用"人性"这个非常模糊的概念，他们不关心处于自然状态中的人性，而比较注重人与文化的关系。人类学家比较感兴趣的问题是：对于处于团体中的

---

① Richard Pratte. Contemporary theories of education[M]. Scranton：Intext Educational Publishers，1971：218-222.
② 冯增俊.教育人类学[M].南京：江苏教育出版社，1991：7.

人应该作什么样的概括？人的可塑性怎样？训练或对于环境压力必要的适应，对人究竟有多大的影响？为什么不同社会中的人格特征各不相同？从人类学的观点来看，文化既是人的创造，同时又是人生活的条件。人创造了文化，反过来文化又造就了人。

改造主义对于人类学家的这一观点非常赞同，并且认为这是一个关键的问题。改造主义者认为，人是生活在社会环境和生物学环境之中的有机体，人性是变化的、可塑的，而且，为了使人在与他周围的人的相互关系中生活，人必须接受教育。人类学的研究已经对此做了很好的证明。

改造主义者认为，人类学的研究说明，婴儿在出生时，无所谓好与坏。此外，他们也不具备能够充分而有效地参加以自由和民主为特征的社会过程的能力。相反，婴儿所具备的是无限的可塑性。从人类学的观点来看，在同一个社会中成长起来的儿童具有很大的相似性而与其他社会中的儿童则有很大的差别，在很大的程度上，其原因乃是在于不同社会的不同文化，即儿童社会化的方法和目标，衣着打扮的训练，喂养的过程，榜样人物的态度和价值，使儿童适应社会上存在的文化类型的社会安排等。跨文化的研究表明，不同社会儿童之间的差异乃是由于不同社会对儿童具有不同的目标，而且不同社会所采用的使儿童社会化的方法也不同。

人类学之所谓文化，是指一个民族的整个生活，以及个人从他的团体中获得的社会遗产，也可以把它看作是人所创造的环境的一个部分。所以，人类学除了研究人的生活习惯之外，还要研究社会制度。人类学家认为，在同样的社会文化背景中，诸如学校、家庭、工厂、银行、教会、帮派、社团等所有的社会机构都共同具有相同的目的。正像罗宾·威廉斯（Robin Williams）所指出的那样，教育机构的由来出于下面两个最简单的事实：第一，人类的文化是学到的，而不是通过生物学的途径遗传的；第二，非常年幼的儿童既是可塑的，同时，他们社会性的品格还未发展，如果没有成年人的照顾和教导，他们便不能生存。每一代人都必须更新文化遗产；每天都有一些新的"原始人"涌入社会，如果文化要具有任何连续性的话，他们必须学习许许多多的具体技能、知识、价值和规范。

2. 人与社会

学校作为一种社会的机构，它要向年轻一代传递社会文化，实现社会的目的，所以，当社会发生激烈变化的时候，教育就必须加以改造。然而，进步主义教育放弃了确定的标准、传统的目标以及通用的严格的训练，而以一种更为自由、更为自发的态度来对待教育，至少在教育的开始阶段是这样的。从改造主义的角度来看，进步教育一方面缺乏明确的目的和方法，另一方面，进步教育的目的和方法始终捉摸不定，它们是随着不断变化的社会目标和无法预见的变化因素而变化的。无论在儿童的发展还是在教师的训练方面，进步教育强调的是自发性和适应性，其目的在于培养健康的、能够解决问题和适应环境的儿童。

改造主义认为，目前，无论家庭或学校，使儿童社会化的过程都是随意而没有计划的，家庭和学校既不向学生教授民主生活所必需的自由地取得"一致同意"的技能和态度，也不要求儿童研究和理解互相抵触的意识形态。儿童所学习的是各种意识形态的拼盘和杂烩。例如，儿童既要知道宗教的博爱，又接触到自由主义哲学，此外还有强调征服、训练等强权思想。在改造主义看来，由于缺乏一致同意的目的，所以在儿童社会化的过程中就不可能采取统一的一致的方法，甚至教师和家长也没有意识到与各种意识形态有联系的各种生活方式是好是坏，没有意识到儿童是否看出它们之间的内在的矛盾，以及是否还有其他更好的选择。

改造主义认为，把教育看作主要是传递文化这种思想的根据乃是一种错误的假设。这种错误的假设认为，社会必须使年轻的一代适应现存的文化。改造主义认为，教育必须打破这种从根本上来说是毫无根据的错误的传统。在他们看来，年轻的一代生活的条件同他们父辈生活的条件是不同的，如果教育旨在使儿童适应，那么儿童就不关心变化，不致力于现有环境的改善，因而社会就不可能得到发展。

改造主义强调，教育者需要认识到的一个问题是，把教育看作是传递文化的实践将使越来越多的人不能全面地认识他们的生活同整个社会的关系，因而他们的价值选择将是狭隘的、片面的、不合理的。此外，改造主义还坚持认为，人的最高价值是他的自然的潜在能力的充分实现，因此，最充分的教育就是充分解放个人的创造力，并使个人对自己的创造充满信心。

在改造主义看来，要使个人在社会方面获得自我实现，其障碍不仅仅在个人方面，社会、政治、经济的环境也是一种阻力，而且，从最一般的意义上讲，目前制度的模式将妨碍教育发挥作用。所以改造主义者主张，要使人获得充分的自我实现并获得好的生活，必须要对社会加以改造。

改造主义认为，个人和社会有着密切的联系，我们不能把个人和社会看作是互相对抗和互不相干的。个人不能离开社会，个人就在社会之中。当今的社会就是由个人所创造的，而且社会的形式、功能及发展始终置于个人的影响之下。虽然社会也改变着个人，而且个人的确也不断地调整自己的行为以适合社会的期望，然而，社会具有个人的痕迹，这也是千真万确的事实。所以不能把个人与社会看作是两种对抗的力量，因为它们之间有着内在的联系。

在个人与社会关系的问题上，改造主义者强调个人对于现有文化作出反应的自由以及个人改变现有文化的能力。许多研究表明，不同的社会具有不同的文化。这个事实说明，个人对于某一特定环境条件所作的反应不是预先决定的，因此，改造文化并非是不能实现的梦想。

改造主义者认为，可以在新的社会成员中培养诸如设计乌托邦式社会的目标，摆脱"传统"对他们的约束等品质，这些品质对于全面的文化改造是至关重要的，而改造了的文化又将促成个人潜力的充分发展。当代的青年必须学会与传统的社会期望作斗争，必须把自己和自己的同辈看作是人类历史的主人。当代青年要通过自己的创造和智慧来证明，人不但能够理解他的环境，而且还能改变环境。

改造主义认为，人要达到理解环境和改造环境的目的，首先需要树立这样的信念，即人和关于人的科学乃是使人类获得最高文化成就的两种有用的资源。除此之外，还要确立适当的文化改造的目标。

本节关于改造主义的思想基础，主要阐述了它的哲学思想以及人类学的影响。除此之外，行为科学和精神病学对改造主义也具有影响作用。改造主义的重要代表人物布拉梅尔德认为，要构成一个新的教育理论，除了要用哲学知识外，还要吸收物理学、生物学以及社会科学的新成就，并从文化、政治、经济的广泛领域对教育的理论和实践进行探讨。

第三节 改造主义的基本主张

一、教育目的

改造主义认为，教育的主要目的是推动社会的变化，设计并实现理想的社会。

本章第一节已经说明，改造主义孕育于进步主义，是从进步主义中分化出来的一个派别。改造主义之所以在20世纪30年代从进步主义中分化出来，是由于二者在学校与社会关系的问题上存在着深刻分歧。虽然进步主义主张持续不断的变化，并通过不断地解决个人和社会的问题来促进社会进步，但在改造主义者看来，进步主义教育实际上成了帮助人"适应"而不是"改变"社会的工具。改造主义认为，教育固然需要帮助人们适应社会，但这绝不是教育的首要任务。教育的首要任务是直接促进社会进行持续不断的改造。

在20世纪30年代，主张教育以社会改造为己任最强烈的是康茨。康茨批评进步教育过分注重学生的个人需要、自由、兴趣以及活动，而没有考虑到社会变革的需要。他认为，学校应该集中致力于社会的改造而不是个人的发展，因为教育的价值和目标是得之于社会的。在他看来，除非有某种关于"好的"社会特征的概念，否则就不可能有"好的"个人。

除了康茨之外，其他的改造主义者如拉格、蔡尔兹等虽然在学校应否承担具体的社会目的方面意见不尽一致，但都主张教育要进一步认识它的社会责任。拉格批评当时流行的教育理论迷恋于"过去的光辉"，看不到目前明显存在着的问题。蔡尔兹认为，教育是一种社会现象，教育的生命力在于它是否处理现代的技术、科学、经验、政治、家庭和宗教等问题。

20世纪30年代的改造主义是同美国当时的经济危机密切相关的。虽然当时的改造主义者都主张教育要致力于社会的改造，为建立一个没有经济危机的国家服务，然而，对于所谓以民主理想为基础的"新"社会的情况究竟怎样，以及如何通过教育来建立这种新的社会秩序等，他们并没有清楚的认识，所以在教育目的的论述上显得比较含糊。对于改造主义教育目的论述得比较完整、系统的是布拉梅尔德。

布拉梅尔德认为，衡量任何教育理论适当与否的标准，最终要看该理论是否适合它自己时代的需要。过去人们认为，教育的主要目的是使年轻人虔诚地接受传统的文化，这种关于教育目的的看法显然已经过时了。他认为，教育发挥着两种作用。一方面，根据人类学家的观点，任何一种文化都不可能得之于遗传，也就是说，任何文化都是后天获得的。因此，教育必须承担传递一定文化的任务。另一方面，在向年轻一代传递一定文化模式的同时，我们也在对它加以修改，使之发生逐渐的、有时甚至是相当突然的变化。所以，教育还必须承担纠正、改进和变更文化的职责。

前面已经讲到，布拉梅尔德把第二次世界大战以后的社会变动归结为文化危机。而且，在危机的时代，当时美国流行的教育哲学如要素主义、永恒主义、进步主义都不适用，而唯一能解决危机时代问题的是改造主义哲学。

布拉梅尔德认为，无论在什么时候，教育都要对文化承担传递和修改这两种作用，然而，在危机的时候，教育对于修改文化的作用将更突出、更重要，也就是说，教育要发挥对文化进行彻底修改的作用。因为在文化危机的时代，我们面临现代文化中大量的混乱和矛盾，人类处于两条道路的十字路口，一条道路将导致人类的灾难，另一条道路将使人类得到拯救，建成一个理想的社会。不过，要达到这样的结果，人们必须做出努力。布拉梅尔德认为，由于世界主要的政治、社会、经济机构都在破坏性地利用技术的力量，这将导致人类越来越接近于最终毁灭的边缘。要制止这种趋势，这些机构必须加以彻底的改造。

布拉梅尔德认为，教育可以帮助人们充分地积极地参与文化的改造。教育必须支持现存社会秩序的改造。社会改造的实现不是简单地通过政治行动，更为重要而根本的是，必须通过教育社会成员认识到目前巨大的危险来实现社会改造。教育必须提出关于新的比较可行的社会秩序的主张。"教育必须此时此刻就专心致志于创造一种新的社会秩序；而这种社会秩序将会实现我们文化的基本价值，同时跟现代世界的社会和经济的根本努力协调一致。"①

在布拉梅尔德看来，改造主义乃是一种价值哲学、目的哲学。哲学的一个重要活动就是深入探讨不同目的的意义和价值。要克服危机，使人类得到拯救，首先必须确立需要有怎样的目的，然后才有可能提出达到目的的具体途径。所以，危机时代教育要承担的职责就是提出、贯彻和证实人类所要达到的目的。布拉梅尔德认为，最重要的，也是包容一切的价值乃是"社会的自我实现"，所以，它也应该成为教育的目的。具体地说，教育目的就是设计并努力实现理想的社会。

布拉梅尔德指出，从最广泛的意义来说，"教育目的既是国家的，又是国际的。就国家而言，应集中于设计一个像美国这样的有计划的民主国家；在这些设计中，每一个重要的制度都是按大多数人的利益组织起来的，都是在他们的控制之下的"。② 就国际而言，教育的最高职责就是建立一个"世界政府和世界公民制度"。布拉梅尔德还具体地描绘了未来的理想社会，它包括：

（1）充裕的经济：能最大限度地满足消费者的要求，保证公民充分就业，有足够的家庭收入，为大多数人的利益利用自然资源。

（2）政治制度：负责把主要的经济事务置于大多数人的控制之下，完善和公开监督公用事业，保持中央和地方权力的动态平衡等。

（3）科学秩序：为了充裕的经济和政治制度而利用科学的发现，保证科学家的自由探索，政府雇用受过行为科学训练的人。

（4）艺术模式：欢迎尽可能多的有创造性的个人和团体参与文化改造的工作，使家庭、地区、娱乐中心一体化，鼓励艺术天才，奖励创造性成就，政府资助艺术作品的出版。

（5）教育制度：各级教育的经费由国家负担，教育要普及，学校的实践要适应上述四个方面的要求，教育要与宣传媒介合作。

（6）人的秩序：积极考虑性表达，保护和鼓励家庭生活，给老年人和无依靠者提供安定的生活条件和丰富的交往机会。

（7）世界秩序：除了建立拥有超越于任何国家权威的世界政府和世界公民制度之外，还要在民主的控制和保护下提出帮助不发达地区的措施，致力于各国之间最大限度的

---

① 陈友松主编.当代西方教育哲学[M].北京：教育科学出版社，1982：95.
② Theodore Brameld. Patterns of educational philosophy: divergence and convergence in culturological perspective[M]. New York: Holt, Rinehart and Winston, 1971: 44.

交流。

根据人类学关于文化是可以改变的观点，布拉梅尔德认为，教育可以承担上述改造文化的任务，教育本身可以引起文化的改变，并指导文化改造的方向。

二、课程

在20世纪30年代，改造主义者看到，进步主义主张的以儿童的需要和兴趣为基础的课程，旨在给儿童以创造性的自我表现和成长的机会，这种课程已经不能适合改造社会的需要。他们认为，迫切需要的是要让学生认识到在社会中发生作用的各种政治、经济和社会的力量，看到不受控制的资本主义经济带来的混乱和社会的不安定。因此，学校的课程应该包括各种社会问题。

拉格对当时流行的课程提出了批评，在他看来，其缺点在于迷恋过去，无视现存的问题，而且无力解决未来的社会问题。他认为，新的学校课程应该从目前社会的问题和特征中直接产生。他带有预见性地提出，今后我们应该关心的主要社会问题有，全球性的人口过剩，无计划的城市化，不受控制的技术的增长，民族主义，生态公害，以及世界贸易和文化的互相依赖。拉格认为，学校应该帮助人们认识这些问题。

蔡尔兹的观点与拉格相同。他认为教育是社会现象，其生命力在于对现代科学、技术、经济、政治、家庭和宗教生活方面具体问题的处理。教育必须面对未来，而不是面对即将崩溃、即将消失的文化。学校的课程不可能毫无偏见，因为它要发挥选择的功能。虽然每一个学生的独特性以及他个人的兴趣是重要的，学校的课程应予考虑，但这些不是课程的决定因素。决定学校课程的最终还是社会的价值。

在改造主义者中，系统地提出课程理论的是布拉梅尔德。

布拉梅尔德认为当时流行的学校的课程，就其结构来说是一种过时了的"鸡蛋筐"式的课程，是"一个不相连贯的教材的大杂烩"。课程划分为各门独立的学科，而每门学科往往又分割成若干不相连贯的单元，对于一般学生来说，各门学科的教材之间很少或毫无意义的联系。布拉梅尔德认为："行为科学现在正在表明，至少就和生物心理经验有关的所有领域而言，这种划分和再划分的办法愈加站不住脚了……人类生活，无论从个人讲还是从文化方面讲，日益被用模式和结构看待了。"[①] 此外，就其内容来说，当时流行的课程过分强调技术，而忽视美学、道德、社会和人文的方面。在布拉梅尔德看来，这种课程

---

① 华东师范大学教育系,杭州大学教育系编译.现代西方资产阶级教育思想流派论著选[M].北京：人民教育出版社,1980：76-77.

的基础乃是一种错误的教育观念,即认为教育的首要任务是传递文化的行为和价值,而学生的任务就是全盘接受被权威们认可了的知识和智慧。

布拉梅尔德认为,课程乃是实现未来社会变化的运载工具(vehicle),所以,普通教育或整体教育的课程设计,"必须使课程结构具有意义的统一性"。由于布拉梅尔德认为人类的任务和目标乃是任何时代所必需的教育的头等重要的事,所以,他之所谓意义的统一性显然指课程的目标要统一到社会改造的意义上来,而且,这种统一的核心乃是人。他指出:"一个从我们关于人类行为的各个方面的实验知识得来,而又对我们这个方面的知识有所贡献的关于整体人的理论,不仅应该把所有其他知识领域统一起来,同时应该给它们提供新鲜而有力的意义。"①

1. 初等教育

布拉梅尔德主张的初等教育是一种普遍的义务教育。初等教育系统分为三个水平:保育学校,入学年龄一般为3岁半(有些儿童也可以从2岁入学),一直到5岁,重点是养育,形成个人的良好习惯等;初级小学,年龄为6岁至11岁,教育的重点是学生的社会发展和有关的人格特征的发展;高级小学,年龄为12—16岁,教育的重点是为进入中学学习做准备的活动和学习。

布拉梅尔德认为,在初级小学阶段的教育实践中,必须具备这么一个前提,即发展儿童的各种兴趣。在他看来,儿童的兴趣能使他们根据自己的性格上的倾向、机会和他们的人际关系,并以任何可能的方式去做他们最想做的事情。然而,儿童兴趣的表达需要有技能、知识以及批判地看待自己以及环境的能力作为媒介。所以,必须教会他们读、写、算。除了读、写、算之外,儿童还要掌握一定的关于自然和社会的基本事实;体验团体学习(group learning)、社会合作和作出决定。

布拉梅尔德认为,社会的自我实现绝不是一个自动的过程,所以,学校有责任使儿童意识到自我和环境中存在的困难和障碍,因为在紧张而有压力的时代,有问题的生活尤其重要。

应该强调指出,布拉梅尔德之所以强调基本的知识和技能,仅仅是因为知识和技能乃是设计乌托邦社会的一些重要的手段。他指出,随着儿童不断成长,他们学会了思考、阅读、交流,并把它们同社会面临的真正的问题以及可能的选择联系起来,这不仅使他们越来越清楚地认识到,旧的模式不再能够提供充分的解决办法,而且他们也感到应该探求一些新的模式来代替它。布拉梅尔德还以公民的身体健康为例具体说明他的观点。他认为,

---

① 华东师范大学教育系,杭州大学教育系编译.现代西方资产阶级教育思想流派论著选[M].北京:人民教育出版社,1980:77.

公民的身体健康是民主社会自我实现的一个重要方面。十多岁的儿童可以很容易地发现目前社会中公民的健康状况是不好的。既然儿童能够理解身体健康无论对于他们自己还是其他人都很重要，那么我们就可以推断他们会对造成公民健康状况不好的原因进行探索，然后就会提出一些纠正的方法。

2. 中等教育

中等教育年限为4年（17—21岁）。对于中等教育4年的课程结构，布拉梅尔德用四轮车来具体说明。车子的四个轮子既各自独立，又由车体联结在一起。车体相当于乌托邦的设计，四个轮子相当于中等教育的四个学年。每一学年的课程又用车轮为比喻加以形象的说明，所以布拉梅尔德也把它称为"轮状"课程（the "wheel" curriculum）。

关于轮状课程，布拉梅尔德的说明如下。

每学年的课程设计应围绕一个核心问题或中心主题展开，这个核心就相当于轮毂；与该核心问题有关的附带的学习或研究，如野外的经验、有关的内容和技能的学习、职业教育等，相当于车轮的轮辐，它们与轮毂是一种互相支撑、互相依存的关系。车轮的轮辋相当于对所有学习内容加以联系和综合的能力。虽然每个学年各有自己的"轮子"，但四个学年的学习应该是一个通过一致目标联系起来的统一的整体。四年学习所应围绕的一个主题是：我们能有一个什么样的世界？我们想要一个什么样的世界？

布拉梅尔德提出的四个学年的课程安排如下。

第一学年有两个部分：（1）形成动机，确定方向。这一部分占第一学年的1/3时间，主要目的在于使学生理解普通教育中寻求目标的重要意义，并认识到这些目标归根到底在于社会的政治和经济方面；（2）集中学习政治、经济方面的社会改造问题，占第一学年的2/3的时间。第一学年要求学生从社区生活开始，然后逐渐扩大到国家和世界。这种学习既可以回顾过去，也可以预测未来的发展趋势。

第二学年主要研究科学和艺术领域的问题，二者各占半年时间。在开始研究科学、艺术问题之前，先对上一年的学习进行扼要的回顾。科学领域的研究主要集中于科学的社会意义以及科学对人的生活的影响。艺术领域则要求学生学习音乐、绘画、雕刻、舞蹈之中的任何一种，旨在从艺术和科学的比较中把握艺术的意义、艺术的社会作用及其对人的生活意义。

第三学年研究教育和人际关系问题。前者占1/3时间，后者占2/3。在扼要回顾上一年学习的基础上，要求学生对学校的教学大纲进行评价，了解当前教育的优、缺点，并关心教育的发展。对人际关系的研究要以一定的价值理论为基础，探讨包括种族、民族、阶级、宗教、国家在内的团体内部、团体之间的关系，以及国际和各种文化之间的关系。

第四学年研究为实现一致同意的目标所应采取的技术、策略,并求得一个最后的综合的观点。二者各占半年时间。对于技术、策略的研究包括手段和目的的关系,对各种手段的评价和选择,其中强调的是团体的作用。综合观点的形成,则要求学生明了4年所学内容的相互依赖的关系,对不同意见的重新检查和阐明,重新考虑社会自我实现的意义等。

布拉梅尔德认为,中等教育最为关键,所以他对中等教育的课程倾注了较大精力。至于高等教育,他认为处于次要地位,高等教育主要应该注重文科教育和技术教育,以便使所有的人从中得益。

改造主义的课程有两个值得注意的特点。

第一,改造主义主张学生尽可能多地参与到社会中去,因为社会是学生寻求解决问题方法的实验室。在改造主义者看来,传统的课堂教学固然有其价值,但重要的是要使学生将其所学运用于社会,此外,学生也可以从社会中学到很多东西。布拉梅尔德认为,改造主义的课程应该既具有向心力,又具有离心力。向心力指学校和社区都将注意力集中于一些共同的问题上来,而所谓离心力,则指师生的活动不能仅限于学校,而应该向社区伸延。正是由于学校和社区的这种动态的关系,才能造成文化的变革。所以,布拉梅尔德提出,学生要有多达一半的时间在传统的学校范围以外的地方度过,并在那里学习和应用知识。

第二,改造主义主张以广泛的社会问题为中心。改造主义者认为,由于报纸、电视以及其他各种宣传媒介的作用,学生对于世界各地以及本国的社会问题非常敏感,这些问题应该在学校的课程里得到反映。学校的课程尤其要关心犯罪、交通拥挤、家庭分裂、环境污染、住房拥挤、贫困等社会问题。学生对这些问题要具有批判性的见识,并要把这些问题联系成为一个整体。为了给学生认识和解决这些问题提供一定的背景知识,学校的课程还必须包括下列一些论题:工业化、宣传媒介、自动控制、生态学等,此外还要学习诸如物理、化学、社会学、人类学、政治学、数学、历史等科目。布拉梅尔德认为,学校的课程不能对学生回避当代严重的问题。无论在初等、中等还是高等教育层次,学校的课程都要对美国社会文化模式的消极方面和积极方面加以检查;要把美国的文化作为当今世界的一种文化模式加以对待,并将它与其他的文化加以比较;要使学生认识到他是整个人类的一部分。他认为,当今的文化危机要求美国教育扩大它的范围,美国的教育要帮助世界各地的人民赢得与美国人民在本质上相同的民主权利。

三、教育方法

改造主义者对目前各级学校所使用的大多数教学方法持批评态度,因为这些旧的方法支持并加强传统的价值，而且抵制变化，教师不知不觉地成了传统价值和观念的维护者。改造主义者认为，传统的教学方法乃是一种"隐蔽课程"，它起的作用是使学生适应于现存的生活模式，而教师对此却毫不知情，并通过他们的教育方法和过程来维护现状。

改造主义者认为，教师的教育方法和教学过程对学生有着很大的影响。教育的方法和过程应有助于发展学生分析、批判以及作出决定的能力，而这些只有通过民主的教育实践才能够实现。

1. 关于灌输的方法

改造主义认为，教育乃是人类实现特定目的的工具，因此，改造主义面临的一个重要问题是，澄清教育目的方面存在的各种混乱的甚至矛盾的观点。也就是说，教育目的要统一到解决文化危机，取得高度文化成就这一点上来，并且要使学生对这个真正的教育目的采取积极的态度。在改造主义看来，教育不仅要让学生和教师获得解决文化危机所必需的知识和技能，更重要的是要让他们坚信这个任务的价值。那么，究竟通过什么途径才能达到这一点呢？改造主义者之间有不同的意见。

康茨主张灌输，他在《学校敢建立新的社会秩序吗？》中提出，为了实现教育目的，教育除了必须有勇气正视社会问题，正视生活的现实，学校与社会建立有机联系等之外，还必须不要像目前这样把强迫接受（imposition）和灌输视为洪水猛兽。

康茨承认，那种强调极端自由和儿童权利的主张已经在教育界非常流行，以至于在教育上一提灌输，人们就感到非常害怕。此外，康茨还承认，批判的因素应该在任何教育中发挥重要作用，而且决不可以为了支持一种观点而歪曲和压制另一种观点。但另一方面，他还强调指出，所有的教育都包含有很大的强迫接受的成分。在康茨看来，从教育的本质来看，要排除强迫接受是不可能的事；社会的存在和演变依赖于它，因而它是特别需要的。

康茨认为，事实已经表明，个人不可避免地要受到既有文化的影响，所以，要学校在其强调的重点方面毫无偏袒、毫无偏见是不可能的，学校必须规范受教育者的态度，发展他的爱好，甚至要强迫他们接受一些观念。其原因是显而易见的，因为学校不可能将人类所有的知识都传授给学生。这就意味着，教师、课程、学校的组织结构以及教学方法必须要做某种选择，在作出选择的过程中，就表现出了选择者的侧重和偏向。所以，教育的问题不在于有没有灌输和强迫接受，而在于这种灌输和强迫接受来自何处。

蔡尔兹的观点与康茨相似。他认为，学校是社会的代理机构，这等于说学校是国家的代理机构，甚至可以说是社会统治集团的仆人。学校不可能是中立的。此外，也不能把教育看成是纯粹的批评现存社会秩序的过程。因为要使这种批评具有意义，它必须要借助于一定的标准、伦理判断和社会价值。所以，教育不能仅仅使学习者学会如何思考，还要向他们提出思考些什么。此外，学校还要向学生提供一定的结论性的意见。

在改造主义者中，也有部分人不同意康茨、蔡尔兹等人关于强迫接受和灌输的观点。他们认为，应该说服学生改造他们所生活的社会，而且这种说服应该从学校开始。"教师的责任是在说服学生；使他们相信改造主义者的解决办法是正确可靠并且是迫切需要的，而且他们必须审慎地把这种做法看作是民主程序。"① 运用说服的方法要鼓励质疑、讨论，允许有分歧意见。教师所需要的不是宣传而是说服的技巧，通过说服，使学生从思想上理解未来社会的理想，并为之承担义务。说服的技巧包括利用神话、宗教、艺术等，因为人总是要无意识地接受情绪和非理性因素的影响的。

布拉梅尔德一再强调，要解决文化危机这个人类面临的紧迫问题，决不能采用强迫的方法。他认为，只有通过民主的决策过程，否则就不可能有人类的新的文明。不论哪个国家，人类的所有成员应该不受阻碍地参与关于全人类的乌托邦的设计，他们应该根据他们能够得到的最好的证据来自由地检验那些乌托邦的目标，并且最终以自己的实际行动来实现这些目标。因此，采用强迫接受和灌输的办法是不能达到这些目的的。

布拉梅尔德还提出了"正当的定见"原则（the principle of "defensible of partiality"）。他认为，在有关目前世界文化危机的一些问题方面，教育无须坚定地保持那种缺乏创造性的中立。在对那些分歧的观念进行自由的检查的过程中，教育者应该检验各种证据，鉴别各种可供选择的解决办法，并且通过民主的手段最终作出决定，而这种决定的基础不是教条，也不是专横的权威，而是科学研究的结论。

关于"正当的定见"，布拉梅尔德提出了两个原则。

第一，必须把"正当的定见"同灌输清楚地区别开来。布拉梅尔德坚决反对干涉人的思想自由，反对在寻求一致过程中的任何限制。但同时他也认为，教师可以有自己的见解，并在逻辑和经验的基础上坚持他自己的见解。此外，教师也可以在不采用灌输方法的前提下表达他的见解，不过他在这么做的时候要提供大量的机会来研究支持或反对他的见解的证据。

第二，教师必须清楚地知道自己的信念究竟是什么，为什么要有这些信念。教师的思考的最突出的特征应该是正面的证实。虽然看起来教师的目的是为了使每个学生承担社会的承诺，但是从长远的观点来看，教师的信念同社会其他成员一样，都是要服从于检验的原则的。所以，教师要反复地告诉学生，他的确是坚持这些有争论的观点的，教师的这种做法将鼓励学生对他们自己的观点作客观的评价。从这个意义上讲，教师既是一个真正的

---

① 陈友松主编.当代西方教育哲学[M].北京：教育科学出版社,1982:96.

教师，同时又是民主的领导者、批判思维的激发者。

概言之，教师一方面不能对学生采取灌输的教育方法，但另一方面，教师又有责任坚持自己的"正当的定见"。正像布拉梅尔德在《走向改造的教育哲学》中所说的："我们既是教师，又是公民，有深刻的信念和所承担的义务，并且有无可争议的特殊爱好。我们的意思不只是要在公共广场上宣传我们的信念、承诺和特殊爱好，不只是要邀请别人完全自由地检查我们的每一个信念，而且还要致力于使绝大多数人接受我们的这些信念。"① 布拉梅尔德坚信，通过民主的方法，人们是能够得出"正当的"结论并为之承担责任的。但这些结论又是一些"定见"，因为它们将导致某一种行动的路线。

2."社会一致"

改造主义者批评进步主义只重视过程而忽视目的，而且认为要解决文化危机的问题，首先必须具有明确的目的。因此，目的的寻求成了改造主义的一个重要的问题。

布拉梅尔德认为，民主的目的只有通过"社会一致"的民主过程才能够获得。学校教育的过程应该成为民主实践的过程，因此，他把学生的学习活动分为四个方面或阶段，其特点是从学习者的经验开始，通过各种学习达到"一致"的意见，而这种"一致"的意见是以未来的目标为定向的。

布拉梅尔德提出的达到"社会一致"的学习活动的四个方面或阶段是：通过证据的学习，通过交流的学习，通过同意的学习和通过行动的学习。

（1）通过证据的学习。证据包括直接经验和间接经验两种。注重经验显然与进步主义的主张相类似，但相对于进步主义来说，改造主义的直接经验不仅仅指儿童个人的直接经验，它还包括团体的直接经验。此外，同进步主义不同，改造主义非常重视由科学、历史和跨文化研究所提供的间接经验。布拉梅尔德认为，证据的学习必须在一个特定的学习情境，即在学生受到自己寻求目标的兴趣所激发的情况下进行。

（2）通过交流的学习。通过交流的学习和通过证据的学习两者难以绝对分割开来。因此，不能简单地把它们作先后次序的划分。由于改造主义之所谓经验，除了个人的直接经验之外，还包括团体的直接经验和间接经验，因此，在通过证据学习的同时也存在着交流。

作为民主实践过程的交流，显然要具备不同于过去实践的一些特点。首先，这种交流不纯粹是通过教科书、讲义、图片等自上而下的传递，学生也不纯粹是信息的受纳者。交流应该包括学生独立见解的表达。也就是说，交流的过程是双向的，教师和学生在交流的

---

① 陈友松主编.当代西方教育哲学[M].北京：教育科学出版社，1982：97.

过程中互教、互学。其次，交流的方式不限于课堂教学，演说、写作、艺术表演等都是可供选择的表达方式。最后，交流的范围也不限于学校。学校要关心社会的宣传媒介，并把社会的各种交流方法作为学校交流的补充。通过交流，可以使学生从更大的范围内获得并检验更多的证据，从而提高作出判断的准确性。

（3）通过同意的学习。在收集并交流证据的基础上，团体就可以进行通过同意的学习。这种学习的理想目标是对经验的证据达到一致的同意。能否达到一致同意，取决于经验证据的数量、质量以及交流是否充分。一个人提出的目标，由于证据和交流的原因不被大多数人接受的情况是经常发生的。在这种情况下，他或者接受大多数人的意见，修改自己提出的目标，或者坚持己见。不管在什么情况下，少数人的不同意见必须得到尊重。但作为持异议的少数人，除了可以为自己的观点辩护之外，也要认识到，尊重大多数人的决定乃是自己的义务。

（4）通过行动的学习。达到一致同意的目标要经过行动的检验和证实，所以，学校要将一致同意的目标转化为行动，并为这种转化提供机会。在实际情况中，有些可以立刻直接转化为行动。例如农业课决定在庭院里种植东西并保护果实，这种决定就可以立刻直接执行。但是，也有不少是不能立刻直接去行动的。例如关于住房改革、医疗改革的政策等，学生无法立刻直接行动。在这种情况下，他可以劝说掌权者执行，也可以等待以后自己有条件执行时再行动。所以，通过行动的学习既包括即时的或延缓的行动，也包括直接的或间接的行动。

应该指出，这种方法的适用范围有限，它主要应用于社会问题的学习，以及为建立某种社会规范而进行的学习。而对于自然科学的学科及初等教育的读、写、算的学习，这种方法是不能采用的。

四、学校的作用

在学校的作用方面，改造主义与进步主义有着深刻的分歧。杜威认为，学校绝不可能成为社会秩序的创造者。在杜威看来，社会的改善既不完全受个人主观因素的影响，也不完全外在于个人的因素影响。此外，诸如社会机构、物质环境的变化也不能影响社会的改善。社会是由个人组成的，所以社会的改善首先依赖于人的行为的改善，然后再将人的行为的改善转变为社会机构和物质环境的改善。此外，由于人的生活不是静止而是变化的，所以，健全的社会的根本特征就是不断地适应变化的情况和条件。因此，社会根本就不存在有待于实现的固定的目的。

杜威的这种观点被改造主义者批评为轻目的、重过程。改造主义认为，学校可以改造文化，创立新的社会秩序，所以，学校必须从现在起就致力于这一目标，在文化改造中发挥自己的作用。

1. 学校是社会改造的工具

改造主义者认为，如果没有合作的智慧，没有组成社会的个人之间的合作，就不可能对现有的文化进行改造，因而也就无法谈及完善的文化。所以，为了实现文化改造的目的，学校必须要比历史上任何时候都更加强调对人的社会特性的培养。学校必须把学生当作真正的人加以对待，决不能把他们看作是预先划定的各种类别的成员。学校要努力培养和发展学生的合作精神，因为社会的文明取决于该社会成员在多大程度上用理智的合作的方法来取代赤裸裸的竞争。

如前所述，改造主义者主张通过自己的课程、民主的方法说服学生改造社会。社会的改造不纯粹是一个知识或认识的问题，它要求学生身体力行地参与其间，因为美好的社会不是自然的恩赐。学校应该培养未来前景各种可能性的见识，鼓励他们忠诚于自己的理想并为之而奋斗。除此之外，学校还应该使学生认识到社会改造方面的现实的障碍和困难；要有一种现实的和客观的观点。人的主观性对于社会的改造是必需的，然而又不是充分的，因此还需要有客观性。学校要使学生认识到，在决定自己想要实现的价值和应该采取的策略方面，个人的选择并不是完全自由的。他的结论要服从于所获得的证据。

2. 学校应采取民主管理的方式

布拉梅尔德认为，学校的管理不应采用自上而下的商业管理模式，学校管理机构也不能由社会上占统治地位的成员组成。他认为，应该由人民来选举各个州和地方的教育委员会的成员。州和地方教育委员会的主要责任是制定教育政策，而这些教育政策应该为社会各个部分的人服务，而不应像当时的实际情况那样只是为了少数团体人的利益。至于这些政策的具体实施，则应由参与教育过程的专家来完成。

每个学校内部设立7个委员会，每个委员会各代表一个团体。这7个委员会是：市民委员会（由教师、学生和有代表性的社区团体的代表组成，主要使州和地方教育委员会的政策具体化，并对学校的其他委员会发挥咨询作用），学生会，教师委员会，行政人员委员会，服务人员委员会，家长委员会和全校委员会。全校委员会由学生、教师、行政人员、服务人员、家长这5个委员会的代表组成，其作用是使全校性的计划和规划具体化，规定这5个委员会权限，并协调市民委员会和这5个委员会的关系。

布拉梅尔德设想这套学校管理体制，是他的理想社会中的教育的管理模式。学校之所以要实行民主化的管理，一方面是为了保证培养学生的民主过程，另一方面也是为了使学校成为一种鼓励批评精神和反对意见的机构，并排斥企业主、政府官员等对学校的控制。

既然学校的管理被看成是培养人的一种手段，那么，学校里的各种委员会都必须实践"社会一致"的原则，换言之，大至教育的政策、学校的计划，小到学生行为的规定、教学质量的改善，都必须按照"社会一致"的原则来进行。

除了实践"社会一致"的原则之外，这些委员会还要承担一个原先由教育董事会负责的使命，即集体选举校长等行政人员，这些行政人员将执行教育的各项政策。

3. 教师的责任和培养

改造主义不仅希望将学校的管理办成理想社会民主管理的样板，而且要求教师在改造社会方面起模范的作用。

康茨早在20世纪30年代就提出，教师要把自己从传统的关于教师作用的思想中解放出来；教师要勇敢地面对社会问题；教师要同社会建立更好关系。康茨还希望教师要发展一种实际的、综合的福利（welfare）理论，形成一种令人信服而具有挑战性的关于人类命运的看法。

改造主义认为，教师要敢于参与政治活动，在社会改造方面发挥自己的作用。改造主义者认识到，要引起真正的社会改革，只有三种途径，即通过阴谋活动搞政变，通过公开的动员人民来反对现行的制度，或者说服现政权的掌权者。前两种途径显然是不可取的，只有第三种途径才是切实可行的办法。

改造主义者认为，所谓政治就是获得并利用权力，而且它同教育是不可分离的。要改变当前社会中不合理的现象，人们就要利用任何可以得到的政治势力来实现改造社会的目标。除了要对有影响的国会议员、立法机关的成员、市政会成员、学校董事会成员进行游说、疏通之外，教师形成一种压力集团在危机的时代是绝对不可少的。教师应该处于政治过程的中心地位，同时应该组织有影响力的教师组织。

在保证学生和自己真正参与民主政治的斗争中，教师应该处于斗争的前列。教师应该表现出比社会上其他人更强烈的参政愿望，因为实现改造社会的目标极为重要，而且极其复杂，一般的公民是不能当此重任的。改造主义者除了看到权力的重要性之外，还认识到需要有民主的参与，需要在取得社会一致的过程中不断地发现新的证据。

教师除了自己要行动起来之外，还要说服学生投身于社会的改造。在说服学生、讨论社会问题的过程中，教师发挥小组讨论领导者的作用，同时又要以小组成员的身份参加讨论和作出决定。在这个过程中，教师没有任何超出于学生的特权。教师的作用在于有根据、有条理地阐明自己的观点。他要通过自己的示范使学生明白，一个"改造过的人"乃是一种有自主性的人，他能够理解自己的思想和感情、自己的能力和局限性，能够根据自己的理解去行动、并对自己的行动负责。

布拉梅尔德对教师在社会改造中的作用给予高度的重视。教师不仅要说服学生树立未来社会的理想和信念，理解他们的价值，为学生走出校门到社会中去学习创造条件，而且自己要成为学生的榜样或示范，发挥民主的领导人的作用。因此，他对教师的培养尤为关心。

布拉梅尔德将医生的培养和教师应受的教育作了类比，他认为，同医生的培养一样，未来的教师也应包括类似的四个方面，它们是普通教育、专业知识、教育理论和实践。

培养教师的普通教育有别于一般中学和大学，旨在使学生对生活和现实具有完整的有机的理解。普通教育的课程类似于本节前面部分提到的中等教育的课程，因为这些内容对于未来的教师在社会中发挥作用是必需的。

专业知识教育除了包括他将来任教的学科和领域的专门知识之外，还要包括行为科学的知识，因为教师的任课不仅仅是传授知识，更重要的是要发展学生的个性，不具备行为科学的知识就难以履行教师的职责。

教育理论知识是最重要的，因为它能给教师提供明确的目的，并使他理解这种目的及其基本前提。在教育理论知识方面，布拉梅尔德最强调的是教育哲学。

实习不应仅限于课堂教学经验的获得，还应包括认识并关心学校所在社区的事务和社会问题，并且要积极参加到社区的科学、经济、政治和艺术活动中去。

第四节 评 论

一、关于改造主义的思想基础

改造主义者承认进步主义乃是自己的"亲密盟友"，并认为在理论上难以将两者分离。虽然改造主义在许多方面表现了与进步主义有分歧的观点，但两者在思想基础上却都同实用主义哲学有着密切的联系。改造主义的主要代表人物布拉梅尔德、康茨、克伯屈、蔡尔兹、劳普等人，虽然他们每个人都用独创的方法进行哲学探讨，但"这些人全都把实用主义的准则作为他们进行哲学探讨的基础"。[①]

在本体论方面，改造主义与进步主义的主要差别在于前者更强调团体的经验，然而，这种团体的经验与实用主义之所谓经验在本质上却是一致的。

实用主义哲学的奠基人詹姆斯认为，经验主义要彻底，就必须把世界上的一切都看作是经验。杜威对于哲学问题的解决则依赖于他对于经验的解释。杜威在《经验与自然》一

---

① 陈友松主编.当代西方教育哲学[M].北京：教育科学出版社，1982：185.

书中说，经验类似于"生活"和"历史"，"既包括人们所做的、所遭遇的事情，人们所追求的、所爱的、所相信的、所忍受的事情，也包括人们怎样活动和接受活动，人们行动和遭受、意欲和享受、观察、信仰、想象的方式——总之，包括各种经验的过程。"① 在杜威看来，经验乃是詹姆斯之所谓"双义语"，既包括一切心理意识的、主观的东西，也包括事物、事件及其特性等"客观"的东西。这样，经验与自然乃是一个统一整体，二者之间便没有界限。

对于实用主义关于经验的解释，改造主义者是接受的。布拉梅尔德认为，经验乃是指事物与理想，感觉与思维，社会，天地等。而所谓自然则指人类的经验所能达到的范围以内的世界，而与人相互作用过的自然就是经验，因此自然和经验是统一的。布拉梅尔德对于实用主义本体论的发挥，在于他把团体的经验界定为"文化实在"，并且对文化实在做了比较全面的论述。同实用主义者相比较，改造主义更关心自然的人类经验方面，即政治、经济、社会、道德等。在布拉梅尔德看来，文化也是人类形成的一种经验，它包括了生活在社会中的人所构造的环境的所有特征，包括所有由人形成并反过来影响人的一切事物。既然文化是人形成的，自然也是在人的经验范围之内的，所以，经验、自然和文化是统一的。同实用主义一样，改造主义的这种统一抹杀了主体和客体、精神和物质的区别和对立，同时也混淆了主观与客观之间的反映和被反映的关系。此外，改造主义者把自然界定为经验所能达到的范围之内的世界，这实际上也否定了人类经验范围之外的客观世界的存在。

在认识论方面，虽然改造主义强调知识和真理的出发点是社会而不是个人，但在知识的获得方面，他们并不完全否定杜威提出的解决问题的方法。如果我们把布拉梅尔德主张的"社会一致"这种寻求真理的方法同杜威的解决问题方法加以比较，不难发现，它们二者在本质上是一致的。其差别在于，改造主义更强调集体的认识过程。

关于真理的检验，实用主义强调真理的工具性，提出有用就是真理，或真理即效用。而布拉梅尔德则认为社会问题的真理性取决于团体的一致同意，它最终决定于人类物质的、经济的和实际的利益。因此，真理取决于集体的主观意愿。尽管措辞有异，但二者都否认了真理的客观性，而且二者都在否认真理客观性的基础之上强调真理的工具性或真理的功用性。列宁指出："认识只有在它反映不以人为转移的客观真理时，才能成为对人类有机体有用的认识，成为对人的实践、生命的保存、种的保存有用的认识。在唯物主义者看来，人类实践的'成功'证明着我们的表象和我们所感知的事物的客观本性的符合。在

---

① 赵祥麟，王承绪编译.杜威教育论著选[M].上海：华东师范大学出版社，1981：272.

唯我论者看来,'成功'是我在实践中所需要的一切,而实践是可以同认识论分开来考察的。"① 列宁在这里对于唯我论者的批判,是完全适用于改造主义的。

在价值论方面,改造主义和实用主义都把价值看成是需要的满足,改造主义的发挥表现在强调"社会的自我的实现"方面,而且个人的自我实现离不开团体。价值的实现是在个人影响社会以及社会影响个人的互相作用的过程中完成的。由于二者都把价值界定为需要的满足,而且在布拉梅尔德列举的"多种多样"的需要中,"每一个价值都应受到重视",这样就取消了价值的等级。事实上,价值固然与事物能否满足人的某种特定需要有联系,然而,如果仅仅以事物的有用性能否满足人的需要来界定价值是片面的。价值的界定还有另一个重要的方面,即某一特定事物的价值在多种价值中所处的地位。如果不承认这一点,就必然要陷入多元的和相对立的价值观。

二、关于改造主义之"理想社会"

改造主义者主张通过教育来实现"理想社会",达到"社会民主"和"世界民主"。改造主义者还提出要由人民来控制一切机构和资源。布拉梅尔德甚至还说,民族文化的主要制度和资源是否由人民控制,乃是民主的最好的试金石。仅就这些表面的言辞来看,改造主义似乎代表了人民的利益,然而,究其实质,改造主义之所谓"理想社会"同人民当家作主的社会主义制度有着本质的差别。事实上,改造主义的所谓"理想社会"实质上仍然是资本主义社会。

第一,从改造主义产生的历史背景来看,它的目的在于通过改正进步主义教育的弱点,补充并加强它的成就,以帮助美国度过经济危机。

在开始于1929年的资本主义经济危机的时代,改造主义对进步主义教育在危机时代的社会作用表示怀疑,并批评了妨碍进步主义教育充分发挥其社会作用的两个致命的弱点,即缺乏明确的目标和过分强调儿童个人的发展。虽然改造主义对进步主义的弱点进行了激烈的批评,但二者在维护资本主义制度这一点上却是共同的。

进步主义主张发展、变化,但这种发展和变化应当是缓慢的、渐进的。杜威主张社会变更应该从解决具体的特殊的问题开始,采用实验的、探索的方法去一个一个地解决问题。在杜威看来,社会的进步就是今天一点、明天一点,从各个方面一点一点地前进的,就是对社会的现状不断地加以补救、修改和补充。社会进步是零买的,不是批发的,是杂凑的,不是整包的。改造主义者认为,在经济危机造成的社会动荡的时代,杜威主张的这

---

① 列宁.唯物主义和经验批判主义[M].//列宁选集:第2卷.北京:人民出版社,1972:139.

种社会进步的方法缓不救急，因而已经不再适用。在改造主义者看来，要克服经济危机，并一劳永逸地解决资本主义社会经常出现的经济危机问题，不能采用杜威的点滴改良的方法，而首先要设计一个理想社会的蓝图，以全面地解决资本主义社会当时面临的一切社会问题。这首先表现在康茨的观点上。康茨在20世纪30年代提出通过教育建立的理想社会，主要是为了解决当时的经济危机所造成的国内问题。后来，布拉梅尔德对康茨的观点作了发挥，他除了对美国的问题表示关注以外，还致力于解决世界范围的所谓文化危机问题，以达到所谓的"世界文明"。

第二，改造主义之所谓"理想社会"，其实质乃是一种消除经济危机或文化危机的资本主义社会。

从19世纪末、20世纪初开始，世界上的主要资本主义国家相继由自由资本主义过渡到帝国主义。进入帝国主义阶段以后，资本主义固有的矛盾日益尖锐起来，除了酿成第一次世界大战之外，还时常出现经济危机。开始于1929年的世界性的经济危机，暴露了20年代资本主义经济繁荣的脆弱，并把美国的资本主义制度推到崩溃的边缘。为了挽救这场危机，罗斯福总统提出"银行紧急法令""国家产业复兴法""农业调整法"等一系列"新政"措施。此外，教育学家、社会学家、历史学家、经济学家、哲学家等也都围绕当时经济危机提出的国内社会问题展开讨论，研究克服危机的办法。在这股社会思潮之下，改造主义者提出了学校应该发挥社会改造之工具作用的观点。虽然改造主义者对于当时资本主义社会中的一些现象表示不满并提出了一些"激进的"改革的观点，然而从根本上说，其目的仍然是为了维护资本主义制度。罗伯特·梅逊（Robert E. Mason）指出："从1929年开始一直延续到30年代末的经济大萧条，使美国的文化观点有了深刻的转变，现在，这已是无可置疑的了。20世纪20年代那种欣欣向荣、万象更新的景象已被一种对美国经济前景忧心忡忡的心情所代替。然而，20世纪20年代的那些特征全面消失了吗？……20世纪20年代的价值观念是否已经改变了？可能并没有改变……所谓20世纪30年代的精神很可能就是不得不改变策略以实现20年代的价值观念。"① 他接着说，所谓"20世纪30年代的精神"是指关于美国政治和经济的一套想法。美国可能要求有一种新的社会秩序，"但这并不是说需要一个像极权主义国家那样的"社会。而这里的所谓极权主义国家，是包括社会主义国家在内的。

第二次世界大战以后，以布拉梅尔德为代表的改造主义者对资本主义世界危机的认识有了改变，把它界定为文化危机。从第二次世界大战结束到60年代初，虽然美国也发生了若干次经济危机，但由于美国在第二次世界大战中的"兵工厂"的作用，总的来说经济

---

① 罗伯特·梅逊.西方当代教育理论[M].陆有铨，译.北京：文化教育出版社，1984：98-99.

实力有了增强。但在经济繁荣的同时,却出现了各种各样的社会混乱的情况。这主要表现在无节制的纵情物质享受,精神空虚,整个社会离心离德,缺乏真正的信仰。在国际上,美国推行与当时的苏联和中国等社会主义国家相对峙的冷战政策,组织军事集团,发展军工生产,这不仅受到世界各国人民的谴责,也招致了本国人民的不满。在布拉梅尔德看来,这些都可以用"文化危机"来加以概括。

布拉梅尔德认为:"美国生活在一个骗人的繁荣和自满的气氛之中,一直否认这一事实而又没有任何真正的信念。但是,在世界其他地方,广大群众却是非常担心,每一个关心世界事务的人都知道,他们日益以怀疑态度看待我们的国家,而愈来愈少把我们看作像过去那样伟大的民主前驱。"[①] 此外,他还看到了"否定生命的、可怕的"人造卫星和氢弹所象征的危机。布拉梅尔德认为"文化危机"乃是"前所未有的"、人类历史上最大的危机,并惊呼"人类已能在一夜之内毁灭文明"。

面对这场可能毁灭资本主义文明的文化危机,布拉梅尔德盼望出现一个新的时代,而要使这个新的时代到来,就必须走社会改造的道路。布拉梅尔德承认,赞成他的社会改造主义的人在社会上占少数,但又坚持他们是代表了多数的人。他对实现社会改造的理想抱有信心,认为行为科学自身的革命正在唤醒人们认识到,人类现在正在接近建设一个富裕、健康和人道的世界文明的机会。同时,他强调指出,要克服文化危机,教育就应该激发青年人的冒险和创造精神,而且这种教育"是和它的一个真正对手即共产主义阵营的极权主义教育乃是正相反对的两个极端"。不难看出,布拉梅尔德之所谓理想社会乃是一种克服文化危机的资本主义社会,是一种使美国真正成为"伟大的民主前驱"的社会。

第三,改造主义在激进言词掩盖下的社会改造,实质上是一种社会改良。

社会是以共同的物质生产活动为基础而相互联系的人类生活共同体。人在生产活动中形成的一定的与一定的生产力发展水平相适应的生产关系的总和,构成了社会的经济基础。因此,要彻底地进行社会改造以改变社会的性质,必须改变社会的经济基础,舍此别无他路。马克思指出:"为了把社会生产变为一种广泛的、和谐的自由合作劳动的制度,必须进行全面的社会变革,社会制度基础的变革,而这种变革只有把社会的有组织的力量即国家政权从资本家和大地主手中转移到生产者本人的手中才能实现。"[②] 改造主义者所主张的社会改造,并不想改变资本主义社会经济制度,它充其量只想对资本主义加以修补,而且,改造主义提出的任何社会改造的措施,都没有超出资本主义制度允许的范围。

---

① 华东师范大学教育系,杭州大学教育系编译.现代西方资产阶级教育思想流派论著选[M].北京:人民教育出版社,1980:74.

② 马克思,恩格斯.马克思恩格斯全集:第16卷[M].北京:人民出版社,1972:219.

改造主义者强调，他们的理想社会是民主的，所以必须通过民主主义的方法去实现理想社会的目的。他们提出的这种方法的前提是，人类都有共同需要实现的目标，这些目标既有生理的、心理的，也有社会的，所以，对于未来理想社会的设计和规划，必须采用"社会一致"的方法，并"说服"人民去改造社会。改造主义的这些主张具有很大的欺骗性。

自从进入到阶级社会以来，人们的思想和行动都要受到他所处的政治经济地位的制约，不同社会想要实现的社会目标是各不相同的，所谓人类有"共同目标"的说法是虚伪的。既然不存在共同的社会目标，那么"社会一致"也只能是一种梦想。且不说阶级对立所造成的关于社会目标的深刻分歧，即使就教育这一个方面来说，人们也很难达到"一致"的意见。乔治·奈勒在批评改造主义的时候指出："很难设想像美国这样一个多元的民主社会，能够就布拉梅尔德所建议的深远变革达成一致意见。对一个政治候选人或公债发行问题进行表决是一回事，但是，关于教育的种种争端进行表决则是另一回事了，因为这种种争端受到许多观点，如道德的、宗教的、审美的、社会的以及纯粹个人观点的影响。"[①]

正像列宁所指出的那样，所有的压迫阶级，为了维持自己的统治，都需要有两种社会职能，一种是刽子手的职能，另一种是牧师的职能。可以说，改造主义在挽救资本主义制度方面发挥了牧师职能的作用。

三、关于改造主义的教育主张

改造主义者将改造社会、建立新的社会秩序的重任交给了教育。在改造主义者看来，教育是社会秩序的"创造者"，而不是它的创造物。这一思想处于改造主义教育的中心地位，也集中地反映了改造主义者在教育的社会作用方面的唯心史观。

关于教育和社会的关系，一个重要的前提是要肯定社会是一种历史现象，它按照不以人的主观意志为转移的客观规律向前发展变化。人们不能随心所欲地创造历史，也不能随心所欲地建立社会秩序。社会的发展、社会的变化是在社会的生产力和生产关系、经济基础和上层建筑的客观矛盾的运动中实现的。马克思说："一切社会变迁和政治变革的终极原因，不应当在人们的头脑中，在人们对永恒的真理和正义的日益增进的认识中去寻找，而应当在生产方式和变换方式中去寻找；不应当在有关的时代的哲学中去寻找，而应当在

---

① 陈友松主编.当代西方教育哲学[M].北京：教育科学出版社,1982:100.

有关的时代的经济学中去寻找。"① 从唯物史观的观点来看,物质生活的生产方式对于教育具有广泛的制约作用。不仅社会生产中生产关系的性质决定了教育的阶级性质,而且社会生产的发展水平也决定了教育的内容、方法,以及教育培养人的规格等。

在承认物质生活的生产方式对于教育决定作用的前提下,唯物史观也不否认教育在社会发展中的作用。教育对于社会发展的作用一方面表现在可以将知识形态的生产力转化为直接生产力,另一方面,教育通过将社会的物质财富和精神财富传递给新的社会成员来实现社会的延续和发展。应该强调指出,教育对于社会的作用必须置于社会发展的客观规律的控制之下,而且教育对社会发展的上述两个方面的作用,都要通过以传递社会财富为基本形式的对于人的培养来进行的。

改造主义者企图撇开社会发展的客观规律,而将自己主观设计或规划的"理想社会"的模式镶嵌到社会发展的历史进程中去。虽然布拉梅尔德认为自己的"理想社会"的乌托邦不同于那种"令人厌恶"的一般的乌托邦,提出了处于两大历史时代过渡时期乌托邦理想的重要性,但是,他把教育作为实现社会变革的主要力量,而闭口不谈社会生产力和生产关系,经济基础和上层建筑的矛盾斗争在社会历史发展中的决定作用,表现了明显的唯心史观的立场。

此外,改造主义还离开教育通过传递社会财富这一基本形式来培养人以实现对社会的作用,把教育界定为实现理想社会的工具。教育需要的不是传递社会财富,而是改变现状,因为旧的真理、价值无助于理想社会的建立。布拉梅尔德认为,目前教育上存在的问题,从根本上说乃是源于错误的教育观念,即认为教育的基本任务应该始终是传递文化的行为和价值,而这种传递却无助于师生批判性、鉴别性思想的发展。因此,他对于永恒主义和要素主义都持批判的态度,对于进步主义则要改正其弱点。改造主义的这种脱离通过社会财富的传递而实现的培养人的功能来谈教育的社会作用,最后势必成为没有基础的空中楼阁。教育的对象是人,教育只有通过培养符合一定社会和阶级要求的人,才能实现其对于社会的作用。

改造主义教育在目的和手段的关系上有着严重脱节现象。它以改造社会、建立社会新秩序为己任,然而所提出的实现这个宏伟目标的手段却软弱无力。改造主义者幻想通过教育内部管理体系的变革、课程和教学方法的改变、教师参政等所谓民主的方法来说服人们改造社会,未免过于天真。正像有些西方学者所指出的那样,改造主义者低估了目前政治结构的力量,他们没有认识到,任何政府都不会允许它的学校来促进政府所反对的观点。

---

① 马克思,恩格斯.马克思恩格斯选集:第3卷[M].北京:人民出版社,1972:425.

改造主义教育之所以出现宏伟的目的、软弱的手段这一现象，是由于没有意识到教育目的与手段的辩证关系。改造主义者在批评进步主义缺乏明确目的的同时，夸大了教育目的对于教育手段的指导作用。诚然，教育目的是教育实践活动的起点和归宿，一切教育手段都应围绕目的而展开，但教育目的对手段的指导作用并不是绝对的。如果现实不具备实现目的的手段，所谓目的只能是空谈。正是由于这个原因，改造主义才从未对美国教育的实践产生过真正的影响。

第五章

新行为主义

新行为主义是现代西方心理学的一个重要派别。在通常的情况下，人们不认为它是一种类似于观念主义、实在主义、实用主义或存在主义那样的哲学。本书之所以列专章讨论新行为主义，主要是因为在新行为主义的理论中，学习的问题占据了核心的地位，此外，还由于新行为主义的学习理论以及由此而造成的教学方法的革新，对教育的理论和实践产生了巨大的影响。

围绕着人的学习这一核心问题，新行为主义者对教育的本质、目的以及达到目的的途径等问题系统地提出了自己的见解，而对于这些问题的阐述，不可避免地又要涉及诸如教育的本质、人性、社会的本质、价值等根本的哲学问题。在当代著名的新行为主义者中，对教育问题表现出极大热情并给予全面而系统阐述的人物是伯尔赫斯·弗雷德里克·斯金纳（Burrhus Frederic Skinner），所以，本章主要是透过斯金纳的思想来阐述新行为主义的教育观。

第一节 新行为主义的产生

一、从行为主义到新行为主义

新行为主义教育的心理学基础是斯金纳的新行为主义心理学，其产生与以约翰·华生（John B. Watson）为代表的行为主义有着直接的联系。

华生发表于1913年的一篇论文《行为主义者眼光中的心理学》，被人们认为是行为主义的宣言。行为主义心理学完全反对它以前的西方两种重要的心理学派构造主义和机能主义。"它真是一种叛乱，一种公开的决裂，全面反对过去的建树，旨在砸碎上述的两种观点。"[①]

华生主张要把心理学"自然科学化"，提出心理学是研究动物和人类行为的自然科学。心理学的研究要抛弃心理学中历史遗留下来的所有的主观成分。华生认为，作为过去的心理学研究中一个重要论题的意识是无法观察的，所以，心理学的对象不应该是意识，而是可以观察的行为。既然意识不是心理学研究的对象，那么，自威廉·冯特（Wilhelm Wundt）以来一直倡导的用以描述主观世界的内省法也应在摒弃之列。

华生认为，人的心理中不存在任何精神的因素。在他看来，所谓感觉乃是一种"辨别反应"，情感是内脏反应，所谓思维，实际上也只是一种无声的语言，而思维活动就是肌肉，尤其是喉头肌肉的内隐的活动，它与其他外显的肌肉活动没有什么区别。

---

① 杜·舒尔茨.现代心理学史[M].北京：人民教育出版社,1981：189.

华生认为，人的行为是为了应付环境。行为可以区分为下列四类：外显的习惯反应，如开门锁，打球，盖屋，和人谈话等；内隐的习惯反应，如没有仪器和实验的帮助就不易观察的思维，腺体和不随意肌肉的条件反射；外显的遗传反应，指人的各种可以观察到的本能和情绪反应，如抓、握、眨眼，以及在恐惧、愤怒，喜爱中所见到的那些反应；内隐的遗传反应，指在仪器和实验的帮助下才能进行观察的内分泌和无管腺分泌系统、循环系统的各种反应。概括地说，人的行为的最基本成分是肌肉的收缩和腺体的分泌。

华生将上述肌肉的收缩和腺体的分泌称为反应，而引发有机体机体活动的内部和外部的变化就是刺激。于是，他得出一个著名的结论，即人和动物的全部行为都可以分析为刺激和反应。心理学研究行为的任务就在于查明刺激和反应之间的规律性的关系，从而可以根据刺激推知反应，或根据反应推知刺激，达到预测和控制行为的目的。

在教育方面，华生是环境决定论的重要代表人物。他认为，人和动物的行为都可以通过学习或训练加以控制，对于年幼的儿童来说，更是如此。5岁以前婴儿的人格可以任凭我们的意志加以塑造或毁灭。他还在《行为主义》一书中夸口说，如果给我"……十几个健康的、体格匀称的婴儿和我所设计的特殊环境，那么，我保证能把他们中的任何一个训练成我想要选择的那种类型的专家——医生、律师、艺术家、巨商；是的，甚至也可以把他训练成乞丐和贼，不管他有什么样的天才、爱好、脾性、能力、禀赋，也不管他是什么种族。"[①] 华生对他的行为主义理论在"改变这个宇宙"方面的作用深信不疑，在该书的结尾部分他提出，如果人们把孩子放在"行为主义者的自由王国"而不是"浪荡公子的自由王国"里进行教育，那么"宇宙就将发生变化"。虽然他自己也承认对于行为主义者的自由王国目前尚知之甚少，"无法用文字来描绘它"，但是他坚持认为，只要坚持用"更科学的方法"去教育我们的子女，这样一代一代地坚持下去，世界最终将成为一个适合于人类居住的地方。

华生的行为主义理论对心理学理论和研究的发展固然有一定的积极意义，但行为主义否定了意识，贬低脑和神经中枢的地位，片面强调环境和教育的作用而忽视人的主观能动性等，也受到了大量的批评。除此之外，行为主义作为一个心理学派别，其理论有很多臆测和武断的成分，许多论点也出现前后矛盾的现象，陷入了内部混乱的状态。

1930年以后，以华生为代表的早期的行为主义逐渐被新行为主义所取代。新行为主义的代表人物除了斯金纳之外，还有爱德华·托尔曼（Edward C. Tolman）和克拉克·赫尔（Clark L. Hull）。

新行为主义坚持早期行为主义研究人的行为的定向，旨在探索刺激和反应之间的规

---

① 罗伯特·梅逊.西方当代教育理论[M].陆有铨,译.北京：文化教育出版社,1984：186-187.

律。但是，新行为主义对其他学派的理论不再采取对峙和排斥的态度。例如，有的新行为主义者受格式塔心理学的影响，重视对机体内部条件和行为动机的研究，重视行为的整体性。

新行为主义还吸取了20世纪20年代末出现的操作主义思想。操作主义是美国哈佛大学物理学家珀西·威廉斯·布里奇曼（Percy Williams Bridgman）于1927年提出的一种理论，认为任何概念和与其相应的一套操作是同义语；如果不能通过可观察的操作去验证某一概念，那么这个概念就是没有意义的虚构。操作主义否认了概念是客观事物的反映，陷入了主观唯心主义。新行为主义受操作主义的影响，并将操作主义的理论加以改造，认为意识和行为的客观表现是同义语，因此，心理学家的任务是研究行为（包括语言）的客观表现，而无须在行为的客观表现之外再去研究意识或思维。这样，操作主义便成了新行为主义否认研究意识的必要性的理论依据。新行为主义强调对具体实验操作过程进行精确的描述，用以代替心理学中描述主观世界的含糊不清的概念。在不研究意识这一点上，新行为主义和早期的行为主义是一致的。

在重要的新行为主义者之间，各人的观点也不尽一致，本章主要阐述以斯金纳为代表的新行为主义观点对于教育的影响。关于斯金纳的哲学观及其对人的行为的研究和分析，后面还将分别具体论述。

二、新行为主义教育产生的背景

20世纪以来，科学和人文主义的竞争始终是教育理论和实践的一个重要的主题。在维护资本主义制度的前提下，两者争论的焦点在于，教育是否接受科学以及建立在科学基础之上的哲学的指导。

第二次世界大战表明，西方所谓民主主义的文化和道德传统必须要有强大的经济和军事实力作后盾，而且，先进的科学技术、强大的经济实力，并不是民主国家的专利品，因为德国、日本、意大利等法西斯主义国家在制造、维修和操纵复杂的军事工艺方面，同样也表现了卓越的才能。此外，在第二次世界大战以后，当时的苏联在技术方面也有领先于美国之处，而美国国内却出现了混乱的局面，工人失业，人民生活贫困，社会风气日益败坏。这些事实表明，美国要保持世界强国的地位，充当所谓自由世界领导者的角色，就必须使美国在科学技术、经济和军事方面处于领先的地位。显然，这些并不直接决定于个人的教养，而是决定于科学技术。

国家的政治、经济、军事的要求，必然要在教育中得到反映。第二次世界大战以后，按照国家发展的要求来制定教育标准的趋势得到了增强，教育主要是为了实现国家的目的，而原先认为的教育主要目的应注重于个人的修养，个人和谐发展则放到了次要的地位。"因此，一个刚入学的聪明儿童，越来越不被看作是一个未来的诗人、画家、音乐家、文学家、评论家、宗教领袖、哲学家、小说家，甚或是政治家。人们首先想到的是把他培养成一个物理学家、技师、工程师——一个工艺技术王国里的预言家和牧师。人们把生产和创造看成就是制造大机器和创造新技术。"① 总之，人们对于教育同国家的命运和科学、技术、工业、经济的发展和国家实力增强的关系，有了越来越清楚的认识。教育成了发展经济、选拔和培养人才的重要因素，教育也因此成了重要的投资机构。

教育除了能够影响国家的命运之外，对于人们的日常生活也有重大的作用。在日益城市化和工业化的美国，个人掌握知识的多少，在很大程度上决定了他的就业机会和社会地位。掌握某种专业知识的知识分子比一般工人的收入要高得多；在生产、流通领域里急需的专业技术人才，就业的机会也多。因此，教育可以产生金钱，还可以通过颁布学位使人得到较高的社会地位。"教育的目的再也不是发展身体，扩大知识面和追求美好高尚的真理。教育进入了市场。"② 在知识的市场里，教师成了出卖知识的卖主，而学生则是购买知识的顾客。

既然教育进入了市场，知识成为商品，那么，在激烈竞争和知识爆炸的年代，什么样的知识最有价值就成了一个重要的问题，而且将深刻地影响学校教育的实践。事实上，对这个问题的理解和回答，成了20世纪中期以后美国教育改革的一个重要线索。

20世纪50年代和60年代，美国几乎同时出现了两种教育思潮。一个是以杰罗姆·布鲁纳（Jerome Bruner）和约瑟夫·斯瓦布（Joseph Schwab）为代表的学科结构运动，另一个就是以斯金纳为代表的新行为主义教育理论。两者的理论基础迥异，然而所要达到的目的却是殊途同归，因为两者所要解决的问题都是怎样才能教得更多、更快、更透彻。

学科结构运动认为最有价值的是各门学科的基本结构，即该学科的基本原理、概念和范畴，所以它也有概念教学、概念学习等名称。学科结构运动认为，教师不应该大量地传授知识和技能本身，而是要让学生掌握诸如数学、物理、化学、历史等每一门学科的基本结构，因为一旦学生掌握了这种基本结构，便可以在此基础上扩大和加深知识，形成学习中大量普遍的迁移，而这种迁移就是教育过程的核心。

新行为主义认为最有价值的是行为的能力，所谓学习就是行为的改变。新行为主义推崇科学，主张将严格的科学方法应用于人的行为的研究，使学校的理论和实践都具备科学精神。学校教育的任务就是通过细致而科学地设计和控制教育环境来改变学习者的行为。

---

① 罗伯特·梅逊.西方当代教育理论[M].陆有铨.译.北京：文化教育出版社，1984：13-14.
② 同①：17.

斯金纳对当时美国教育实践缺乏控制学生行为的有效的强化，缺乏形成学生行为的程序等提出了批评，提出了程序教学的理论，突出了可以科学地测量的学生行为的改变，要求教育者要明确地、具体地提出每一堂课的行为目的，以及测量和检查学习效果的标准等。

第二节 理论基础

同行为主义一样，新行为主义推崇科学。新行为主义者认为，目前的世界已经进入了科学的时代，科学已经为我们提供了诸多益处。如果我们把已经应用于物理学、生物学、化学和工程学的发达的科学技术应用于对人的研究和教育，那么，无论对学习者个人还是整个社会，都将获益匪浅。然而，任何教育学或心理学的理论，都不可避免地要涉及一些哲学的问题。虽然新行为主义以客观和科学为定向，但它同样也不能回避一些基本的哲学观。

一、影响行为主义的几种哲学思想

新行为主义认为，教育就是形成行为，所有的教育目的都要依据可以观察到的反应加以界说。实现教育目的的手段，主要在于依据生理学和行为科学的原理，并运用一些机械的和电子的装置。这种根本的教育观，主要源于新行为主义者的实在主义、机械唯物主义和实证主义的哲学观。

1. 实在主义

行为主义者和新行为主义者对于实在的观点从根本上说并无差别，都深受实在主义哲学观的影响。他们一般认为，世界完全独立于我们之外而存在，它的运行受某种客观的法则所支配。人可以认识客观实在，然而，这一认识过程只是一种可见行为的活动过程，其中不存在任何心灵的成分。

关于对客观法则的认识，行为主义者显然受到亚里士多德的影响。亚里士多德认为，我们可以通过对于个体的研究达到对于本质或共相的认识。在亚里士多德看来，共相寓于个体之中，它本身并不是独立的存在物。但知识总是关于共相的知识，而对于共相的认识，必须通过共相的实例即个体来完成。新行为主义认为，我们要认识人的本质、人的行为，可以通过对于人的个别行为的仔细研究来进行。人性可以用行为来加以解释。在他们看来，不存在科学无法发现的所谓人的内在的本质，因为只有客观的、可观察的行为才是真实的。

斯金纳认为，实在独立于对实在的知者而存在，换言之，不管我们认识实在与否，实在总是那个样子，人可以通过自己感觉来揭示实在的本质。如果我们能够客观地观察世界，并系统地描述我们的经验，我们就可以发现宇宙以及生活在其中的人的行为的规律。

斯金纳坚信科学在认识实在方面的作用。他认为经验乃是人们知识的最好源泉，在获得关于宇宙的知识方面，最可信赖的手段是观察和实验。观察和实验可以使人们把关于宇宙的真知同对于宇宙的不真实的说明区别开来。

在价值论方面，斯金纳认为，就其本质来说，实在不受某种外在的目的所支配，它的运行也不是向着某种预定的目的。所以，任何事物都无所谓内在的善和恶。他用强化的效果来判断事物的价值。斯金纳认为，在物种生存、进化的过程中，具有积极强化作用的就是"善"，反之则为"恶"。他还认为，物理学、生物学只研究事物本身，不涉及它们的价值，而行为科学要研究事物的强化作用，所以，就这个意义来说，行为科学也是价值科学。

2. 机械唯物主义

行为主义与机械唯物论有许多类似之处。17世纪英国的机械唯物主义哲学家托马斯·霍布斯（Thomas Hobbes）提出物体是不依赖于我们思想的东西，它是世界上一切变化的基础。他排斥关于所谓自由意志的说法，也反对笛卡儿关于"心灵"实体独立存在的观点。在霍布斯看来，生命就是运动。人们可以把能够运动的机器看作是有生命的。他甚至还认为，那种他之所谓"人造物体"，即人们根据契约所建立的国家，也是有生命的。

霍布斯用以说明世界上一切现象的运动是指机械运动。在他看来，世界是一部巨大的机器，而人体不过是一架精妙的小机器。他还把人和钟表加以比较，认为人的心脏是发条，神经是游丝，关节是齿轮，人的欲望、感情等心理活动也都是由机械原因引起的。

行为主义者同机械唯物主义有许多一致之处。行为主义者认为，关于诸如心灵、意识、灵魂一类的说法乃是前科学时代的遗物。在他们看来，人并不是超自然的，而是自然的一部分。人的身体是物质的，行为就是运动。既然人是自然的一个部分，那么人就必然受到自然规律的控制。所以，人们可以从物质的和运动的观点来理解人，重要的是对于身体在环境中的行为（即运动）进行观察。

3. 实证主义

产生于19世纪的实证主义同当时科学的发展是密切相关的，实证主义者也以"科学的哲学家"自诩。实证主义只承认"实证的"事实，即经验事实或经验现象。它们是由人的主观感觉构成的，因此，他们实际上只承认主观经验。实证主义者信奉"可证实原则"（verifiablity principle），这个原则强调，任何有意义的事实陈述都必须是可以加以证实的。

实证主义的奠基者奥古斯特·孔德（Auguste Comte）也是社会学的创始人。孔德主张通过一种实证的社会科学来实现社会的改造。他根据自己对人类认识发展的三个阶段，将人类社会的发展也分为三个阶段：同神学阶段一致的军事阶段，在这个阶段中，对于事物的解释要借助于神和精神；同形而上学一致的过渡阶段，这个阶段要借助于原因、本质等；同实证阶段相一致的科学和工业阶段，这是最高级的阶段，在这个阶段中，一切都不能超出可观察可测量的事实的范围。孔德认为，如果我们能够系统地把科学的原则应用于社会，那么我们就可以发现社会的秩序和演变规律，从而可以改变社会。

实证主义哲学及其可证实原则乃是新行为主义的方法论基础。在新行为主义者看来，心理学所陈述的必须是可以公开证实的，而所谓证实，是指有确证，有真凭实据，必须有对于被证实东西的知觉，即直接的、即时的观察为依据。证实显然不包括任何臆测或推论之类的东西。

斯金纳是首先从哲学上接受实证主义观点，然后才开始行为的实验研究的，他认为，除了可以直接观察的事实，其他都与行为科学无关。他研究的是行为，以及行为中可以观察和可以测量的东西。在他看来，行为只是在时间上互相联系的一系列的反应，"在他的体系中，一切内部因素，包括意识、动机、情感、态度等，都是不可观察到的'伪造的说明'"。① 在社会观方面，他坚决反对让所谓个人自由和尊严的问题来妨碍对于人的行为的科学分析。他坚信，如果把科学方法应用于人类行为的控制、改变，我们将达到一个好的社会，这与实证主义者孔德的观点是一致的。

二、斯金纳的人性观

人性的问题始终是哲学研究的一个重要的方面，不同的人性观将导致不同的教育理论和实践。斯金纳根据其行为科学的观点，提出了与传统的人性观相冲突的观点。

斯金纳在《科学和人的行为》一书中写道："西方文化中关于人性的传统观点是众所周知的。个人是自由的、负有责任的，这个概念体现在我们的语言之中，而且也渗透在我们的实践、法典和信仰之中。如果我们以人的行为为例，一提到它，大多数人马上就能根据这样的概念来描述它。这种习惯想法十分自然，以致不会有人对它进行检查。"② 斯金纳认为，这种观点把所谓自由的、自主的人以及诸如侵犯、勤奋、注意、认识、领悟等力量，归因于各种固有的内驱力或其他神秘的诸如意识、心灵的作用，人们无法对它们进行

---

① 刘恩久,李铮,等编著.心理学简史[M].兰州：甘肃人民出版社,1985：169.
② 罗伯特·梅逊.西方当代教育理论[M].陆有铨,译.北京：文化教育出版社,1984：194.

直接研究，而所谓人的本性恰恰就是由它们所构成的。

斯金纳对这种传统的人性观提出了反对意见。在斯金纳看来，人没有自由意志，没有自发的行为能力，也没有意识或心灵之类的东西。人是自然的一个部分，他在自然中的地位是被决定的。人看起来似乎有自由，似乎在遵循自由的规则思考问题，但是，如果我们了解到自然中支配我们存在的原因，我们就会发现，自由只是一种幻想。斯金纳强调，我们周围的自然和社会环境在支配着我们的行为倾向，我们之所以是我们自己，并不是由于人类内部某种神秘的力量，而是由于世界中存在着的外部力量。因此，我们并不是自己命运的主人。

斯金纳所强调的环境对人的决定作用，有别于以前的各种环境论的观点。他对于人性的研究着重于用科学的方法研究人的实际行为，而不是哲学的思索。他认为，特定的环境偶合（environ-mental contingencies）对于行为的强化作用可以对人的行为作出最好的说明。"实验的分析将行为的决定从自主的人转移到环境——一种对物种的演化和每个成员获得的全部技能都负有责任的环境。环境论早先的各种说法是不适当的，因为它们不能解释环境是如何发生作用的，而且许多地方似乎是留给自主的人去发挥作用。现在，环境的偶合接替了曾经一度属于自主的人的那些作用，并引起了一些问题。人是不是被'取消'了？被取消的当然不是作为一个物种或作为个体的人，被取消的是那种自主的精神的人，而且这是向前进了一步。"①

斯金纳在《超越自由和尊严》一书中，列举了几个实例来说明环境替代了所谓自主的人的作用。例如侵犯（aggression）的行为，人们往往说它与人性有关。斯金纳认为这固然与生存的偶合（contingeicies of survival）有关，但是，个体在一生中的"强化的偶合"也是非常重要的，因为任何一个作出伤害别人的侵犯行为的人，可能得到诸如拥有财物等其他方式的强化。这种偶合很好地解释了行为，而无须借助于诸如自主的人的侵犯的状态或感情等。在斯金纳看来，人性无所谓善和恶，因此，不能用内在的善和恶来解释人的行为。人的行为必须通过环境的偶合和行为的强化加以说明。

关于"认识"的问题，斯金纳指出，传统的观点认为，为了认识世界，一个自主的人要觉察、接触或作用于世界，只有这样，他才能"了解"它，"领会"它。这种观点所蕴含的意思是，认识的活动和主动性来自所谓自主的人。斯金纳强调："在对环境的分析中，这种活动正好颠倒过来。当然，如果不存在有待觉察的世界就不会有感知，但是，如果没有适当的偶合，存在着的世界就不可能被觉察。"② 斯金纳以婴儿对于他母亲的脸的认识

---

① B. F. Skinner. Beyond freedom and dignity[M]. New York：Knopf，1971：205.
② 同①：178.

为例具体说明他的观点。他指出：我们说，婴儿看见他母亲的脸，并且认识它。我们这么说的依据是，婴儿以一种方式对他母亲的脸作出反应，而对其他人的脸或其他事物以另一种方式作出反应。然而，儿童之所以有不同的反应，不是由于某种心灵的感知行动，而是由于先前的偶合。在儿童的生活中，母亲的脸和脸部表情已经同安全、温暖、食物或其他重要的东西建立了联系。

在斯金纳看来，"认识"的发生实际上是由于环境对于人的作用，而不是由于人作用于环境。认识就是对发自于环境偶合的刺激作出反应。例如，我们之所以要认识太阳，只是因为它是一个极其有力的刺激，它始终是人类演化过程中的环境的一个部分，而且人的与太阳有关的特定的行为可以通过生存的偶合加以选择。除此之外，太阳还与当前许多的强化偶合有关，如依据阳光的温度决定是否避开它；如何安排时间；从事一定的活动等。"我们对于太阳的知觉依赖于我们与太阳有关的所作所为。不管我们做些什么，也就是说，不管我们用什么方法去觉察它，事实依然是，环境作用于在觉察的人，而不是在觉察的人作用于环境。"①

斯金纳还分析了个人的意识问题。他认为，当被知者是知者自己时，环境的作用就显得相当微妙。此外，他还承认，这是行为主义者经常受到攻击的一个领域。斯金纳认为，那种认为行为主义忽视意识的说法是一个严厉的指责，应该严肃对待。

指责行为主义忽视意识的人认为，人与其他动物的主要区别在于人意识到自己的存在，人有一个内在的领域，任何忽视这些事实的关于人类行为的分析事实上都是不完全的。斯金纳承认，"方法论的行为主义"，政治科学领域的"行为主义者"以及哲学领域的许多逻辑实证主义者的确忽视了意识，不过他强调："自我观察可以加以研究，任何关于人的行为合理的、完整的说明必须包括它。对于行为的实验分析不仅没有忽视意识，而且已经强调了某些极其重要的问题。问题不在于人能否认识他自己，而是在他这么做的时候他认识到什么。"②

斯金纳认为，人对自己的认识很难加以领会，因为在很大程度上他是对于个人环境自然偶合的一种反应。人的有些行为，如走路、跳跃、跑步等，乃是由于内部的刺激，但人们却很少把它们联系起来，在大多数情况下人们并没有意识到这些内部刺激。要真正"认识"这些内部刺激，就必须不仅仅止于对它们作出反应。而这种认识将涉及包括身体功能、环境情况、偶合等方面的系统的研究。要认识一个人的欲望、信念、情感等相当困难，因为这必须要借助于言语的工具，离开了它，人就很难对自己作出反应，他的特定的

---

① B. F. Skinner. Beyond freedom and dignity[M]. New York：Knopf，1971：179.
② 同①：181.

行为也就不能称为意识到什么。没有某种形式的言语表述，所有的行为都将是无意识的。因此，斯金纳强调："意识是社会的产物。它不仅不是自由的人的特殊的领域，而且它也不在离群独居的人的范围之内。"① 由于我们还没有形成关于意识的适当的言语表述，所以要了解这个领域是相当困难的。迄今为止，我们还不具备有效的手段来揭示那些描绘个人意识的强化的偶合。对于意识的研究问题，斯金纳给人以这样一种强烈的印象：非不为也，实不能也。

虽然斯金纳不同意把人看作是"自动地推—拉"那种 18 世纪末期那个时代意义上的机器，然而他最终还是把人看作是一个"按照一定的法则去行动的复杂的系统"。虽然这个系统的"复杂性是非凡的"，但人仍然是机器。斯金纳最终将人同机器、动物相比拟，其用意仍是在于反对传统的人性观。"人们告诉我们，受到威胁的是'作为人的人'，'符合人性的人'，'作为你而不是作为它的人'，或'作为人而不是物的人'。这都是不太有益的措辞，但它们提供了一种暗示。被抛弃的是自主的人——精神的人（the inner man），侏儒，鬼迷心窍的精灵，受到有关自由和尊严著述维护的人。"②

斯金纳强调的是人的行为，以及行为怎样使我们成为现在的样子。在《超越自由和尊严》这本书的结束部分，他强调指出，人的行为是受环境控制的，但人又不仅仅是环境的"牺牲者"（Victim）或被动的观察者，因为环境在很大程度上是人自己造成的，因此，人又是自己的创造者。

三、斯金纳的社会观

同其他新行为主义者一样，虽然斯金纳有他自己的哲学主张，但却怀疑哲学在社会改革、人们的社会生活以及教育中的作用。在斯金纳看来，最重要的是运用行为科学，通过文化设计来改变人的行为。他认为，如果我们要把科学方法用于人类事务的领域，那么我们必须假定行为是有规律的，是被决定的。人的行为乃是一些可以具体列举出来的条件发生作用的结果，一旦我们知道了这些条件，我们就能预测并控制他的活动。所以，如果我们能够掌握人的行为的规律，那么，我们就可以像预测和控制化学反应的过程那样去预测和控制人的行为。只要我们能运用科学方法去研究人的行为，那么人就可以预测，因而也就可以控制。社会改革的实现最终是通过预测和控制个人和团体的行为来实现的。"斯金纳想要利用科学控制来实现一种使人人容易做好人的社会，并且想要实现一种使人人容易

---

① B. F. Skinner. Beyond freedom and dignity[M]. New York：Knopf，1971：183.
② 同①：191.

取得卓越成绩的教育过程。在他看来，除了控制以外，别无他法。问题不是要不要控制，而是谁来控制。不是让儿童自行其是，就算给儿童以自由了。在行为主义者看来，拒绝使用科学控制来形成人的行为，就是没有尽到责任。"①

斯金纳的社会观集中体现在他的两本性质截然不同的著作之中——《华尔登第二》和《超越自由和尊严》。前者发表于 1948 年，是一部空想小说；后者发表于 1971 年，是一部体现了科学精神的著作。

《华尔登第二》描绘了一个有一千个成员的乡村公社，一个根据斯金纳的操作性条件作用和行为塑造理论建设起来的"理想社会"，因此，本书又被称为"心理学的乌托邦"。这本书触及广泛的社会生活和社会问题，但是，由于采用了斯金纳的理论和技术，许多问题都得到了完满的解决，从而使社会进入理想境界。这本书想要表达的主题是，理想社会不应根据神的旨意来行事，不应由神启示的善恶标准来立法，也不应有政治活动，因为它不能推动社会前进；解决社会问题的根本出路在于运用新行为主义所倡导的理论和技术。

如果说《华尔登第二》只是用小说的形式表达了斯金纳的社会观的话，那么，在《超越自由和尊严》这本书中，斯金纳则以科学的态度严密地论述了他的观点，并提出了一个使人超越自由和尊严的计划。可能是为了更好地吸引读者，出版商在该书的封面特意缀上"一个改变人类行为的振聋发聩的新规划"的文字。

在《超越自由和尊严》这本书的开始部分，斯金纳列举了人们试图运用科学和技术来解决"当今世界我们面临的令人恐怖的问题"的种种努力，然而，就像该书扉页以醒目的文字提示读者的那样，"我们已经试图……通过控制生育来遏制人口爆炸；通过建立更大的导弹系统来结束核破坏的威胁；用新的食物和更好的种植方法来避免世界性的饥荒；运用改善了的卫生设备和药物来控制疾病；通过提供较好的住房和交通条件来解决少数民族集中居住区的问题；通过设计一些新的减少或处置废物的方法来阻止环境污染"，但"事情仍然越来越糟"。斯金纳认为，我们面临的几乎所有的主要问题，都不能仅仅通过物理学和生物学的技术加以解决，我们所需要的是行为技术学（technology of behavior）。

斯金纳认为，对于行为技术学来说，最重要的是社会环境，因为它具有塑造和保持个人的行为的作用。然而，由于传统的关于自立的人的理论的影响，行为技术学难以被人接受，"随着有机体与环境的相互作用被人们理解，一度被认为是心灵、感情和品质状态的那些作用才开始追溯到可理解的条件，因而才可能获得行为技术学"。②

---

① 陈友松主编. 当代西方教育哲学[M]. 教育科学出版社,1982：250.
② B. F. Skinner. Beyond freedom and dignity[M]. New York：Knopf,1971：22.

斯金纳认为，"社会环境就是人们之所谓文化"。① 因此，美好社会的获得可以通过"文化设计"来进行。

应该指出，斯金纳所说的文化，是与那种认为文化从本质上讲是撇开人类行为的观念和价值的观点截然不同的。他认为，那些观察文化的人实际上并没有看到观念或价值。人们看到的文化只是人们如何生活，如何抚育儿童，吃什么，住什么，玩什么，如何管理自己等。这些都是一个种族的习惯和习惯的行为。文化能够保持和改变生活在其中的那些人的行为，从这个意义来讲，行为包含有文化的观念和价值。但是，行为又能够改革和改变文化。斯金纳认为，当一些新的习惯出现（这也许是由于一些不相干的原因），并由于它们在与物理环境和其他文化"对抗"中对一定文化提供的力量而被选择时，一定的文化就发生演化。所以，文化的演变实际上就是行为习惯的改变。

斯金纳认为，行为习惯是在社会环境或强化偶合的环境中形成的。正如本节关于斯金纳的人性观部分所谈到的那样，斯金纳不承认人有自由意志或人是自由的那类观点，所以，他非常强调强化在控制人的行为方面的作用。受到积极强化的行为能够得到保持和发展，因此，我们可以通过设计，利用和控制强化的偶合作用来形成和发展我们所需要的行为习惯。这样，我们就可以改变文化。在他看来，如果我们能够将行为技术学应用于文化的设计，我们就可以改变人的行为，进而获得好的社会。换言之，好的社会是通过改变人的行为而获得的。

通过文化设计来改变人的行为，从而达到好的社会，但这里有一些很重要的问题，如什么是好，什么是好社会等等。这是一些不涉及人"能够"做什么，而是关于人"应该"做什么的价值问题。一般认为，这些问题不是研究"事实"（fact）的科学所能回答的。然而，斯金纳却指出，行为科学家应该而且可以解答这些有关价值的问题。

斯金纳承认"事实"无疑不同于人们对于事实的感受，然而在他看来，"对于事实的感受"也是一种事实。他认为解决这个问题的思路应该做一些变化："如果科学的分析能够告诉我们如何来改变行为，那么，它能告诉我们做哪些改变吗？这是一个有关事实上已经提出并作出改变的那些人们的行为的问题。人们作出行动以改善世界并向着一种更好的生活方式，是出于一些好的理由，在这些好理由中，有一些他们行为的结果，而在这些结果中就有人们认为有价值并称之为善的东西。"② 显然，在斯金纳看来，在人们力图改变的行为后果中，包括人们称之为价值或善的东西。价值、善、好的社会，都包括在行为之中。因此，行为科学家能够解决价值的问题。

---

① B. F. Skinner. Beyond freedom and dignity[M]. New York：Knopf，1971：137.
② 同①：97-98.

《超越自由和尊严》一书第七部分的标题是"文化的演变"（the evolution of a culture），斯金纳在对这个主题进行比较系统地阐述以后，他提出，在文化演变中，"较重要的一步是引起成员为他们的文化生存而工作的那些习惯的出现……一种不论出于何种原因而引起其成员为它的生存而工作的文化是最有希望生存的"。[①] 不难看出，对于诸如善、价值这类问题，在斯金纳思想的深处是以社会或文化的生存为标准的。

第三节　斯金纳对有机体的行为的分析

在新行为主义心理学理论的建设中，斯金纳发挥了重要的积极作用。如上文所述，斯金纳的行为主义思想，首先有其哲学的渊源。他在1967年的自传中提到，行为主义是一种特殊的科学哲学，它首先是在恩斯特·马赫（Ernst Mach）、亨利·庞加莱（Jules Henri Poincaré）、布里奇曼的著作中形成的。1979年《操作行为的实验分析》的报告中，斯金纳宣称，他建议建立一门行为科学，主要是由于受了罗素关于心理学中的"反射"像物理学中的"力"一样处于同等地位这一核心思想的启示，此外，马赫的《力学的科学》、庞加莱论科学方法的研究和布里奇曼《现代物理学的逻辑》一书中的思想对他也有影响作用。[②]

斯金纳认为，行为科学研究的主要对象是行为，而不是行为的内部机制。心理学应该成为一种以经验为依据的实验科学，它应致力于反应（因变量）和反应的原因（自变量）之间的机能性的关系。只有理解了这两者之间的因果关系，我们才能够预示并控制有机体的行为。

在斯金纳看来，所谓原因并非指某种引起结果的神秘力量，原因只是指自变量的改变，而结果也只是指因变量的变化。斯金纳的这种因果关系的理解，类似于18世纪英国哲学家大卫·休谟（David Hume）的观点，"他认为因果关系……不过是说某现象和另一现象经常发生在一起，某现象经常为另一现象所跟随"。[③] 在斯金纳看来，所谓原因和结果，只是指两个事件。如果有了第一个事件，那么往往有或可能有第二个事件，这不等于说，第一个事件使第二个事件发生。因为人们能够观察到的，只是两个事件。行为科学只研究可以观察到的事件，至于过去人们认为是外显动作原因的"心灵"或"灵魂"这类无法观察的东西，在人的行为科学中是没有用的。

---

① B. F. Skinner. Beyond freedom and dignity[M]. New York：Knopf,1971：137.
② 高觉敷主编. 西方近代心理学史[M]. 北京：人民教育出版社,1982：302.
③ 汪子嵩,张世英,任华,等编著. 欧洲哲学史简编[M]. 北京：人民出版社,1972：66.

早在20世纪30年代初，斯金纳就着手他的关于行为的实验研究，并制定了一个通过实验来研究行为的纲领。在这个方面，斯金纳主要受华生的行为主义观点和巴甫洛夫思想的影响，他的实验研究对象既有动物，也有人。其主要任务是在先行的、实验者控制的刺激条件和有机体随后的反应之间建立函数的关系。因此，他关心的是对观察到的行为加以描述，而不是加以解释。此外，他认为实验无须用大量的被试，也无须用统计的方法来比较各被试组的平均反应，他关心的是对单个被试进行细致的、彻底的研究。斯金纳在1953年出版的《科学与人类行为》一书中说："从平均个体所得的预见，对研究一个特定个体很少价值或毫无价值……一门科学只有当它的规律是属于个体的时候，才有助于研究这一个体。一门只是关于团体行为的科学，对我们理解特定的个案大概是不会有帮助的。"①

一、操作性条件作用

斯金纳认为存在着两种根本不同的行为类型，即应答行为和操作行为。

应答行为是由已知的、特定的刺激引起的，它们是不随意的，是一种反射。人的有些反射是与生俱来的，称之为无条件反射；有些反射是后天通过长期的条件作用获得的，称之为条件反射。巴甫洛夫的著名实验，即在给狗呈现食物（无条件刺激）时伴随有声音（条件刺激），后来，如果不呈现食物，而只发出原先伴随食物出现的声音时，狗也能过量地分泌唾液（条件反射）。斯金纳称之为S型条件反射。在S型条件反射中，一个可以观察到的特定刺激的呈现将引起一个反应，所以，刺激往往先于反应而出现。

操作行为不是由刺激引起的，它们是随意的。这里的操作，是指行为操作于环境以产生反应。这种操作反应，操作条件作用的原理乃是斯金纳的行为研究的重点，因为他认为，人的大多数行为，尤其是学习行为应该用操作反应加以说明。

斯金纳研究操作反应的实验过程是：把一个有机体置于一种他可能完成的某种操作环境之中，当这个有机体完成了这个操作的步骤时，就给予奖赏（rewards）或"强化物"。操作行为是在没有任何能够观察到的外部刺激的情境下发生的。有机体的反应似乎与任何已知的、能够观察到的刺激都没有关系，似乎是自发的。当然，这不是说没有引起反应的刺激，而是说在反应发生时没有觉察出刺激。对于实验者来说，由于他没有使用刺激，也没有观察到刺激，所以就可以说没有刺激。

例如，斯金纳继承桑代克的迷箱实验，设计了一个大家熟知的"斯金纳箱"作为研究老鼠操作反应的仪器。关在箱子里的老鼠可以在箱子里自由走动，如果老鼠偶然压着位于

---

① 高觉敷主编.西方近代心理学史[M].北京：人民教育出版社，1982：304.

箱子一端的杠杆装置，就会有一丸食物掉进食盘，这个老鼠就可以吃到这丸食物。位于箱外的记录装置，将把老鼠的动作记录在纸带上，以供实验者研究老鼠的动作。在这个实验中，食丸的奖赏会增多老鼠压杠杆的反应。这就是说，反应得到了跟随其后的结果的强化或加强。斯金纳把这类反应称作 R 型反应或操作性条件作用。

操作条件反应是一种没有可以观察到的外来刺激的反应。在操作性条件反应中，有机体的行为作用于环境，而且这种行为就是产生有效结果的手段或工具。只有先出现反应，然后才可能有强化。这就是说，强化偶合于反应。在操作性条件作用中，引起操作反应频率增大的是跟随反应之后的结果，同时，这种频率的增大也表明了操作的力量。

除了老鼠之外，斯金纳还用其他动物以及人作为被试来开展研究工作，但其研究方法是相同的。用鸽子作实验时，操作行为是啄一个点，强化物是食物。用人作被试时，操作行为是解决问题，强化物是口头赞同或让他知道已经得出正确答案。

从这些实验中，斯金纳概括出他的效果律。斯金纳的效果律同桑代克的效果律有着很大的差别。桑代克认为，如果反应跟随有满意的状态，那么反应和刺激之间的联系就得到加强，然而，如果跟随反应的是不满意的状态，那么它们之间的联系就将减弱。在斯金纳看来，桑代克的效果律是解释性而不是描述性的。行为科学只应描述可观察的行为，而无须用"满意""不满意"这类心灵方面的东西来解释行为。所以，斯金纳的效果律只是指：如果反应跟随有一定的结果，那么这个反应出现的次数就会增加。由于斯金纳注重的是"描述"而不是"解释"行为，所以，"为什么"会增加反应的次数，他是不研究，也不去回答的。

斯金纳关于行为的研究，一个重要的目的是为了解决人类的学习问题。他认为，关于人类学习问题的研究只能是描述性的，即描述导致学习发生的各种变量，而无须依赖于各种心灵的或心理的过程，因为这些过程是无法直接观察的。在它看来，只有依靠这类经验的知识，我们才能够在实际上塑造行为。

斯金纳认为，操作条件作用的原理可以应用于学习，以形成复杂的动作技能。当所期待的反应出现以后立即给予强化，这就加强了重新出现这种反应的倾向，使之保持一个很长的时期。在出现了任何别的非期待的反应之后，就停止强化。如果学习者第一次或相继的尝试未能作出期待的正确的反应，在这种情况下，就强化那最接近正确反应的行为。同样，如果要形成一种复杂的行为，我们可以仔细地设计一个逐渐改变强化偶合的计划，通过连续地形成一个个接近于这个复杂行为的小的行为单元，最终达到我们的目的。

二、强化

从上面的叙述中可以看到，强化对于操作条件作用是非常重要的。在老鼠压杠杆的实验中，老鼠压杠杆的行为由于受到了强化，老鼠才"学会"这个被强化的行为的。只要强化不停止，它就继续发出这种反应。如果强化停止，这个反应就逐渐减少，而且很快就会消退。显然，行为是通过强化而受到控制的。正是因为强化对于行为具有控制作用，所以斯金纳对它进行了比较细致的研究。

两种类型的强化：积极强化和消极强化。积极强化是，在一种情境中出现或加上某些东西，作出一种反应的概率就增加。例如，如果在老鼠压杠杆的反应之后跟随有食物的出现，那么食物的出现就是对老鼠压杠杆反应的积极强化。消极强化是，在一定的情境中撤销某种事件，有机体也能增加一种反应的概率。例如，鸽子啄的活动由于震荡的撤销而增加，就属于消极强化。无论是积极强化还是消极强化，其结果是相同的，即都导致一种反应的增强。所以，消极强化不等于惩罚，因为消极强化和惩罚两者的基本过程是有区别的。所谓惩罚是指撤销积极的刺激，如在老鼠作出压杠杆的反应之后不再出现食丸，或出现消极的刺激，如在鸽子啄的时候出现震荡。

条件强化和泛化：如果一个最初没有任何强化力量的事物与一个从一开始就有强化力量的事物同时出现时，那么前者往往会获得与后者相同的强化性能，这个过程就叫作条件强化，前者就称为条件强化物，后者称为初级强化物。例如，如果用食物（初级强化物）来强化饿鸽训练的一个动作，并在食物出现的同时配之以灯光，那么灯光最终会成为一个条件强化物，它可以像以前用的食物那样，用来强化这个动作或其他一些操作。

如果条件强化物配之以一个以上的初级强化物，那么条件强化物就被泛化，成为泛化的强化物。金钱就是泛化的强化物的一个很好的例子，因为它已经与多种对个人具有重大意义的初级强化物如食物、衣着、居住、娱乐等联系起来。又如，学生的学习成绩、文凭，也是泛化的强化物，虽然它没有与初级强化物发生直接的联系，但它实际上可以转换为较高的社会地位和高收入的工作。

强化的泛化对于教育有很大的作用。例如，教师的注意就是一种强化，因为这是学生从教师那儿得到其他强化的一个必要条件。通过强化的泛化过程可以迁移或诱导学习。斯金纳认为，如果"一个反应的强化增加了包含相同成分的所有反应的概率"[1]，那么就可以说出现了学习的迁移。如果鸽子啄一个黄色圆点的反应得到强化，这种强化的结果能够导致这只鸽子啄同样大小的红色的圆点，因为在这个实验中，两个不同颜色点有着相同的成分，即形状和大小是相同的。此外，这只鸽子也能啄面积和颜色相同的正方形的点，和颜色、形状相同而面积增加的点。这些事实说明，如果学习者能够察觉原先的情境和新情境之间的相似性，就可以发生学习的迁移。

---

[1] B. F. Skinner. Science and and human behavior[M]. New York：Macmillan，1953：94.

强化的程序：人的许多行为都是通过操作条件作用加以塑造的，然而，在人们的日常生活中，操作反应的塑造却缓慢而不太有效，这是由于对这些反应的强化不一致或不连续所造成的。

斯金纳认为，教育和工业领域的强化几乎总是以间歇性为特征的，因为它们不可能通过对每一次反应都给以强化来控制行为。为了弄清间歇强化对行为的影响，以及发现影响行为的最佳程序，斯金纳进行了固定时间间隔强化和固定比率比强化的实验研究。"比如，他在一个实验中，把四只老鼠分成每隔3、6、9、12分钟强化一次的四种固定时间间隔的强化安排。结果表明，反应的速度相对不变地与强化的时间间隔成比例。这就是说，间隔的时间愈短，反应的速度愈快；间隔的时间愈长，反应的速度愈慢。在另一个实验中，他把四只老鼠每按4、6、8、9次压杠杆便加以强化的比例进行实验。累积曲线表明，4∶1的反应速度最快，其次为6∶1，8∶1，9∶1。斯金纳还指出，按比例安排较之间歇安排，其反应速度更高，这是因为按比例安排时的反应速度要比按间歇安排时的反应速度带来更大量的强化的缘故。"[①]

三、消退

无强化情境的作用叫作操作的消退，这就是说，如果一个反应在一段时间内不跟随有任何强化，那么这个反应发生的频率越来越小，直至最终停止作出这种反应。斯金纳发现动物学习的消退曲线在学习期间使用间歇强化的情况下要比使用连续强化时降落得缓慢些。

消退不同于遗忘，因为对于遗忘来说，条件作用的消失是由于时间的推延，而消退则要求对发生的反应不给予强化。

虽然操作消退的发生要比操作条件作用的发生缓慢得多，但两者对于人类行为的塑造都具有意义。在教育方面，如果我们要消除学生不适当的行为，那么就应该运用消退的原理。

从传统上讲，人们往往用惩罚作为控制人的行为或消除不适当行为的手段。在学校里，用以影响学生行为的惩罚手段是多种多样的。然而，这些惩罚措施往往收效甚微，其原因何在？

斯金纳认为，惩罚不仅不能去除学生不适当的行为，而且还将减弱学生的操作反应。惩罚只能暂时抑制行为，然而却不能减少反应的总数。惩罚从表面上看似乎减弱了行为的动力，实际情况却并非如此。斯金纳的一项实验研究表明，在消退开始时，如果老鼠每按

---

① 高觉敷主编.西方近代心理学史[M].北京：人民教育出版社，1982：308-309.

一次杠杆便使它受一次惩罚（它的脚挨一次打），如果惩罚可以减弱行为的动力，那么，脚上挨打的这个老鼠在消退过程中必需的总次数就应该减少，然而事实上它并未减少。斯金纳认为"一个受过惩罚的人并不因此就减少某种行为方式的倾向"。① 他指出，甚至在受到最严厉的惩罚以后，如果惩罚不再继续下去，还会出现受过惩罚的行为。"一个因为玩性游戏（sex play）而受过严厉惩罚的儿童不一定就减少持续下去的倾向，一个由于暴力攻击行为而坐过牢的人不一定就减少暴力的倾向。在惩罚的偶合撤销以后，受过惩罚的行为很可能再出现。"② 换言之，受过惩罚的行为只是延缓出现，而不是永远消除。惩罚既不能永远消除不适当的行为，更不能强化适当的行为，所以，对于纠正儿童错误的行为来说，惩罚是一种无效的手段。

惩罚还可能引起其他的副作用。惩罚往往会成为引起学生不适当行为的条件刺激。也就是说，与惩罚相联系的任何东西都可能成为一种条件刺激；惩罚也能引起师生之间的对立，等等。斯金纳主张避免使用惩罚，并探索其他减弱不适当反应的手段。根据斯金纳的人性观、社会观，人最终是受环境控制的，因此，不适当的行为可以通过环境加以校正或控制。虽然控制行为的具体手段很多，但其中一个重要的有效的手段是消退。例如，如果学生为了引起教师的注意而作出不适当的行为，那么，教师可以听之任之而不给他以"注意"的强化。

第四节 新行为主义的教育主张

新行为主义虽然是现代西方的一个重要的心理学流派，然而，其影响远不限于心理学，而是涉及当代人们生活的许多领域，教育就是其中的一个非常重要的方面。

斯金纳关于行为的研究及其结论，对于教育的影响主要在教学的领域，这就是大家所熟悉的程序教学的理论以及教学机器的发明和使用。然而，教学方法的改革既不是孤立的，也不是凭空进行的，从一定的意义上说，教学方法只是实现教育目的的一种工具。因此，为了深刻理解程序教学思想和教学机器的应用，有必要对新行为主义的教育主张进行比较全面的了解。

一、教育目的

斯金纳长期致力于行为科学的研究，意在把自己在实验室中的发现推广到社会生活中

---

① B. F. Skinner. Beyond freedom and dignity[M]. New York: Knopf,1971: 76.
② 同①: 57-58.

去，以实现他的理想，即通过行为设计使人向着可欲的方向改变，最终实现理想社会。因此，斯金纳指出，行为凭它自己的权力，就值得当作教育的实质性目的来对待。教育的目的就是改变和控制学生的行为，实现行为目标，使他们为承担个人和社会生活的责任做好准备，成为有益于社会的人。

斯金纳还提出了实现教育目的的根本途径。在本章前面部分"斯金纳的社会观"中可以看出，斯金纳认为，要解决人类面临的各种"令人恐怖的问题"，我们需要的是行为技术学。斯金纳认为，行为技术学从伦理的角度来看是中性的，它不能决定使用它的价值，也就是说，恶棍和圣人都可以使用。然而，如果把它应用于文化或社会的设计，那么，文化或社会的生存就是一种特别的价值。在《超越自由和尊严》一书中，斯金纳具体阐述了行为技术学的运用价值。一个人可以设计一个更好的养育儿童的方式，以避免儿童的不良行为。例如，他可以通过做一个厉行严格纪律的人来解决他的问题。他的新方法对儿童或家长可能都有好处。这可能需要时间、精力等，然而，如果他很愿意为了别人而工作，他将提出并运用这种方法。如果他因为看到别人生活得很好而受到强化，那么他将设计一个使儿童幸福的环境。如果他的社会环境使他对该社会生存有兴趣，他可能会研究人们过去对社会作出的贡献，而且可能会设计出一个更好的方法以促使他们作出更大的贡献。

斯金纳指出，在教育、生产、政治领域，行为技术学可以实现的价值是："上课的教师可以设计一些新的教的方式，这些新的方式将使他的生活更轻松些，使他的学生满意（学生又转过来强化他），或者，很可能使他的学生将来对他们的文化作出尽可能多的贡献。实业家（industrialist）可以设计一种工资制度（wage system），这个制度将最大限度地增加他的利润，或为他的雇员谋利，或非常有效地生产一种文化所需要的商品，同时又最小限度地消耗资源和最小限度地污染环境。执政党可以主要用以保持它的政权，或增援它统治的那些人，或发展国家。"①

斯金纳强调，理想社会的实现，必须通过改变或控制人的行为来完成。在《华尔登第二》这本书中，斯金纳表达了他的这种思想。在他描绘的作为一个乡村公社的社会里，其成员从出生起，生活的每一个方面都受到积极强化的控制，而且它可以使人变得更好，更文雅，使人具有创造性，甚至更有个性。他的行为实验研究的结论，进一步以实验科学的证据支持了他的思想。斯金纳认为，通过分析强化的效果和设计得相当精密的操纵强化的技术，不仅不同有机体的学习能够获得可以比较的结果，而且，"逐步深入到反应之间的复杂的相互关系中去，对于通常属于知觉、思维和人格动力等领域的行为，也可以做到同

---

① B. F. Skinner. Beyond freedom and dignity[M]. New York：Knopf，1971：143-144.

样严密的程度"。① 在他看来,要形成那种对于学习者和社会都有益的行为,就必须逐渐地、系统地修改旧的行为或形成新的反应,以建立目标行为。

新行为主义以客观、科学自诩,在教育目的的问题上,他们拒绝使用过去习以为常的诸如"为民主而教育""教育整个儿童""为生活而教育"等措辞。他们强调,教育目的必须用具体的、可以观察的行为来阐述。换言之,教育目的首先要转化成各门学科的具体目标。这些目标再以具体的大纲、学程、学习活动来系统阐述,它们还是要以具体的行为改变来加以界定。然后,每一种能力要分析成更小更简单的行为,以便使学习者能够通过学习它们而最终达到目标行为。

新行为主义者认为,作为教育目的的行为目标在教学和课程的设计中是必不可少的,因为一方面它可以明确地指导学习的活动,另一方面,它也为教与学的过程的评价提供了标准。

二、学生和教师

根据斯金纳的人性观和教育目的,我们可以清楚地看到,在教育的过程中,学生处于被决定的地位,他们的行为要受到条件作用的控制,学生就像雕塑师手中的一块烂泥一样。

在斯金纳看来,人不可避免地要受到控制,所谓自由,只是一种幻想。"人的为自由的斗争不是由于要自由的意志,而是由于人类机体的某种行为过程的特性,其主要作用是避免或逃避环境的所谓'讨厌'的特征。"② 斯金纳还认为,控制人的力量不是来自人类机体的内部,而是来自外部。在《华尔登第二》这部小说中,一个非常有趣的事实是,那个根据操作性条件作用的原理来控制别人的弗拉兹尔(Frazier)发现,他自己也是处于控制之中,而且不管他作出什么样的决定,都要碰到大量的冲突。所以说,我们每一个人都在受到某种控制,问题仅仅在于有没有清楚地意识到它。

在教育领域,不管人们承认与否,也不管人们是否愿意使用"条件作用"这个词,事实上,控制始终在教育中存在着。教师往往通过目光、分数或体罚学生使学生坐正,保持安静等;通过奖励或惩罚等控制手段,使学生一步一步地形成复杂的行为等,都是这方面的例子。此外,在学生入校以前,也早就受到他的父母、同伴等的控制。所以,问题不在于有没有控制,而是将学生向什么方向控制。

---

① 华东师范大学教育系,杭州大学教育系编译.现代西方资产阶级教育思想流派论著选[M].北京:人民教育出版社,1980:319.

② B. F. Skinner. Beyond freedom and dignity[M]. New York:Knopf,1971:39.

如前所述,斯金纳不仅看到了控制的客观存在,而且指出了它在改变、形成人的行为以及建立新的理想社会方面的作用。为了使学生为他们将来的个人和社会生活承担的责任做好准备,他们需要学习,而且,向着可欲的方向改变,塑造他们的行为乃是教育不可推卸的责任。所以,学生在教育过程中处于被决定的地位是毋庸置疑的。

教育的问题不在于有没有控制,也不在于是否应该控制,而是在于是否有正确的、适当的控制。斯金纳认为:"五十年前……教育控制还是公开令人反感的。儿童读数字、抄写数字,背计算表,进行数字运算,以逃避棍棒的威胁……使积极的后果更加直接有效,这是通称为进步教育的改革运动的一部分。但是,任何一个参观过今天一般学校低年级的人都会看到已经产生的一种变化,这个变化不是从令人反感的控制变为积极的控制,而是从一种令人反感的刺激变为另一种令人反感的刺激。"① 可见,需要反对的是棍棒威胁式的控制、令人反感的控制、惩罚的控制,需要的是积极的控制,即积极的强化。

学生应该处于被决定、受控制的地位,而且,控制应该向着对学生个人和社会都有利的方向。现在,还有一个重要的问题应该得到回答,即学生的行为应该由谁来控制。

斯金纳强调,成人,尤其是教育者的一个责任就是作出教育的决定,然后利用我们拥有的任何方法来实现我们的目的。显然,学生的行为应该由教师控制。在斯金纳看来,我们能够拥有的最好的方法就是行为技术学的方法,因为这种方法可以克服自然状态下的不稳定的、偶然的条件作用的缺点,使之更系统,而且能得到即时强化。这样,学生的行为便可以得到有效的控制。从一定的意义上说,教育就是控制,就是条件作用。在这方面,斯金纳与行为主义创始人华生的观点并无分歧。华生曾经扬言,如果给他十几个健康的婴儿和他所设计的环境,他就能保证把他们中的任何一个训练成他想要选择的那种类型的专家,甚至也可以把他们训练成乞丐和贼。

教师在教育过程中应该处于中心的地位,教师与学生既不是朋友,也不是伙伴,更不是平等者。教师不能让学生自己掌握自己,进行自我教育。学生的一切行为都应处于教师的设计和控制之中。

斯金纳指出,教师借以对学生进行控制的手段主要是运用操作性条件作用的原理,对学生进行即时和一贯的积极强化。斯金纳曾经仔细地分析过学习领域里的强化物和强化手段的作用:

人为的强化物:人为的消极强化物,如棍棒,剥夺权利,批评,嘲笑,评分不及格,布置额外作业,各种形式的威吓等,具有严重的副产物。在它控制下,学生行为将受到压

---

① 华东师范大学教育系,杭州大学教育系编译.现代西方资产阶级教育思想流派论著选[M].北京:人民教育出版社,1980:319-320.

制,而我们要求的是"发出"行为,显然惩罚不适当行为不能导致发出适当的行为,因为惩罚胆怯不能使学生勇敢,惩罚懒惰也不能使学生勤奋。人为的积极强化物虽然摆脱了消极强化物的副产物,但也有问题,它"不总是容易安排","会引起一些个人问题"。诸如教师的行为等个人强化物无疑非常重要,但个人的卷入可能有危险。

自然的强化物:斯金纳认为卢梭和杜威都说明了如何利用自然强化物,但自然的强化物只起次要作用,而且不是所有的自然强化物都是有用的,纯粹利用自然强化物的教师实际是在放弃作为教师的作用。

改进偶合的关系:斯金纳认为,重要的并不在于使用何种强化物,而在于强化和行为的关系。无论自然的强化物还是人为的强化物,只要它们无有害的副产物,只要学生发出的行为能继续在他的日常生活中得到强化,教师就可以采用任何一种强化物。他认为,在改进教学工作方面,教师利用并改进已有强化物的偶合关系,比发现新的强化物更为重要。在教师的控制下,可以从积极的强化物得到强化力量,也可以从消极的强化物得到强化的力量。他强调,无论在形成新行为还是在维持行为强度方面,程序教学都是一种有效地运用强化物的方法。值得注意的是,程序教学机器等并不能代替教师,它们只是一些减轻教师工作负担的装置。让教师从诸如批改作业这类单调而繁杂的劳动中解放出来,是为让他们做更重要的工作。教师要继续保持与学生的关系,使他可以与学生进行精神的、文化的和情感的接触来行使他的职能,而这是机器所不能代替的。

扩大强化反应比率:能否成功地塑造行为,决定于如何确定强化的要求。学生行为改变的幅度,要考虑维持行为的力量,使之既不能太强,又不致太弱。所谓扩大强化反应比率,就是在学生行为许可的情况下,尽快地增加每次强化的反应数。

概言之,教师和学生的关系是控制和被控制,设计和被设计的关系。学生需要学习,需要受到控制,教师作为学生行为的设计者和控制者,既拥有权威,又要为学生负责。

三、学与教

斯金纳认为,操作性条件作用的原理可以直接运用于教学过程之中。

在教学过程中,学生学的活动更为根本。在斯金纳看来,如果学生不学,那么即使建立更多的学校,培养出更多的教师,设计出更好的教学器材,都没有多大的意义。所以,重要的是要分析学生学习行为发生的条件。人们可以设想许多说明学生学习的理由,如具有学习的愿望,具有内在的求知冲动和探究的欲望,热爱智慧,具有天然的好奇心,或者是由于某种其他的性格特征,等等。然而,尽管人们对学生的学习做了上述那么多的说明,但教学并未因此而得到改进,学生的逃学、退学仍是突出的问题,其原因何在?

斯金纳认为，在人们设想的那些说明学生学习的理由中，有的是学习的结果，而不是学习的理由。此外，关于学生的性格特征，我们并不知道怎样改变它，甚至也不知道怎样使它具有活力。斯金纳认为，只有操作性条件作用的原理才能说明学生的学习。问题的实质是，当学生学习时，学生的学习行为受到什么东西的强化。因此，要使教育办得更加完善，要使学生的学习更有成效，只有弄清那些表明诸如"学习的欲望""探究的欲望""热爱智慧"等性格特征的行为，然后才能发现改变这些行为的条件。

根据斯金纳操作性条件作用的原理，斯金纳实验箱中"学会"压杠杆以获取食物的那只老鼠，其压杠杆的动作是一种没有可以观察到的外来刺激的操作性条件反应，老鼠的行为作用于环境，产生了有效的结果后便得到强化。老鼠的行为是产生有效结果的手段，强化出现于反应之后，即强化偶合于反应。所以，发出一个动作，或模仿教师的行为，还不能算是真正的学习。换言之，学习的发生不是由于外部的灌输，而是由于行为受到了强化。只有学习者主动地独自地作出类似的行为，才能说出现了学习。斯金纳指出，一个勤奋的学生能够长时间地学习，并跟老师和同学们进行讨论，"不是因为他具有勤奋的特性，或者对他的教育抱有积极的态度，而是因为他受到了有效的强化"。①

斯金纳认为，教育中的问题集中体现在适当地运用强化手段上面，具体表现在下列四个方面：②

第一，大量地使用人为的消极强化物。它造成的结果是，儿童的学习不是为了获得知识，而是为了避免或躲避惩罚。这一点在本节前面部分已有比较具体的阐述。

第二，缺乏即时强化。斯金纳的研究表明，除非建立了明显的中介行为，否则在反应和强化之间只要相隔几秒钟，就会破坏大部分的效果。然而，在实际的教学过程中，学生的反应和教师的强化之间往往要相隔很长时间。如果教师将学生的作业带回家去批改，那么间隔的时间可达 24 小时之久。此外，教师往往利用诸如获得好的职位，获得较高的社会地位等教育的最终结果作为强化物，其效果是微弱的，在这种情况下，"当其他强化物缺乏时，传统的结果是极度的意志缺乏。学生不仅不勤奋或渴望学习，甚至根本不能使自己学习"。③

第三，缺乏一个通过一系列递进的近似结果向所要求的最终复杂行为前进的巧妙程序。斯金纳指出，要使有机体形成最终的复杂行为，需要有一长串的强化，然而，教师很

---

① 华东师范大学教育系,杭州大学教育系编译.现代西方资产阶级教育思想流派论著选[M].北京：人民教育出版社,1980：342.
② 同①：320-321.
③ 同①：331.

难在这一长串强化的每一个步子上都给予强化，因为他不可能一个一个地去处理学生的反应。

第四，强化的次数少。一次强化不能使学生把行为学到手，甚至对于比较聪明的学生来说，要学到一个行为，一个特定的强化也必须安排若干次。斯金纳认为，小学头四年有效的数学行为大约需要 2.5 万次强化，而教师能够提供的强化却只有几千次。除此之外，全部数学行为必须置于极为多样的具体问题的控制之下。5 万次强化也只是一个比较保守的估计，根据这样的估计，每天指定的算术作业似乎是少得可怜的。

根据操作性条件作用原理对于学习的分析，学习是一门科学。所谓学习是一门科学，它的意思是，学习要受行为技术学操作性条件作用的原理支配，要受到人对于各种条件作用规律的制约；学习循序渐进的，而且每一个阶段都是下一个阶段的基础。所以，学习需要有一些明确的程序，而且，只有当这些确定的程序应用于学习时，学习才富有成效。

根据学习作为一门科学的界说，什么是"教"的问题便可迎刃而解。教，就是安排控制学生学的那些强化的偶合。教师的教不是学生学的原因。没有教师的教，也可以发生学生的学。所谓教师的教，实际上是给学生提供一些适当的学的条件，以加速学生的学。所以，就这个意义来说，教师的教不是给学生传授教师自己的行为，而是帮助学生建构适合某些环境的行为。由于人的所有的随意行为都是在操作性条件作用的过程中学会的，所以教就是提供和控制发生学习的各种条件，使学习富有成效，以实现教学的行为目标。当然，学习条件的提供和控制可以借助于机器或其他装置的帮助，这就是我们下文将要阐述的教学机器和程序教学的作用。

斯金纳于 1954 年发表了一篇著名的论文，题目是《学习的科学和教学的艺术》。顾名思义，斯金纳在把学习界说为科学的同时，还提出了教是艺术的命题。根据上述对于教的分析，所谓教是一门艺术，它的意思是：如何使学生与教材和教学大纲发生联系是一门艺术。斯金纳认为，学习是一种个人的成就，这种成就的获得是学习者和科学地制定出来的教材和教学大纲相互作用的结果，在这种相互作用的过程中，教师只是一个控制者、监督者或媒介物。引起学习的是学生与教材和教学大纲的直接联系，而这种联系的建立和维持，则有赖于教师的艺术技巧。

在学的过程中，发挥控制作用的是教师安排的程序，尤其是强化的作用。根据操作性条件作用的原理，强化只是出现在作出反应之后，而不是在反应之前。教育的作用要求在尽可能短的时间内使学生形成尽可能多的期待的、准确的反应。如果我们只是等待学生可欲的行为反应出现以后再给予强化，那将耗费很多时间，而且，如果没有适当的诱导，我们想要得到的反应可能也等不到。这就是说，教师怎样才能使学生作出作为学习开始的第一个可欲的反应，就成了一个很重要的问题，因为只有在此之后，教师才能给予强化，并进一步一步地使学生置于控制之下。

斯金纳提出了一系列的可能的解决办法。例如，我们可以握住儿童拿铅笔的手，使之随着成人的手移动而写出字来。然而，用这种强迫的方法，儿童不能说是在写字。我们也可以通过某种刺激来引起一种反应，为了集中学生的注意力，教师改变语态、姿势等都是吸引学生注意力的一些手段。然而这种方法也有弱点，因为这种方法不能解决学生如何集中注意力的问题。

斯金纳认为，比较有效的方法是启动（prime）。可供选择的具体的启动方法有下列三种：

第一，动作的复制（movement duplication）。它利用学习者模仿动作的倾向，对那些类似于原型的动作反应进行强化。这种启动是可能的，因为只要学生的动作像别人那样，他就自然地得到强化。体育、舞蹈、戏剧等方面都有这种例子。

第二，结果的复制（product duplication）。学习者不一定模仿原型的动作，但原型动作的结果却复制了出来，这种反应乃是受到结果复制启动的结果。例如语言学习中的发音、临摹图画等，虽然学习者没有看清教师发音时发音系统各个部分的具体动作，也没有看到教师制作范画的过程，但学生最终的动作结果却是相同的。

第三，非复制的技巧（nonduplication repertoires）。这是利用学习者既有的全部技能反应来启动行为。具体地说就是，教师可以告诉学生去做什么或怎样去做，然后，如果学生的确按照教师的指导去行动，就强化他们。教师只是给予言语指导，学生便在他既有的行为模式的帮助下引起一定的反应，而这种引起的反应虽然不同于既有的反应，但通过学生既有反应的帮助，教师可以使学生明了他必须做些什么。

最后要强调指出，这些启动的方法往往只是在教师教的初始阶段使用，而且，它们也不能代替其他的塑造行为的方法。学生的行为启动以后，教师就可以开始他塑造学生行为的过程，以实现教学目的。教师塑造学生行为的过程究竟应该怎样进行呢？这将是我们即将阐述的问题。

四、程序教学和教学机器

1. 什么是程序教学

程序教学乃是斯金纳的操作性条件作用的原理在教学领域内直接的运用。也是他对教学理论的一大贡献。所谓程序教学，就是将教材内容按照逻辑顺序系统地加以编排，使之由浅入深、循序渐进的一种自动的教学模式。程序教学的目的是通过有效地利用强化物，以建立、保持并加强学生的期望的反应。在程序教学过程中，影响和控制学生学习的因素乃是对于正确反应的强化，以及对于学习材料所做的细致的、合乎逻辑的安排。威尔伯·斯科拉姆（Wilbur Scrum）认为，在程序教学中，"对于学生来说，'程序'代替了教师，而且这种'程序'通过一套事先设计好的、有一定顺序的特定行为，使学生将来更有可能按照人们所期望的方式去行动；换句话说，就是学生将学会人们设计这个程序时想要教给他的那些东西"。①

由于作为教学目的和学习内容的终端行为往往比较复杂，学生不可能一次学会，所以，必须将学习内容分成许多小的单元（也称之为"步子"），并将这些小单元排列起来以形成程序，如果学习者能够通过整个程序的学习，他就可以达到程序设计者预定的目的。在程序教学中，一个非常重要的事情是，在学习者学习一个步子之前，他必须理解或掌握在它之前的那个步子。换言之，如果学习者还没有掌握他在某一阶段必须掌握的学习内容，他就不能进行下一阶段的学习。此外，虽然程序将一个复杂的终端行为分割成许多小的步子，并对每个步子都给予强化，但终端行为的形成并非这些小步子的简单聚积，因为这些小步子并非各自独立、互不相干，它们之间有着不同程度的一致性和连贯性。在程序教学中，每一个新学会的行为都是以累积的方式增加到已经形成的行为上去的，正因为如此，终端行为才能够逐渐形成。

2. 程序教学的特点

程序教学具有下列几个特点：

积极反应。斯金纳认为经验是知识的源泉，所以，他不同意将知识和动作或将知和做分隔开来的看法。在传统的教学过程中，学生只是被动的知识受纳器，学生很少有机会作出自己的反应。事实上，教学过程的进展也不取决于学生的反应。程序教学则不然，它要求学生作出积极的反应，既要动脑，也要动手。如果学生不作出积极反应，学习的过程就会中止。换言之，学生学习过程的开展取决于学生的反应，而且学生的反应也决定了自己学习的速度和效果。根据不同的程序设计，学生积极反应的方式也不同，如解答问题、书写答案，在多重选择的答案中选择自己认为最合适的答案、填充等。

即时反馈。斯金纳的实验研究表明，在有机体作出反应以后，必须及时反馈，只有这样，才能更有效地塑造或保持行为。他还对传统的课堂教学中缺乏即时的、经常的、准确的反馈现象表示震惊。他说："1953年，我的小女孩在剑桥的一所私立小学四年级上学。那年11月11日，我以家长身份访问学校，坐在教室后面听算术课。我忽然发现：整个教

---

① 罗伯特·梅逊. 西方当代教育理论[M]. 陆有铨, 译. 北京：文化教育出版社, 1984：186.

学情境显得十分荒谬。那里坐着20个十分可爱的有机体。但是那位教师却违反了我们所熟悉的关于学习过程的几乎所有的原理和做法,虽然这不能完全归咎于他本人。"① 他认为这是在"毁灭心灵",而且坚信程序教学将"可以干得好得多"。根据操作强化原理,在程序教学过程中,当学生作出一个反应之后,程序将以某种方式让学生立即知道自己的反应正确与否。

可以测量的目标。学习就是控制、改变学习者的行为,所以,知识必须转化成可以观察到的行为。程序教材必须围绕可以陈述的行为目标加以组织。那种宽泛、模糊的目标如"懂得""鉴别""理解"等应该废除,而代之以具体的行为的说明。换言之,只有可以观察,可以辨别,可以测量的明显的行为变化才算是学习。所以,程序教学要从学习者的行为方面去分析教材,因为只有行为的表现才是可以测量的目标。所以,从程序教学的观点来看,对教学内容的分析,就必须要找出有关的行为或做事情的具体方式,这样,既可以为学习者提供教学的程序与环境,以促进学生的行为学习,同时又为教学效果的评估提供了可以测量的目标。

按小步子的逻辑顺序呈现材料。程序教学是一种自动的教学过程,在程序教学中,程序代替了教师。如前所述,对于复杂行为的学习来说,必须把学习材料分解成一个个比较简单,学生自己能够作出反应的单元或步子。为了使学习者的学习能够有效、顺利地进行,在呈现学习材料的时候,除了要严格按照材料的逻辑顺序,使之环环相扣之外,相邻的步子之间进步的幅度也是一个重要的因素。斯金纳提倡小步子直线式的程序,其目的在于使学习者非常容易完成而不致出错。每完成一个步子都能得到积极的强化。这样,当学习者在完成每一个步子时,都能体验到自己是在向着一个特定的目标前进并享受这种进步的乐趣。如果步子过大,学习者将由于无法完成而中止学习。在材料的呈现方面,除了斯金纳提倡的直线式程序之外,还有其他的程序模式,这些将在下文加以阐述。

3. 程序的编制

程序教学的结果在很大程度上取决于程序的编制。程序编制者首先要确定一个适当的起点,这要求对学生受教以前的情况有比较具体的了解,如是否掌握了必要的技能,是否具有足够的知识,是否具有鉴别新教材的能力,等等。由于儿童的成熟程度、学习水平以及先前的经验不同,往往表现出个别差异。如果编制的程序一开始水平过低,将不能引起学习者的兴趣,同时也徒然浪费时间。然而,如果一开始的水平过高,超出学生的反应能

---

① 高觉敷主编.西方现代心理学史[M].北京:人民教育出版社,1982:311.

力，学生的学习也无法进行。所以，程序编制者必须要认真考虑两个问题：（1）想要达到什么目的？（2）儿童目前的水平如何？对这两个问题的回答必须具体。对第一个问题的回答，必须具体地指出儿童能够做的一些事情。如能够拼写什么什么单词；能够在字典里查到什么什么词；能够用什么什么词造句；能够在地图上找到什么什么国家等。对第二个问题的回答同样如此，如儿童会拿铅笔吗？会写字母吗？会不会看地图？只有如此具体，才能确定从哪里开始进行教学，然后才能确定所要达到的教学目标，即终端行为目标，并制订出一个学习活动的方案。正像罗伯特·格拉泽（Robert Glaser）所说的："一旦我们把有关终端行为目标和次要目标的内容以及组成的全部内容都描述出来，一旦我们把学生开始的行为也描述出来，我们就能够完成一个严密的教学过程。"[1]

然后，程序编制者根据教学目的和要求的知识质量，用一系列的小步子按顺序编写教材，决定用哪些步骤或阶段来引起学习者作出所期待的反应。这时候，程序编制者要考虑三个互相关联的问题：（1）下一步你要他做什么？再下一步你要他做什么？再下一步你要他做什么？（2）你每次是怎样促使他去做的？（3）你怎么肯定他继续按这种方式做事，而且没有匆忙地滑过去？这要求步子之间的幅度适当；步子之间联系密切，形成一个锁链体系；做必要的提示；及时强化学生每一个正确反应，等等，其目的是将学生开始的行为逐步引向作为教学目标的终端行为。威尔伯·斯科拉姆对程序教学基本项目的概括，实际上也提出了编制程序的基本要求，[2] 即：由许多项目组成一个有条理的顺序；学生以某种方式对每一个项目作出反应；他的反应由于能立即知道结果而得到强化；于是学生用小步子前进；能几乎没有错误地作出最正确的反应；他从已知的东西出发，连续地向着他应从程序里学会的东西一步一步地前进。

最后，当程序编制者将教材以一系列的小步子按顺序编好以后，必须要在一个有代表性的小组里进行检验，以鉴定从受教前的行为过渡到终端行为方面取得成功的程度。如果有必要，则要根据检验的结果对程序做必要的修改。

4. 主要的程序模式

程序教学的理论提出以后，很快便在教育、军事、工业等领域的实践中得到运用，其理论和实践都有很快的发展。在实践的过程中，出现了许多编制程序的模式，其中主要的有下列四种。

直线式程序。这是斯金纳首创的一种程序，又称经典式程序。直线式程序将材料分成一系列的连续的小步子，用使学生"知道结果"的方式对每一个步子加以强化，以引导学

---

[1] 罗伯特·梅逊. 西方当代教育理论[M]. 陆有铨，译. 北京：文化教育出版社，1984：208.
[2] 同[1]：198.

生形成期望的终端行为。其特点是：每个项目学习的材料量小；如果程序设计得好，学习者可以几乎不出现错误，而且只要学习者作出正确的反应，就意味着他已经学会了；这种程序只强化正确的反应，如果学习者出现错误，将呈现正确答案，纠正了学习者的错误以后再继续前进。这种程序模式对于逻辑层次分明的学科，如物理学、生物学、数学等，效果比较明显。

直线选答式程序。其倡导者是美国心理学家西德尼·普莱西（Sidney L. Pressey）。它是在程序中提供一些不正确的反应，将正确的和不正确的几种可供选择的分支都呈现在学生面前任其选择。每一种反应都提供了一个不同的路线，如果学生的每个反应都正确，那么他就是循着该程序的主要路线前进，因而可以在最短的时间内通过该程序。如果学生作出了错误的反应，那他还要继续选择，直到正确为止。这种程序是根据学生的能力来调节速度，而且相对于直线式程序来说，学习者有较大的自由度，因为他可以根据自己吸收的速度采取不同的路线来完成整个程序的学习。

衍支式程序。倡导者为美国心理学家诺曼·克劳德（Norman A. Crowder），所以又称克劳德程序。它是根据学习者由于能力、已有的知识和学习材料的性质的差异而造成的可能的错误来编制程序。它把学习材料分成内容较多、步子较大的逻辑单元，编成主干程序，又把学习者学习时常犯的典型错误编成分支程序。学习者学完一个逻辑单元以后，采用多重选择反应对其进行诊断性测验，并依据测验的结果决定下一步的学习。如果学习者反应正确，即开始主干程序的下一个逻辑单元的学习；如果作了错误的选择，学习者将被引入该逻辑单元的分支程序进行补充性学习。分支程序的补救性材料将纠正其错误，待错误得到纠正以后，学习者还将回到主干程序的这个逻辑单元，然后再进行下一个逻辑单元的学习。衍支式程序关心的不是学生如何学习，而是学生是否已经学会。对于能力强、学习快的学习者来说，他可以无须借助分支程序的帮助而以直线的方式直接通过主干程序，因而费时较少。这种程序的特点是，它兼顾了不同能力的学习者。

凯程序。倡导者为心理学家 H. 凯，故名凯程序。这是一种直线式和分支式相结合的程序。它对各种知识、概念有不同水平的解释。例如，学习者在学习直线式的主序列中的知识 n 之后，按顺序应该学主序列中下一个项目 $n+1$，然而，如果学习者学习之后作出了错误的反应，那么他将被引入 n 的分枝程序 n_A 或 n_B，在 n_A 或 n_B 中，他可以学到有关 n 的概念的补充性材料。通过 n_A 或 n_B 的学习，证明学习者已经掌握了 n 以后，学习者无须回到 n 项目，而直接转向 $n+1$ 的学习。凯程序要求其编制者充分考虑到学习者可能产生的各种典型错误，并将其反映到补充材料中去。

上述各种模式之间常有不同意见的激烈的争论，平心而论，各模式都有其优点和缺点。看来，一种比较可取的办法是，应该考虑到教学的任务、内容以及学习者的情况灵活运用。

5. 教学机器

教学机器是指装有程序教材、能够显示问题、能够指出正误，并提示下一步如何学习的机器。教学机器的新颖之处在于，它突出了教学的自动化过程，用一个没有生命的机器来代替人进行教学。

在1959年出版的《累积的记录》这本书中，斯金纳在几千个实验小时中记录了一个有机体作出的几百万个反应。在对一只鸽子进行的连续7万个小时的行为记录中，鸽子作出了大约2.5亿个反应。这些数字清楚地表明，如果没有某种机械装置的帮助，要想对每一个反应都给予强化的偶合，那几乎是无法想象的。如果说对动物的行为控制需要借助机械帮助的话，那么，为了塑造和维持人的行为，更有必要利用机械来进行强化的偶合，因为人对于强化的偶合比动物更敏感。"所以，我们有充分理由预期，对人类学习的最有效的控制将要求工具的帮助。简单的事实就是，作为一个单纯起强化作用的机器，教师是过时了。即使一个教师用其全部时间来教一个儿童，情况也是这样。但是，当他必须同时充当很多儿童的强化机器时，她的力不胜任就增加许多倍了。如果教师要利用学习研究的最新成果，她就必须有机械装置的帮助。"[①]

斯金纳根据他的操作性条件作用的原理，设计出了一个"能解决大多数主要问题而所费不大的"教学机器，并对他设计的教学机器作了如下描绘。[②] 该机器外形是一个和一架小型唱机差不多大的盒子。在盒子的顶面有个窗口，通过窗口可以看到印在纸带上的问题或题目。儿童通过移动一个或几个上面刻有从0到9的数字的滑动片来回答问题。印有问题的纸上打着方孔，答案就出现在这些方孔里。对好答案以后，儿童转动一个旋钮。如果答案正确，旋钮就能转动，并且同时出现铃声或其他的条件强化。如果答案错误，旋钮就无法转动，这时，儿童就必须倒转旋钮，再试作第二次回答。如果答案正确，再转动旋钮，这样下一个问题便移到呈现问题的窗口。

教学机器很好地体现了操作性条件作用的主要原理。学习者的反应能够立即得到反馈，正确的反应可以通过铃声或某些别的强化物得到强化，不正确的反应由于没有得到强化而消退。学习材料被划分为许多许多的小步子，通过塑造的过程，这些小步子的累积将形成复杂的行为。教学机器主要是通过保证学习者不断地取得成功并立即强化他的成功来

---

① 华东师范大学教育系，杭州大学教育系编译.现代西方资产阶级教育思想流派论著选[M].北京：人民教育出版社，1980：325.

② 同①.

激发学习者的动机的。所以，装在教学机器内的程序必须编得正确。

显然，教学机器只是一种学习的工具，而且它同人们过去的教学实践是有联系的。它是"通过机器对体现在书本、教科书、训练手册、辅助练习册和其他各种手册里的相当古老的教学技术所作的一种改进。主要改进之处在于它使机器产生一种约束作用，即使不能绝对制止学生作弊，也使作弊难以进行"。① 教学机器作为一种学习工具，其作用在于引导学生通过一个仔细安排好的程序，使学生在不遇到过分困难的情况下，由难度较小的项目向着需要较高分析和理解能力的项目前进。有人曾将教学机器和家庭教师的作用相互比较，并发现两者之间有下列相似之处：② 装在教学机器内的程序和学生之间有着不断的交流，同教师的讲课不同，机器可以使学生持久地处于活跃和忙碌的状态；同一个优秀的家庭教师一样，教学机器只是在学生透彻地理解了指定的学习内容之后，才继续进行新内容的学习；同家庭教师一样，教学机器只出示学生准备学习的材料；同家庭教师一样，教学机器能通过提示或暗示等技术或程序的结构帮助学生得出正确的答案；同家庭教师一样，教学机器对学生的每个正确反应都进行即时反馈，这不仅能最有效地形成他的行为，而且能以抓住学生兴趣的方式来保持行为的力量。

教学机器的运用曾遭受到不少批评，其中主要的是认为，这将把人当作动物对待，行为设计、行为控制的方法将使人训练成为机器人，成为控制他们的人的傀儡。对此，斯金纳作了辩解。他认为这种观点是文化的惰性的表现。我们本来就生活在一个受到未被我们意识到的力量控制的世界里，人要受到控制是一个无法规避的事实。如果我们能够正确地运用条件作用方面的先进技术，那么我们的人性将得到改善。教学机器作为一种工具，它能够发挥什么作用，取决于人们如何使用它。如果对教学机器或程序教学使用不当，它可能会使学生成为缺乏主动性和创造性的唯命是从的人。然而，如果我们正确地使用它们，也可以充分发展人的潜在能力，并完善人性。关键在于我们运用它们要达到什么目的，而这个任务不是教学机器和程序教学所能完成的，因为它只是我们实现教育目的的工具。

斯金纳对于教学机器的应用充满了信心，因为"必要的技术是大家知道的，需要的设备也容易提供，除了文化的惰性之外，就没有什么障碍了……我们正处在一个令人鼓舞的革命时代的前夜，在这个时代里，对于人类的科学研究将为人类的最大利益服务。教育应尽它的一分责任"。③

---

① 罗伯特·梅逊.西方当代教育理论[M].陆有铨,译.北京：文化教育出版社,1984：184.
② 同①：198-199.
③ 华东师范大学教育系,杭州大学教育系编译.现代西方资产阶级教育思想流派论著选[M].北京：人民教育出版社,1980：328.

第五节 评 论

一、关于新行为主义的思想基础和方法论

新行为主义作为现代西方的一个重要的心理学流派,其哲学基础深受实在主义、机械唯物主义和实证主义的影响。它承认世界独立于我们之外而存在,其运行受某种客观的法则所支配;认为人是自然的一部分,主张用物质的、运动的观点来理解人,并强调心理学的研究要采用客观的、实证的方法。在心理学的研究对象方面,它坚持心理学的对象是人和动物的可以观察的行为。虽然新行为主义的有些主张有失偏颇,但对于清除传统的心理学研究中的主观性、神秘性,促进心理学研究的客观性方面,显然有很大的作用。从美国心理学会在1958年授予斯金纳杰出科学贡献奖时的下列介绍中,我们可以透过斯金纳看到新行为主义的贡献:"他的特点是,对科学问题有巨大的客观性……他选择简单的操作行为作为研究的对象,同时也反对对行为进行交替的分析,坚持描述应先于假设。他通过小心地控制实验条件,得到了一些相对地摆脱了偶然性变量的资料。尽管他反对理论,人们还认为他是一位重要的系统化者,并且发展了对行为的首尾一致的描述。这种描述极大地提高了我们预测和控制有机体的行为(从老鼠到人)的能力。"[①]

然而,在新行为主义的思想基础和方法论方面,也有一些问题需要加以分析。

1. 关于对客观世界和心理的认识

新行为主义的重要代表人物斯金纳认为,无论对客观世界还是对于心理,获得真知的最可信赖的手段是观察和实验,实在就是我们所察觉的那个样子,只要对我们的经验进行准确的描述,就能揭示实在的本质。他的心理学研究不仅以行为作为研究对象,而且仅仅描述行为,其中不包括任何解释性的判断。在他看来,如果对于具体的行为进行观察,我们就可以发现有机体行为的客观规律。所以,斯金纳的心理学基本上是描绘性的,反对对心理过程进行分析。

事实上,人对外界或心理的认识,不纯粹是感觉材料的积累。因为这些事实的意义,事实之间的联系,感觉材料本身并不能显示,而且仅仅靠观察也是办不到的。从一定的意义上说,观察乃是观察者对感觉材料以一定的方式加以安排、联系使之具有意义的过程。人要获得真理性的认识,必须要对感觉材料经过一番去粗取精、去伪存真、由此及彼、由

---

① 杜·舒尔茨.现代心理学史[M].北京:人民教育出版社,1981:280.

表及里的加工精制的功夫。因此，推理和解释性判断是不可或缺的，它们是人认识真理的重要组成部分。

此外，不包括任何推理、解释性判断的所谓纯粹的客观观察是不可能的。在现实生活中，我们经常可以看到这样的事实，即不同的人在同一事实面前，往往会得出决然不同的结论，其原因何在？不仅对于社会现象，即使对于科学研究来说，科学的观察也受到观察者本人的判断的影响，因为所谓观察，不仅决定于被观察的现象，而且决定于观察者进行观察的背景。观察者所处的地位，观察的角度，甚至情绪、身体状况，都会影响观察者的观察。所以，观察是无法同观察者的解释和判断分离的。具有相同思想基础，同是信奉科学的、客观的观察方法的新行为主义者之间，也不能得出完全相同的见解，这件事实本身就是一个很好的例证。

2. 关于人的自主性

斯金纳虽然不同意把人看作是只能"自动地推—拉"的机器，认为人是按照一定法则行动的复杂系统，但从根本上说，他否认人的自主性。斯金纳看到环境对人的行为的控制作用，这一点无可厚非，但问题在于，环境仅仅是控制人的行为的诸多因素中一个非常重要或带有决定性的因素。如果把环境看成是控制人的行为的唯一因素，那就有失偏颇了。

环境对于人的作用并非机械决定的，而是辩证的。人与动物的一个差别就在于人具有主观能动性。环境对于人的行为的决定作用，主要表现在环境给人的主观能动性的发挥规定了条件和范围。在尊重客观规律的前提下，人的行为可以充分发挥人的主观能动性，而不是机械地接受环境的摆布。随着科学技术的发展和人类对客观规律认识的不断深入，人的主观能动性将不断增大。它表现为人可以透过环境中的种种现象看到本质，探索并掌握规律，从而在社会实践的领域发挥改造环境的作用。在同样的客观条件和环境中，人的主观能动性不同，人的行为也表现出很大的区别。斯金纳否定人的自主性，实质上是否认人的主观能动性，这是一种机械决定论的思想。

3. 关于心理的"内部因素"

行为主义力图使心理学实现所谓科学化，其对象不是意识，而是行为，而且以行为反应来说明人的一切活动，认为感觉是辨别反应，情感是内脏反应，甚至思维也是肌肉特别是喉头肌肉的内隐活动，与其他外显的肌肉活动没有区别。斯金纳继承了行为主义的传统，认为包括意识、动机、情感、态度等在内的一切内部因素都是"伪造的说明"。

斯金纳否定心理的"内部因素"，一个重要的原因是受到他的心理学研究的方法论的限制。斯金纳强调可证实性，而证实的手段又局限于直接的、即时的观察，因而抛弃了其他认识方法。

诚然，人的心理活动中的内部因素或内部状态的确无法通过直接的、即时的观察作确定性的证实，然而，这既不能因此而否定它们的存在，也不能说无法对它进行研究。对于人的心理的内部因素或内部状态，我们可以通过直接的即时的观察以外的方法来加以研究，类比推理就是一种可以采用的方法。类比推理也是一种经验证实的方法。无论人的哪种内部生理状态或心理状态，都有一些可以观察到的外显的表征。如果我们通过自己的经验能够确切地知道某些外部表征同内部状态的联系，那么，我们就可以通过对某些外显表征的直接的、即时的观察而推论其内部的生理或心理状态。虽然通过类比推理得出的结论是或然性的，但是，如果我们能够确认两者之间的共同属性以及类推出来的共同属性间的密切关系，就可以提高结论的可靠性。这就是说，如果我们能够突破斯金纳的方法论的限制，人的心理的内部因素也是可以研究的，其结论也不一定就是斯金纳所说的"伪造的说明"。

人的心理的内部因素、内部状态不仅是可以研究的，而且它们也应该成为心理学的研究对象，否则，甚至连行为主义最为强调的行为也无法加以理解。

由于抛弃了内部因素，斯金纳把行为看作只是在时间上互相联系的一系列反应，他用以说明行为的只有强化，而且他也不想说明为什么强化物能起强化作用。强化的观点或许能够分析动物的行为或人的一些简单的反应，但对于人的行为来说，仅仅使用强化的理论是完全不够的。

影响人的行为的因素极为复杂，除了强化物的强化之外，动机、目的、意图、态度、信仰，以及对于环境的判断、对周围人的目的、意图的解释等，都对人的行为具有影响作用，这是人所共知的事实。人的行为不能等同于动物的反应。人的行为不是由环境因素直接决定的，人类为自由的斗争也不像斯金纳所说的那样只是为了避免或躲避环境的"讨厌"的特征，不承认这一点，就无法理解历史上为了一种理想和信念而甘愿赴汤蹈火的志士仁人的辉煌而壮丽的行为。

行为主义者华生说，他之所以摒弃意识而把可以观察的行为作为自己的研究对象，是因为"这样就可以避免平行论和交感论的腹背夹攻"。① 斯金纳虽与华生略有区别，但他最终还是把有机体的内部因素、内部状态当作行为的一个部分，并用行为代替意识，这样做或许能够避免华生所说的由身心关系即心物关系带来的许多麻烦，但是，这种混淆行为和意识，混淆事物和映像的心理学研究，却从根本上回避了思维与存在关系这个哲学的根本问题。作为构成辩证法和认识论知识领域里的一门科学，心理学的研究如果回避这一哲学的根本问题，其对于人的行为的认识和说明，显然是很有问题的。这也难怪人们把行为

---

① 杨清.现代西方心理学主要派别[M].沈阳：辽宁人民出版社，1980：247.

主义说成是没有大脑的心理学，或充其量只是"肌跳心理学"的批评。

4. 关于描述性

斯金纳受实证主义的影响，把自己的研究限制为仅对可观察的行为进行描述，认为这是保证其科学性的根本途径。所以，他的研究集中于控制研究对象的具体措施，并反对进行理论概括。他说："我从不承认除了去探究不变的行为顺序问题以外还有什么其他的'问题'，我从不靠建立什么'假设'去处理问题，我不演绎什么'定理'或用实验去验证这些'定理'。就我所知，我没有预先设想一个行为的'模式'——确实，我没有设想一种生理的或心理的'模式'，而且相信不会有一种概念的'模式'。"①

由于坚持可观察性和描述性，所以他从来也不关心有机体内部可能有的活动，不管在刺激和反应之间究竟发生了什么，他都认为这些都不是客观的，并加以排斥。斯金纳只相信通过直接观察加以证实的原则给他的研究带来了根本的缺陷，即无法解释诸如语言、抽象思维以及其他复杂活动的过程。

科学研究不但不排斥假设、定理、概括，甚至还需要它们。否则，科学研究难以向前发展，而且，离开了概念和定理，其研究结论也难具有普遍的意义。即以假设而言，无论对于自然科学还是社会科学发展来说，合乎逻辑的假设甚至比可观察的事实更有意义。恩格斯说："只要自然科学在思维着，它的发展形式就是假说。"② 在社会科学领域，马克思创立的唯物史观，在《资本论》问世以前，它也是一种使人们科学地对待历史问题和社会问题的假说，然而，它一旦被马克思科学地证明并成为原理之后，就成了人们认识社会改造社会的武器。

斯金纳的实际所为与他的主张也有矛盾之处。他对于行为的分析中，也未能完全做到避免使用概念和定理，他所主张的操作性条件作用，实际上就是作为他的行为分析支柱的一种理论框架。所谓坚持描述性反对解释性，可以看作是排斥意识、拒绝研究人的心理内部因素的一种托词，而故意缩小范围乃是为了满足方法论的需要。事实上，任何科学都不可能纯粹是对可以观察的事实的描述。因为科学研究的任务不仅要描述事实，更要找出事实之间的内在联系并发现其规律。

二、关于程序教学和教学机器

新行为主义者，尤其是斯金纳，针对美国学校教育中长期而普遍存在的一些弊端，如

---

① 高觉敷主编.西方近代心理学史[M].北京：人民教育出版社,1982：305.
② 马克思,恩格斯.马克思恩格斯选集：第3卷[M].北京：人民出版社,1972：561.

滥施惩罚，缺乏直接的、即时的强化，缺乏明确的行为目标和实现目标的明确程序，缺乏有效的评估手段等，提出了自己的救治措施，即程序教学和教学机器的理论。这对于克服他们提出的上述缺陷，是非常有效的，他们的努力对教育的理论和实践也产生了深刻的影响。

程序教学使学生的学习避免了盲目的尝试与错误的过程，将学生的学习活动有效地置于教育者的设计与控制之下，这将大大地提高掌握知识的效率。由于程序教学和教学机器要求程序的设计对学习者的反应作出直接的、即时的反馈，这将激发学习者的积极性和主动性。

由于有程序和机器的帮助，教师不仅可以免除大量的机械式的事务工作，而且可以使教师和学生的关系发生变化。教师无须通过使学生感到厌恶的控制手段来迫使学生努力。程序和机器给教师提出了一个新的重要任务，即通过安排那些使学生的学习得以发生的条件作用来实施对学生的控制。这就是说，教师不再仅仅是学生的管理者或监督者，而是学生的指导者；教师不仅要关心学生目前的状况，而且要考虑他们的未来，为他们设计未来的目标。

程序教学和教学机器使教师工作的性质发生了变化。在传统的教学工作中，教师的主要任务是传授知识，因此，学生很难从教师的教学中学到超出教师知识范围以外的东西。由于有了程序，教师的主要任务是建立和维持学生与教材（程序）之间的直接联系。教师不一定参与程序的设计，所以教师就可以超出他自己掌握的内容，可以教更多的学科。

程序教学和教学机器是关于人类行为心理学研究的成果在教学领域的直接应用，它不仅引起了教材、教学方法和教学技术的巨大变化，而且也丰富和发展了教学的理论和实践。程序教学和教学机器在使教学工作精确化、客观化、科学化方面所做出的努力和贡献，对丰富和发展教育学的理论无疑具有很大的促进作用。

程序教学和教学机器的理论和实践，也提出了一些值得加以讨论的问题，兹分述之。

1. 关于人类的学习和动物的学习

程序教学和教学机器在得到广泛推广和运用的同时，也遭到了大量的批评。人们经常指出的一个问题是，教学机器和程序教学把儿童当作动物对待，因为它们的理论基础乃是得之于动物行为的实验研究，而对鸽子和老鼠适用的东西不一定对人有作用。斯金纳对这种批评不以为然，他认为，人和鸽子、老鼠有一个共同之处，即他们都处于同一个普遍存在着某种强化偶合的世界之中。因此，我们可以不理会程序教学和教学机器是如何形成的，只要它们能够产生期望的结果，那就大可不必因为它们适用于动物而加以反对。

尽管斯金纳的上述辩解并非毫无道理，但是，从他的说明中人们也不能作出人的学习等同于动物的学习的结论，至多只能说人的部分行为学习与动物有一致之处。斯金纳并未研究人的全部学习活动，尤其是教育所承担的需要高级智力活动的学习行为。因此，把动物行为反应研究的结论不加分析地运用于人类，只能使人类复杂的学习活动简单化。其根本的错误就在于忽视了动物所不具备的人的主观能动性，只看到环境对于人的行为的控制作用，而没有看到人不但能适应环境，而且能够做动物不可能做的事情，即设法改造环境，支配环境。

由于斯金纳用动物的学习来比附人的学习，使之简单化，以致只以行为的目标作为衡量教学的唯一标志。行为目标固然是学习的一个重要方面，然而，除了行为的目标之外，学生在学习的过程中还应该学习智慧的和情感的态度、技能、价值等。换言之，人类的学习不止于事实知识的掌握，人类的学习者还要在受教的过程中学习如何思维和如何学习，而且，对于人来说，学会如何学习和如何思维甚至比学到具体知识更为重要。在程序教学和教学机器控制下的学习，行为取代了智慧和情感的发展，而且行为本身又不能偏离既定的路线或程序，学习者的创造性思维和自发的学习必然要受到限制。

2. 关于积极强化的消极作用

程序教学和教学机器要求学习者每学习一个步子都要受到积极的强化，学生的整个学习过程都在积极强化的条件作用的控制之下。当然，在程序教学和教学机器控制下的强化的偶合都是设计的、人为的。这种人为的强化偶合对于学生主动地、积极地通过程序的学习来说，其积极作用是无可非议的，但是，如果我们把这个问题放到学习者一生的生活中去考虑，是否也有消极作用呢？具体来说，学生在校学习，只是他整个人生的一个阶段，也是他的生活的一种经验。在学校生活中，由于人为的、设计的强化偶合，学生变得积极主动，也就是说，学生期待的行为是以积极强化为条件的。然而，一旦失去这些人为的条件，学习者将会怎样？

在实际生活中，人们的行为不可能每次都得到积极的反馈，即使得到反馈，绝大多数也是自然的而非人工的强化物。更有甚者，在现实生活中，正确的、高尚的行为有时不仅不能得到积极的强化，甚至会受到打击和惩罚，在这种情况下，指望依靠人为的积极反馈维持的期待的行为不在社会生活的环境中发生"消退"，是难以想象的。

人毕竟不是动物，人具有一个深奥复杂的精神世界。人的行为塑造，外部的控制固然是一个重要的方面，但从根本上讲还要依靠内部精神和道德的力量。学习者在学习过程中主动性和积极性的激发和维持，高尚的学习动机和正确的学习目的发挥的作用，比外部的强化偶合更为重要。

斯金纳正确地提出了学校滥施惩罚的弊端，遗憾的是他没有看到在学校教育中，滥施积极强化同样也有很大的危害。如果把强化物作为学生期望行为的交换物，势必削弱人的精神和道德的力量。在学校里用积极强化物换来的学生的期待行为难以在社会生活中得到维持，外部的控制不可能造就有益于社会的高尚的人。

3. 关于个别教学

无论在国内还是在国外，在评述程序教学和教学机器时，人们往往提到它们的好处是可以根据学生不同的学习能力提供个别教学，使每个学生都可以按自己的程度自定学习进度。然而，实际情况并非如此。

诚然，程序教学和教学机器的确可以使学生自主学习的步调和速度而不必强求全班一致，其作用也仅止于此。然而，根据学习者的能力安排不同的学习进度仅是个别教学的一个方面。所谓个别教学，乃是针对班级教学的弱点，根据学生在性格、兴趣、能力等方面的个别差异而分别对学生进行教学的一种教学组织形式。程序教学和教学机器中的程序是事先决定的，而且在编制程序时，不可能针对每一个该用该程序的学习者的个别差异选择有针对性的教材和程序，也就是说，不同性格、不同兴趣、不同能力的学生面对的是同一个预定的程序。除此之外，程序还预定了答案，规定了学生选择的范围，并要求所有的学习者都作出同样的反应，即提供与程序完全一致的答案，其中不允许学习者有任何不同于预定程序的创造性活动。就这个意义来说，程序教学不但不能提供个别教学，事实上是抹杀了学习者的个别差异。没有生命的程序只能训练出一批行为反应一致的人。在针对学生的个别差异进行教学方面，程序发挥的作用远不如一个机敏的教师。

程序教学和教学机器永远不能代替教师，它们只能作为教师教学的一种辅助工具。教学，作为人类特有的一种活动，其对于教师的依赖远远超出对于现代技术的需要。只有那种有血、有肉、有知识、有情感的教师才能针对学生的个别差异，运用他的艺术充分发掘每个学生的潜能。"必须看到，回到苏格拉底式的教育是可能的。这种机构吸收了各种各样的人来构成它的教师队伍，而这些人本身就是形形色色美好生活的模式，并在他们的个别指导下，通过教学来引导学生遨游于民族智慧的领域之中，这样的机构是伟大而崇高的。在这样的机构里，每一个教室都有一番新的景象，从这里所看到的世界乃是新颖的、明朗的、富于启发性的。"[1]

---

[1] 罗伯特·梅逊.西方当代教育理论[M].北京：文化教育出版社，1984：215.

第六章

存在主义

存在主义（Existentialism）又译生存主义，是当代资本主义世界中流行很广的一种哲学流派。它起始于欧洲，在第二次世界大战前后开始广泛流行。其影响不仅及于资本主义世界各国，而且渗透到教育、文学、艺术、伦理、宗教、生活方式等各个领域。

存在主义自称与传统哲学有着根本的区别。它注重人的存在，注重现实人生，并以此作为自己的出发点。这实际上是资本主义社会中个人生存危机在意识形态上的反映。所以，"存在主义也许对这些人具有最大的吸引力，这些人是：那些在现代生活中除了毫无意义、荒谬可笑、残忍、恐怖外，别的什么也看不见的人；那些在工业技术社会所创立的制度下感觉压抑的人；那些感到默默无闻和失去自由的人"。[①]

在存在主义者中，有无神论者，也有有神论者。存在主义者没有明确的一致的主张，只是从不同角度表现出一些共同点，所以很难对存在主义作一个严格的界定。

存在主义教育哲学同存在主义哲学是密切相关的，从一定的意义上说，存在主义教育哲学是从存在主义哲学中"引申"出来的。因此，只有明白了存在主义对哲学问题的基本倾向以后，才能更好地理解存在主义教育哲学的基本见解。

第一节 历史的发展

一、存在主义的先驱者

存在主义哲学萌芽于19世纪下半叶。关于存在主义的先驱者，存在主义者一般认为，丹麦哲学家克尔凯郭尔和德国的唯意志论者尼采的哲学思想为存在主义哲学的形成开辟了道路。

1. 克尔凯郭尔

索伦·克尔凯郭尔（Sören Kierkegaard）哲学的中心思想是人如何实现自己的存在，即人如何成为他自己的问题。他认为，哲学研究的目的不是为了获得真理，而是指导人类的生活，所以哲学要研究人。克尔凯郭尔研究的人，乃是指个人，而不是作为一个类的人。在他看来，无论是唯物主义所说的客观存在，还是客观唯心主义者如黑格尔所说的精神实体，都是不存在的。真实的东西只能是存在于个人的心中的东西。所以人是世界唯一的实在，是万物的尺度。

克尔凯郭尔对科学和科学所取得的成就持批判的态度。他认为，科学的客观性使现代

---

① 理查德·D.范斯科德,理查德·J.克拉夫特,约翰·D.哈斯.美国教育基础——社会展望[M].北京师范大学外国教育研究所,译.北京：教育科学出版社,1984：61.

社会抛弃了基督教的信仰。人们迷恋客观性，这导致他们以团体为中心，以及个人的尊严和价值日渐丧失。在克尔凯郭尔看来，团体存在的意义应该只是为了个人，个人的生存才是团体的目的。所以，他强调能够进行自我选择的主观性的个人的存在，拒绝科学所要求的客观的证明。个人的主观性得自于无须证明的信仰，为此，人必须放弃理性。

克尔凯郭尔强调"主观性即真理"，其意思是，对我为真的就是真理。在他看来，每个人都能内在地意识到他自己的感情、情绪、心境、欲望、思想、决断、计划和目的。这种对一个人自己存在的内在的意识乃是人的本质。个人愿意为之奋斗、为之牺牲的信念就是真理。所以，个人的真理是自己选择的，而不是用理性的方法探索出来的。

关于人的存在或生活道路，克尔凯郭尔认为可以分为三个其间没有必然联系的阶段。第一个是美学阶段。这个阶段的生活充满着各种混乱、腐化堕落、厚颜无耻等行径，人最先体验到的是绝望情绪，人饱尝一切，又厌倦一切，受到情绪的控制。第二个是伦理学阶段。在这个阶段，人对于自己在生活中的地位和作用有了理解，在自己对生活真理的选择中，遵循一定的道德原则，承担生活的责任。然而，道德的责任总要与美学的生活相冲突，这将使人感到痛苦。这个阶段是理性人的生活。第三个是宗教阶段。在这个阶段，人既摆脱了美学阶段的感性的束缚，又摆脱了伦理学阶段的理性的束缚，他只是作为他自己而存在，他面对着的只是上帝。然而，在上帝和我们生活的世界之间存在着一条沟堑，而这个沟堑的弥合只有凭借信仰。如果说，美学阶段和伦理学阶段分别表示"在物前""在人前"的话，那么，宗教阶段就是"在神前"。宗教阶段是人的存在的最高级阶段，只有"在神前"才能实现自己的存在，找到真正的自我，而要做到"在神前"，就必须抛弃理性，笃信上帝。

信仰上帝需要的是激情而不是理性和知识。所以，克尔凯郭尔对黑格尔理性主义的绝对观念和客观唯心主义甚为反感，认为黑格尔哲学强调的是思想而不是思想者。黑格尔把"客观真理"置于至高无上的地位，是对人的一种束缚，对人生没有积极意义。人的本质不是理性，人生活的依据不是抽象的原则，而是他的情绪体验。如果人受到他自身以外东西的束缚，他将丧失他的独特性。除此之外，"他不同意传统的理性神学证明上帝存在的那些教义，认为上帝的存在不能用逻辑方法证明，只能把上帝当作是一种假设，即当个人处于孤立无依、绝望、面临死亡时的一种依托……信仰的东西只能是荒谬的东西，我信仰，意味着我放弃理智和真理而接受荒谬的东西"。[①]

克尔凯郭尔认为，教育应该是主观的和宗教的，应该努力发展人的个性以及个人与上帝的关系。此外，由于职业技术教育以世俗的客观性为定向，所以他也表示反对。

---

① 刘放桐,等编著.现代西方哲学[M].北京：人民出版社,1981：548.

克尔凯郭尔的主要著作有《非此即彼：生活的一个片段》《人生道路的阶段》《对死的厌倦》《基督教的品德培养》《恐惧的概念》等。然而，这些著作及他的思想在当时并未产生多大影响。隔了半个世纪以后，存在主义者们才发现其价值。

2. 尼采

弗里德里希·威廉·尼采（Friedrich Wihelm Nietzsche）是德国唯意志论哲学家。他将叔本华的带有强烈悲观主义倾向的生活意志论变为一种"行动哲学"，并创立自己的权力意志论和超人哲学。

尼采认为权力意志是万物的基原，是自然界和社会的决定力量。所谓权力意志就是追求权力、要求统治一切事物、征服所有妨碍"自我扩张"的东西的意志。权力意志就是生命意志，一切有生命的物体都具有权力意志，因为生命的本质就是掠夺、伤害、对陌生者和弱者的压迫、压制，就是把自己的倾向强加于人。所以，"从无机界到有机界，从动物到植物以至人，一切都是权力意志的表现。它们之间的区别是权力意志的区别，事物存在的等级决定于权力意志质和量的等级。它们之间的关系是抗强欺弱的关系……强弱权力意志之争构成了生物界全部历史的内容，也构成了整个宇宙的历史过程"。[①]

根据尼采的权力意志论，人不仅与世界的万事万物是对立的，而且人与人之间的关系也是对立的。人生的目的就在于实现自我的权力意志，人与物、人与人的关系都要用新的价值标准来衡量。善和恶，真与伪，美与丑都要用权力意志能否实现、能否扩张来加以判断，所以尼采说，"唯有我才掌握着'真理'的准绳，我是唯一的仲裁者"。[②]

尼采还提出"超人"的理论，所谓超人就是在人的善恶概念彼岸的人，是超乎一般人之上的人，是权力意志达到顶峰的人。超人将决定历史的发展，重新估定一切价值，并创造新的价值。一般人只是超人实现其权力意志的工具。

尼采认为，人在实现其权力意志时，便宣布了上帝的死亡，因为人与上帝无关。在宗教的戒律下，人没有自己的意志，而只是宗教戒律"应该"的奴隶。在尼采看来，无论传统的道德，还是基督教博爱的观念，都是抑强扶弱，而权力意志则要求弃弱就强。所以，当人在为自己打算、决定自己的前途和命运时，上帝就死了，既然上帝死了，教会也就死了，因此宗教不具任何价值。应该强调指出，被超人否定的，除了伦理道德、上帝、宗教之外，在"我是唯一的仲裁者"的名义下，个人的主观性也排斥了理性和客观性。

在教育方面，尼采著有《德国教育制度的未来》一文，认为教育的目的在于文化的陶冶而不是经济利益，教育要致力于天才人物的培养。

[①] 刘放桐，等编著.现代西方哲学[M].北京：人民出版社，1981：84-85.
[②] 同[①]：91.

尼采的主要著作有《悲剧的诞生》《查拉图拉如是说——为一切人而不是为一个人的书》《道德体系论》《善恶的彼岸》等。

虽然克尔凯郭尔和尼采对于宗教的态度极为不同，但他们的思想有许多共同点，其中最主要的是强调主观性，反对理性主义和科学的客观性等。他们的这些特点对存在主义哲学产生了深刻的影响。他们二人也因为对宗教态度的差异分别被人们看作有神论和无神论存在主义的鼻祖。范登伯格（J. H. Van Den Berg）认为，克尔凯郭尔的"主观性即真理"的观点乃是"存在主义的中心"，而存在主义就是对于个人存在条件的反思，其目的在于克服个人不确定的存在。卡尔·西奥多·雅斯贝尔斯（Karl Theodor Jaspers）认为他们两人使存在主义者"睁开了眼睛"。

二、存在主义在德国的产生

存在主义产生于20世纪20年代的德国。存在主义首先得以在德国形成一股哲学思潮，不是一件偶然的事件。存在主义出现在德国，固然有多方面的因素，但社会政治因素起了很大的作用。

从19世纪后半期开始，马克思主义得到越来越广泛的传播。俄国十月社会主义革命的成功，使资本主义世界受到沉重打击，资产阶级感到莫大的沮丧。此外，在第一次世界大战中，德国付出了高昂的代价。200万德国人葬身战场，连同被俘和受伤的共达750万人。战争使德国的工业和农业遭受很大破坏。大战以后，处于战败国地位的德国，投资和贸易市场都受到了限制，国内笼罩着悲观和失望的情绪，人们感到生存受到威胁，尊严遭到破坏，在这种情况下，强调个人生存的存在主义便应运而生。实际上它是资本主义危机在意识形态上的反映。

德国存在主义哲学的主要代表人物是海德格尔和雅斯贝尔斯，这里以他们二人的思想为主，阐述德国存在主义者的主要思想。

海德格尔（Martin Heidegger）是当代最重要的存在主义者之一。有人认为，存在主义作为一种哲学流派，其标志是海德格尔于1927年出版的著作《存在与时间》。海德格尔对存在主义的贡献，除了培养出包括法国的萨特在内的许多年轻的存在主义者之外，还将胡塞尔创立的现象学作为方法论，用于存在主义哲学的研究。

海德格尔以存在作为自己哲学研究的出发点。他认为，从柏拉图以来，人们一直使用"存在"这个词，然而，存在的意义却没有人懂得，而他的研究就是重新提出并解决这个问题。

海德格尔认为，过去的哲学研究专注于"存在者"，而忽略了"存在"，而存在乃是任何一个存在者在具有任何内容的时候都必然已经具有的性质，没有存在，就不可能有存在者。也就是说，必须先有存在，然后才可能有存在者。

然而，要解决存在的问题，必须要追溯到一种存在者，这种存在者必须在具有任何内容之前就已经明确它的存在。在海德格尔看来，只有个人才是这种存在物，所以，海德格尔对于存在的研究，在很大程度上乃是基于对个人存在的分析。

个人的存在由三个存在的方面组成。第一个方面是个人对周围环境世界（umwelt）的体验。所谓周围的环境并非指客观世界，而是指个人体验到的环境，所以，它不是严格意义上的客观经验。第二个方面是对其他个人（mitwelt）的体验。这是复杂的社会关系的基础，因为每个人都是以主观的方式来体验别人的。第三个方面是自我的世界（eigenwelt），个人意识到自己乃是一个与其他人不同的独特的主观的存在。在这方面，最重要的是焦虑的心境。

所谓焦虑，指的是个人为使自己同别人区别开来、突出自己而表现出的一种内心状态。焦虑显示了人类情境的三个特征：第一，我是自由的，不同于受人摆布的物。我可以对自己的所作所为作出抉择，并自行负责。第二，我是被无缘无故地"抛"到这个世界上的，我不能选择父母、老师和出生年代。第三，大部分时间我活得像别人一样，没有做我独自能做的事，因而被标准化和非个人化了。这就是说，大部分时间我并不是真实的我。然而，我可以与众不同，过我自己的真实的生活，而不必恪守传统和习俗。只有这样，我才能实现真正的个人的存在。

海德格尔的主要著作除了《存在与时间》外，还有《康德和形而上学问题》《什么是形而上学》《真理的本质》《论人道主义》《林中路》《形而上学概论》等。海德格尔没有论述教育问题的专著，然而他的关于人的存在的思想对于教育是有很大影响的。

德国的另一位存在主义代表人物雅斯贝尔斯同海德格尔一样，认为个人的存在是一切存在的出发点，如果没有个人的存在，其他一切事物就不可能成为真实的存在。所以，哲学研究应该重视个人存在的问题。

在雅斯贝尔斯看来，个人获得存在的途径是阐明存在、实现存在，因为只有明白存在的意义，才能实现存在。

阐明存在需要借助于交往。这种交往可以在三个方面进行，与每一个方面的交往都能体验到一种特定的存在形式。他所说的三种交往分别是：与世界的交往，与人的交往和与神的交往。个人与世界的交往就是认识和征服，个人体验到的是客观的存在，它需要自然科学；个人与人的交往不能采用与世界交往的形式，人与人之间需要用仁爱交往，体验到的是自我的存在，这需要哲学；只有在与神的交往中，才能真正实现自为的存在，个人与神交往需要的是信仰。

雅斯贝尔斯的主要著作除了三卷本的《哲学》《世界观的心理学》《存在哲学》《哲学概论》等之外，还有论述教育问题的《大学的概念》。他认为，大学是学者与学生从事追求真理的团体。在大学里，教师和学生都受一个简单的动机所驱使，这个动机就是探求知识的欲望。大学是真理的保卫者。大学承担三个主要功能，即专业训练，整个人（the whole man）的教育以及研究，这三个功能是一个统一的整体。

三、存在主义在法国的发展

苏联的索洛维约夫在《存在主义》一文中指出："存在主义被公正地称为'危机哲学'。之所以如此并不是由于它对现代资本主义的矛盾给予理论上的解释，而是由于它表现了资产阶级社会的危机意识本身（并以自己的方式提出了异议）。它利用对历史极端绝望的最典型的（正因为如此才表现为概括的哲学的）表现形式作为自己的出发点。"① 显然，存在主义这种"危机哲学"的特点，很能切合资产阶级社会处于危机时期的需要，当处于危机状态时，就信奉它。然而，在希特勒于20世纪30年代攫取德国政权并飞扬跋扈时，存在主义哲学便不再适合他们的需要了。

在第二次世界大战期间，存在主义的中心便由德国转移到法国。这种转移的主要原因仍然在于社会政治因素。它同法国在第二次世界大战开始不久便很快被德国法西斯军队占领有关。法国沦为德国占领区以后，法国的知识分子感到失望、痛苦，从而心情沮丧，而这正是存在主义赖以滋生、发展的土壤。

法国的存在主义主要代表人物有萨特、加布里埃尔·马塞尔（Gabriel Marcel）、阿尔贝·加缪（Albert Camus）、莫里斯·梅洛-庞蒂（Maurice Merleau-Ponty）等人，其中以萨特影响最大。

让-保罗·萨特（Jean-Paul Sartre）是当代最有影响的存在主义哲学家，1933—1934年曾赴德国学习胡塞尔的现象学，并师从海德格尔学习存在主义哲学。早在20世纪30年代，他就创作了多部小说和剧本，用以反映他的哲学思想，并在欧洲产生一定影响。其最重要的哲学专著是1943年出版的《存在与虚无》，该书系统地表达了他的哲学思想，成为法国存在主义者最有影响的著作。

萨特的一个重要的哲学观点是"存在先于本质"。他认为世界是荒唐的，人被无缘无故地抛到这个世界上来，人的存在本来是毫无意义可言。但是，人可以为自己构造意义。人的存在意义的获得，完全在于个人的选择。萨特是无神论者，他不认为有什么上帝或

---

① Л. Н. 米特洛欣，等编.二十世纪资产阶级哲学[M].北京：商务印书馆，1983：199.

"第一原理"，所以，既然人是无缘无故地被抛进这个荒唐的世界的，没有任何先定的本质，那么就没有任何东西可以阻碍我们自己构造意义，即成为我们想要成为的那样。所以，人的本质是人选择的结果。

既然人的意义是自己选择的结果，那么，一切都是可能的。既然人是绝对自由的，那么他也要完全为他自己的选择和行动负责。换言之，我们没有任何借口，说什么我之所以做什么或没有做什么，是由于诸如上帝的意愿、科学的法则或社会的法律等，而使自己无能为力。在他看来，因为我们是自由的，所以我们要负责。

在萨特看来，人不仅为自己构造意义，而且也为自然、法律和科学创造意义。例如，自然的"法则"在不断地变化，原先人们认为自己生活在一块扁平的土地上，后来才知道我们生活的地方是球体。谁能保证从今往后自然的"法则"不再变化？这个事实说明，人给自然赋予了意义。通过赋予自然的意义，我们就能控制自然。如果说我们还没有控制自然的话，那是因为我们还未给自然赋予充分的意义。人之所以要给自然，科学等创造意义，其目的乃是为个人的存在赋予意义。

萨特本人是一个充满矛盾的人物，在学生年代他接触过马克思的著作，在行动上参加过法国地下抵抗法西斯运动，同情过中国革命，拒绝接受诺贝尔奖，也反对法国侵略阿尔及利亚和美国侵略越南的战争。但是，萨特绝不是马克思主义者。萨特关于人是绝对自由的观点同马克思主义对人的本质属性的论述是格格不入的。尤其值得注意的是，萨特还在表面高度评价马克思主义的同时，用他的存在主义来"补充""制作"马克思主义。"总之，萨特所高度评价的马克思主义是用存在主义'补充''发展'的马克思主义。也就是存在主义化了的马克思主义。而当他用存在主义来'补充''发展'马克思主义时，他首先对马克思主义作了歪曲。"[1] 对于这一点，我们应有足够的认识。

四、20世纪50年代以后存在主义的传播及其对教育的影响

第二次世界大战以后，形成了一个以当时的苏联为首的社会主义阵营，以美国为首的资本主义世界面临严峻的挑战。

罗伯特·梅逊对当时的形势作了非常生动的描述：[2]"庞大的欧洲殖民帝国寿终正寝"，"维多利亚女王的大英帝国迅速地土崩瓦解"，美国"非正式地充当了整个非共产主义世界管理人的角色"，但"美国的社会制度可能经受不了这么严峻的考验"。"此外，在国内少数民

---

[1] 刘放桐,等编著.现代西方哲学[M].北京：人民出版社,1981：575-576.
[2] 罗伯逊·梅逊.西方当代教育理论[M].陆有铨,译.北京：文化教育出版社,1984：12-13.

族、少数派团体以及自诩为代表社会下层的劳工和政治组织之中所发生的持续不断的骚动，使各种乐观主义的设想受到了挫折。失业、贫困、犯罪的继续使得社会风气日益败坏"。在这种情况下，存在主义对资本主义世界各国的知识界和青年学生就特别有吸引力，同他们颓废和虚无主义的人生观非常合拍，存在主义哲学思潮很快波及美国及其他资本主义国家。

存在主义的传播，不仅地域广泛，而且其影响也不止于哲学领域，它扩及文学、艺术、社会学、宗教等意识形态和社会生活的各个方面，教育当然也包括在其中。下面我们主要阐述存在主义对教育的影响。

存在主义哲学对教育的影响并非始于 20 世纪 50 年代。存在主义的先驱者之一尼采早在 1872 年的《德国教育制度的未来》讲演中就表述了他的天才教育思想。此外，犹太哲学家马丁·布贝尔（Martin Buber）1923 年的《我与你》、1939 年的《品格教育》，雅斯贝尔斯 1946 年的《大学的观念》等，都是存在主义教育方面的著作。

存在主义哲学思潮对教育哲学的影响，主要表现在 20 世纪 50 年代以后。这除了同存在主义的传播有关之外，对于 20 世纪以来流行的教育哲学思想不满也是很重要的因素。

从存在主义哲学的立场来看，本世纪以来西方流行的主要教育哲学思想都忽视了人的存在问题。进步主义教育重视儿童的生长和儿童的活动，然而它更重视科学方法，对于人的活动往往是从科学方法的方法论意义上来强调的。要素主义注重的是文化要素。永恒主义看到的是传统的人文学科的价值。改造主义把教育看作是实现国家目的的工具。结构主义把智慧和能力置于人的价值之上，教育的中心是课程结构，学校则是发展智力的场所。新行为主义更是几乎将人等同于动物或没有生命、没有情感、没有意识的机器，企求通过控制学生的正确行为来达到预期的效果。所有这些，在存在主义者看来都是不能容忍的错误，因为它们都把人置于次要地位，使人役于物。

存在主义认为，教育不仅要关心如何使人存在于自然界，更要注意如何使人存在于工业社会。在目前的工业社会中，人只不过是自动化生产线中的一个部件，个体的真实存在被破坏了。现在应该用强调真实的、人道的个人存在来抵消工业社会中的机械化和非人格化的现象。

下面我们通过美国存在主义教育哲学的发展来说明存在主义哲学对教育的影响。①

在美国，最早将存在主义哲学应用于教育的，是贝恩（K. Benne）于 1951 年发表在《教育理论》杂志上的《悲剧的教育》。此后，重要的存在主义教育的文章有：

1954 年佛立柯（A. Fallico）和摩里斯（V. C. Morris）分别发表于《教育理论》杂志的

---

① 主要史料见：Jonas F. Soltis. Philosophy of education since mid-century[M]. New York：Teachers College Press,1981：38-63.

文章，佛立柯强调在教育中需要创造自我，摩里斯则主张将普遍流行的萨特存在主义中关于选择自由的观念应用于教育。

1955年美国全国教育研究会第54期年鉴上登载的哈帕尔（R. Harper）的文章《存在与认知对于教育的意义》，突出说明了存在主义之所谓"孤独"的一个主要征兆以及教育如何才能克服它。哈帕尔说明，教育的目的就是克服个人的"孤独无依"感，教育要承认学生是独立的个体，是社会之一员，是人。他强调需要发展学生同世界和真理的关系，强调需要了解自己，了解自己在地球上的处境。哈帕尔力图表明，存在主义不一定是反理智主义的。

1955年布劳迪（H. S. Broudy）在《哲学杂志》上发表《教育哲学怎样才能具有哲学性？》的文章。他的文章对于鼓励人们将存在主义与教育结合起来有很大的促进作用，此后出现了四十多篇这方面的文章。

1958年，乔治·奈勒出版了专著《存在主义与教育》。

1964年，索德奎斯特（H. O. Soderquist）出版《人与教育》。

1966年，摩里斯出版《教育中的存在主义》。

1967年，贝恩出版了与他1951年发表的文章题目相同的专著《悲剧的教育》。

在20世纪60年代中期以前，存在主义教育哲学的研究主要注重于对存在主义哲学思想本身的认识和理解，但由于对存在主义哲学缺乏全面了解，往往出现以偏概全的现象。不少人只研究个别存在主义者的部分著述，并力图将其运用于教育。在方法上往往简单地从存在主义哲学的主张中引申其教育的含义。此外，对存在主义思想的阐发往往将其纳入自己的思维模式，因而有欠准确。

从20世纪60年代早期开始，有人开始认识到教育哲学的研究采用微言大义的引申方法是不足取的。1961年伯内特（J. R. Burnett）在《教育理论》杂志上发表《关于哲学对于教育理论和实践的含义的考察》的文章，反对从预先抱有的哲学主张中推论出教育含义的方法。此后，教育哲学家们对方法论的问题给予了重视，出现了不少探讨教育哲学方法论的文章，并提出了种种主张。除了有人主张运用语言分析的方法之外，还有人提出了存在主义的现象学方法。

在美国教育哲学学会1964年的年会上，巴特勒（J. D. Butler）提出要发展一种能够对于人类存在的变化作出反应的逻辑，以应用于教育理论。索德奎斯特提出，教育应该考虑到存在的现象，应该认识到最终的实在乃是作为一个人的学生。在这次会议上，人们认为具有"宣言"性质的是特劳特纳（L. Troutner）题为《存在主义、现象学和教育哲学》的讲演。他主张：（1）存在主义和现象学都是关心特定的、存在的个人；（2）现象学是研究教育的合适的方法，因为教育是和这个现实的生活世界有关的。由于现象学对于教育现象的描述将把教育看作是发生在生活世界中的事，所以它能使教育者始终盯住真实的生活情境，而不是充满统计数字的书籍。

从20世纪60年代中期开始，存在主义现象学的方法直接运用于教育研究，并出现了一系列重要的著述，如1965年休斯顿·史密斯（Huston Smith）在杜威学会的演讲——《关于意义的申斥》；1966年范登伯格在教育哲学学会年会上的论文《存在主义教育与教育权威》等。1974年，邓通（D. E. Denton）编辑的《教育中的存在主义与现象学》出版。该书的出版标志着存在主义现象学对教育哲学的研究已经发生了深刻的影响，而且，它本身已经不是一种纯粹的方法，而是已经成为一种主义、一种学说了。

20世纪70年代中期以后，出现了一种存在主义现象学和分析哲学结合，或用日常语言分析的方法来补充现象学的趋势。1974年范登伯格发表的《现象学与教育研究》一文具体地论证了这一点。他认为，教育哲学理论家的任务在于建立一种概括教育现象的概念结构。只有在明确了教育现象的本质特征之后，才能对这些教育现象进行经验的量化的研究。然而，对于概括教育现象的概念的理解，需要借助于日常语言分析哲学。日常语言的分析可以使我们对这些概念的含义更为明确。现象学和日常语言分析哲学结合的教育理论研究方法，也叫作解释学的方法。

第二节　存在主义哲学的主要论题

存在主义者有着强烈的主观性和非理性主义的倾向，他们也不注重甚至反对将他们的哲学观点像传统哲学那样加以系统化。而且，一些重要的存在主义者如海德格尔、雅斯贝尔斯等人也不同意使用存在主义的标签。存在主义者的主观性特征决定了他们难以取得一致的观点。然而，这并不妨碍他们对一些重要问题的论述从不同的角度表现出共同之处，所以，人们还是可以根据存在主义者关心的一些主要论题来阐述他们的共同点的。

一、"存在先于本质"

这是萨特的一句名言，并被他称作为存在主义哲学的"第一原理"、存在主义的形而上学。

关于"存在先于本质"的含义究竟指什么，曾有不同的误解。根据萨特自己在《存在主义是一种人道主义》一文中的解释，"这句话的意思就是说，首先是人存在、露面、出场，后来才说明自身。假如说人，在存在主义者看来是不可能给予定义的话，这是因为人之初，是空无所有；只在后来人要变成某种东西，于是人就按照自己的意志而造成他自身。所以说，世间并无人类本性，因为世间并无设定人类本性的上帝。人，不仅是他自己所设想（conceive）的人，而且还只是他投入存在以后，自己所志愿（will）变成的人。"①

"存在先于本质"与传统的形而上学完全不同。传统形而上学一般给"本质"赋予了普遍的、抽象的以及形式的特征，而且一般认为在时间上本质先于存在。

存在主义认为，本质先于存在不是一种绝对的、普遍的规定，它只适用于物。对于物来说，不可能先存在，然后才获得本质。工匠在制造一个物件之前，他先有了关于将要制造的物品的概念和方法，这可以说是本质先于存在。然而对于人来说，这不适用。人与物的区别就在于人有主观性，对于人来说，应该是存在先于本质。也就是说，人先存在着，然后才试图给自己下定义。人是无缘无故地被抛到这个世界上来的，是偶然的，所以人的本质也不是预先给定的。人的本质，也就是人将要成为什么样子，要由他自己负责，由他自己选择。如果人放弃了自己的主观性，让别人替自己选择自己的本质，这也是一种选择。归根到底，人的本质是人自己通过自己的选择而创造的，不是给定的。

在存在主义者看来，传统哲学由于将本质先于存在看作是一种普遍的规定，因而便致力于永恒本质的探索，忽略了人的主观性，最后把人等同于物。所以，宗教认为人是上帝创造的，在上帝创造人之前，人的概念已经在他的头脑里存在了，然后按照这个概念以一定的程序造人，这是本质先于存在。无神论者如18世纪的狄德罗、伏尔泰等，都主张有普遍的、不变的、先于具体人而出现的人性，也是一种本质先于存在。根据柏拉图的理念论，甚至在地球上没有人出现的时候，人的理念早已先验地存在着了。存在主义认为这些都是宿命论的观点。在存在主义者看来，人既能超越他自己，又能超越他的文化，存在的中心是人，而不是真理、法律和原则或本质。萨特"把人描述为至高无上的，只有他自己才可以回答他自己的问题并对他的行为负责。不是文化决定一个人的命运，而是文化由人来创造和掌握。是人把意义强加于宇宙，虽然宇宙在没有人的情况下也可以很好地运行。根本就没有柏拉图的独立存在的理念，也不存在无法被人直接掌握的最后真理"。② 如果把人的本质看成先于人的存在，那就是对人的主观性的蔑视和否定。

二、存在是偶然的、荒诞的

存在主义者认为，包括人的存在在内的所有的存在都是偶然的，是偶然发生的事物。

---

① 中国社会科学院哲学研究所西方哲学史组编.存在主义哲学[M].北京：商务印书馆,1963：337.
② 罗伯特·梅逊.西方当代教育理论[M].陆有铨,译.北京：文化教育出版社,1984：250.

但这并不是说，物质的宇宙杂乱无序，毫无规律、法则可言，也不是说科学对物质世界研究所发现的规律完全虚幻，不可信赖。所谓偶然，是指物质世界的存在是没有理由的，也不是根据某种绝对的观念、思想或精神演绎出来预先具有一定意义的。所以，无论对于人还是物质的宇宙来说，都没有任何先定的东西。

萨特在他的小说《呕吐》中，具体地描述了这种偶然性。小说的主人公有一次坐在公园的椅子上，椅子附近有一棵老栗子树。这棵栗子树又粗又黑，而且形状不规则的树根深深地扎在泥土之中。看着这棵树，小说的主人公突然意识到他在公园的情景都是偶然的。他在这个特定的时刻来到公园是偶然的，树根的形状是偶然的，他在这个时刻仍然活着也是偶然的，甚至他的出生也是偶然的。所有的存在，包括他自己，都没有原因，没有目的，都是偶然的、多余的。人们一想到它就会"呕吐"。

既然所有的存在都不是决定的，而是偶然的，所以，存在是不确定的。由此可以推知，从根本上讲，存在是荒诞的。因此，我们没有任何理由事先决定事物应该这样而不应该那样，同样，我们也没有理由事先决定人应该这样而不应该那样。

存在主义者认为，这种反理性、反决定论的观点乃是存在主义的一个要点。在他们看来，理性主义和决定论的错误就在于忽视了人的各种可能性、人与人的差别、人的激情和情感。理性主义和决定论使人看不到荒诞，因而使人失去了自由。

法国的存在主义者加缪对"荒诞"的问题做了比较具体的阐述。他认为，荒诞具有无所不包的性质。当我们认识到荒诞时，一个严肃的人生哲学就摆到了我们面前。

加缪认为，荒诞产生于人和世界的对抗之中，然而，现代社会的人没有看到这种荒诞，这是由于人的理智化、规律化的生活掩盖了存在的荒诞性。如果人们提出"为什么我就是这样的"问题，那么他就领悟到荒诞，他就懂得，这个世界是没有意义可言的。

关于荒诞这个问题的解决，有神论的存在主义者提出的途径是宗教信仰，而无神论的存在主义者如加缪等则认为应该行动起来为自己争得生命的意义，创造自己的价值。

同萨特和其他一些存在主义者一样，加缪也善于通过文艺作品来表达自己的哲学观点。在《西西弗斯的神话》中，加缪通过希腊神话中的人物西西弗斯（Sisyphus）的故事，来说明人类命运的荒诞性以及荒诞对于人类生活的意义。西西弗斯是希腊古时候的暴君，死后堕入地狱，天神罚他将一块巨石推上山顶，然而，在石头将要推达山顶时，石头又自动滚下来，于是西西弗斯又得重推，如此循环不息。加缪认为，西西弗斯表现了向荒诞的存在进行挑战和反抗的精神。他知道巨石将重新滚下来，但仍然作没有用处、没有希望的抗争，一次次地把巨石再往山顶上推。尽管西西弗斯是失败的，但在加缪看来，这种失败正是他的胜利，因为他对荒诞的命运表示了蔑视，只要反抗荒诞，就是胜利。

加缪通过《西西弗斯的神话》说明了荒诞对于人生的意义。西西弗斯意识到自己推石头的荒诞性，但他面对"荒诞"的态度是不屈服于命运的安排，面对荒诞而不浑浑噩噩。在这个过程中，他肯定了自己存在的意义。

三、自由和选择

存在是偶然的、荒诞的。对于人来说，人首先存在着，然后通过自由的选择去决定自己的本质。所以，人的存在同人的选择以及为自己的选择负责是分不开的。

萨特认为，人的自由是绝对的，因为人生活在一个孤立无援的世界上。人是被"抛"到世界上来的，上帝、科学、理性、道德等与人都不相干，也就是说，它们都不能告诉我们生活的真理、生活的方式，同时，它们对人也没有任何的控制和约束的作用。正因为如此，人有绝对的自由。

人的自由表现在两个方面，即选择和行动。只有通过自己选择的行动，人才能认识到自由，因为人的本质是由自己选择的所作所为来决定的。显然，在存在主义者看来，人的存在、自由、选择、行动都是内在地联系在一起的。做人就是谋求自由、也就是选择和行动；如果人没有自由或选择和行动，也就没有人的存在。

存在主义者认为，个人的自由首先表现在他认识到由于受传统文化和习俗的束缚而缺乏自由，因此，对于人来说，最重要的是认识选择的重要性，并按自己的选择去行动和承担生活的责任。

1. 实在是人的自我选择

无论是海德格尔、雅斯贝尔斯，还是萨特，他们一般都不完全否认人以外的客观世界的存在，但是，他们一般都强调个人的存在乃是客观世界存在的依据。如果没有人的存在，不通过人对这些事物的关系的考察，这些事物就毫无意义。无论自然物质、工具或科学规律，它们的存在、功用或真理性，都是由于人的存在才得到揭示、说明或证明的。海德格尔认为，没有人的存在，外界事物没有一项是存在的；雅斯贝尔斯认为，离开了人的存在，一切事物就失去了统一性，处于杂乱无序的状态；萨特认为，没有人的意识，人以外的事物就是一片混沌，一个巨大的虚无。

人以外世界的存在依据于人的存在，所以，人的存在是第一性的，其他存在是第二性的。然而，人的存在首先是由于人的主观性，说到底，人以外的世界乃是个人主观的经验的存在。没有人的主观性，没有个人的经验，实在也就失去了意义和统一性。所以，实在不具备任何绝对的或必然的属性，它不能独立于人的主观性之外。因此，萨特认为，实在乃是人的实在。

个人对于实在的意义可能有各种体验,也可能有各种解释,但不管作出什么解释,它都是个人选择的结果。所以,实在是人造的,是个人的选择。

2. 真理是个人的选择

前面讲到,存在主义者认为选择同行动是互相联系的,因此,从某种意义上说,选择就是行动,就是决定做什么事情。

然而,选择的意义不限于此,在存在主义者看来,选择还包括决定相信什么,也就是说,决定将什么当作真理加以接受。所以,选择的自由还包括选择真理的自由;每个人都是判断真伪这个认识论最高法院的法官。

存在主义者强调真理是主观的选择,并不意味着他们不关心究竟"什么是真的"问题,然而,如果同关于他们自己的真理、即自己究竟是什么相比较,他们更关心后者。所以,对于"什么是真的"的了解,其目的还是在于了解"我是什么"。换言之,探求知识的目的是为了看清我是什么。

把真理看作是个人的选择,同时也意味着存在主义者不承认有一般的真理。在存在主义者看来,无论是感觉、知觉,科学的证明,还是逻辑的证明、直觉,所有知识的真伪,最终必须由个人作出判断,任何力量都无法对个人施加影响。概括地说,在存在主义者看来,主观性即真理,在我为真者即真理。

3. 价值存在于选择之中

就像在认识论领域否认一般真理一样,在价值领域,存在主义也不承认有任何绝对的、确定的价值。他们认为,价值是主观的,它存在于个人的选择之中。

存在主义者认为,如果我们认为存在着绝对的价值,那就意味着我们放弃选择的自由和权力,这样,我们将失去选择的能力,失去我们自己,失去我们的价值。

在存在主义者看来,在价值领域,任何有关绝对价值的说法都将有损于人性和人的选择的自由,都意味着放弃人的道德自主性。

存在主义也不同意实验主义关于价值通过行动的结果加以检验的说法。实验主义把社会历史比作化学实验室里的试管,通过它,人们就可以发现伦理的原则。在存在主义者看来,这将创造出一个新的"绝对"来,这个新的绝对就是社会团体。实验主义只不过是用社会团体这个绝对来代替上帝或其他的先定的伦理原则。这同样剥夺了个人的自由选择,它最终将使个人丧失自己独特的存在。

存在主义坚持认为,无论上帝还是社会,都不能给我们规定价值,价值由我们的选择组成。我们的每一个举动、每一句话、每一种感情表达都体现了我们的价值。当然,上帝、社会可能会坚持某种东西,但这并不意味着我们必须服从。如果人放弃自己的选择,那他将成为另一种低级的存在，一种等同于动物的存在。

萨特在《存在主义是一种人道主义》一文中讲了一个两种伦理价值发生冲突情况下人应该何去何从的例子。他有一个学生，该学生的父亲和母亲不睦，而且父亲与德国占领者合作；该生的长兄在德国的侵略战争中牺牲，母亲与他相依为命。

该生面临两种选择：或者离别母亲去英国参加自由法国军队；或者留下与母亲在一起以帮助她解愁。这两种选择实际是"忠"与"孝"不能两全情况下的伦理价值冲突。这位青年认识到：如果留在母亲身边尽"孝"，这是一种具体而直接的选择，而且是不会遇到障碍的"万全的事情"，但它却只关系到一个人。如果离别母亲尽"忠"，这是一条前途未卜的出路，可能会半途而废，因为他可能在赴英国的途中被德国人抓住并无限期地拘留，即使到了英国，也不一定能奔赴战场，很可能留在办公室做案头工作。但是，这却关系到一个无比大的集体，一个民族的集体。这位青年举棋不定，求教于萨特。

萨特认为，谁也不能帮助这位青年选择。基督教不能，因为基督教的教义是"要仁爱""要选择比较艰难的路走"等等。那么这位青年应该爱谁，是作战的人还是他母亲？哪一条路比较艰难？康德的伦理学也不能帮助他选择，因为康德主张不要把人作为手段，而应作为目的来看待。就这位青年面临的情况来说，他只能或者把母亲当手段，把别人当作目的；或者把母亲当作目的而把别人当作手段。在萨特看来，没有一种伦理学能够帮助他的学生作出选择。所以，当这位青年前来求教时，萨特只给了他一个非常简洁的回答："你自由选择、自由创造吧。"

概言之，在存在主义者看来，不存在任何对个人有指导作用或规范作用的价值观。个人的选择就是最高的价值。至于个人具体选择什么，那是次要的，关键在于你的选择是不是自由的、主观的。

4. 责任

与存在主义强调的个人的自由、选择密切相关的是责任。个人不仅要对自己的存在和自己将要成为的样子负责，而且要对自己的选择负责，对他人和社会负责，因为当我在自由选择、塑造自己的形象时，也是在选择和塑造人的形象。

在存在主义者看来，既然人有绝对的选择的自由，这就意味着人没有理由不选择，即使你放弃自己选择的权利，顺从外在的权威或势力，这也是一种选择。所以，绝对的选择的自由就是绝对的负责。他们认为，这是存在主义哲学与传统哲学的一个很大的差别。

传统哲学以探索宇宙和人生一般的规律、一般的真理为宗旨，并对人的本质属性也作了具体的规定，所以，从传统哲学的立场来看，人必须是这样或那样的。在存在主义者看来，这种对人的本质的预先规定，一方面剥夺了人的自由和自由选择的权利，另一方面也卸掉了个人应负的责任，给人逃避自己的责任提供了很好的借口，因为在不可抗拒的规律或外在压力面前，人的一切所作所为都是可以不负责任的。这种逃避责任的做法实际上是懦夫，是放弃做人的权利，是把自己等同于物。

存在主义认为黑格尔的哲学是这方面的典型。黑格尔愚蠢地建构了一种理智极权主义的体系，在黑格尔的体系中，一切都做了规定，而且他把所有的东西都描绘成和谐的、合理的、有根据的。然而，这对人却不适宜。在存在主义者看来，不仅黑格尔的理智极权主义是错误的，实验主义从本质上讲也是同出一辙。实验主义故意回避了人的本质问题，并力图从社会或科学方法的背景中对人的本质做某种规定。它们二者都放弃了人的责任。

存在主义者认为，绝对自由的人没有，也无需传统哲学的种种规定、根据或理由，他在这个荒诞的世界里独立无依，唯一能决定他的是他的主观性，他必须对自己的主观性和自由选择负责。他不仅要决定什么是真、什么是伪，还要在什么是善、什么是恶之间作出选择。所以，当一个人争得自己的绝对自由并意识到自己的责任时，他就会产生焦虑、苦恼，甚至恐惧和绝望。所以，焦虑、苦恼等是人意识到自己责任的一种表现，也是自由选择无法回避的一个方面，只有通过对这些状态的体验，人才能真正意识到自己的存在和责任。

四、人与人的关系

人与他人的关系，是存在主义的又一个重要论题，就像对其他问题一样，存在主义者之间在人与他人的关系方面，也有不一致之处。

克尔凯郭尔认为，人独一无二的主观性说明，他只能是他自己，任何人都不能像他似地看待事物，他和别人终究是疏远的，他和别人无法沟通，别人无法分担他的忧虑。要摆脱焦虑，就必须成为一个真正的基督教徒，在孤独的内心深处同上帝交流。

海德格尔认为，在这个世界上，不但有一个人自己的亲在，而且还有其他许多"亲在"，即其他人的存在。一个人在世界里必须和他人打交道，他和其他人的关系是"麻烦"或"烦恼"。我同别的人接触，将产生无限多的烦事。他或者与他人合谋，或者赞成他人，或者反对他人。

萨特通过他的文艺作品表达了他对人与人关系的看法。萨特在1944年发表的剧本《禁闭》中，描写了三个人物：一个是懦夫、逃兵，另两个是女人，其中一个人生前溺死亲生的孩子，另一个则是同性恋者。他们三个人关在一起。在这三个人中，每个人都对另两个人进行攻击、揭露他们的劣迹，同时，各自的欲望又都受到另两个人的攻击和嘲弄，三个人都不得安宁，感到了人生的冷漠和残酷。萨特通过这个剧本揭示，他人是个人实现自由的障碍，每个人都处在其他人的"目光"之下，这是一个无法逃避的"普遍环境"，由此，萨特得出了"他人就是地狱"的名言。

在萨特看来，他人乃是一个存在的客体，这种客体不同于物，他不但存在着，而且还对我构成了威胁，因为他是自由的物体。在他的"目光"之下，他可能把我变成物。如果我变成了他人的物，那么我就丧失了自己的主观性。所以，就这个意义来说，他人能够消灭我，这样，在人生的舞台上，我将不再是主角，而是他人世界的一个配角。

既然萨特把人与他人的关系看成是主体与客体，或人与物的关系，那么，一个人如果要从他人的目光或他人的地狱中解脱出来，只能有两种途径：或者心甘情愿地做别人的物，或者使他人做自己的物，去操纵他人。

第二次世界大战结束后，萨特对于个人与他人关系的认识也发生了转变。萨特不再认为他人就是地狱。萨特承认每个人都是有主观性的存在，每个人都要为自己的自由而奋斗。这样，有多少个人就有多少个自由奋斗的目标，相互之间必然发生碰撞，在碰撞中，每个人都不能实现自己的目的。所以，为了保证个人的自由目的的实现，个人在进行自由选择的时候必须要考虑他人的自由问题。然而，虽然他人不再是自己自由的障碍，但他人的自由还应该是实现个人自由的条件，换言之，考虑他人的自由，目的在于实现自己的自由。所以，在萨特的思想中，自己同他人最终还是对立的。

上文提到的克尔凯郭尔、海德格尔、萨特等人对个人和他人关系的观点，虽然不完全一致，但基本上属于一种类型，即个人与他人的关系是对立的，实际上是一种主体与客体、人与物的关系。

在存在主义者中，还有与他们相反的另一类观点。这一类观点以布贝尔和马塞尔为代表。

马丁·布贝尔是犹太神学家、哲学家，他是少数几个出版过教育方面，尤其是师生关系之性质方面专著的存在主义者之一。在其专著《我与你》中，布贝尔详细地表达了自己与他人关系的观点。

布贝尔认为，人与外部世界有两种性质截然不同的关系。一种是客观的关系，其特征是"我与它"（I—It）。在这种关系中，个人以纯粹客观的方式看待外部的东西，把它看作是为了自己的目的而加以利用和操纵的物。另一类看待他人的"我与你"（I—Thou）的关系，在这种关系中，每一个人都具有他自己的内在的意义世界。如果人轻视或否认这个主观的或个人的实在，那么人就不能在"荒诞"的痛苦中自拔。如果我们把人与人之间的"我与你"的关系当作人与物之间的"我与它"的关系来对待，那么人性就将毁灭。

布贝尔认为，"我与你"关系的特点是发自两个人内心的友谊。它需要的是热情和理解，至于相识时间的长短、名誉、地位、财富等，与此都不相干。如果两个人认为相互之间值得信任，那么相互之间就能彼此了解。在这种关系中，除了相互之间的认可和爱之外，不掺杂任何目的，丝毫也不存在利用和被利用、控制和被控制的问题。我与你两者都是主体，他们互相同情、互相信任、互相理解。

布贝尔认为，一系列的"我与你"的关系就构成了人与上帝的联系。在这个过程中，人最终会认识上帝。无论牧师还是人，通过他自己与他们的交流，他就会体验到一种神圣的生活。

在人与人的关系方面，法国著名的有神论存在主义哲学家马塞尔表达了与布贝尔相同的观点。马塞尔发现当代文明的一个特征是人与神、人与人之间的隔离，在战争期间，更是"人人出卖人人"。他认为，出现这种现象的原因不在于环境，而在于人的内心，主要是由于人对自己的孤独感麻木不仁，缺乏交流。

马塞尔认为，人不仅可以和自己交流，而且可以和他人交流，而使自己和他人联系起来的是同情和爱。所以，要用爱来代替出卖。他认为，人与人的交流是社会生活的必要条件。只有与他人交流时，他才会意识到自己并不是孤独的，从而看到希望。

概括地说，人与人的关系是存在主义者共同关心的一个问题。不同的存在主义者对这个问题有不同的看法，但是，他们都认为，我可以理解他人，他人也可以理解我，分歧仅在于：我将他人或他人将我当作物还是当作有主观性的人。

五、人生是一场悲剧

许多存在主义者认为他们的哲学是"危机哲学"。其含义一方面指存在主义的出现是为了挽救哲学的危机。他们认为，传统哲学不研究人，不研究人生和个人生存的问题，而去研究什么绝对真理、客观本质等破坏个人存在的问题，走进了思想的死巷。由于哲学忘记了人，所以哲学就成了与人没有直接关系的东西。存在主义作为挽救哲学危机的危机哲学，就是要把传统哲学忘掉的人召回来，研究个人的存在、个人的生存，使人过真正的人的生活。

危机哲学的另一含义是，存在主义的哲学思维同社会政治的危机是密切相关的。在本章的上一节中，根据存在主义哲学产生、发展和传播的历史背景，人们可以看到，存在主义哲学尽管讲的是个人生存的危机，但实际上乃是资本主义政治经济危机在意识形态上的反映。雅斯贝尔斯就曾经说过，他的哲学思维的源泉是来自1914年以来每个人都发生过的个人生存的危机和危难极境、边缘状况。

存在主义作为危机哲学的这一特点，决定了它的浓厚的悲观主义的色彩。克尔凯郭尔认为，要了解真正的人的存在，必须深入到人的内在的、个人的特性中去，把人的主观心理意识当作出发点，如果从这个角度来看人，那么人就是一个孤独的个体，他的存在可以归结为烦恼、恐惧、忧郁等非理性的心理状态。克尔凯郭尔的思想的浓厚的神秘主义、悲观主义色彩，对存在主义哲学产生了很大的影响。

存在主义者的反理性特征，使他们感到人的理性的无能。它不能把握现实，也不能把握自己的存在。在现代社会中，包括人的存在在内的一切东西都已经机械化、普遍化，人不成其个人，虽然个人拥有绝对的自由，具有自由选择的权力，但对自由选择的前景却茫然无知。雅斯贝尔斯认为，在西方世界的历史里，大多数争取自由的尝试都失败了。历史的发展表明，人的自由不是越来越多，而是越来越少。到了现在社会的大生产时代，人性遭到毁灭，实现自由更是难乎其难。人生无望，最终走向死亡；在死亡面前保存下来的东西就是生存完成了的东西。所以，从事哲学活动就是要学会死亡。

海德格尔认为人生就是一场大悲剧，个人只有处于畏惧、烦恼和死亡状态时，才能体会到自己的存在。所谓畏惧，指孤独的个人面对的一切，包括他人都是个人实现自由的障碍，个人感到被遗弃，从而产生的一种茫然失措的状态。烦恼是一种情绪状态，是人与社会、人与他人之间险恶关系的反映。人生笼罩在死亡的阴影之下，而且死亡是人生最根本的可能性，是至高无上、伟大而真实的存在，只有为死亡而生活，才能给人生以绝对的目标。第二次世界大战期间，海德格尔的"死亡哲学"曾被德国纳粹分子用以刺激德国士兵在战场上卖命。

萨特小说《呕吐》中的主人公感到世界上的一切存在都是偶然的、毫无意义的，他周围的人与他格格不入，也毫无意义。他感到世界是混乱的，生活是痛苦的，一切都是荒诞。人生变幻，没有目的，也没有任何稳定性。萨特通过这部小说反映了他的人生观，即人生是偶然的、荒诞的，所有的东西都不可捉摸、不可把握，一切都是虚无。

加缪的小说《局外人》写的是一个小职员的荒诞的故事。小说的主人公认为自己是世界的局外人，世界上的一切同他都没有任何关系。母亲去世，他无动于衷；情妇的委身，他亦冷漠，甚至在他因为杀人而被判死罪的时候，似乎也与己无关。在他看来，一切都是局外的，似乎他的生活也是多余的。小说的主人公最后以漠然的态度走向死亡。

在存在主义者看来，人生活在一个与自己对立的、失望的世界之中，人在世界上的地位是不确定的。绝对自由的人也是烦恼和无所依靠的孤独者。人虽然有选择的自由，但他面对的未来的生活却是混沌而没有目标的。他只是盲目地走向未来，他只知道人生的真实的终结就是死亡。

在存在主义者看来，人面临的死亡的情景是生活不可回避的一个方面。死亡作为人生的最后归宿，对于个人的存在具有非常重要的意义。知死方能知生，人要在荒诞的世界中使自己的生活不荒诞，使自己的生活富有意义，那就要珍惜自己短暂存在的价值，坚决地选择自己认为最好的东西，努力做一个自由的人。所谓自由的人，既不是国家的公民，也不是老师的学生、父亲的儿子，而是一个绝对自由的人，一个只对自己的选择负责的人。

第三节 基本的教育主张

存在主义强调个人主观性、个人选择的这一根本特点，使它很难在哲学上形成一个囊括所有的存在主义者哲学观的完整而统一的体系，同样的，在教育领域里，也很难形成一个体系完整的"存在主义教育哲学"。然而，这不等于说存在主义对教育没有影响。存在主义作为当代西方一股重要的哲学思潮，对教育思想发生了很大的冲击作用，许多教育思想家已经根据存在主义的思想对教育问题作了多方面的探讨，并逐渐概括了存在主义的教育哲学思想。

下面拟就存在主义者对一些重要教育问题的比较共同的看法作一介绍。

一、教育目的

存在主义者认为，人是被抛到这个世界来的，所有的存在都是偶然的，所以，教育纯粹是个人的事。教育无论对公众、集体还是社会，都不承担任何责任。教育的目的就是使每一个人都认识到自己的存在，并形成一套不同于他人的独特的生活方式。因此，教育要维护个人的自由，帮助个人进行自我选择，并对自己的选择负责。

在存在主义者看来，由于受传统哲学的影响，以往的教育不强调人和人的存在，而专注于与人的生存不相干的事情，这是错误的。传统教育的错误表现在下面几个方面：

第一，专注于人的理性的发展。传统的教育把人看成是生活在合乎理性的世界中的有理性生物；人能够理解他在宇宙中的地位，而且这种理解主要是通过运用理性来获得的。于是，教育便以发展人的理性为目的。然而，这种哲学、这种教育并没有消除人类大量的、层出不穷的非理性和不人道的现象。战争连绵不断，尤其在第二次世界大战期间，纳粹和法西斯的暴行，促使存在主义者尤其是法国和德国的存在主义者对这种崇尚理性的哲学和教育反省。他们发现，所谓理性是靠不住的，因为纳粹分子在侵略别的国家、大批屠杀犹太人的时候，也提出了许多"理由"。

第二，注重抽象观念。这是传统哲学追求永恒性、一般性的结果。在存在主义者看来，这种所谓永恒性，一般性在教育上的后果就是把人当作物，使教育者按照一个模式来塑造或制作人，这完全抹杀了人的个性，使个人在团体中消失，实际上是取消了个人的存在。

第三，注重科学和科学的客观性。科学的对象是没有主观性的物，它追求的是客观性和一般规律，如果把科学的方法和结论运用于有主观性的人的教育，就会把人解释为自然现象，成为没有内在生命的物体，这就势必抹杀人的主观性。

总之，传统教育对于理性、抽象观念和客观性的强调，忽视了个人的存在，这些都是应该加以反对的。乔治·奈勒在1961年发表于《哈佛教育评论》的一篇文章《教育、知识和关于存在的问题》中表达了存在主义教育的最根本的观点，"它取消了三个传统看法：教育从根本上讲是社会的一种代理机构，其目的在于使文化遗产永存不朽；教育是永恒真理的传递渠道；教育是使年轻人适应民主社会生活的一种手段。取代这些观念的是，让教育为个人而存在。让教育教会个人像他自己的本性要求他那样自发而真诚地生活。"[1]

存在主义强调，教育要使每个人认识自己的存在，教育的最好结果就是使学生养成正确地对待生活的态度，其中最重要的是要培养他们真诚（authenticity）、选择和决定，以及责任感等。

1. 真诚

所谓真诚，是指既不要跟随社会、团体随波逐流，人云亦云，也不要自欺欺人。要使学生认识到，每个人都是孤独地面对世界，他不可能在社会或团体中求得安全和认同。如果缺乏真诚，把自己融化于社会和团体，不仅言行举止，甚至连思考问题的方式都与别人趋同，最终将丧失自我，感到厌恶。此外，真诚的人也不能自欺，要抗拒不真诚的诱惑。例如，男孩可能为了表现冷静、自制、成熟而故意压抑自己的激情；女孩为了展示自己的妩媚而否认她的聪明才智；小学生为了扮演有礼貌的角色而把自己弄得精疲力竭，结果什么也没有得到。这些都是以丧失个人的存在为代价的。要使学生具备真诚的气质，除了教师必须首先做一个真诚的人之外，还要鼓励学生在需要道德勇气的情境里坚持自己的信念。

为了培养真诚的人，教育要反对文化中压抑人、阻碍人无拘无束发展的那些方面。在存在主义者看来，人肯定是为他自己的，而且人也应该为他自己。所以，从根本上讲，个人与社会、团体总是对立的，人不应该湮没在团体和社会之中。个人既不应该成为团体和社会的一个部件，也不应该成为团体和社会统一模式中的标准件。个人应该真诚地显示他

---

[1] J. A Johnson, Introduction to the foundations of American education[M]. Boston: Allyn and Bacon, 1973: 374.

的主观性和与众不同的独特性。因此，人有充分的理由反对社会的现有秩序。应该使学生不怕孤立，不怕受到团体的敌视，因为受人欢迎的人往往是以自己的真诚为代价换取的。

教育不应该强调温顺服从和循规蹈矩，教育的大问题不在于学生无纪律，而在于学生安于习俗。教育应该强调学生的自律（autonomy），要提供一种可以使学生真诚地表现自己"真诚"的环境和气氛，使他们无拘无束地发展。

2. 选择和决定

关于选择和决定气质的培养，教育一方面让学生认识荒诞和自由，要使他们知道，自己是在自己的选择、决断和行动的过程中创造自己的。因此，要鼓励学生作有意识的选择，正像布贝尔所说的那样，要使青年人认识到，"凡是不再能以全副精神决定有所为和有所不为，并对这种决定负责的人，就会变成一个心灵空虚的人。而一个心灵空虚的人立刻就不成其为人了"[①]。另一方面，要让学生了解他们拥有比他们所知道的多得多的选择的余地，这一点尤为重要。

在存在主义者看来，人的存在绝不是静止不变的，强调人的存在实际上就是强调人的形成。因此，教育的一个主要目标就是要向受教育者展示未来的种种可能性，而不仅仅是纠缠于过去和目前的状况，从而扩大学生的选择范围。

巴西教育家保罗·弗雷尔（Paulo Freire）提出，教育的真正目标是使人重新检查自己和他的生活世界，并努力加以改造，只有这样，人才能有自我实现的生活。他认为，教育不可能是中性的，它或者是统治者的"统治工具"，用以使受压迫者屈服、顺从；或者是"自由演练"，使人思考自己的境遇，并加以改变。要使学生成为真正自由的人，作为自由演练的教育，就要鼓励学生摆脱过去和现存的模式，看到各种可能性，而且认识到，通过实践（praxis）或有目的的行动，这种可能性是可以实现的。

美国的麦格森·格林（Maxine Greene）认为，关于可能性教育的目的是使学习者关心并认识到各种可能性，这实际上是向学生展示人的存在的各种可能性。她认为，在当代社会中，有许多事情人们缺乏清醒的认识。社会中有一部分人是统治者，一部分人穷困而无知。然而，这种状况在很大的程度上讲是能够改变的，要改变它，就要求每个人思考他在世界上的状况，弄清究竟是什么力量在支配他们。她坚信教育能够在这方面发挥很大的作用，但是，要做到这一点，教育就应该转向正确的轨道。

在存在主义者看来，人的选择空间是无限大的。本体论、认识论和价值论中的问题都是由主观性决定的，问题在于学生并不一定认识到这一点，除了扩大学生的选择范围之

---

① 华东师范大学教育系，杭州大学教育系编译. 现代西方资产阶级教育思想流派论著选[M]. 北京：人民教育出版社，1980：312.

外，还要使他认识到，当一个人进行选择时，他实际上就是将他自己推向了未来。在选择和决定的过程中，一个人决定了自己的道路，使自己改变了目前的状况，而且能够使可能性转变为现实。

3. 责任感

自由意味着选择，其中也包括了人的责任。既然人的一切所作所为都是具有主观性的个人自由选择的结果，都是个人意识的反映，就这个意义来说，个人生活中所发生的一切都不是偶然的，都是个人的有意识的决定的结果。

人的选择及其结果都是在一定的情境、人与他人的关系中发生的，因此，与此伴随而来的就是个人对于环境和他人的责任，这也是生活不可规避的一个重要的方面。既然人是绝对自由的，那么人对于伴随自由而来的责任也就没有任何逃避的理由和借口。萨特在谈到纳粹德国占领法国的现实条件下个人选择和承担道德责任的问题时指出，"人……肩负着世界的全部重担：他为世界负责，也为作为一定存在方式的自己本人负责……任何一个突然发生并吸引着我的社会事件都不是来自外部的：如果我被动员去打仗，这就是我的战争，我因战争而犯了罪，也就应受战争的报应。我之所以该受战争的报应，首先是因为我本来可以逃避它——开小差或者自杀。既然我没有这样做，也就是说，我选择了战争，成了战争的从犯"。①

教育在帮助学生意识到自己绝对自由的同时，也要使学生认识到自己的责任。要敦促学生对自己的哪怕是漫不经心的选择负责。要使学生形成这样的生活态度，即生活是自己的，任何人都无法代替他生活，因此，不能把自己应该肩负的责任推诿于环境、家庭或他人的影响，外在的压力，客观的规律等。为此，学校应该创设一定的条件和环境，使他能够有发现自由和责任的机会。

焦虑、苦恼、恐惧甚至绝望的情绪状态是人意识到自己责任的一种表现，这是由于自由和各种危险和威胁的对抗，尤其是自由与死亡的对抗造成的。所以，教育应该向学生展现生活的悲剧性，使学生明白人的存在、人的生活是痛苦的、短暂的，死亡是不可避免的。教育不仅是为了生，而且也要为死。虽然死亡对于年轻人来说并不迫切，但学校应该高度重视死的问题。

学校应该通过关于死亡的教育，使学生明白为了自己的理想而死往往比保全个人的生命好得多，教师应通过历史上甘愿作出崇高牺牲的人们的光辉典范来激励学生。此外，死亡也是进行自我检查的最有力的刺激，教师要引导学生透过死来检查他们自己活的质量。"学生

---

① Л. Н. 米特洛欣,等编.二十世纪资产阶级哲学[M].北京：商务印书馆.1983：226.

必须在知道某一天生命将要结束的情况下过他的生活。然后,让他问他自己:他活着是为了什么?他是像一个自由人那样充分地活了吗?还是他只是满足于存在着?当他死时,他究竟活过与否有什么要紧吗?要让学生记住'今天要像你明天就死去似的活着'。"①

概括地说,存在主义的教育目的表现了极端的个人主义和个人的主观性,教育纯粹是个人的事情。教育的目的在于使人认识个人的存在,形成自己独特的生活方式,为此,教育应使学生形成真诚、选择和负责的生活态度。

二、教师和学生

在这一部分中,先分别阐述教师和学生的地位,最后讲一讲教师和学生的关系。

1. 教师的地位

如前所述,存在主义非常重视个人的主观性、个人的选择和责任,在这种情况下,教师似乎没有发挥作用的余地。既然学生作为一个存在的个体,他的一切都由他本人决定,教师的介入肯定要破坏他的存在。在存在主义者看来,情况并不如此简单。教师有发挥作用的余地,但是,教师要发挥自己的作用,应该有所不为和有所为。

有所不为者,是指教师不能作为学生知识和道德的源泉或输送者,也不能作为他们的监督者,换言之,教师既不传道、授业,也不解惑。有所为者,是指教师一方面要尊重学生的主观性,把学生当作一个人而不是物来对待,同时又要维护自己的主观性,使自己作为一个自由的人来行动。

要维护学生的主观性,在教学的过程中,教师不仅要避免课堂上的个人专制,还要反对布贝尔之所谓非人格化的知识专制。教师在教学的过程中,不是把知识"传授"给学生,而是把知识"提供"给学生,其中不能包含任何强制的成分。当然,教师应该掌握丰富的知识,并要对所掌握的知识具有深刻的理解,然而,在教学的过程中,教师应该充分注意学生的情绪、情感、创造能力以及知识对于学生生活的意义。

为了具体说明这一点,乔治·奈勒在《教育学基础》一书中具体地举了下面的一个例子。"例如,当教师跟全班讨论一个题目时,当教师讲授文学和历史的某一个方面时,他力求介绍尽可能多的观点,他力图把这个题目描述为许多人思考的成果以及继续思考的焦点。实际上,重要的是一切知识本身的发展情况,如果要知识有持久性的话,就必须对之重新加以解释,并且在使用时能够产生新的意义。但是教师的意图并不是要学生随心所欲地选择有关这个题目的任何观点……教师也不能把自己的解释强加于学生,或是潜移默化

---

① 黄济.教育哲学初稿[M].北京:北京师范大学出版社,1982:215.

地施加影响，因为这样做就会把学生贬值为教学策略的对象。反之，在充分讨论之后，教师向学生提出关于这个问题的最好的观点，然后问学生是否接受这一观点。"[①] 如果学生不接受，那也无妨，因为教师得承认"主观性即真理"。

同样的，在伦理道德领域，教师也无"道"可传。教师无权支配学生，他既不能强迫学生服从学校或教师制定的纪律，也不能把自己的价值观念和道德标准强加给学生。同教学的情况相类似，教师需要做的只是把自己信奉的原则，以及自己之所以信奉这些原则的理由告诉学生，至于学生是否接受，教师不必强求。

总之，教师对学生发挥的作用应该是"生产性"而不是"复制性"的，也就是说，教师要造就特色各具的个人，而不是按照他的模式复制出一个类型的人。所以本章第一节提到的那个哈帕尔认为，如果教师能使学生与他的差异比他们刚接触时的差异更显著而不是更接近的话，那么他就是一位好教师。显然，这种显著的差异乃是各自都发挥了自己主观性的结果。

教师除了要尊重学生的主观性之外，还要维护自身的主观性。教师要通过自己的真诚、选择和负责的态度激励学生，使他们意识到自己的存在。

教师应该真诚地教。他应该有自己教的目的，他既不是顺从于校长或教育行政部门的要求，也不屈服于外在的压力。教师的教或者出于关心、爱护青年，或者是为了继承某种传统，或者是为了通过年轻一代改造社会。有什么样的目的无关紧要，关键在于要有自己的目的。此外，在教法上要有创造性，即按照自己的方式而不是按常规来教。教师面对的每一位学生都具有独特性，所以教师应该避免受自己或别人经验的影响，因为经验往往会将学生和情境加以分类，这就抹杀了个性。

教师对学生应该一视同仁，不怀成见，不能对学生硬作阶级、出身、家庭背景、经济条件等的分类，也不能用智商、学习成绩、年龄等给学生画框框，因为每个学生的行为表现以及他们与环境的关系，都是由学生的主观性决定的，将学生区别为类，不能说明每个人的独特性。

总之，教师处于一种创造者和激励者的地位，他要按照自己的意志去创造性地工作，他无须，也无权迫使学生来接受，大有"但问耕耘，不计收获"的意味。

2. 学生的地位

在阐述教师的地位时，实际上也反衬了学生的地位。所以，明白了教师的地位之后，学生地位的问题也就迎刃而解了。概括地说，根据存在主义的基本观点，在教育过程中，

[①] 陈友松主编.当代西方教育哲学[M].北京：教育科学出版社,1982：116-117.

学生处于选择而不是模仿和服从的地位。

在教育过程中的三个主要因素，即教师、学生、教育内容中，尽管教师和教育内容都是很重要的，然而更重要的是学生的存在。真正的教育，必须保证学生对于教师的创造和教育内容的主观选择。

学生不仅可以决定学什么，而且可以决定学多少，因为人不是文化影响的产物，他的本质是他选择的结果。所以，学习的出发点不是知识或道德规则，而是存在的个人。在学习的过程中，学生绝不是现成的知识和道德规则的消极接受者，而是要从个人的角度积极地辨别和检验它们的价值及其对个人生活的意义。学生学习它们没有任何功利性的目的，他只是为了充实个人的存在，所以，他不能受到它们的改造而泯灭个性。他们追求的是个人生存的真理，是个人愿意为之生也愿意为之死的真理。

学生也无须模仿教师的形象，或对教师的要求亦步亦趋，因为教师的形象只不过是他的广泛的选择范围中的一种。他为之负责的是他自己，而不是教师。

3. 师生关系

教师和学生都是有主观性的个人，他们之间的关系从根本上说决定于存在主义关于人和他人关系的观点。

存在主义对于人与他人关系的看法并不一致。如果根据萨特关于"他人就是地狱"的观点，那么师生之间只能是对立的。这可能有三种结果，虐待、被虐待，或者互不相干。这样，也就不存在真正合乎人的教育。

多数存在主义的教育家赞同布贝尔关于人与他人关系的看法。布贝尔认为，个人与他人，教师与学生之间的关系是"我与你"而不是"我与它"的关系。

布贝尔认为，"我与你"的关系真诚地表现了两个具有主体性的人的关系。铁这种关系中，双方都没有自己追求的现实利益，双方都不把对方作为实现自己目的的手段，而是真诚地赏识对方，欢迎对方，肯定对方，同时也受到对方的赏识、欢迎和肯定。这种关系也可以叫作"对话"（dialogue）或"交流"（communion）。

教育中师生之间的对话和交流对于实现教育目的，使学生实现真正的自由是至关重要的。对于学生来说，由于他们知之甚少，自由还没有对象，所以它还只是一种潜能。此外，自由本身也无法加以利用，没有自由固然什么也无法完成，然而只有自由，同样也无法完成什么。所以，教师应该向学生提供使学生的各种潜能得以发展的知识和方法，与学生进行对话或交流，这正是教育的力量之所在。

上述学生本身的特点和教育的性质也决定了师生之间的对话具有与一般的人与人之间对话不同的特点，要使师生之间的对话关系不至演变成"我与它"的关系，需要注意两个方面。

首先，师生之间要有信任。相互之间的信任是师生之间对话的基础。布贝尔认为，那些具有独立品格的学生不愿意听任自己被人教育，而且，如果有人告诉他关于什么是善、什么是恶的问题乃是早已确定的真理，他们也会对抗起来。在这种情况下，对话就无法进行。布贝尔指出，"教师只能以他的整个人，以他的全部自发性才足以对学生的整个人起着真实的影响。因为在培养品格时，你无须一个道德方面的天才，但你却需要一个完全生气勃勃的人，而且能与自己的同伴坦率交谈的人。当他无意影响他们时，他的蓬勃的生气向他们倾注着，极其有力而彻底地影响着他们"。① 布贝尔认为，对于一个面对不可信赖的世界因而感到恐惧、失望的青少年来说，信任能使他豁然开朗地领悟到人生的真理、人的存在的真理。当教师赢得学生的信任时，学生对于接受教育就不会反感。只有在师生互相信任的情况下，才可能有真正的对话。

信任不取决于教师的意图。取得学生的信任无须采用诡秘圆滑、玩弄手段的行为，它需要的是教师对学生的信任和真诚。布贝尔认为，只有坦率而真诚地参与自己学生的生活，并担负起因这样地参与生活所引起的责任，才能赢得学生的信任。

其次，要妥善处理师生之间的冲突。信任意味着打破师生双方的限制，摧毁束缚学生心灵的枷锁，使对话在两个平等的人之间进行。然而，这不等于两个人无条件地协调一致。所以，要使师生间的对话进行下去，教师必须妥善处理师生之间的冲突。

布贝尔认为，"师生之间的冲突是对教育者的考验。教育者必须面对这种冲突，不论这种冲突会怎样变化，他必须设法排除冲突而进入生活，我必须补充一句，进入一种生活，其中不仅有继续不动摇的信任，甚至这种信任更加神秘地增加着"。② 这就是说，师生之间的冲突的结果不纯粹是消极的，如果妥善处理，它也具有教育的价值。

面对冲突，教师必须专心一致地运用他的洞察力和见识，"切勿使他的知识锋芒失去冲刺作用"。但是，教师既不能采用诡辩的技巧为真理进行辩护，也不能用强制的手段迫使学生就范。另一方面，教师应该允许并鼓励学生坦诚地面对自己，"同时做好准备对于被它刺伤的心灵敷以刀伤药膏"。如果教师是冲突的胜利者，"他就必须帮助战败者忍受失败；由于征服人心的胜利不是容易取得的，如果他不能征服他所面临的这个执拗的人心，他就必须寻求爱的言辞，只有这种爱的言辞才能有助于摆脱这种艰难的困境"。③

---

① 华东师范大学教育系，杭州大学教育系编译. 现代西方资产阶级教育思想流派论著选[M]. 北京：人民教育出版社，1980：301.
② 同①：305.
③ 同①：303-304.

三、教育方法

在教育方法的问题上，大多数存在主义教育家认为首先要改变传统的教育态度，并认识传统教育方法的弊端。传统的观点认为教育就是向学生灌输或传授某些东西，或者认为教育是为了使学生能够适应什么，或者是为了使学生能够解决问题。所以，传统教育的方法往往以某种外在的东西为定向，完全忽略了学生作为人的个人的存在。

范登伯格在1971年出版的《存在与教育》一书中认为，传统教育方法的特征是"支配——服从"和"指挥——执行"的关系。其中，支配者和指挥者当然是教师，而学生只是服从者和执行者。教师花费了大量的时间用于控制学生，而学生也想出各种主意来对付教师。教育的方法不是用于帮助学生充分认识并实现他们的各种可能性，也不是用来帮助学生认识并实现他们潜在的能力。这样的教育注定是要失败的。

存在主义认为，教育是为了使学生认识到自己的存在，所以在教育方法上，存在主义最注重的方法论原则就是允许学生最大限度地进行自我表现和自我选择。

1. 苏格拉底式的方法

苏格拉底式的方法具有很大的价值。存在主义者认为，苏格拉底式的方法不是把现成的知识以某种方式传授给学习者，而是从学习者那里引出知识，并由学习者自己决定和选择。

存在主义认为，苏格拉底式的方法在道德教育方面尤为重要，而且也切实可行，因为在这个领域，教师在学生没有事先学习和研究的情况下就可以对学生提出问题，并产生道德的知识。

存在主义者之所以推崇苏格拉底式的方法，是因为这种方法最适合于人的教育。观念主义、实在主义或新托马斯主义的道德教育方法，将一套系统的道德原则呈现给学生，并采用各种方法让学习者接受，这样，学生在它面前毫无选择的余地，他们唯一需要做的就是接受。在存在主义者看来，这不是将学生当作人的教育。

存在主义提倡的这种方法也不同于进步主义教育的方法。进步主义教育虽然承认人是价值和道德的创造者，但进步主义者却坚持真、善、美的标准最终要接受科学方法的检验，而且价值的选择要由社会公众来决定。在存在主义者看来，这实质上是用另一种系统来代替理想主义、实在主义和新托马斯主义所主张的系统，而且，公众的决定事实上也取消了孤独的个人的存在。所以，乔治·奈勒批评进步主义的方法是"非生产性"的（unproductive）、"非个人的"（impersonal），因为进步主义主张的以问题为中心的方法是以社会为定向的，它直接关心的是个人承担的社会义务。

在存在主义者看来，苏格拉底式的方法区别于上述方法的最成功之处，在于通过这种方法获得的是"自己的"知识。它可以使人认识到在人的存在中必然会碰到的道德难题，以及自由选择的责任。

此外，就这种方法的过程来说，它也可以通过教师的发问来激发并引导学生的思考，避免讲授法所带来的机械式的师生关系。存在主义者认为，这种方法可以消除以往在师生关系中司空见惯的保护性伪装，建立真诚的、正直的关系。

2. 个别化教育

存在主义者对工业社会中的"非个人化"的现象，以及行为科学否认人的自由和主动性的观念表示非常反感。在教育方面表现为无视儿童独特的个性，把儿童像羊群似地赶进教育工厂，然后在那里按照一个模式对儿童进行加工和塑造。学生不仅聚集在一起，而且对他们每个人的要求都是统一的，所以，学生在无形中便丧失了个人的意义和个性。这种统一的、非个人化的教学，造成学生的异化自不待言，同时它还造成了教师的异化。在课堂教学中，教师被迫发挥某种作用，扮演某种角色，并按规定的教材和教学过程进行教学，而不是作为一个真实的人而存在。此外，在这样的教育工厂中，教师和学生是作为具有一定属性的两类人而不是有主观性的两个人发生关系，师生的关系将是疏远的，教师也将被他的学生所异化。

存在主义者认为，人的现实部分与人的遗传素质有关，此外，人还要受到他自身以外的力量，如家庭背景、社会地位、早期教育经验等的影响，所以，每个人的气质、兴趣、需要等都是各不相同的。如果人们承认这一点，那么要求每个儿童都接受同样的教育，那简直是不可思议的事。所以，存在主义提倡个别化的教育。

存在主义者主张，无论在教学内容、教学方法或教学进度方面，都要有很大的灵活性，不可整齐划一，此外，也不能用一个统一的标准对学生提出学业成绩的要求，以利于每个学生的发展和自我实现。虽然存在主义并不完全排斥必要的班级和小组教学，但他们强调，如果必须要进行这种类型的集体教学，那它的目的也是为了教育个人，使个人利用集体来取得个人的自我实现。

在反对将学生放到群体中进行教育，主张使教育个别化方面，出现了各种各样的建议：

摩里斯认为英国夏山学校（Summerhill School）的做法可资仿效。夏山学校的创办人是英国教育家亚历山大·萨瑟兰·尼尔（Alexander Sutherlan Neill）。该校以学校适合儿童，而不是儿童适合学校为宗旨。学校不设年级，而是按学生的年龄（5—7岁，8—10岁，11—15岁）分为三个组。如果学生不提出要求，学校将不测验，不评分。学生可以参与学校的管理，与学校行政人员共同制定学校的规章制度。学校的主要责任是鼓励学生自由选择，参与各种活动。

乔治·奈勒提出了一个他自己也认为是"激进"的建议。他的建议与马塞尔的观点相类似，认为应当取消目前这种形式的学校，但保留诸如图书馆、大礼堂、体操房、操场等学校的设施。学生可以利用这些设施进行学习和小组活动。师生的相见可以在教师家里，可以在学生家里，也可以在外面。他认为这种安排可以使学生学得更好。

3. 创造性活动

在存在主义者看来，游戏、绘画、艺术、创作等创造性活动具有很大的教育价值。在创造性活动里，个人可以毫无顾虑地发挥他的选择的能力。个人的活动是自由的、主动的。学生可以通过自己的创造发现自我，产生新颖的事物，在创造性活动里培养的创造精神将来可以用于社会文明的再创造。

创造力不是少数特殊人才的天赋。相反，它是一个过程，而进行这个过程的能力是每个人都具备的。创造力来自渴求、好奇、想象，所以，学校应该鼓励学生大胆地想象，甚至想入非非，运用限制的手段不能造就有创造才能的学生。

存在主义教育家认为，游戏是一种良好的教学方法，因为游戏最能启发个人创造才能的发挥。萨特对于儿童游戏的教育作用非常推崇，他将游戏和严肃性（seriousness）做了对比。在游戏中，学生的活动是自由的，因此学生可以自由规定游戏的规则，此外，游戏也没有任何外在的目的，儿童参与游戏乃是他们自我表现的一种形式。严肃性的活动如体育竞赛等则与此不同，在体育竞赛中，个人的活动自由受到限制，而且这种活动乃是为了一个外在的目的如为母校争光等。外在的客观的价值置于个人的主观性之上，因而这类活动不像游戏那样具有教育的价值。

除了游戏之外，诸如绘画、泥塑等艺术活动也有很大的价值。在这些活动中，学生可以随自己的意愿进行创作，可以自由地探索颜色、形状、关系，并通过创作表达自己对世界的理解。他们的活动没有外在的要求，他们的设计和创作纯粹是个人情感的公开表达。

总之，在存在主义者看来，游戏、艺术或诗歌、文学等创造性活动是有效的教育方法，它们能够使学生获得更多的自由发展的余地。当然，为了使学生的创造性活动得以顺利进行，教师除了鼓励学生去创造之外，还要提供一些必要的技能、工具或器材。

四、课程

由于存在主义反对理性，反对永恒的、不变的知识体系，所以，存在主义者对于"怎么教"的问题比对于"教什么"的问题更重视。然而这不等于说存在主义教育家对课程的问题没有考虑。下面主要阐述一下存在主义在课程问题上的基本主张。

1. 确定课程的依据

存在主义认为，在确定课程的时候，一个重要的前提就是，要承认学生本人为他自己的存在负责，换言之，课程最终要由学生的需要来决定。

存在主义认为，人的存在和人的自由是分不开的，而所谓自由，就是把人从愚昧中拯救出来，并使人如实地看待自己，所以知识能够增进人的自由。从存在主义的观点来看，一个必然的结论应该是，人之所以学习知识，仅仅是因为它能增进自由，它是人实现自由的工具，而不是驾驭人的外在的因素。

在存在主义者看来，为学生规定一种固定不变的课程是不适当的，因为它没有考虑到学生对知识的态度。规定固定课程的出发点是，它能消除学生的无知，并能给予学生一定的知识。因此就要求学生学习各门学科，而要求学生学习它们的最终理由是某些权威人士已经确认学习它们是有好处的。然而，人的境遇是时刻在变化的，没有任何东西是固定的、绝对的，而固定的课程难以适合学生的情况和需要，成了和学生没有关系的东西。这样的课程无助于学生的发展。

需要指出的是，存在主义之所以反对固定的课程，主要是因为它没有考虑到学生对这种课程的态度，而不是反对课程本身，反对体现各门学科知识的教材。此外，还有一点应该强调，存在主义认为知识离不开人的主观性，它仅仅是作为人的意识和感情才存在的。如果知识不能引起学习者的感情，那么对于他来说，就不可能是明确的知识。所以，重要的是学生对于知识或教材的态度和他们的关系。

乔治·奈勒认为，既不能把各科教材，也就是编纂成帙的知识本身看作是目的，不能把这些教材看作是为学生谋求职业做好准备的手段，也不能把它们看作是进行心智训练的材料，而应当把它们看作是用来作为自我发展和自我实现的手段。不能使学生受教材的支配，而应该使学生成为教材的主宰。

本节前面部分讲到学生处于选择的地位。学生选择的面几乎无所不包，其中也包括对于课程或学科的选择。存在主义认为，知识和有效的学习必须具有个人的意义，必须与人的真正目的、人的生活有联系，只有这样，个人才能够在时间和环境都适宜的条件下按照他选择的知识和对于知识的理解来行动。既然个人的主观性是一切的判断者，那么，每一门学科的价值和重要性就没有一个客观的标准，学科的价值取决于学生主观上对它的感受、吸收和利用的程度。教育行政部门规定了每门学科的教学大纲和教材，并提出了基本的要求，然而学生学和教师教的效果却大不一样，其原因盖在于此。

概言之，确定课程的依据不是客观的知识体系本身，而是学生的主观性，是学生个人自我实现的需要。

2. 以"人格世界"为重点的课程

存在主义认为，学生的选择是学校课程设置的决定性因素，而且每门学科的价值不在于它自身，而是取决于学生对它的感受和选择。所以，从根本上说，每门学科本身无所谓重要与不重要，每门学科都具有同等的价值，它们仅仅是使学生意识到他的主观性的工具。由于这个原因，存在主义者没有明确提出各级学校课程的具体组成，也没有提出课程组成的具体原则。如前所述，在他们看来，学什么、教什么是次要的，关键在于怎么学、怎么教。

存在主义者认为，虽然各门学科自身供学生选择的价值是同等的，但人文学科应该占有重要的地位。这一方面可能是由于大多数存在主义者是大学里的人文学科的教师，但更重要的是，他们认为人文学科同人的存在有着本质的联系，人文学科涉及的主要论题是人与人之间的关系，人的生活的悲剧和喜悦，人的生活的荒诞和意义，人性的堕落和高尚等。由于人文学科比其他学科更深刻、更直接地表现了人的本性及人与世界的关系，更能洞察和发展人的存在的意义，所以它应该成为课程的重点。

然而，人文学科的价值不是绝对的，它也有如何教、如何学的问题。如果把人文学科的知识作为武断的真理要求学生接受，如果不引导和鼓励学生利用它们来领会他自己生活的意义，那么学生将不能从中受益。

存在主义者认为，历史的学习应该注重人类的活动，而人类的这些活动乃是人类根据事态所作的自由选择。这样，历史就不再是一些事件的排列，而是给历史事件赋予了意义。所以，即使是历史事件，对它的叙述和学习也不是纯"客观的"。例如，要理解历史上某一王朝的覆灭，学生首先要设想在当时的情形之下每一个人都是自由的。然后，每个人都要自己想出一些可能出现的情况，以及当时的人之所以选择这一种办法而不选择其他可能性的理由。最后，必须把这一历史事件的学习看作是向我们提出了各种各样的假设，如现在的生活应该怎么过，我们怎么来解决我们的问题等。在存在主义者看来，历史的形态不是绝对必然的，历史乃是人类为自身的自由而进行奋斗的过程，学习历史的目的在于启发学生为自由而斗争。

存在主义者认为，文学也有很大的教育价值，可以帮助学生解释个人和社会面临的道德两难问题，能够表达学生生活的意义。自由和死亡是文学作品的两个永恒的主题，也是人的生活的两个重要因素。通过文学的学习，学生可以发现人的生活的悲剧性，即自由是人的负担，死亡是人的终结。这对于使人们看清现代工业社会和城市化社会给个人生存构成的威胁是有很大作用的。

在前面教育方法部分中已经讲到，存在主义教育注重艺术教育。在艺术教育中，最重要的是艺术创作，至于艺术欣赏、艺术批评、艺术史知识等，则应放在次要地位。存在主义强调艺术创作乃是人的感情的"坦诚的""直率的""非社会化的"释放。如果学生发现他的主观性在艺术的领域里具有广阔的表现天地，那么我们就可以指望他们在政治、法律、社会学等领域也会作出类似的探索。这些学科研究的是群体的行为，但归根结底是研究人类的动机作用。然而，人类的动机作用从根本上说不是社会的，而是个人的，那么学生对于诸如东西方文化冲突、党派斗争、价值观念的冲撞等社会问题就会以新的主观性的观点加以解释。

宗教也应该加以研究。宗教的内容是个人的，而且宗教信仰的最后的基础乃是个人的主观选择，而不是模糊的逻辑体系。虽然人的选择自由没有限制，但要一个人不选择任何信仰几乎也是不可能的。在个人接受并赞赏的所有的观念中，总有一些是无法证明的假设。只是学校不能采取强制的手段进行宗教的灌输，而应该让儿童自由地发展他们对宗教的态度。

存在主义的学校课程以人文学科为主。至于自然科学的学科，由于它们的客观性及非人格性，与人的主观存在没有直接联系，所以不应成为课程的重点。纯粹职业训练的课程应该加以反对，因为教育的重要性在于使人达到自我实现，而不在于客观上获得怎样的效果。我们既不能为多挣钱去接受教育，也不能为了找到一个更好的职业去接受教育。职业训练只能使人成为某一类别的人，而不能使个人成为一个自由的人。

第四节 评 论

一、关于存在主义哲学

存在主义哲学极端强调个人的主观性，认为个人存在的意义和世界的意义都取决于个人的主观选择，这种认识自我、认识世界的哲学思想，乃是现代非理性主义思潮的一种比较典型的表现。

存在主义作为现代非理性主义的一种思潮，从人类认识史的发展过程来看，同历史上的种种唯心主义哲学思想有关。存在主义极为关心的诸如人的自我意识，人类意识活动的非理性的情绪状态等，虽然是哲学研究的一些古老的问题，但存在主义对这些问题的研究和论述，却是有其鲜明的时代特征的。它之所以能够成为现代西方一种广泛的哲学思潮，绝不是一件偶然的事情。从存在主义哲学产生和发展的历史背景来看，它是帝国主义时代资产阶级文明遭受冲击，现代资本主义社会危机意识在哲学上的表现，它是一种时代的产物。

存在主义哲学思潮的社会意义具有两面性。存在主义看到了资本主义社会的物质文明并没有给人带来幸福，人役于物的现象越来越普遍、越来越严重，这对资本主义社会的现实有一定的批判作用。但是，存在主义却把资本主义的危机归结为理性的危机、人道的危机，并力图通过强调人的主观性、绝对自由选择的非理性主义来解决问题，这是徒劳的。资本主义社会的文化危机，以及资本主义社会普遍存在的异化现象，其根源在于其社会制度和资本主义社会的劳动分工，在这一根本的问题上，存在主义却丝毫没有触及。

存在主义把人的存在当作全部哲学的基础和出发点。而存在主义之所谓人的存在并非指现实的人的存在，而是指被歪曲的神秘化的人的精神生活的存在，人的焦虑、恐惧、绝望等心理意识的存在，并且把它们同引起人的心理意识的人的社会存在和现实存在对立起来，从而表现为主观唯心主义。萨特还企图用他的存在主义哲学来"补充""制作"马克思主义[①]，认为真正的马克思主义本身应当包括存在主义，可是，马克思本人后来以及马克思主义者却把人这个马克思主义中最重要的东西丢了，于是在马克思主义中出现了"人学的空场"。在萨特看来，为了使马克思主义重新成为一种有生命的哲学，就必须把存在主义合并到马克思主义中去，以便使马克思主义能重新"发现人""探索人"。萨特的观点是对马克思主义的歪曲。马克思主义并没有丢弃人，也没有排斥对人进行研究。但是，马克思主义认为哲学的根本问题或哲学的最高问题是思维和存在的关系问题，是主观和客观的关系问题。世界上的一切现象，包括人的存在，归根到底是物质现象和精神现象两类，它们的关系问题是解决哲学上其他问题的前提，对于人的问题的研究，应该从属于这个前提。

作为存在主义哲学"第一原理"的"存在先于本质"这一命题，旨在反对以柏拉图、黑格尔等为代表的客观唯心主义体系。柏拉图、黑格尔把理念、绝对观念作为具体事物的本质，并把它们作为先于存在的独立实体的观点固然是错误的，但存在主义反其道而行之，把个人的存在看作是先于本质的存在同样也是错误的。事实上，本质和存在的关系不是像存在主义者所认为的那样是绝对隔离而对立的。人的存在和人的本质是辩证统一的关系，它们之间没有先后之分。没有没有存在的本质，同样，也没有没有本质的存在。当然，人们在认识一个事物或人的本质时，要经历一个先感知事物或人存在的现象，然后再透过现象揭示本质的过程，但应该强调指出的是，这仅仅是一个认识的过程，就事物本来的情况来说，存在和本质之间无法分辨孰先孰后。

此外，人的本质也不是像存在主义者所说的那样是自由选择的结果。不可否认，人具有主观能动性，但人的主观能动性不是绝对的。人的主观能动性的发挥不能离开具体的物

---

① 刘放桐，等编著.现代西方哲学[M].北京：人民出版社,1981：573-576.

质条件和客观规律,只有在客观条件和客观规律提供的范围内,主观能动性才具有意义。就人的存在而言,人不是在真空中存在,人总要生活在一定的社会关系之中,而这种现实的社会关系就使人的本质具有了规定性。所以,马克思在《关于费尔巴哈的提纲》中深刻地指出,"人的本质并不是单个人所固有的抽象物。在其现实性上,它是一切社会关系的总和"。① 处于一定社会关系中的个人的选择,不可能是"自由的",而且,人的本质也不是他"自由选择"的结果。恰恰相反,人的各种所谓的"自由选择"是受到人的本质制约的,或者说,人的种种选择乃是他的本质的具体表现。存在主义者在这个极为重要的问题上完全颠倒了决定和被决定的关系。

虽然存在主义者并不一般地否定"存在",而且有些存在主义者也愿意把自己的立场称为"实在论",有时叫作"唯物论",但他们之所谓存在与唯物主义的客观外部世界的存在没有共同之处。存在主义认为所有的存在都是偶然的、荒诞的,人以外世界的存在以个人的存在、个人自我意识的存在为依据。人的主观意识不仅给外部世界赋予意义,而且以它作为主观意识外溢的场所或环境。没有个人和个人意识的存在就没有一切,所以,个人的存在乃是外部存在的最终依据。这种否认意识是人脑产物,是主观对客观反映,而把意识作为万物本原及其存在之根据的观点,是一种主观唯心主义的哲学。同样的,在真理观上,存在主义也表现了主观唯心主义哲学的立场。存在主义否认真理是客观的,是对客观事物及其规律的正确反映,而把真理看作是主观的选择。此外,存在主义者还把检验真理的标准归于个人的主观性,因为他们认为,在我为真者即真理。

在伦理观上,存在主义表现了强烈的非道德主义的倾向。虽然存在主义关心人的存在的价值、人的自由、道德行为的选择等传统伦理学关心的问题,但存在主义的反理性主义的特点决定了它不愿意将伦理学的基础建立在理性和理性推导的基础之上,也不愿建立一个规范人们道德行为的道德体系,而是对伦理学做哲学本体论的探讨。怀尔德在《存在主义的挑战》中讲到克尔凯郭尔关于本体论和伦理学的关系的观点时说,"在他看来,伦理学是一门本体论的学科,它使我们深入到存在本身的根基之中。道德抉择使我们面临存在的处境以抗拒非存在的处境。如果我们不能在某种程度上洞察存在的秘密,我们就不能理解这些道德抉择。这个争论不仅是一种品质(好)反对另一种品质(坏),这毋宁是一个关于真正抉择、真正生活和真正存在的问题"。② 显然,存在主义把个人的选择作为个人存在的方式,并且用个人存在的意义来说明个人道德选择的必要性。然而,存在主义哲学丝毫也没有提供个人赖以进行选择的标准。在存在主义者看来,关键在于有没有个人的选

---

① 苏联社会科学院编.马克思恩格斯论教育[M].北京:人民教育出版社,1985:96.
② 刘放桐,等编著.现代西方哲学[M].北京:人民出版社,1981:562.

择，至于个人选择了什么，在他们看来这是无足轻重的。

存在主义者把个人的道德自主性归结为个人的自由选择，而个人的选择又无需任何标准，无需任何道德规范，这种道德选择究竟是不是道德的，人们大可值得怀疑。道德乃是一定社会为了协调人与人之间以及个人与社会之间关系而提倡的行为规范的总和。存在主义所主张的无需任何规范的选择，很可能成为极端个人主义者自私自利和反社会的行为的借口。

总的来讲，存在主义是一种具有强烈的反理性主义色彩的主观唯心主义哲学，它是资本主义社会危机在意识形态上的反映。存在主义者无法正确解释资本主义社会的危机以及资本主义社会中普遍存在的人被异化的现象，从而感到整个世界和所有其他的人都与自己处于敌对的地位，表现了浓厚的悲观主义。存在主义者企图通过强调人的主观性和人的绝对自由实现个人的存在，然而，他们所主张的离开现实条件、离开客观必然性的绝对的个人自由在现实生活中是不能存在的。

二、关于存在主义教育

存在主义哲学由于其反理性主义的特征以及对于个人主观性的极端强调，所以存在主义本身不是一种有体系的哲学思想，人们很难分析其精确性。在教育方面，存在主义者更无意于建立一种系统的教育理论。如果要分析存在主义与传统哲学之间的差别的话，那么，存在主义忽视教育问题可以说是它的一个重要的特点。传统哲学家如柏拉图、洛克、卢梭、康德等人对教育问题极为重视，杜威更是把教育看作是哲学的实验室，并亲自创办实验学校。而在存在主义哲学家中，除了布贝尔著有《我与你》《人与人之间》《生存的对话：哲学和教育学全集》等著作，以及雅斯贝尔斯出版过《大学的概念》之外，其他存在主义哲学家关于实际教育问题的专门著述却很少。作为一种关心个人生存的哲学，对于教育问题如此忽视，的确使人难以理解。当然，这种现象并不妨碍教育家们研究存在主义哲学思想对于教育理论的启示，并探索它在教育方面的应用。因此，所谓存在主义教育哲学思想，多为受到存在主义哲学思想影响的教育家们对存在主义哲学思想的引申或描述性的注释。

存在主义看到了西方国家的工业化、城市化对于教育产生的消极影响。其主要表现是由于传统教育专注于理性的发展、强调抽象概念和科学客观性所造成的教育的"非人性化"和"非个人化"。对人的教育采用了工厂加工零部件的手段，把人当作没有生命、没有主观性的物加以对待，从而使学生失去了个性和创造性。在这样的教育制度下，从学校培养出来的人就像从工厂里生产出来的产品那样整齐划一，这样，个人的存在便在工业社会中消失了。

当然，存在主义对于学校教育现状的批评不无夸大之处，然而，它提出的这个问题却值得引起人们高度重视。就人们目前可以预见和设想的未来情景来说，学校教育以及学校里的集体教学制度仍然是一个难以抛弃的教育、教学的组织形式，在这种情况下，学校教育如何使学生的个性和创造能力得到健康而充分的发展，的确是教育面临的一个难题。教育家们已经注意到有关个性差异的各种问题和作用，并且采取了各种措施，但并没有取得成功。乔治·奈勒在《教育、知识和关于存在的问题》一文中写到，"许多领域的课程使我们得出同一个结论，即这些差异的程度远比我们想象的要大得多。在磨平个性、消除差异的过程中做了许多不公平的事情，使许多个性受到侵害"。[1]

关于学校教育的"非人性化""非个人化"，存在主义教育家提出了一些很有针对性的措施，如强调师生之间的平等的"对话"关系，重视游戏和艺术的教育作用和学生创造力的发展，反对灌输，提倡个别化教育，等等，如果这些具体的教育主张是建立在理性的基础之上，应该说是具有很重要的积极作用的。这些主张丰富了现有的教育理论。然而，我们也应该看到，存在主义教育哲学的基础乃是非理性的个人的绝对自由，这就不可避免地带来许多弊端。

存在主义教育强调个人绝对自由，把教育看作纯粹个人的事，无论对公众、集体或国家都不承担任何责任。这种对于教育功能极其片面的观点，实际上将毁灭教育。教育固然要重视受教育者个人的需要和发展，然而这不是教育应该承担的唯一的任务。作为一种社会现象，教育不可避免地要承担一定的社会职能，而学校等教育机构之所以得以存在和发展，主要是它在社会的延续和发展方面发挥了其他社会机构无法取代的作用。人们很难想象任何不承担社会责任的教育能够存在下来。

由于强调个人的绝对自由，这就不可避免地使个人处于与团体和社会对立的位置。在存在主义看来，团体是个人存在和个性发展的障碍。事实上，离开了社会，个性的健康发展是不可能的。存在主义之所谓个人的自由选择能力不是与生俱来的，个人的发展必须经过一段很长的被塑造的时期，没有社会，个人甚至连言语、思维的能力都不具备。

此外，存在主义强调个人的自由选择，这种不提供选择标准而只要求学生"真诚"的主张势必表现为极端的个人主义和放荡不羁，它同需要有一定的规章、制度、组织和计划的学校教育有着不可调和的矛盾，从这个意义上说，存在主义教育实际上是一种取消学校教育的教育哲学。

---

[1] 陈友松主编.当代西方教育哲学[M].北京：教育科学出版社,1982：234.

第七章

分析教育哲学

分析教育哲学是将分析哲学的方法应用于教育领域而形成的一种学术性的教育哲学思潮。分析哲学不是一种如同观念主义、实在主义或实用主义那样的哲学体系。分析哲学家认为，哲学史中长期争论不休的问题，多数都是由于概念、语言和意义的混淆造成的，所以，哲学的真正任务乃是在于"清思"。分析哲学的这一根本特征也造成了分析教育哲学与其他成体系的教育哲学思潮的差别。首先，它认为教育哲学不是一个知识体系，而是一种"清思"活动。其次，它认为分析教育哲学家不应该对教育工作者发布指令，为他们提供教育准则，设计教育方案；相反，应该对教育领域的概念和命题进行澄清，并通过澄清，使教育概念清晰明了，消除教育界漫无止境的学说之争、概念之争，使教育理论科学化，促进教育的发展。

这种崭新的观点曾在西方教育哲学界引起巨大的震动，尤其在英语国家，得到教育哲学家的普遍赞赏，并一度成为这些国家教育哲学的主流，以至于一段时间内不懂分析教育哲学的人根本没资格登上教育哲学的讲坛。可是，随着时间的推延，其势日渐衰微，当前它已经走上了下坡路。这种波澜起伏到底是什么原因引起的？对我们的教育理论界有何启示？本章将试图予以阐述。

第一节 分析教育哲学的历史背景

分析教育哲学是一种"元教育哲学"（metaphilosophy of education），主张运用分析哲学的方法对教育的概念、命题以及问题进行分析和澄清，以便使教育活动更有意义、更富成效。与表述某种教育思想体系的永恒主义教育、要素主义教育、新行为主义教育等不同，它本身并不是某种"主义"，而是一种教育研究的方法。分析教育哲学同以"清思"为宗旨的分析哲学有极为密切的联系。

一、分析哲学

分析哲学是20世纪以来西方最主要的哲学思潮之一。其持续时间之长、影响范围之广，为当代西方哲学界所罕见。分析哲学在80多年的演变中，历经种种变化，产生了许多派别，由于它对现代西方哲学影响重大，有人甚至把20世纪称为西方哲学的"分析的时代"。

分析哲学的源流可以追溯到苏格拉底。苏格拉底的对话体现了哲学活动"清思"的特点。他与听众讨论诸如"正义""知识"等概念时，采用分析的方法进行检查和澄清，从而获得适当的界说，使大家意见一致。但以后，西方哲学的发展偏离了这个方向。正像怀特海曾经评论过的那样，西方哲学成了柏拉图哲学的注脚，就是说，西方哲学传统抛弃了分析的方法，专注于哲学的内容。直到20世纪初期，作为一种"哲学的革命"，分析哲学才又兴起。

分析哲学有两个主要的分支：一个是逻辑实证主义，另一个是日常语言学派。这两者都对教育产生了较大影响。

1. 逻辑实证主义

逻辑实证主义形成于20世纪20年代前后，其倡导者主要是维也纳小组成员。

逻辑实证主义的产生同自然科学的迅速发展有关。自然科学运用经验的方法来发现真理所取得的成功，使西方哲学感到，哲学依靠纯粹的思辨、推理所获得的关于世界的那些结论，同自然科学和社会科学通过经验的方法所得到的结论相比，显得没有根据。为此，他们认为只有科学才是真正的学问，只有科学的方法才是真正的哲学方法；他们提出了著名的"证实原则"：一个陈述只有能够用数学或逻辑的原则加以证实，或者得到经验的或感觉的材料的证实，才算是真的，才具有意义，如果不能得到这两种证实，那么就是无意义的。在他们看来，传统哲学关于本体论、价值论的那些陈述都没有实际的、客观的意义，仅仅表达了人们的感情。

逻辑实证主义的基本观点可概述如下。

(1) 哲学的任务是逻辑分析。真正的哲学完全是批判的和分析的，而不是思辨的。它并不创造新知识，而是通过检查名词的意义和名词之间的逻辑关系把旧知识解释清楚。

(2) 大多数规范性判断，无论是道德判断、宗教判断，还是审美判断，都是不能用经验证实的，因而是无意义的。

(3) 所有在认识上显示出具有重要意义的论述，都可以毫无例外地分为分析命题或综合命题。所谓分析命题，又称重言论述（tautologies），即被定义的名词内含的意义可保证该命题的真实性。例如"老处女是女性"，"老处女"这名词本身就意指"女性"。所谓综合命题，即这种论断已超出该名词内含的意义，必须由后面的经验证实，只有被经验证实之后，才是真实的。上述两类命题包括逻辑和数学的形式命题、科学的论述以及可以通过经验证实的一切其他命题。

(4) 所有综合性的命题都可以简化为能用逻辑—符号—语言来表达的基本经验的论述。只有使用逻辑—符号—语言来表达才能使之意义精确，概念前后一致，更经得起验证。

2. 日常语言学派

逻辑实证主义的严厉观点引起了哲学界的不满，甚至一些分析哲学家也批评它的概念和方法过于死板和狭窄。但这些分析哲学家又不愿意回复到传统的思辨和形而上学的哲学方法上去,而主张把哲学分析的重点转移到人们日常所使用的语言和概念上去,因而被称为日常语言学派。

日常语言学派认为,长期以来,哲学想要解决的许多问题是由于人们对一些重要的概念加以混淆并作出了错误的解释所造成的。如果人们能够澄清这些概念并确定其一般的意义,那么我们至少就能够理解这些问题究竟是什么,以及如何来解决它们。任何概念的意义都是同人们所使用的日常语言有关的。虽然哲学不能创造出它自己的特殊的语言,但它却能够根据使用各种词汇的背景来澄清它们的意义,这样人们就能达到一致的理解。

日常语言学派出现于20世纪30年代后期,在50—60年代兴盛起来。它的主要代表人物有吉尔伯特·赖尔(Gilbert Ryle)、约翰·奥斯丁(John Austin)和穆尔(G. E. Moore)等人。对日常语言学派产生深刻影响的是路德维希·维特根斯坦(Ludwig Wittgenstein)后期的思想。因此,通过对维特根斯坦后期某些思想的介绍,或许有助于人们了解语言分析哲学的一些基本的方面。应该指出,就像维特根斯坦早期的思想影响了维也纳学派,但他本人并不是逻辑实证主义者一样,他也不是语言分析哲学家。

维特根斯坦早年认为,语言之唯一的重要用途是描绘事实,要不就是同义反复,此外它毫无意义。他的这个思想被维也纳学派理解为,哲学应该是一种澄清概念和陈述的活动,揭示哪些陈述是科学的,或数学的,或无意义的。维特根斯坦在其后期,修改了他早期对语言的观点。他认为语言有许多可能的用法(usage),我们必须了解任何一种用法的上下文关系,而且,为了理解语言的意义,我们可以玩"语言游戏",以便检查在各种不同的上下文关系中语言之实际的和可能的用途,表明同一语言的异同。

维特根斯坦指出,人们往往不注意语言的用法,当我们一听到一个词,我们立刻就将这个词与它所对应的对象联系起来,并在这个对应的对象中寻找意义。这样我们就一定会遇到麻烦,因为要理解一个词,主要在于理解它的用法,而不在于知道它对应的对象。因此,过去的许多所谓的"哲学问题"根本就不是问题,而是由混乱的语言所引起的困惑。它使我们像关在瓶子里的苍蝇那样,到处碰壁。所以,哲学的作用不是作出对实在等的解释,而是要解决语言混淆的困惑。

维特根斯坦认为,当代哲学的问题在于对具体情况的轻视态度。例如,我们经常在使用"种类"这个词,当听到一些有关某种事物的陌生的词汇时,马上就会问"它属于哪个种类",在准确地理解这些词汇的意义之前,急于将它们归入一定的类别,似乎非这么做不可似的。事实上,任何词的用法都没有截然的界限,那种认为非要发现一个词或一个陈述之所以有用法的共同性的想法将有碍于哲学的研究,将使哲学家导向由于不考虑具体的情况而造成的重大失误。

维特根斯坦还认为，词汇的意义都是人赋予它们的。研究一个词语"真正的"意义是徒劳的，而且我们也不能严格地规定词汇用法的规则。因此，语言不可能有必然的、理想的形式。

日常语言学派跟逻辑实证主义的主要分歧表现在以下三点。

（1）逻辑实证主义认为自然语言或日常语言不精确，有必要用一种理想的人工语言、符号、逻辑来代替它；而日常语言学派则强调自然语言是完善的，根本不需要人工语言。这个分歧可以说是最主要的分歧。

（2）对数理逻辑的意义估价不同。逻辑实证主义很强调数理逻辑的巨大意义，把它作为语言分析的主要工具；日常语言学派一般不重视数理逻辑的研究或运用，而十分注意词、短语和句法及其意义的研究。

（3）对形而上学的态度不同。逻辑实证主义对形而上学持全盘否定的态度，主张把形而上学和伦理学逐出哲学领域；而日常语言学派对此则持较温和的态度，认为形而上学不是罪犯，只是病人，是可以治疗的。

从上面的描述不难看出，这两派尽管有分歧，并且将对教育产生不同的影响，但也有基本的共同点。他们都强调对语言进行分析，使语言更加清晰、明确、合乎逻辑，避免因对语言的使用不当和理解分歧而产生混乱和无谓的争论。

二、分析教育哲学的产生

1. 分析教育哲学产生的原因

分析哲学的方法在教育中的运用，原因是众多的。回顾教育理论的发展，我们可以看到，教育理论不断受到同时代各种哲学思潮和思维方式的影响。当哲学界运用演绎的方式把社会生活的各个领域囊括在一个庞大的思想体系中，并将此作为其主要的哲学任务时，教育理论家往往也以体系的建立作为主要目标。柏拉图和赫尔巴特的教育理论可称得上是其典范。而在19世纪，随着自然科学日益在人们生活中展现其巨大威力，科学实验方法声誉日上，实证主义也得以崛起。心理学首先以实验的方法获得独立地位。在这种思潮的冲击下，实验教育学应运而生。同样，当分析哲学抨击传统哲学，力主以精确的分析方法来消除传统哲学争论不休的哲学命题时，一些哲学家和教育家也主张采用同样的方法来解决教育理论界长期未能解决的问题。内因是事物发展的根本原因。如果仅仅只有外部思潮的影响，分析哲学是不能进入教育哲学领域的。那么，传统教育哲学有哪些可称为内在因素的特点呢？

(1) 系统性。传统教育哲学一个最显著的特点就是系统性。这可以从一些权威的教育哲学家对"教育哲学"的解释中反映出来。美国著名教育哲学家约翰·布鲁巴克（John S. Brubacher）说："教育哲学是试图以前后一贯的、完整的组织来系统地阐述教育的总的目的、内容和策略的。"① 美国教育哲学家金斯利·普赖斯（Kingsley Price）认为柏拉图的"理想国"是"教育哲学"定义的范例，"柏拉图提出关于课程、方法和教育管理的建议，并把这些建议作为达到生活在正义的和善的社会中的正义的和善的公民这个最终目标的手段，他的伦理学是为这个目标提供依据的，他的形而上学是说明附属的目标的，他的认识论是解释他所主张的一些教学方法的效果，以及一般地领悟真理的能力的"②。可见，传统的教育哲学强调自身必须是一个系统的、综合的、连贯的、完整的思想体系，至少应包括伦理学、形而上学和认识论，并把它们作为整个体系的基础。

(2) 演绎性。同一个布鲁巴克在其著作《现代教育哲学》1963 年修订版的序言中对传统教育哲学的演绎性做了生动的自我批判。他说："重新编拟的主要原因，是由于我愈来愈相信，一般教育哲学的叙述，重点方面多有所偏差。就在叙述方面说，至今多以哲学范畴为主而牺牲所谓真正的教育问题。比如，一些作家在讨论教育哲学时，总是围着与实在论、唯心论实用主义、存在主义类似的哲学派别打转，其他人，包括我自己在内，则依照哲学的分类——形而上学、认识论与价值论等来编排。这两种情况，都是将教育问题，如教育目标、课程与方法等等，附属于哲学范畴之内。而教育反倒像仅是附在哲学骨骼上的皮肉一样，只用来阐明哲学的原则。"③ 这表明，无论从哲学派别上演绎，还是从哲学范畴上演绎，传统的教育哲学仅仅是传统哲学的演绎，只是它们的附属物。一旦传统哲学受到分析哲学的猛烈批评，传统的教育哲学是没有避难所的。

(3) 规范性。指传统教育哲学的价值维度。美国教育哲学家弗兰肯纳（W. K. Frankenna）在为《美国教育百科全书》（1971）所写的"教育哲学"词条中把教育哲学分为两大类。一类是分析教育哲学，另一类是规范的教育哲学。他认为，从历史上看，绝大多数教育哲学用规范的型式构造。教育哲学的这种规范性在于为教育工作规定行为的纲领，甚至发出指令。其表征是"应该"这个词经常出现在这种教育哲学的文献中。例如，教育应该是什么，应该培养什么倾向，为什么应该培养这些倾向，应该如何培养，为谁培养，应该采取什么形式等。

(4) 情感性。如果说西方文明史就是在理性和激情的两难选择的困惑中左右摇摆的历

---

① 张家祥，王佩雄编著.教育哲学研究[M].上海：复旦大学出版社，1990：2.
② 同①：3.
③ 同①：11.

史，那么传统的教育哲学也可以划分为两大类：一类偏重用理性的演绎来构造体系；另一类偏重以激情的方式来表现主观的情感。后一类往往表现出强烈的诗意和情绪，可以卢梭的教育哲学为典范。在卢梭看来，人性是善良的，教育必须根据人的本性来实施，因此只能是消极的。人称卢梭的教育哲学是浪漫的，就是指它充满着情感性。20 世纪出现的存在主义教育哲学流派也带有强烈的情感色彩。它主张先有个人的存在，然后才有人的本质。显然，在分析哲学家看来，所有这些命题纯粹是情感的表现，是根本无法用有确定的经验意义的材料来证实的。

传统教育哲学依附于传统哲学，注重体系的建设，强调规范的作用，大量运用无法证实的术语和概念，等等，所有这一切在受过分析哲学方法训练的哲学家和教育家看来，都是导致教育哲学概念模糊不清、教育理论争论不休的根本原因。当分析哲学风起云涌，对传统哲学进行"革命"时，他们必然把"革命"的火种引入传统教育哲学领域。

2. 20 世纪 50—60 年代的教育状况

分析教育哲学之所以在 20 世纪 50—60 年代能风行英美教育哲学界，除了上述的根本原因之外，还有一些直接的原因。下面以美国为例进行说明。

首先，当时许多教育家并没有在哲学系学过传统的认识论、伦理学和美学，而是在师范学院专门研究教学过程和课堂实践之类的实际问题，所以注重以实际的教育情境或实际问题的争论为讨论研究的对象，目光很自然地限于解决这些实际问题。

其次，当时增加了大量的中小学，大量教师的培训是在新设的师范学院中进行的。由于教育家本身只重视实际问题，因此在师范学院的教学过程中，教育哲学与传统的学术性的哲学越来越疏远了。当时的教育哲学只忙于考虑现实的教育问题，渐渐地也就不去探究传统的教育问题所内含的哲学意义了。

再次，当时美国教育界正盛行"专业运动"。不管何人，要想在师范学院做一个能胜任的教育哲学教师，就必须首先考虑本职工作上的问题，如"纪律""动机"等。这种倾向也促使当时的教育哲学脱离传统的哲学方法。

总之，当时有一大堆实际的教育问题吸引着教育理论家和教育实际工作者，而传统的教育哲学往往脱离教育实践，并且各派争论不休，使实际工作者莫衷一是。正是在这种情况下，分析学派的教育哲学另辟新径，着重于逻辑或语言的分析工作，特别是集中分析那些模糊不清的教育概念，明确各种所谓定义、口号、比喻以及一些形式的或非形式的推理谬误。尽管后来有些分析教育哲学者带有较大的学究气，脱离了教育实践，但不可否认，他们最初的意图确是试图使理论和实际能正确地结合，由此提高教育质量。

3. 分析教育哲学的特点

分析教育哲学以语言分析作为自己的方法论，以达到"清思"的目的。所以，它有着

与传统教育哲学迥然不同的特征。分析教育哲学无意构建一套理论体系,它主要关心下列两个问题:

(1) 讨论教育领域内普遍使用的一些概念,如"教""学""知识"、"课程"等,其目的在于使所有的人都能够知道这些概念的充分的含义。分析概念的方法主要是列举人们通常使用一个概念的典型的例证,并发现该概念在每一种用法中的独特的意义,以及该概念可能有的各种用法的一般标准。通过这种方法,人们就能够找出该概念可能具有的各种意义、这些意义之间的互相联系、该概念与其他概念的关系,以及在使用这个概念时该概念的最恰当的意义。分析哲学家认为,直接举例乃是分析哲学之最好的方法,因为这种方法所需要的高度的想象力和推理能力,是大多数其他学科所无法比拟的。

(2) 讨论教育过程中出现的一些问题,通过对这些问题的分析,达到区分真、假问题的目的,以便使人们对真问题有一个清晰的认识。分析问题的方法同分析概念的方法没有多大的差别。由于问题的陈述必须要使用一些概念,而且,人们对于一个问题的分歧意见往往同人们陈述问题时所使用的那些概念相关,因此,分析这些概念就是极其重要的事情。此外,对于一些主要问题的解释,还要求人们仔细地分析可能有的任何内在的矛盾,以及该问题可能有的任何不完全的含义。需要分析的教育问题可以是教育领域中的一些传统的问题(如儿童中心的教育、成人中心的教育、书本中心、活动中心等),也可以是一个国家或一个地区特有的问题。

从上文可以清楚地看到,分析教育哲学家把"哲学"看作是动词,而不是名词。也就是说,哲学的分析乃是一种活动。从事哲学分析活动的人只需要有清晰的头脑和敏锐的目光。诚然,丰富的哲学史知识有助于人们的分析活动,但它并不是必需的。任何教师,只要他掌握了基本的正确推理的标准,在论证中避免矛盾并利用事实和证据,都可以进行这种活动。

分析哲学家认为,哲学的分析对于教育是非常重要的,具体地说,它的重要性表现在下列几个方面:①

(1) 教育工作者必须清楚地思考和传授知识;必须区别有意义的话和无意义的话;避免含糊、不明确。

(2) 必须前后一致地进行推理,遵守形式逻辑的规则。

(3) 所传授的知识必须是客观的;不仅必须没有个人的和文化的偏见,而且可以受专家的公开检查。

(4) 所传授的知识必须是可靠的;当证据不足时,就必须不下判断,直至进一步找到

---

① 陈友松主编.当代西方教育哲学[M].北京:教育科学出版社,1982:132.

资料以后才决定问题。

（5）必须仔细考查所有明显和不明显的规范性命题，它们是什么就做什么说明。

（6）应该弄清楚一切言论或争论中的名词和分析标准。

（7）归纳的或然性原则必须应用于证实假设概括和理论。

（8）必须清理各式各样的混乱的定义、口号和隐喻，因为它们往往使人不能觉察他正在不加批判地坚持某一具体教育思想。

第二节 分析教育哲学的发展

如前所述，分析教育哲学就是以哲学的分析为方法论，用以研究教育哲学。所以，分析教育哲学同哲学上的分析运动密切相关，在很大的程度上可以说，分析教育哲学是脱胎于分析哲学的。

分析教育哲学的发展是由分析哲学家来启动的。在这方面，作出较大贡献的分析哲学家有英国的吉尔伯特·赖尔、黑尔（R. M. Hare）、诺维尔·史密斯（P. H. Nowell-Smith）和美国的马克斯·布莱克（Max Black）、约翰·霍斯帕斯（John Hospers）、佩里（R. B. Perry）。

分析哲学家并未专门就教育问题展开论述。在他们进行哲学分析的过程中，往往要涉及一些与教育有密切关系的概念或问题，对这些概念和问题的分析，造成了对教育界的影响。吉尔伯特·赖尔的名著《心的概念》一书就是一个很好的例证。他的这部使教育哲学感到"震动"的著作，旨在一劳永逸地推翻笛卡儿的身心二元论，而其方法则主要是找出语言混淆的根源。吉尔伯特·赖尔认为，许多问题都是由于语言所造成的混乱所引起的，在"知"（knowing）这个词语方面，也有类似的情况。该书第二章对"知如何"（knowing how）和"知什么"（Knowing that）作了辨析，并力图纠正唯理智论者把所有的"知"都看作是"知什么"的倾向。吉尔伯特·赖尔认为，"知如何"是一种行动的能力，是指能够做什么，等等；而"知什么"却不一定意指我们知道如何去做。同样的，能够行动或能够做也不一定意指我们理解做的目的和理由。然而，我们却习以为常地认为"知"基本上就是"知什么"，因而只注意向学生的头脑里装填事实和知识，以为这样就可以使学生成功地去行动，这显然是错误的。所以，"知"应该既包括"知什么"，又包括"知如何"。

虽然吉尔伯特·赖尔等人对于有关教育的一些概念做了分析，并为教育哲学家就如何分析概念作了示范，但他们的志趣毕竟在于哲学而不是教育，而且对教育问题的研究也缺乏系统。就对分析教育哲学发展所作的贡献而言，下列五位教育家显然在分析教育哲学的整个发展过程中打下了深深的烙印。他们是哈迪、奥康纳、谢夫勒、彼得斯和索尔蒂斯。

这五个人都是分析教育哲学的积极推动者,他们相互之间在观点上有很大的出入,但这恰恰反映了分析教育哲学发展的轨迹。下面拟通过对这五位重要的分析教育哲学家主要观点的阐述来说明分析教育哲学的发展。

一、分析教育哲学的产生

分析教育哲学名副其实的先驱是查尔斯·哈迪(Charles D. Hardie)。1942年,他出版了《教育理论中的真理与谬误》,该书成为第一本系统明确地运用分析哲学的方法讨论教育问题的著作。麦克(J. E. Mcc)在该书美国版前言中指出:"《真理和谬误》……并不是不谦虚,但毫无疑问是一个里程碑。"① 它之所以被称作里程碑,在于试图用分析哲学的方法来消除传统教育哲学中的分歧和矛盾,使分析的思维模式成为教育研究的一个特点;使教育研究不再是传统地下指令,而成为一种分析的活动。该书一篇简短的前言,可看作是分析教育哲学诞生的宣言。

"由于存在着许多互相冲突的学说,教育理论的现状很难令人满意。本书的目的在于消除某些不同意见。习惯上,人们一向认为教育这个学科中的不同意见是无可非议的,正如长期以来哲学理论界也把不同意见看成是无可非议的一样。但是近些年来有些专业哲学家的态度看来有所变化……即不同哲学家之间意见不一致,显然是有关事实材料不一致,或者是有关词的用法不一致,或者经常是纯粹感情上的不一致。我认为,在教育理论领域内普遍采用同样的态度,现在是时候了。也就是说,两个教育理论家如果意见不一,应弄清争执是事实上的,还是语词上的,或者是由于某种情绪冲突。要做到这一点,必须总是尽可能用最清楚的方式阐述每种教育理论。这样,就不允许用模棱两可的话来文饰那些隐藏的东西。"②

哈迪在这本书中针对传统教育哲学最有代表性的三位教育家——卢梭、赫尔巴特和杜威的三个影响最大的教育理论——"教育遵循自然""通过教学发展性格"(教学的教育性)、"通过实际生活情景进行教育"(教育即生活)进行了分析批评。应该承认,他的一些分析是有一定深度,并有相当启发性的。麦克认为,就分析方法而言,哈迪在这本薄薄的著作中运用了不同的哲学分析方法,并且都用得很好。在概念和理论的澄清上,美国教育理论家理查德·普拉特(Richard Pratte)认为"哈迪的书在完成这个任务上是成功的"③。

---

① Charles Dunn. Hardie. Truth and fallacy in educational theory[M]. New York:Bureau of Publications,Teachers College,Columbia University,1962:ix.
② 同①:xix.
③ 陈友松主编.当代西方教育哲学[M].北京:教育科学出版社,1982:208.

但是，哈迪的这本书并没有被教育哲学界普遍接受。传统教育哲学界把它看作异端，给予排斥，一些分析教育哲学家当时也拒绝给予充分肯定。甚至谢夫勒在1960年出版的《教育的语言》一书中根本不提哈迪的《教育理论中的真理与谬误》。这绝不是一种疏忽。根本原因至少有两点：

首先，哈迪在书中集中对一些具体的教育概念和命题进行分析，而没有像他的后人奥康纳那样从理论的整体上阐明分析教育哲学观。人们批评道："由于它对教育理论（教育哲学）的分析过专过窄，因而未被人们很好地理解。事实上人们可能从这本书出版时起就认为它流产了。"①

其次，尽管哈迪把分析方法提到相当的高度，但同时他并不排斥传统的教育思想体系。在他心目中，所谓的分析教育哲学，只是根据分析的新方法来修补传统教育哲学中含混不清的地方，而不是彻底改造旧的教育哲学体系。正因为这样，麦克认为，与"20世纪的哲学革命"相比较，哈迪著作中的革新并不代表与过去断然决裂。正是这种"革命的不彻底性"，导致他的著作在当时未能产生轰动效应。然而这里应该补充的是，历史是曲折地、螺旋式地发展的，恰恰是这种当时被批评为不彻底的缺点，后来却被证明是"先见之明"②。

二、分析哲学与教育哲学的结合

哈迪在1942年出版的具有里程碑意义的《教育理论中的真理与谬误》一书，并没有引起教育哲学界的普遍重视。这固然与哈迪研究自身的缺点有关，但更重要的是，当时教育哲学的研究忽视了这样一个事实，即分析哲学首先在英国，继而在美国以及西方哲学界已经逐渐占据了统治地位。哲学界的分析运动并未引起教育哲学界的重视，这种情况到20世纪50年代中期才得到扭转。

1955年美国教育研究会出版了第54期年鉴，这期年鉴反映了教育哲学研究的新的转折。虽然从20世纪40年代中期起，许多教育哲学家们便开始致力于教育哲学的哲学化和学术化，现在则进一步感到教育哲学需要哲学，需要进一步向哲学靠拢。这一期年鉴的哲学与教育部分，除了介绍老的哲学流派之外，又介绍了包括语言分析方法、逻辑经验主义在内的新的哲学思潮，而且哲学派别的撰稿人多为哲学家。该年鉴出版以后，分析哲学的方法逐渐受到教育哲学家们的重视。

---

① 陈友松主编. 当代西方教育哲学[M]. 北京：教育科学出版社，1982：209.
② Charles D. Hardie. Truth and fallacy in educational theory[M]. New York: Bureau of Publications, Teachers College, Columbia University, 1962.

在著名教育哲学家布劳迪和普赖斯发起的关于教育哲学本质问题讨论的促动下，1956年《哈佛教育评论》（春季号）杂志刊出了一期"教育哲学：目的和内容"的专辑，集中就此问题展开讨论。以此为契机，其他的刊物也相继发起了讨论。通过这场争论，教育哲学家们明确，"现代"教育哲学应该是分析的。也就是说，对哈迪的开创性工作应该加以注意和重视。教育哲学应从原先体系式的研究转变为对教育概念和问题进行逻辑分析和语言分析的方法，力求通过哲学的分析帮助教育工作者清思，以明确教育的概念和问题。参加这种研究的，既有纯理论的哲学家，又有教育哲学家。

1957年，奥康纳（D. J. O'Connor）的《教育哲学导论》一书出版。这位热心教育问题的哲学家的工作进一步加强了教育哲学分析化的趋势，将分析哲学与教育哲学结合起来。他在该书的护封上写道："虽然过去四十年间哲学的研究范围和方法已经完全改变，但在这以前并没有试图把这个重要的理智上的革命与教育哲学联系起来。本书在这样做的时候，对哲学能为教育思想做些什么的问题，给予简单明了的解释。"[①] 该书很快就成为分析教育哲学的名著。

奥康纳把逻辑实证主义作为公开宣称或不言而喻的出发点。跟哈迪相比，他有两个显著特点。第一，他把分析哲学的工具运用于"价值标准""价值判断""教育理论""解释""道德与宗教"等一些一般概念。这样他的论述就带有更大的普遍意义。第二，他对哲学在教育理论中所能起的作用问题，采取了更强硬的立场。他试图变分析哲学的方法为一把"奥卡姆剃刀"，把无法用经验证实的形而上学、价值论等传统教育哲学的核心内容全部剃光，以净化教育理论，使之成为科学。

在奥康纳的心目中，"理论"是由有逻辑联系的一套假设建立起来的，其主要功能是对题材进行解释。后来他又为"假设"做了更严格的限定修饰，为"理论"下了更精确的定义："理论是可以由观察来验证的一套有相互逻辑联系的假设，并且具有更深层的性质，既能驳斥又可解释。"[②] 这是强调两点：主要的陈述相互间必须有合法的逻辑联系；本身应能被证实或驳斥。

他的这个理论观在很大程度上源自自然科学的理论模式。为了彻底改造教育理论，他对自然科学理论、社会科学理论和教育理论进行了比较。

首先，他认为自然科学理论与社会科学理论有三方面的区别。第一，自然规律大部分在事物表面之下，必须用标准的科学方法去发现和阐明；而社会科学所研究的东西似乎都

---

① 陈友松主编.当代西方教育哲学[M].北京：教育科学出版社，1982：209.

② C. W. Evers. Epistemology and the structure of education theory: some reflections on the O'Connor-Hirst debate[J]. Journal of philosophy of education，1987(1)：3.

是我们所熟知的。正是这种粗浅的见识妨碍我们用科学家的客观眼光去寻找它们的规律。第二，我们把自然规律看作是经久不变的；但人类本性的规律却是可变的，至少随着社会的变化，人类的行为方式在变。这也导致我们不易发现社会科学的规律。第三，自然科学可以作大规模的实验，使理论得到证实或被驳斥；而社会科学很难作大规模的实验验证。

其次，他认为，教育理论与社会科学理论相比，在科学性方面更低一个层次。他说："如果我们读一本教育理论或者教育思想史的教科书，我们能看到所提出的三种很不相同的作为教育实践基础的陈述。所谓不相同的陈述，意思是说，它们属于不同的逻辑系统，因此需要用完全不同的方法加以证明。"① 这三者是对形而上学、表达价值判断和经验的陈述。在传统教育理论中，这三种陈述是交融在一起的，而在性质上是如此不同，以服从一种陈述推演到另一种陈述的逻辑关系的合理性是根本无法证实的。因为它既不属于经验判断也不属于分析判断。奥康纳嘲讽地称教育理论是一种"智慧的色拉"②，即一盘大杂烩。他认为传统教育理论中的许多陈述自身是不能被证实，也不能被驳斥的。例如，对形而上学的陈述，就"不能用既定的和大家公认的方法所能收集、核实和评价过的证据来证明"③；对价值判定的陈述，除非它能转化为某种经验陈述，可以证实，不然它也是"理解混乱的一种源泉"；即使是对经验的陈述，有很大一部分也只是对成功的实践的一种解释。从逻辑上来说，实践的成功不等于理论的正确。像赫尔巴特的心理学，很可能是对成功教学的一种理论假设，但这种假设本身是错误的。由此，只有经过实验的验证，而不仅仅是实践过的假设，才能使我们"预言应用这些假设的结果和解释我们企图控制的过程。在这个程度上，按照理论这个词的标准科学含义，它们是真正的理论。"④ 正是基于这种考虑，奥康纳戏谑地说"理论"一词在教育方面的使用一般是一个尊称。⑤

奥康纳理论的特点在于以严厉的逻辑实证主义观点，以自然科学为模式，试图把形而上学和伦理学逐出教育理论领域，彻底更新教育理论。这种偏激的观点当时就遭到不少人的批评。因为它从根本上忽视了教育理论与一般自然科学理论质的区别。

保罗·赫斯特（Paul H. Hirst）与奥康纳在这个问题上的争论长达十多年，成为教育理论界的热点。

---

① 华东师范大学教育系,杭州大学教育系编译.现代西方资产阶级教育思想流派论著选[M].北京：人民教育出版社,1980：435-436.
② C. W. Evers. Epistemology and the structure of education theory: some reflections on the O'Connor-Hirst debate[J]. Journal of philosophy of education,1987(1)：6.
③ 同①：437.
④ 同①：440.
⑤ Courtesy title,如果直译为"礼仪上的一个称呼",也许更能表达传统教育理论在奥康纳心目中的地位.

首先，赫斯特认为，教育理论是从理论上探讨和研究制定教育原则的一个领域。这些原则应该指导人的行动，因此教育理论是一门实用的学科，而不是奥康纳所认为的那种理论学科。

其次，针对奥康纳对教育理论内三种陈述之间缺乏合法的逻辑联系的批评，赫斯特强调教育理论的原则确实包含极不相同的要素，构成教育理论的一些句子在重要性上是不同的。教育理论就是依靠"在逻辑上截然不同的概念模式"来形成和证实它的中心原则或主要句子的。它是直接诉诸各种形式的知识，例如科学的、哲学的、伦理学的知识，不需要不同形式之间的理论综合，因此也就不需要奥康纳所主张的三种陈述之间同一的逻辑联系。① 也许正是由于这广泛、深入的争论，造成了分析教育哲学高潮的来临。

三、分析教育哲学的大发展

20世纪60—70年代，许多从事专业教育哲学研究的学者看到了分析哲学及其方法论的价值，致力于分析教育哲学的研究。在此期间，不仅出版了许多教育哲学专著，而且培养了不少年轻的分析教育哲学专家，使分析教育哲学有了蓬勃的发展。由于研究的重点和风格的不同，分析教育哲学内部又形成了分别以谢夫勒和彼得斯为代表的美国派和伦敦派，兹分述之。

1. 谢夫勒

伊斯雷尔·谢夫勒（Israel Scheffler）在分析教育哲学发展史上是一个重要人物。早在1953年，他就对分析教育哲学运动做出了贡献。同年12月，他在美国促进科学进步协会的一次学术讨论会上就说："我想，现在已经到时候，作为教育哲学上的一次正当的和重要的研究，考虑如何把分析哲学应用到教育问题上了。"②

谢夫勒对分析教育哲学发展的贡献表现在三个方面。第一，发表了许多重要的分析教育哲学的著作，其中著名的有1960年出版的《教育的语言》和1973年出版的《理性和教学》。第二，培养了许多杰出的学生，如彼得斯和索尔蒂斯等，许多学生又已培养出自己的教育哲学博士研究生，真可谓桃李满天下。这些人成为20世纪60—70年代在分析教育哲学论坛上最活跃的人物。第三，以他为首的一批美国分析教育哲学家，形成了自己的独特风格，被称作"美国派"。

---

① C. W. Evers. Epistemology and the structure of education theory: some reflections on the O'Connor-Hirst debate[J]. Journal of philosophy of education, 1987(1): 4.

② Israel Scheffler. Reason and teaching[M]. Indianapolis: Bobbs-Merrill. 1973: 9.

谢夫勒（也可算是美国派）的观点可概括为两点。

首先，哲学分析的对象究竟应该是什么。我们前面讲过分析哲学有两大支。一支是逻辑实证主义，强调逻辑的经验实证。奥康纳倾向这一派。另一支是日常语言学派，更关心日常语言的表达。由于通常的教育理论是按照定义、口号等语言提出来的，所以日常语言学派比逻辑实证主义对教育有更广泛的兴趣。他们制定各种标准，来分析在有关教育政策的辩论中所使用的语言。谢夫勒显然属于这一派。他与奥康纳有两个差异。一是奥康纳认为教育理论中三种陈述的逻辑是不同的，因此更关心逻辑上的合理性；而谢夫勒关心的是用严格的语言分析法对教育中警句、隐喻和口号的意义进行澄清。二是奥康纳对哲学任务的看法是模糊的，一方面认为哲学是批判或澄清的活动，另一方面又认为教育哲学是处理同教育理论直接有关的哲学问题；而谢夫勒认为"活动"与"问题"恰恰是分析教育哲学与传统教育哲学的区别。如果置分析方法在探究传统"哲学"问题与纯粹把它作为一种理智方法之间游移，那必然会使分析教育哲学失去活力。因此，谢夫勒认为分析教育哲学只能是一种方法，任务是澄清概念。

其次，谢夫勒不仅分析了教育理论中的许多概念和命题，还为教育哲学带来了一套精确的、用于分析的工具，这就是"形式化的""纯"的分析。所谓"形式化"的分析，要点是分析一个句子或概念的起点应该是形式，而不是句子的意义或句子中词的意义。因为分析语言的最终结果必然是探明句子的意义，但意义只能是分析的结果，而不应是起点。如果把句子的意义或句子中词的意义作为分析的起点，就可能陷入逻辑上的同义反复。正因为起点是非意义的，所以也就是"纯"的了，就像形式逻辑排除内容，纯粹就句子的逻辑关系进行研究一样。"形式化"的分析，意味着在分析语言时，应把两个要比较的句子或词置于同一形式之中来比较异同。例如"我告诉了你一句谎话"和"我教了你一句谎话"，很显然，在日常语言中，前者是经常使用的，而后者是违反习惯用法的。这意味着"教"这个词与"谎话"不能构成动宾结构，也就是说，教必然带有某种价值意义。

在谢夫勒的影响下，美国一大批分析教育哲学家投入到分析教育语言的洪流之中。在20世纪60年代，几乎所有主要的教育理论刊物都刊载过此类文章。这种声势和规模表明，分析教育哲学在美国教育哲学界取得了优势地位。

这里必须指出的是，用分析方法来澄清教育的概念和命题，它的最初目的是"清思"，使教育工作者具有更清晰的思维，由此排除混乱。实际上，这个时期已表现出一种学究气越来越浓、日益脱离实践、陷入毫无意义的咬文嚼字的文字游戏之中的倾向。

2. 彼得斯

就像谢夫勒被看作美国派的代表人物那样，理查德·彼得斯（Richard S. Peters）被看作伦敦派的代表。彼得斯的主要著作有《教育的概念》《伦理学与教育》《论教育家文集》等。

彼得斯之所以被称作伦敦派，是因为该时期英国很多分析教育哲学家都执教于伦敦大学教育系，有些人即使不在伦敦大学教育系工作，也可能是在该校获得学位的。这一派的代表人物除彼得斯之外，还有赫斯特、迪尔登（R. F. Dearden）、约翰·威尔逊（John Wilson）、R. K. 艾略特（R. K. Elliot）等。由于彼得斯在 1963—1982 年一直担任伦敦大学教育学院教育哲学讲座的主讲，并且是英国教育哲学协会的创始人和主席，更重要的是，他比其他人更明确地阐述自己的哲学观点，注重对教育哲学的全景发表意见，因此通过他，我们可以发现伦敦派的基本特征。

彼得斯曾就学于谢夫勒。但他从纯哲学研究一转入教育哲学领域，就表现出自己独特的见解。奥康纳认为"对价值判断的批判和澄清"[①] 是教育研究的主要任务。谢夫勒主张"哲学分析的主要任务是对基本概念和论证方式的澄清"[②]。彼得斯则强调教育研究"是一种使人们对值得去追求的东西看得清楚，并集中注意于此的一种方式"[③]。彼得斯也重视澄清，但他重视澄清的目的是为了追求某种有价值的东西。这跟视澄清为目标的奥康纳和谢夫勒有很大的差异，以致有人称他为"旧式的教育哲学家"，索尔蒂斯甚至认为他同杜威有很多相似之处。

彼得斯的教育主张在很大程度上是在批判当时和他之前的教育哲学的基础上提出来的。他认为当时流行的分析教育哲学从本质上来说，是教育家从旁观者的角度来分析批判教育理论，自己不是积极的参与者，并且这样的研究属于第二层次，而不是第一层次。所谓第一层次的研究，就是直接了解世界，所谓第二层次的研究，就是通过对了解世界的表述所用的语言和思维形式进行分析。由于这些分析教育哲学家专注于第二层次的研究，并且孤立地探究一些思维形式，所以他们公开抛弃了指令性和规范性的东西。他们不再对教育提出自己的看法，不再提出建设性的建议，不再对"自由""不朽""生活的意义"等概念进行表态。彼得斯认为这是"听之任之"的消极态度。很显然，他的矛头所指主要是美国派为分析而分析的主张。他尖锐地批评道："虽然教育哲学的头脑因为注入哲学的血液而重新充满了生命力，但是它的动脉也因之而变僵化了，它开始进入一个沉闷的、对已经存在的分析和观点进行整理并试图使之完善的时期，再也没有从哲学或其他地方吸收新鲜

---

① D. CATO. Getting dearer about 'Getting Clearer': R. S. Peters and second-order conceptual analysis [J]. Journal of philosophy of education, 1987(1): 23.
② 同①.
③ 同①.

思想。对分析的强调使研究变得十分狭隘、零碎。"①

彼得斯认为，分析教育哲学家采取一种旁观者的角度，对教育不敢或不愿提出高水准的建设性的意见，根本原因是因为他们主张以不带任何偏见的方式对概念进行澄清，也就是说，在澄清概念时，如果涉及价值观念，必须持中立立场。正是这种错误的看法，导致他们不能揭示日常语言所反映出来的某些本质的东西。彼得斯公开放弃中立的立场，他的一本著作书名就是《伦理学和教育》。他认为，必须把伦理原则运用于教育情景，因为教育就是追求有价值的活动。分析教育哲学家要做的就是搞清楚有价值的活动是什么。不仅如此，彼得斯还不避讳"先验性"的论证。他说："民主的生活方式是基于讨论和实践理性的应用，这可以解释为是以公正、尊重个人自由、照顾兴趣等原则为先决条件的社会活动。我认为这些原则可以通过先验的论证来证明。"②

尽管彼得斯带有传统教育哲学的痕迹，但他毕竟是一个分析教育哲学家。他的分析方法来自维特根斯坦的"语言游戏说"和"生活形式"理论。彼得斯认为词的意义在于用法而不在于名称。例如游戏，它包括各种各样的游戏，根本无法找到能包含所有游戏内涵的本质的定义。所以他反对有些分析教育哲学家用定义法进行分析。定义法主张在考察一个概念之前先寻找某种标准，制定概念的界说。彼得斯认为概念总是具体的，分析一个概念必须了解它在某个时期的语言交往中是如何使用的。这样，所有的概念总跟一定的社会生活形式相联系。通过不断的分析、再分析，不仅可以对重要的教育概念做理论分析，还可以形成对社会和文化价值的理性的批评和论证，由此对教育实践进行批判性的分析，进而提出高水准的建设性意见。

至此，我们可以看到，对彼得斯来讲，"分析"和"综合"并不是绝对对立的。分析是手段，只是第二层次的一种研究，而通过分析，看见有价值的目标，才是真正的目的所在。因此"分析"和"综合"同等重要，两者是互为前提、互相补充的。更有意义的是，对奥康纳来说，分析是"奥卡姆剃刀"，要剃光所有有价值性和先验性的陈述；而对彼得斯来说，语言是社会生活形式的反映，从对语言的分析可以看到教育目标的价值性。

四、对分析教育哲学的反思

分析教育哲学脱离了传统教育哲学规范的或系统的方法，把教育哲学看作是一种活动。此外，在 20 世纪 60 年代，逻辑实证主义在哲学界的影响日渐削弱，日常语言学派已

---

① Paul H. Hirst. Educational theory and its foundation disciplines[M]. London: Routledge & Kegan Paul, 1983: 33.
② 同①: 37.

替代逻辑实证主义成为占优势的分析哲学的一大派别。也就是说，就整个分析哲学的势头来讲，试图以严密的科学理论模式来改造哲学的意愿已经减缓了。这种与传统教育哲学迥异的趋势，招来了教育哲学界的非议，也引起了分析教育哲学家的反思。

在 20 世纪 70 年代，一些著名的分析教育哲学家，如彼得斯、索尔蒂斯等人都意识到分析教育哲学遇到了麻烦。他们对分析教育哲学的批评，集中在下列两个方面。

第一，分析教育哲学已经有意无意地脱离了教育的中心问题，没有考虑作为教育研究之基础的教育价值、教育目的问题。

第二，方法的局限性。分析教育哲学把分析的和经验的、规范的叙述互相对立了起来。它只注重语言的分析，缺乏对传统的或当代的教育问题的阐述。

乔纳斯·索尔蒂斯（Jonas F. Soltis）曾经是谢夫勒的博士研究生，是当代公认的有较大影响的分析教育哲学家。同彼得斯一样，在 20 世纪 60 年代就已经引起教育理论界的注意。

在对分析教育哲学的反思方面，索尔蒂斯和彼得斯对旧分析方法的批评确有相似性，但两者的治疗方法不同，对前景的展望也不同。正是由于这种不同，索尔蒂斯被称为后分析教育哲学的代表。他的研究具有两个特点：

第一，公开承认传统教育哲学和分析教育哲学各有自己的研究对象。

索尔蒂斯立体地勾画了教育哲学研究的图景，认为教育哲学的研究可以有三条途径。一是综合——概要的研究。它从广泛的世界观的角度讨论教育哲学，注重一般的哲学问题在教育中的应用。特点是开阔，不是狭窄地就教育论教育。可以等同于三维空间的"宽"。他强调这种主题，例如人的本质等是人类史上经久不衰的讨论对象，因此不能轻易抛弃。二是分析——解释性研究。它的主要任务是分析对教育者产生重大影响的口号、隐喻以及关键性的概念。特点是精深，使表面上似是而非的术语和表述经分析后暴露出深层的矛盾和不一致，可以比作三维空间的"深"。三是规定——纲领性研究。它关心教育哲学的价值维度。从历史上看，分析教育哲学家就是通过价值判断和价值评解对教育发表指令性意见的。从现实来看，由于分析方法不涉及价值判断，因此规范的教育哲学家应该尽其所能地为教育应该做什么提供一种合理的、有充分理由的思考，为分析的局限性填补一个重要的裂缝。它的特点是高瞻远瞩，从价值的高度指导教育应遵循什么方向，可比作三维空间的"高"。[①] 这三条途径应该"相互补充而不是互相对立"。他说"分析的技术可用来使纲

[①] Jonis F. Soltis. Philosophy of education: the forth dimension[J]Columbia University, Teachers College Record, 1966: 525.

领性哲学系统的概括和综合的概念变得清晰，使之更精确、易懂"。①

在索尔蒂斯看来，传统哲学和分析哲学作为两种工具，各有自己所擅长的操作领域，是绝不能相互替代的。"如果我们能够把分析的运用比作显微镜的运用，那么我们也可以把传统的哲学世界观的构造比作天文学家在绘制宇宙图时使用望远镜。"② 微观和宏观，传统教育研究方法和分析方法成为绘制教育哲学图景不可缺少的武器。彼得斯也主张教育理论应该保留伦理价值，可是他的体系中仍然是分析的方法占支配地位。对索尔蒂斯来说，与其要糟糕的分析方法还不如要一个模糊的系统哲学。"对概括和综合的概念使用分析的技术，我们可以发现某种系统的模糊比人为的精确更令人满意。"③ 索尔蒂斯恭恭敬敬地把形而上学和伦理学请了回来，使它们和分析方法共同构筑起一个新的教育理论体系。对严格的分析哲学来讲，分析只是活动，绝不能构造体系，然而索尔蒂斯却恢复了体系的"荣誉"。

第二，十分重视教育哲学对实践产生积极效果的问题。

索尔蒂斯认为，"除非教育哲学对教育实践有某种结果，否则它将是一个令人无法容忍的研究领域"。④ 虽然谢夫勒和彼得斯也经常提起"教育实践"，但他们所指的实践主要是指对实践中的用语和问题进行分析。索尔蒂斯则系统地阐明了教育哲学应该面向教育实践的问题，并探讨了教育哲学与教育实践的联系方式。他认为，教育哲学应该有三个层次，即个人的教育哲学、公众的教育哲学和专业的教育哲学。在这三个层次上，教育哲学的表现形式是既有联系又有区别的。

个人的教育哲学指教育实际工作者关于教育工作的基本信念和理想，也就是他个人的教育观。个人的教育哲学既可以是加以系统阐述的个人的深思熟虑，也可以是未经加工的下意识的。个人的教育哲学支配着个人的教育实践；只有明确地意识到自己的教育观并在实践中坚决加以贯彻的人，才是自觉的、明智的和对自己的事业充满热情的教育工作者。

公众的教育哲学既体现在政府和学校所制定的各种教育政策和规定中，也体现在公众的有关教育问题的著述或各种教育思潮、教育运动中。它要影响和改变许多人的教育实践。索尔蒂斯认为，无论科南特、布拉梅尔德、斯金纳、尼尔等对教育问题进行系统考察的人士，还是诸如进步主义、永恒主义、要素主义、改造主义等教育思潮，都提出了当代教育哲学值得加以研究的论题和实践，应该受到重视。

---

① Jonas F. Soltis. An introduction to the analysis of education concepts[M]. Boston：Addison-Wesley Pub. Co. 1968：67.

② 同①：68.

③ 同①.

④ Jonas F. Soltis. Analysis and Anomalies in Philosophy of Education[J]. Educational Philosophy and Theory，1971(3)：40.

专业的教育哲学指受过专门哲学训练的哲学家的教育观。由于专业的教育哲学也是一种经过系统阐述的哲学家的"个人的教育哲学",同时它通过自己的教育观来影响公众的教育观,所以,专业的教育哲学与个人的和公众的教育哲学有着密切的联系。但是,专业的教育哲学家的主要任务在于提供对各种教育问题进行分析、考察、反省的武器和方法论,由此促进教育工作者的理解力和洞察力,而不是仅仅提供有关教育问题现成的答案或行动方案。为了达到这一目的,他们必须熟悉从柏拉图、亚里士多德、卢梭、洛克、怀特海到杜威的教育思想史资料和当代一般哲学的文献,既增强对当代教育问题的历史透视能力,又从新理论得到启示,以明了教育思想发展的轨迹。除此之外,他们还应该学习一般的哲学文献,以求系统阐发其中有启发意义的理论观点,昭示教育思想发展的逻辑。

索尔蒂斯认为,教育哲学与教育实践的联系方式不同于教育科学与教育实践的联系方式。教育科学同教育实践的联系主要在于向教育工作者的具体实践提供操作的步骤和技术,而教育哲学则主要为教育工作者的教育实践提供明晰地、正确地、自觉地思考问题并作出决策的立场和方法论,使他们明确自己的使命并把握自己的方向。

最后,需要强调指出的是,索尔蒂斯作为分析教育哲学家的特色始终是鲜明的。

索尔蒂斯不仅承认传统教育哲学的价值,而且力图使传统意识和现代的方法结合起来。虽然他主张向传统教育哲学复归,但仍然保持了分析教育哲学家的特色。他强调教育研究的科学性,认为不能满足于传统教育哲学中常有的常识性陈述。他强调以理性,而不是以经常出现在传统教育哲学中的情绪性的指令为基础来分析和规定价值标准。他强调教育哲学研究应该是一种动态研究,而不应该仅仅是一种静态研究。他还认为,在各种形式下,成熟的当代教育哲学主要是一种反思的、理性的、批判的活动,而不是一件事、一个被接受的学说或者一个不能置疑的对世界和教育的正统观点。可见,索尔蒂斯所复归的传统教育哲学已不是封闭的、静止的、权威的体系,而是一种既包括形而上学和伦理学原则,又以开放的心态和理性的分析为特征的、不断对教育问题进行探索的活动。

在这一节中,我们以五个人为代表,简略地呈现了分析教育哲学的发展历程。从断然拒绝教育理论中的形而上学和伦理学的成分,到重新把它们列为教育研究的一大领域,从逻辑实证主义强调逻辑分析到充满学究气的"纯形式"分析,再到呼吁分析哲学必须跟教育实践相结合,这个否定之否定的历程表明:教育理论确有其特殊性,不能简单地把科学理论模式作为改造教育理论的典范;向传统教育哲学回归不是简单地回到起点,而是螺旋式地进入高一层次,表面上也有形而上学和伦理学,可是他们所主张的这种形而上学和伦理学已经过澄清分析,语义明确,已丧失了昔日的终极性,真正的价值在于引导人们不断钻研,不断求索。

第三节　对几个教育概念的分析

分析哲学的两大分支——逻辑实证主义和日常语言学派以不同的方式影响着教育。逻辑实证主义强调经验验证，强调经验的精确性，主要通过社会学、心理学施加影响，对程序教学和教育测量有较大的影响。日常语言学派认为很多古老的哲学问题，其中包括一些教育基本理论问题，实质上都可以还原为语言问题。因此，就教育哲学而言，显然日常语言学派对它有更大的影响。他们力求重新评价教育论述中所使用的专门语言。他们对专门语言的分析基本上可分为两大类：一类是讨论教育界常用的最基本的概念，如"教育""教学"等；另一类主要讨论教育上争论的问题，如"教育机会均等"。问题的争论最终仍然要还原为一些基本的概念，如"教育机会均等"，可归结为"每个人有平等的受教育的权利"和"每个人都有权利得到平等的教育"的争论。问题的争论往往带有该国特有的社会、政治、经济和文化的特点，带有较大的特殊性；而教育的基本概念带有较大的普遍性，是整个教育体系的基本元件，可称为"元教育概念"。这一部分将集中论述对"教育""知识"和"教学"的分析。

一、教育

分析教育哲学家认为"教育"是人们经常使用的一个概念，从表面上看，人们似乎也掌握了"教育"在各种场合的意义，然而，如果认真分析一下，情况就要复杂得多。

"教育"这个概念使用的范围极广，除了正规的学校教育之外，还包括家庭、同伴集体、传播媒介、宗教等非正式的教育。为了不使各种用法互相混淆和矛盾，便需要确定"教育"这个词标准或规范的用法，具体地说，需要确定它的意思是什么，教育或受教育的标准是什么。"教育"显然是一个模糊的概念，适用于许多种活动和过程。就学校教育而言，人们通常将发生在学校中的全部活动看作是教育。但是，为什么说一堂课也具有教育性？说它们是教育活动而不是其他活动的根据何在？它们的教育性何在？这些活动的共同特征是什么？人们仍然不很清晰。至于学校教育之外的非正式教育，引起的问题就更多。家庭和同伴集体以什么方式来教育儿童？广播、电视、报纸、政治宣言等是怎样进行教育的？涵盖于教育这个概念之下的所有这些方面是否具有某种共同的特征？此外，如果找出了一些共同的特征，人们还可以进一步查问，这些是不是教育的真正特征？换言之，即使我们发现并列举了所有"教育"的途径和方法，那也只是罗列了做了些什么，而没有说明应该做什么。也就是说，我们还没有规定真正的教育应该具有的标准。而这一点却是至关重要的。教育者如果不掌握这个标准，就可能出现这样的情况：自己以为是在进行教育，实际上却在做着与教育相对立的事情。因此，包括彼得斯和谢夫勒在内的当代许多分析教育哲学家都首先对"教育"这个概念作了许多专门的分析。

彼得斯是通过两条密切相关的途径对"教育"概念进行分析的。第一，通过分析什么样的人才称得上是"受过教育的人"（the educated man），即通过检查受过教育的人的技能、态度、性向等来确定教育的标准。第二，通过分析教育过程本身，即通过检查真正的教育活动的特征来分析教育概念。

彼得斯认为，受过教育的人应该具有下列特征：

第一，不仅仅具有一些专门的技能。一个很出色的钳工、车工不一定是"受过教育的"。被称为受过教育的人必须掌握大量的知识或概念图式，这些知识或概念图式形成他的认知结构。因此体育教育不同于体育训练，前者意味着他理解身体的发展，并有一种系统的知识体系。

第二，所掌握的知识不是"无活力的"。这种知识应该能使受教育者形成一种推理能力，进而重组他的经验，并能改变他的思维方式和行动能力。因此，一个有知识的人如果不能使知识产生活力，以改变他的信仰和生活方式，那就像放在书架上的百科全书，不能算作"受过教育的人"。还有，像打高尔夫球的知识，由于它对其他活动极少有认识上的联系，因此它也只有极少的教育价值。

第三，不把专业知识和自己的工作看作是谋生的手段。从某种程度上来说，他是为了工作而工作，为了求知而求知，行为不具有工具性。

不难看出，彼得斯对受过教育的人的分析带有很大的古典人文主义和自由教育的痕迹。为此，有些人对彼得斯的分析提出了反对意见。这些批评集中在下列几点。首先，彼得斯的分析过分强调个人和个人的兴趣。他忽视了人是社会动物，人的教育发展只能通过与他人的交往，即通过社会才能得以实现。其次，彼得斯只强调人的认知方面的发展，而忽视情感、意志方面的发展。更重要的是，他把理智的充分发展，而不是人格的全面发展作为"受过教育的人"的主要标志。最后，彼得斯的这种分析说明，他的教育实际上只限于学校教育，他只认为受过正规学校教育的人是受过教育的人。

对教育的考察历来就有不同的角度。早在古希腊，柏拉图就既从教育的结果，又从教育的过程来谈论教育。《理想国》就是从教育所产生的知识和气质来谈教育本质的，《泰阿泰德篇》则认为专门的知识活动或过程才是教育的真正本质。为了对教育有更完整的理解，一些分析教育哲学家认为还要检查教育过程。

对于教育过程本身，彼得斯认为"它并不指一个特定的过程，而是包含了一些标准"[①]。

---

① R. S. Peters. The concept of education[M]. London: Routledge & K. Paul, 1973: 240.

这些标准是，教育过程中的任何一项活动都必须服从的。这些标准中缺掉任何一个，这种活动就根本不能称作教育活动。彼得斯认为堪称教育活动的那些活动应该符合下列标准：

第一，有意识地使受教育者的心灵状态产生一种变化。这种变化必须是朝着更好的目标或所希望的方向的。彼得斯称之为"欲求条件"（desirability condition）。教育意味着把受教育者引入有价值的活动中。

第二，教育是一种有目的而不是任意的活动，不是那种自然成熟或自发生长的生物过程。因此受教育者所发生的变化必须是有意识的、精心计划的、朝向一个目标的。

第三，学习者必须拥有知识和理解力，能从"认知的角度"来看待活动。彼得斯称之为"知识条件"（knowledge condition）。

第四，传授知识或技能的方式必须是在道德等方面可以接受的。具体地说，受教育者参与教育活动必须是自觉自愿的，而不是被迫的。此外，有效的教育活动必须适合受教育者的理解能力和智力水平。

弗兰肯纳将上述标准概括为这么一句话：当 X 用方法 M 促进或试图促进 Y 产生某种素质 D 时，教育就产生了。[①] 其中 X 表示社会、教师或包括自己在内的任何教育者；Y 表示学习者，可以是儿童、青年、成人甚至教育者自己；D 表示学习者认为是实际上也确实是他自己和社会所需要的性情、信仰、行为、知识、技能和态度等；M 表示令人满意的方法。弗兰肯纳的这种概括，既考虑到"受过教育的人"的特征，也注意到"教育过程"的标准，而且克服了彼得斯过分从专门化的教育这一视角来分析"教育"这一概念的局限性。

由于人们承认，随着时间的推移，教育这一概念的含义也在变化，因此，雷迪福德（R. F. Reddiford）认为，"教育的概念不只是两个而是许多"。教育是一个有许多用法的概念……这些用法不是相互竞争、相互排斥的，而是相互补充、相互加强的。彼得斯在20世纪70年代后期对教育这一概念的分析中，也接受了这种看法，改变了他自己早期的分析。[②]

二、知识

课程是教育理论中十分重要的一个方面。课程总由某种知识构成，因此课程的设置离不开对"知识"的看法。从历史上来看，课程的设置一直是教育界争论的热点。很自然，

---

① James F. Doyle. Educational judgments：papers in the philosophy of education[M]. London：Routledge and Kegan Paul,1973：21.
② 陈友松主编.当代西方教育哲学.北京：教育科学出版社,1982：177.

分析教育哲学家会对"知识"产生很大的兴趣。1965年英国分析教育哲学家赫斯特发表《自由教育和知识的性质》一文,引起了人们热烈持久的争论。直到现在,涉及课程设置问题时,人们还是将赫斯特的观点作为基本的参照点,而不管他是赞成还是反对赫斯特的观点。正因为这样,彼得斯说:"怀特海曾经说过,哲学从来没有真正从柏拉图的打击中恢复过来,我推测,课程论将永远不会从赫斯特的打击中恢复过来。"[①]

赫斯特的这篇文章主要是通过对哈佛委员会的一份名为《自由社会中的普通教育》的报告的批评提出自己对"知识形式"的分析的。哈佛委员会的报告主张通过对三种领域的知识的追求,即对自然科学、人文科学和社会科学的研究,培养某种心灵的能力,其中最主要的是有效地思维、交流思想、作相应的判断和分辨价值的能力。赫斯特认为,这份报告就如何通过上述三种知识培养四种心灵能力的论述是模糊不清的。为此,他提出,任何心灵的能力只能通过对相应知识的追求而获得。

赫斯特说:"一种知识形式意指一种将我们的经验用已经接受的公共符号加以构造的独特方式。这些符号有公共的意义,它们的用法在某些方面能经受经验的检验。一系列经过检验的符号义能使表达逐渐发展。"[②] 很显然,知识的形式实际上就是系统表述的经验方式。由于经验对象和表述不同,各种知识形式在某些重要方面各有其特殊性。这些特殊性就是不同知识形式的特征。

(1) 每种形式的知识都包括一些自己所特有的中心概念。如地心引力、加速度等是自然科学的中心概念;上帝、原罪、天堂等是宗教的中心概念;善、错等是道德的中心概念。

(2) 在一特定形式的知识中,许多中心概念形成一张可能的关系之网,经验可以在其中得到理解。这张网形成了这种形式的知识独特的逻辑结构。

(3) 一种知识,依靠其特殊的术语,拥有一些表达方式或陈述式。这些表达方式无论多么间接,都可以用某种方式得到经验的验证。

(4) 对于知识的这些形式,人们已经形成了一套特殊的探索经验和检验其独特表述的技术和技巧。

根据上述这四个特征,赫斯特将人类知识分成七种形式:

(1) 形式逻辑和数学。这种知识的真理包括那些区分抽象关系的概念。真理的检验取

---

① David E. Cooper. Education,values and mind:essays for R. S. Peters[M]. London:Routledge & K. Paul,1986:4.

② Reginald D. Archambault. Philosophical analysis and education [M]. London:Routledge & K. Paul,1972:128.

决于一个公理体系内部的可推理性。

（2）自然科学。它所涉及的是那些能被考察证明或否定的陈述。

（3）对自己和他人心智的理解。这种知识在人际关系、社会科学和心理学中占有很重要的地位，能帮助人更好地生活和工作。

（4）道德判断和意识。尽管人们对道德判断的客观性仍有争议，但这种知识所使用的概念，如"必须""错""责任"等是其他知识都没有的。

（5）美感经验。它不仅仅运用概念表述，还运用音符、线条、颜色等符号表述。

（6）宗教主张。它的客观性还有待争议，但它的判断显然不同于其他知识。

（7）哲学理解。从概念来说，它包括一些独一无二的"第二级概念"，用它可以图解其他的知识。它具有其他知识所不能替代的特征，主要作为一种方法论而存在。

人们对赫斯特知识形式的评价涉及面极广，基本上可分为两大类。第一类主要涉及知识形式的分类问题。例如，划分知识形式是遵循某一条标准呢，还是必须同时遵循四项标准？由于这类问题与教育关系不太密切，这里不做论述。第二类主要涉及知识形式的分类与教育上运用的关系问题。下面我们集中讨论这方面的三个问题。

（1）自由教育的范围、结构和内容是否应由知识形式来决定。赫斯特认为自由教育源自古希腊。这种教育之所以受到重视，是因为它扎根于当时的哲学传统。心灵的本质就是追求知识，真正的知识能消除假象。基于上述的两点，自由教育被认为自身是一种善，具有价值性和真实性。由于教育有价值指向，而这种价值来自知识本身，因此教育的内容和结构必须来自知识，而不是学生、社会和政治家的要求。赫斯特进一步认为，尽管现在自由教育的古典哲学基础已经失去了，但我们理性的发展在很大程度上仍基于一些最基本的范畴，通过这些范畴，我们能达到一种所有时空的所有理性思维都不变的结构。一些最重要的范畴，也就是传统文化中不同知识形式的内核。这种知识形式能促进理性发展，所以知识形式应该决定教育内容。对此，有人根据托马斯·库恩（Thomas Kuhn）的《科学革命的结构》，反对知识形式的永恒不变。还有人提出："如果我们认为音乐不是知识，难道就不该进行音乐教育吗？"由此提出决定教育内容的不应该是知识形式，而应该是利用知识的人的兴趣和代表这些人的社会兴趣。赫斯特后来修改了他的单一决定论思想，承认课程设计要考虑社会集团的利益、学生的身心特征。

（2）心智能力和知识形式的关系。这个问题实际上是形式教育论和实质教育论争论的延续。赫斯特认为：能力的特征必须根据知识的共同特征来表述……无疑，后者在逻辑上是优先的，前者是次要的，派生的。很明显，心智能力的培养必须有赖于相应的知识，没有知识的教育是空洞的。对此，R. K. 艾略特提出不同意见。首先，心灵的发展与知识形式的特征是没有关系的。他说:"心灵的发展是通过任何数量的知识达到的,而不管它们的特征如何。"① 其次,他不同意知识形式在逻辑上先于思维能力,认为知识形式恰恰是思维能力的产物,"知识形式应该把它们的产生、特征和成就归功于思维能力"②。

(3) 自由教育广义和狭义的理解。赫斯特列举的七种形式的知识,在很大程度上反映了古典人文主义的课程体系。为此,克拉尼希(John Kleinig)说:"赫斯特的早期著作可看作是对传统文法或公学课程的捍卫。阿诺德(Matthew Arnold)是会热烈赞成的。"③ 这种课程只强调知识和理解。对此,马丁(Roland Martin)批评道,"这种知识形式忽视了情感和情绪以及其他的非认知因素,尤其是忽视了技能性的知识。"④ 应该说这个批评是击中了要害。

三、教学

分析教育哲学家一般认为,"教学"是一个非常复杂的概念,有多种用法。可以指一种专业或职业,也可以指将某一事物教给某人的活动。当然,在教育领域,最重要的是要分析学校内所发生的教学活动。

要对教学活动下一个完整的定义,并不是一件很容易的事情。人们可以提出许多不同的定义。分析教育哲学家一般认为"教学"应该符合下列五个标准。或者说,只有具备下列五种要素的活动,才能称之为"教学"。

(1) 有一个有意识地进行教的人。教学是人类从事的活动,涉及两个人的问题,其作用是造成这两个人的行为或观点的变化。对这个标准,人们可能会举出反面例子(counterinstance):自学,即施教者和受教者是同一个人。事实上绝对的自学是不可能有的。他总要涉及一些外来的因素,如阅读别人写的书或利用过去得之于其他人的知识经验等。所以自学还是要涉及两个人的。另一个反例子是,如果一个年幼儿童的手被火炉烫伤,人们可以说这个儿童从这个事件中学到了些什么,这个说法是可以成立的。但是,学习的发生未必都是教的结果,也就是说,没有教学,也可以发生学习,但教学乃是涉及两个人的问题。所以,这个例子也不能否定教学的这一项要素。

(2) 有一个受教的人。从逻辑的角度来讲,教学活动必须有接受教的学习者。人们通

---

① De Leon. Classificatory Schemes and the Justification of Educational Content: a re-interpretation of the Hirstian approach[J]. Journal of Philosophy of Education,1987(1):104-106.
② 同①.
③ John Kleinig. Philosophical issues in education [M]. London:Croom Helm,1982:150.
④ Jonas F. Soltis. Philosophy and education[M]. Chicago:NSSE,1981:29.

常说"我教物理",话中看不出受教的人。实际上这是一句简略的话。没有受教者的教学是不可能的事。至于受教者从教中学到了些什么,那是另一回事。

(3) 有某种教学内容。教学内容可以是知识、技能或某种信息等。如果只有施教者和受教者而没有教学内容,那也不能称其为教学。此外,就教育的意义来讲,教学内容必须是有价值的。

(4) 施教者至少想要造成受教者的学。从根本上说,学是受教育的活动。这种活动除了学习者自己参与,是任何人所不能代替的。从逻辑上讲,受教者的学不一定就是教的结果。施教者所能做的只是激发或促进受教者的学。但是,施教者必须有想要造成受教者学会的意图。

(5) 教的方法必须是从道德和教育学的角度来讲可以接受的。正是从这个方面,可以把"教学"和"灌输"区分开来。

分析教育哲学家内部对"教学"这一概念的分析是有争议的。例如,有人认为"教学"的意图是施教者这一要素固有的内在特征,而不能作为"教学"的独立特征或标准。但上述分析还是有一定积极意义的。首先,强调教育者必须认识到,学是学习者的活动,是任何其他人所不能代替的,而且应该是学习者自觉自愿的活动。因此,教学不是操练、训练和灌输;教学内容不能超出学习者能够掌握、内化的水平;既不能强迫受教者学,也不能采用欺骗的手段或使用药物等引诱受教者学。其次,强调教学不是一个人对另一个人的强迫,而是一种施教者和受教者之间相互作用、相互交流的活动。施教者必须合理解释他的动作(谢夫勒称之为"evidence-giving",即"提供证据"),承认学生有提问的权力和要求施教者对问题作出判断并说明理由的权力。正像谢夫勒所说的那样,"就其标准的意思来说,教学,至少在某一点上,就是使施教者服从于学生的理解和独立判断,服从于学生理性的需要,服从于学生适当的理解水平"。[①] 教学包含合理的解释和批判性的对话。最后,强调施教者不仅要熟悉所教内容,而且要了解学生的智力、才能、局限性以及学生理解知识的水平和技能。只有这样,施教者才谈得上是教学(teaching),而不仅仅是在讲(talking)。

第四节 评 论

分析教育哲学在教育哲学领域兴起后,一度声势壮大,以致在一段时间内成为英美教

---

① Israel Scheffcer. Conditions of knowledge: an introduction to epistemology and education[M]. Chicago: Foresman, 1965: 106-107.

育哲学的主流，但当今已声势日下。不仅传统教育哲学对它进行尖锐的批评，甚至一些著名的分析教育哲学家也在其阵营内部对激进分子的主张进行修正。如何来解释这段历史？又如何来反思这段历史？解决这些问题，将有助于进一步建设我们的教育哲学。

作为一种思潮，作为教育哲学领域中的一场运动，分析教育哲学的产生不仅仅是分析哲学对哲学领域的革命简单的投影。无疑，分析哲学对传统哲学的冲击为分析教育哲学对传统教育哲学的挑战树立了榜样，给分析教育哲学家以巨大的鼓舞。但正如黑格尔所说，凡是现实的都是合理的，凡是合理的都是现实的。分析教育哲学作为一个运动，它的产生有其内在的合理性。这种合理性表现为传统教育哲学确有许多问题。从分析教育哲学的先驱到当今最有影响的分析教育哲学家索尔蒂斯，他们都批评传统教育哲学所使用的语言和概念混乱。传统教育哲学学派林立，众说纷纭，有些确实是由语义含混引起的。分析教育哲学看到了语言、概念对思维和教育理论建设的重大影响，正确地指出，不首先澄清教育中所使用的概念，会造成思维的混淆和理论的混乱。他们强调语言意义的明确，重视对语言形式的研究。这不仅有助于纠正人们的一些模糊概念，也有助于训练教师和教育系学生的思维能力。尽管到目前为止，人们对不少教育基本概念仍然未能取得一致看法，但至少比较明确地认识到分歧所在。这无疑为教育理论的发展提供了一个有利的条件。

分析教育哲学的合理性还表现为正确地指出了传统教育哲学脱离教育实际的倾向。传统教育哲学在很大程度上可说是传统哲学的衍生物。如果说传统哲学所思考的是人生、自然、宇宙等大问题，因此用思辨的推理方式倘可接受的话，那么传统教育哲学也运用思辨的方法，用哲学的体系来构造教育哲学体系，弊端就显然要严重得多。因为教育学毕竟是一门实践性很强的科学。分析教育哲学家主张教育哲学应该尽可能少用玄虚的思辨的哲学术语，注重对课堂教学和教育实践中所使用的术语和实例进行分析，这无疑使人从过去充满着哲人训示的教育哲学中走出来，听到了教师的讲课声和学生琅琅的读书声。分析教育哲学力主排斥上帝、自然、人性善、存在等无法证验的先验性的术语概念，而代之以教育、教学、课程等充满教室氛围的术语，这无疑是朝着教育理论的科学化和实践化前进了一步。

分析教育哲学尽管有上述功绩，但也有致命的缺陷。它有宏伟的抱负，但由于其主张的先天不足，以致抱负只能停留在观念的水平上，无法从根本上改造传统教育哲学。

一、分析教育哲学没有考虑价值和道德问题

分析哲学家的理想是要建立一种独特的"哲学的哲学"。这种"哲学的哲学"不仅反对建立一个本体论、认识论的体系，而且不回答人生观、价值观的问题。它的唯一任务就

是分析作为意义之体现者的语言。分析教育哲学家强调教育理论在价值上应该保持"中立",认为只有在价值上持中立立场,持不同价值观的人才不会在教育理论的价值观上争论不休,教育理论才有可能得到广泛的认同,成为一种精确的科学理论。

事实上,不管哪种教育哲学,它只要想发挥对教育实践的指导作用,就不能回避价值和道德问题。教育是培养人的事业,应该将受教育者塑造成什么样的人,向他传授什么样的知识,受教育者应该具有哪些道德规范、哪些情操,等等,离开了对价值、道德本身的研究,这些问题都是无法回答的。梅斯(Wolfe Mays)指出,语言学派的哲学强调了医疗、技巧、语言,并借助于形式逻辑与非形式逻辑,这是我们时代的产物……不过它的目的是消极的,仅仅说明哲学家只能考虑辩证的形式与逻辑,而不能为之提出方向。甚至分析学派内部也有人看到了这个弊端。索尔蒂斯就指出,分析的方法还不足以形成一个完整的教育哲学,因为分析法排除了价值论和社会哲学中所讨论的一些哲学问题。[①]

这里必须进一步指出,分析教育哲学家排斥教育理论的价值倾向的一个根本理由,是援引大卫·休谟的论断:事实判断和价值判断之间在逻辑上是无法推演的。这条著名的"休谟法则"认为,从"是"(to be)中不可能推论出"应该"(ought to be)来。正是由于这个发现,休谟强调在道德行为中,理智是软弱无力的。它只能告诉我们"是什么",而情感具有决定性的作用,决定"应该"的命题。尽管休谟的论断有偏颇,因为事实判断,即真理性会影响我们的情感,影响我们的价值判断,但他指出两者的区别是为了促进道德行为,这毕竟是对伦理学的一大贡献。我们遗憾地发现,分析教育哲学家援引了休谟的法则,结果却走上了远为消极的道路,否定了教育理论中伦理价值的必要性。他们自以为重视科学的精确性,却牺牲了人类生活导航性的价值指南,这不能不说是严重的错误。

二、分析方法的局限性

分析方法在教育上盛行的最根本的原因,就是它号称能使众多的长期争论不休的教育哲学流派消除争端,在科学的基础上统一起来。然而分析教育哲学几十年的发展史表明,这个意愿只是海市蜃楼、一个幻影。例如彼得斯对"教育"概念的分析,在分析教育哲学史上可谓影响深远,可是他对"教育"概念早期的分析和后期的修正恰恰表明,一个教育家对一个概念的陈述尚且不能一致,又怎能期望不同的分析教育家取得一致的看法呢?对此,索尔蒂斯对分析方法在教育上的运用效果颇为悲观。他说:"慎重地、反复持久地应用分析的技术对学习这个概念进行澄清,产生的结果同那些相信分析范式的力量能够使

---

① 傅统先,张文郁.教育哲学[M].济南:山东教育出版社,1986:355.

'模糊的分类'清楚、准确、明了的人的期望截然相反。"① 其实，分析方法在教育哲学上的困境并非教育领域的特例，这种乏力在哲学领域也许表现得更早、更彻底。维特根斯坦后期否定早期的逻辑实证立场，就表明对逻辑分析失去了信心。他后期的日常语言分析更标志着分析哲学走上了绝境。"维特根斯坦使意义分析和语言分析神秘化的同时也把分析哲学送进了焚化炉……因为维特根斯坦觉得日常语言极其复杂、歪曲得令人发疯而又无法逃避，尤其是对把一切有意义的陈述'还原'为某种基本形式感到全然绝望。所以说，这一切，从某一角度看来，代表了整个所谓当代分析哲学的自杀。"②

那么，分析教育哲学的问题到底出在哪里呢？埃德尔（Abraham Edel）的论述讲到了点子上。他说分析教育哲学的一个"软肋"，是"没有一个明确规定的、用以判断相互竞争的分析中那一个更充分的程序"③。应该说，早期的逻辑实证主义主张逻辑证实和实验验证，倒是一个可用来判断哪一个分析更充分、更正确的衡量标准。因为它毕竟是一个绝对的统一标准，自然科学就是凭借了它而达到验证的。但由于它是靠排除形而上学和伦理学的论述而达到科学的净化的，实际上也就否定了教育哲学。这引起人们的不满。随之兴起的日常语言分析学派认为，判断分析充分与否的标准，是它与日常语言的使用是否相符。这意味着它逃出了一个陷阱，又陷入了另一个陷阱。首先，从地域角度来讲，不同文化背景的团体有不同的日常语言，相同的语言在不同的文化背景中，意义也不同。其次，从历史角度来讲，日常语言指的是人们正在运用的语言，即成形了的当今的语言。可语言是发展的，是由过去发展而来，又必然会有与今不同的未来。这样，他们主张用日常语言作为判断分析是否充分的衡量标准，实际上意味着用一个模糊、非确定的标准来衡量所有的分析。在这个不确定的衡量器的衡量下，能取得统一、精确的衡量效果吗？这正是分析方法的悲剧。

三、分析教育哲学家所进行的语言分析往往成为烦琐哲学的一种新形式

分析教育哲学家以自然科学为圭臬，认为只有使教育理论达到科学的程度，才能消除无谓的争论，促进教育的发展。由此，他们满足于对一些概念、短语和陈述以及应该怎样用词等做不厌其烦的辨析、争论。例如，对于"教"这个概念的分析，为了说明教师的哪

---

① Jonas F. Soltis. Analysis and Anomalies in philosophy of education[J]. Educational philosophy and theory,1971(3):40.
② 舒炜光.维特根斯坦哲学述评[M].北京:生活·读书·新知三联书店,1982:447.
③ Abraham Edel. Analytic Philosophy of Education at the Cross-Roads[J]. Educational theory,1972(22):133.

些活动可算作教学活动，谢夫勒不惜花费大量的笔墨——考察教师要点名，擦黑板，打开窗户通风，维持课堂秩序，记分，等等。这些活动是否称得上是"教"？如果说是教的活动，那么它们对于促进学生的发展有何作用？这种可以持续进行下去的烦琐的辨析，往往使人想起中世纪的经院哲学。他们都关心观念的东西，对周围的世界很少过问，而且在争论、辨析的过程中，往往陷入无谓的咬文嚼字，钻牛角尖。语言的问题固然是哲学的一个方面，但不是哲学的全部问题。语言分析的方法只是在一定的限度内才是合理的。把语言分析作为哲学研究的目的，就往往是舍本求末了。

最后，必须指出的是，这种咬文嚼字、形式主义会产生一个严重的后果，那就是它不仅窒息教育理论本身，而且会阻碍教育实践的发展。正如一位批评者抱怨的："我从教学的壕沟来到哲学的五角大楼，很惊诧地发现将军们正在下棋。"这对分析教育哲学无疑是一个辛辣的讽刺。分析教育哲学之所以要改革传统教育哲学，无非是由自然科学对社会发展的巨大促进作用所引发的。而自然科学对社会的巨大变革作用，是通过自然科学理论的物化，也就是在社会生产中的运用才得以实现的。分析教育哲学忽视对教育实践的关心，是由于放弃了价值导向，进而放弃了对教育实践的指导。这不能不使它陷入困境，无法自拔。

现在，一些分析教育哲学家已经认识到自身的困境，正力图进行自我改革，既坚持概念的澄清，又吸收传统教育哲学有价值的因素。他们能走出这条胡同吗？现在我们无法预断。但有一点是肯定的，教育哲学与所有其他学科一样，正遵循否定之否定的历程在发展，尽管每个学科有自己特有的进程。